经以济世
建行尚实
贺教方印
重大攻关项目
必至成功

李忠杰

图书在版编目（CIP）数据

系统观视阈的新时代中国式现代化/汪青松等著
. －－北京：经济科学出版社，2024.6
教育部哲学社会科学研究重大课题攻关项目　"十四
五"时期国家重点出版物出版专项规划项目
ISBN 978 － 7 － 5218 － 4168 － 8

Ⅰ.①系…　Ⅱ.①汪…　Ⅲ.①中国特色社会主义－现
代化建设－研究　Ⅳ.①D61

中国版本图书馆 CIP 数据核字（2022）第 198348 号

责任编辑：何　宁
责任校对：靳玉环
责任印制：范　艳

系统观视阈的新时代中国式现代化

汪青松　等著

经济科学出版社出版、发行　新华书店经销

社址：北京市海淀区阜成路甲 28 号　邮编：100142

总编部电话：010 － 88191217　发行部电话：010 － 88191522

网址：www. esp. com. cn

电子邮箱：esp@ esp. com. cn

天猫网店：经济科学出版社旗舰店

网址：http：//jjkxcbs. tmall. com

北京季蜂印刷有限公司印装

787 × 1092　16 开　28.5 印张　530000 字

2024 年 6 月第 1 版　2024 年 6 月第 1 次印刷

ISBN 978 － 7 － 5218 － 4168 － 8　定价：115.00 元

（图书出现印装问题，本社负责调换。电话：010 － 88191545）

（版权所有　侵权必究　打击盗版　举报热线：010 － 88191661

QQ：2242791300　营销中心电话：010 － 88191537

电子邮箱：dbts@ esp. com. cn）

课题组主要成员

首席专家　汪青松
主要成员　颜晓峰　陈金龙　唐洲雁　黄志斌
　　　　　　　吴　宁

总 序

哲学社会科学是人们认识世界、改造世界的重要工具，是推动历史发展和社会进步的重要力量，其发展水平反映了一个民族的思维能力、精神品格、文明素质，体现了一个国家的综合国力和国际竞争力。一个国家的发展水平，既取决于自然科学发展水平，也取决于哲学社会科学发展水平。

党和国家高度重视哲学社会科学。党的十八大提出要建设哲学社会科学创新体系，推进马克思主义中国化、时代化、大众化，坚持不懈用中国特色社会主义理论体系武装全党、教育人民。2016 年 5 月 17 日，习近平总书记亲自主持召开哲学社会科学工作座谈会并发表重要讲话。讲话从坚持和发展中国特色社会主义事业全局的高度，深刻阐释了哲学社会科学的战略地位，全面分析了哲学社会科学面临的新形势，明确了加快构建中国特色哲学社会科学的新目标，对哲学社会科学工作者提出了新期待，体现了我们党对哲学社会科学发展规律的认识达到了一个新高度，是一篇新形势下繁荣发展我国哲学社会科学事业的纲领性文献，为哲学社会科学事业提供了强大精神动力，指明了前进方向。

高校是我国哲学社会科学事业的主力军。贯彻落实习近平总书记哲学社会科学座谈会重要讲话精神，加快构建中国特色哲学社会科学，高校应发挥重要作用：要坚持和巩固马克思主义的指导地位，用中国化的马克思主义指导哲学社会科学；要实施以育人育才为中心的哲学社会科学整体发展战略，构筑学生、学术、学科一体的综合发展体系；要以人为本，从人抓起，积极实施人才工程，构建种类齐全、梯队衔接的高校哲学社会科学人才体系；要深化科研管理体制改革，发挥高校人才、智力和学科优势，提升学术原创能力，激发创新创造活力，建设中国特色新型高校智库；要加强组织领导、做好统筹规划、营造良好学术生态，形成统筹推进高校哲学社会科学发展新格局。

哲学社会科学研究重大课题攻关项目计划是教育部贯彻落实党中央决策部署的一项重大举措，是实施"高校哲学社会科学繁荣计划"的重要内容。重大攻关项目采取招投标的组织方式，按照"公平竞争，择优立项，严格管理，铸造精品"的要求进行，每年评审立项约 40 个项目。项目研究实行首席专家负责制，鼓励跨学科、跨学校、跨地区的联合研究，协同创新。重大攻关项目以解决国家现代化建设过程中重大理论和实际问题为主攻方向，以提升为党和政府咨询决策服务能力和推动哲学社会科学发展为战略目标，集合优秀研究团队和顶尖人才联合攻关。自 2003 年以来，项目开展取得了丰硕成果，形成了特色品牌。一大批标志性成果纷纷涌现，一大批科研名家脱颖而出，高校哲学社会科学整体实力和社会影响力快速提升。国务院副总理刘延东同志做出重要批示，指出重大攻关项目有效调动各方面的积极性，产生了一批重要成果，影响广泛，成效显著；要总结经验，再接再厉，紧密服务国家需求，更好地优化资源，突出重点，多出精品，多出人才，为经济社会发展做出新的贡献。

作为教育部社科研究项目中的拳头产品，我们始终秉持以管理创新服务学术创新的理念，坚持科学管理、民主管理、依法管理，切实增强服务意识，不断创新管理模式，健全管理制度，加强对重大攻关项目的选题遴选、评审立项、组织开题、中期检查到最终成果鉴定的全过程管理，逐渐探索并形成一套成熟有效、符合学术研究规律的管理办法，努力将重大攻关项目打造成学术精品工程。我们将项目最终成果汇编成"教育部哲学社会科学研究重大课题攻关项目成果文库"统一组织出版。经济科学出版社倾全社之力，精心组织编辑力量，努力铸造出版精品。国学大师季羡林先生为本文库题词："经时济世　继往开来——贺教育部重大攻关项目成果出版"；欧阳中石先生题写了"教育部哲学社会科学研究重大课题攻关项目"的书名，充分体现了他们对繁荣发展高校哲学社会科学的深切勉励和由衷期望。

　　伟大的时代呼唤伟大的理论，伟大的理论推动伟大的实践。高校哲学社会科学将不忘初心，继续前进。深入贯彻落实习近平总书记系列重要讲话精神，坚持道路自信、理论自信、制度自信、文化自信，立足中国、借鉴国外，挖掘历史、把握当代，关怀人类、面向未来，立时代之潮头、发思想之先声，为加快构建中国特色哲学社会科学，实现中华民族伟大复兴的中国梦做出新的更大贡献！

教育部社会科学司

摘　要

　　本书从系统观视阈聚焦新时代中国式现代化的重大理论和现实问题，围绕"建设什么样的社会主义现代化强国""怎样建设社会主义现代化强国"重大课题及其新时代解答，阐述中国式现代化新理念新思想新战略及其体现的系统思维世界观和方法论。

　　把握现代化总体与重点的关系，本书探讨了新时代中国式现代化新理念。从统揽"四个伟大"和贯彻"五大发展"视角，论述了新时代建设的是什么样的中国式现代化。

　　对新时代统揽"四个伟大"和贯彻新发展理念与中国式现代化的生成作出考察，揭示了统揽"四个伟大"是以伟大梦想为目标，以伟大斗争、伟大事业、伟大工程为动力、路径和保证的现代化，贯彻新发展理念必须实现创新成为第一动力、协调成为内生特点、绿色成为普遍形态、开放成为必由之路、共享成为根本目的的高质量发展的现代化。

　　把握现代化内因与外因的关系，探讨了新时代中国式现代化新思想。从坚定"四个自信"和把握"四个大势"的视角，论述了新时代为什么能建设中国式现代化。

　　研究新时代坚定"四个自信"和把握"四个大势"与中国式现代化的内容，揭示了坚定"四个自信"是坚持中国道路为基础、中国理论为灵魂、中国制度为根本、中国文化为根基，坚定中国道路自信、理论自信、制度自信、文化自信；把握"四个大势"是坚持胸怀天下，顺应世界多极化加速推进、经济全球化持续发展、国际环境总体稳定、各种文明交流互鉴的"四个大势"进而引领世界多极化、经济全球化、社会信息化、文化多样化。

把握现代化纵向布局与横向谋篇的关系，探讨了新时代中国式现代化新战略。从"五位一体"和"四个全面"的视角，论述了怎样建设新时代中国式现代化。

对新时代统筹推进"五位一体"总体布局和协调推进"四个全面"战略布局与中国式现代化的实施作出分析，揭示统筹推进"五位一体"是以经济建设为根本、政治建设为保障、文化建设为灵魂、社会建设为条件、生态文明建设为基础，共同致力于全面提升五大文明从而建成富强民主文明和谐美丽的社会主义现代化强国的现代化；协调推进"四个全面"战略布局是以全面建成小康社会和全面建设社会主义现代化国家为"两个一百年"奋斗目标、新时代新征程"两步走"基本实现社会主义现代化和全面建成社会主义现代化强国战略部署，推进全面深化改革、全面依法治国、全面从严治党三大战略举措。

根据习近平新时代中国特色社会主义思想，深刻把握新时代中国式现代化新理念新思想新战略贯穿的科学世界观和方法论，研究运用辩证思维和战略思维与推进"四个伟大"和"五大发展理念"的思想方法、运用创新思维和底线思维与推进"四个自信"和把握"四个大势"的领导方法、运用系统思维和法治思维与推进"五位一体"和"四个全面"的工作方法，揭示新时代中国式现代化坚持科学方法论思维的践行要求。

Abstract

This book focuses on the major theoretical and practical issues of Chinese modernization in the new era from the perspective of the system, surrounds the major issues of "what kind of strong modern socialist country should we build?" and "how to build a strong modern socialist country" and their solutions in the new era, then expounds the new concepts, new thoughts and new strategies of Chinese modernization and the systematic thinking world view and methodology embodied in it.

Grasping the relationship between the overall modernization and the key points, this book discusses the new concept of Chinese modernization in the new era. From the perspective of "Four Greats" and "Five Development Concepts", this book discusses what kind of Chinese modernization is being built in the new era.

There is an investigation into the practice of coordinating the "Four Greats", the implementation of the new development concept and the emergence of Chinese modernization in the new era, which reveals that the Chinese modernization coordinating the "Four Greats" is a modernization with the Great Dream as its goal and the Great Struggle, Great Cause and Great Project as its driving force, path and guarantee. The Chinese modernization implementing the "New Development Concepts" must realize high-quality development modernization in which innovation becomes the first driving force, coordination becomes the internal feature, green becomes the common form, openning up becomes the only way, and sharing becomes the fundamental purpose.

Grasp the relationship between the internal and external causes of modernization, and explore the new thought of Chinese modernization in the new era; From the perspective of "Four Self-confidence" and "Four Major Trends", this book discusses why we can build Chinese modernization in the new era.

Studying the content of "Four Self-confidence" and "Four Major Trends" and Chinese modernization in the new era, reveals that the Chinese modernization of "Four

1

Self-confidence" is a modernization that adheres to the Chinese road as the foundation, the Chinese theory as the soul, the Chinese system as the root, the Chinese culture as the basis, is a modernization that strengthens confidence in Chinese road, theory, system and culture. The Chinese modernization embracing the "Four Major Trends" in the new era is a modernization that means keeping the world in mind, adapting to the accelerating multi-polarization of the world, the continuous development of economic globalization, the overall stability of the international environment, and the exchange and mutual learning of various civilizations, and then leading the world to multi-polarization, economic globalization, social information technology, and cultural diversity.

Grasp the relationship between the vertical and horizontal layout of modernization, and discuss the new strategy of Chinese modernization in the new era; From the perspective of "Five in One" and "Four Comprehensives", this book discusses how to build Chinese modernization in the new era.

This book analyzes the overall layout of "Five in One", the strategic layout of "four comprehensives" in a coordinated way and the implementation of Chinese modernization in the new era, revealing that the Chinese modernization propelling "Five in One" in a coordinated way takes economic construction as the foundation, political construction as the guarantee, cultural construction as the soul, social construction as the condition, and ecological civilization construction as the basis. It is committed to comprehensively promoting the five civilizations to build a prosperous, democratic, civilized, harmonious, beautiful and modern socialist country. The Chinese modernization coordinatly propelling the "Four Comprehensives" is a modernization that takes building a moderately prosperous society in all respects and a modern socialist country in all respects as the "two centenary goals", takes the "two-step" approach in the new era to realize the basic socialist modernization and comprehensive modernization as our strategic plan in the new journey, and takes comprehensively deepening reform, comprehensively governing the country according to law, and comprehensively and strictly governing the Party as the three major strategic measures.

According to the Xi Jinping Thought on Socialism with Chinese Characteristics for a New Era, we should have a deep grasp of the scientific world outlook and methodology embedded in the new concepts, new ideas and new strategies of Chinese modernization in the new era, and study the ideological methods of using dialectical thinking and strategic thinking and promoting the modernization of the "Four Greats" and "Five Major Developments", the leadership methods of using innovative thinking and bottom-line thinking and promoting the modernization of the "Four Self-confidence" and "Four Major Trends", the working methods of using the system thinking and the rule of law thinking and promoting the modernization of the "Five in One" and "Four Comprehensives" to reveal the practice requirements of adhering to scientific methodological thinking for Chinese modernization in the new era.

目　录

Contents

系统观视阈的新时代中国式现代化

系统观视阈的新时代中国式现代化

Contents

Part two

The Chinese modernization implementing the "Five
Development Concepts"   109

Part three

The Chinese modernization strengthening the "Four Self-confidence" 159

Part four

The Chinese modernization grasping the "Four Major Trends"   209

5

系统观视阈的新时代中国式现代化

Part six

The Chinese modernization promoting the "Four Comprehensives" in a coordinated way　339

系统观视阈的新时代中国式现代化

导 论

系统研究新时代中国式
现代化新理念新思想新战略的意义

党的二十大报告指出："我们对新时代党和国家事业发展作出科学完整的战略部署，提出实现中华民族伟大复兴的中国梦，以中国式现代化推进中华民族伟大复兴，统揽伟大斗争、伟大工程、伟大事业、伟大梦想，明确'五位一体'总体布局和'四个全面'战略布局，""党和国家事业取得历史性成就、发生历史性变革，推动我国迈上全面建设社会主义现代化国家新征程。"① 建设新时代中国式现代化强国，实现中华民族伟大复兴的中国梦，是党的十八大以来习近平总书记系列重要讲话和治国理政新理念新思想新战略的理论主题与实践主线。

本书以习近平总书记系列重要讲话精神和治国理政新理念新思想新战略为主要研究对象，坚持以习近平新时代中国特色社会主义思想为指导，贯彻党的十八大、十九大和二十大精神，聚焦新时代中国式现代化新理念新思想新战略主题主线，在吸收国内外学界研究成果的基础上，系统研究习近平新时代中国特色社会主义思想的理论创新。围绕"建设什么样的社会主义现代化强国""怎样建设社会主义现代化强国"等问题作出的新时代解答，阐释新时代中国式现代化新理念新思想新战略及其体现的系统思维世界观和方法论。

---

① 《习近平著作选读》第一卷，人民出版社 2023 年版，第 5～6 页。

一、国内学界关于新时代中国式现代化研究成果综述

国内学界关于新时代中国式现代化新理念新思想新战略研究，集中体现在社会主义现代化强国的科学内涵、立足百年未有之大变局与中华民族伟大复兴战略全局"两个大局"、协调推进"两个一百年"奋斗目标交汇的"四个全面"、统筹推进"五位一体"、坚定"四个自信"与新时代中国式现代化研究等方面。

（一）中国式现代化的科学内涵研究

党的十八大以来至党的二十大前，学界把新时代现代化内涵表述为"全面现代化"或"全面建设社会主义现代化国家"。

新时代现代化研究大致可分为两类：一类是实践解读型研究，将现代化置于新时代的历史方位下进行整体性实践与分领域实践相结合的研究；另一类是理论阐释型研究，给现代化提供理论依据与学理支撑。已有理论阐述研究的成果呈现跨学科、分领域、多范式特征，如冯平等、王海滨分别运用"复杂现代性"框架[1]、"现代性反思"角度探讨新时代现代化的理论范式[2]；洪银兴从内涵依据、"新四化"角度研究现代化经济体系[3]；任剑涛等从新时代"两个大局"，财政的基础与支柱作用、法治视角等研究中国国家治理体系和治理能力现代化问题[4]；周光辉、彭斌等从世界历史进程、国家自主性等多维视域对新时代现代化进程进行研究[5]。

中央党校（国家行政学院）组织编写的《习近平新时代中国特色社会主义思想基本问题》认为，中国的现代化是富强民主文明和谐美丽的全面现代化，是坚持以人民为中心、走共同富裕道路的现代化，是立足中国国情、独立自主发展的现代化，是坚持合作共赢、走和平发展道路的现代化。[6] 颜晓峰指出，全面建设社会主义现代化国家，是在新的历史方位中的创新实践。党的十九大提出全面建设社会主义现代化国家新目标，拓宽了社会主义现代化的领域。新时代社会主

① 冯平、汪行福、王金林：《"复杂现代性"框架下的核心价值建构》，载于《中国社会科学》2013年第7期。
② 王海滨：《现代性反思视角下的中国道路》，载于《文史哲》2020年第3期。
③ 洪银兴：《新时代的现代化和现代化经济体系》，载于《南京社会科学》2018年第2期。
④ 任剑涛：《论国家治理现代化的"两个大局"》，载于《西华师范大学学报（哲学社会科学版）》2021年第1期。
⑤ 周光辉、彭斌：《国家自主性：破解中国现代化道路"双重难题"的关键因素——以权力、制度与机制为分析框架》，载于《社会科学研究》2019年第5期。
⑥ 田培炎：《当代中国马克思主义理论精华的精彩阐释》，载于《学习时报》2020年11月23日。

义现代化建设，是全面系统总体的社会主义现代化建设。[①] 汪青松、陈莉认为，从建设现代化国家到全面建成社会主义现代化强国，是中国梦对现代化建设提出的更高层次的要求，涵盖经济现代化、社会现代化、生态现代化、文化现代化、政治现代化、治理现代化六个方面的内容。[②]

2020 年 10 月党的十九届五中全会首次提出"中国式现代化"。2021 年习近平在庆祝中国共产党成立一百周年大会上的讲话中提出"中国式现代化新道路"概念。党的二十大明确新时代中国式现代化建设目标、时间表和路线图，新时代中国式现代化新征程分"两步走"，即到 2035 年基本实现社会主义现代化，到 21 世纪中叶建成社会主义现代化强国。

（二）"中华民族伟大复兴战略全局" 与新时代中国式现代化研究

学者们着眼于战略思维，从伟大斗争、伟大工程、伟大事业、伟大梦想的"四个伟大"切入对"中华民族伟大复兴战略全局"新时代中国式现代化的研究。

段妍指出，新时代中国共产党着眼于全局，努力增强战略思维的自觉性，科学把握战略思维理论与方法，不断提升战略思维能力。[③] 孙道壮、赵付科指出，"四个伟大"其逻辑生成以不忘初心的价值逻辑、历史逻辑、实践逻辑贯穿时代使命的不懈追求，其逻辑关系以时代发展的理论旨趣、路径探索、力量追寻、历史尺度之间的良性互动，其逻辑合力的整体指向在于以新时代的理论创新凝聚时代发展的主体力量。[④] 王永贵指出，"四个伟大"明确回答了我们党要举什么旗、走什么路、以什么样的精神状态、担负什么样的历史使命、实现什么样的奋斗目标问题。[⑤] 李冉认为，"四个伟大"包括"强国"与"强党"两大战略主旨，为我们制定行动纲领标注了战略方向。进行伟大斗争、推进伟大事业、实现伟大梦想，就是把我们的国家建设好、建设强，本质上是"强国"，就是要开启全面现代化的新征程，建设社会主义现代化强国。[⑥] 韩庆祥、张艳涛认为，"四个伟大"实践这一总体框架有助于推进中国由"大国"迈向"强国"，有助于推进实现中华民族伟大复兴，我们要把实现中华民族伟大复兴这一历史使命置于"四个伟

---

① 颜晓峰：《加强社会主义现代化的理论研究》，载于《行政管理改革》2018 年第 8 期。

② 汪青松、陈莉：《社会主义现代化强国内涵、特征与评价指标体系》，载于《毛泽东邓小平理论研究》2020 年第 3 期。

③ 段妍：《战略思维的全局观实践历程及现实启示》，载于《中国高校社会科学》2020 年第 1 期。

④ 孙道壮、赵付科：《"四个伟大"彰显中国特色社会主义的时代内蕴》，载于《社会主义研究》2017 年第 6 期。

⑤ 王永贵：《深刻领会"四个伟大"内在关系》，载于《新华日报》2017 年 8 月 23 日。

⑥ 李冉：《实现强党方略与强国方略的统一——论新时期四个"伟大"任务的内在逻辑》，载于《毛泽东邓小平理论研究》2017 年第 9 期。

大"的框架中来理解和把握。① 汪青松、严运楼认为，伟大梦想指引现代化强国建设前进方向，伟大事业开辟现代化强国建设道路，进行伟大斗争明确宣示全面建设新时代现代化强国的精神状态，建设伟大工程明确宣示全面建设新时代现代化强国领导力量。②

（三）"百年未有之大变局"与新时代中国式现代化研究

王少泉指出，习近平总书记强调世界处于百年未有之大变局，这是一个全新、全面、准确的论断，其具有一定的现实性与发展性，其科学内涵包括经济全球化持续发展推进、全球治理变革、世界多极化稳步推进、文明交流互鉴，等等。③ 李杰认为，经济全球化、政治多极化、社会信息化、文化多样化、安全威胁多元化等前所未有地同时并存，成为各国道路、制度、理念激烈比拼新的历史背景。④ 史志钦强调，"百年未有之大变局"是社会历史螺旋发展和经济周期节律波动的具体体现，投影到当今的国际格局之中，政治多极化、经济全球化、文化多元化、安全碎片化构成了大变局的世界政治经济图谱。⑤ 刘建飞认为，在这个大变局中，以社会信息化为助力的全球化新阶段是大变局的物质基础，世界格局变化是大变局的核心内容，世界秩序之变和全球治理之变能够往好的方向演进是大变局最让世界人民期待的方面。⑥

吴志成强调，国际力量对比特别是大国力量对比没有发生实质性变化，但21世纪以来新兴经济体的快速发展和全球金融危机确实加速了原本由西方大国主导的国际格局调整，使得全球力量与权势对比出现了有利于发展中国家的变化。⑦ 中国社会科学院习近平新时代中国特色社会主义思想研究中心认为，新兴市场国家和发展中国家群体性崛起，使世界初步形成经济增长中心多元化格局，极大推动了世界多极化进程，并为世界多极化进程注入新动力。其在推动世界多极化进程中，中国高度重视与发展中国家的关系，支持扩大发展中国家在国际事务中的代表性和发言权。⑧

---

① 韩庆祥、张艳涛：《全方位理解和把握中华民族伟大复兴》，载于《中国党政干部论坛》2020年第10期。

② 汪青松、严运楼：《系统观视阈中的新时代现代化新布局新方略》，载于《观察与思考》2022年第9期。

③ 王少泉：《"百年未有之大变局"：内涵与哲理》，载于《科学社会主义》2019年第4期。

④ 李杰：《深刻理解把握世界"百年未有之大变局"》，载于《学习时报》2018年9月3日。

⑤ 史志钦：《百年未有之大变局与中国身份的变迁》，载于《人民论坛·学术前沿》2019年第7期。

⑥ 刘建飞：《领导干部如何认识世界百年未有之大变局》，载于《中国党政干部论坛》2019年第9期。

⑦ 吴志成：《国际体系仍然处于多极化进程中》，载于《现代国际关系》2014年第7期。

⑧ 中国社会科学院习近平新时代中国特色社会主义思想研究中心：《发展中国家助力世界多极化》，载于《人民日报》2019年2月15日。

章忠民、魏华认为，探究中国方案拓展发展中国家现代化的途径选择这一重大命题具有重要的理论意义和现实意义。分析发展中国家建设现代化的道路选择的困境，比较通向现代化的三种途径及其得失优劣，展示中国方案的现代化意义及其示范效应，揭示出中国方案拓展发展中国家现代化途径选择的历史必然性、现实可能性和内在逻辑性。① 李娟、李海春强调，中国提出人类命运共同体理念，以互利共赢的利益共同体、各尽所能的责任共同体、掷地有声的行动共同体，推动经济全球化健康发展。② 戴翔、张二震认为，构建人类命运共同体新理念与构建全球增长共赢链，推动经济全球化不断深化发展。③

（四）新发展理念与新时代中国式现代化研究

新发展理念生成于新时代中国式现代化带来的机遇与挑战。刘伟认为，之所以要坚持和贯彻新发展理念，是因为我国现代化各项事业变化发展带来多方面的机遇与挑战。这些机遇与挑战的产生是由于我国历史方位、社会主义矛盾和相应的社会经济发展的水平、阶段、条件、失衡等各方面发生了重大变化；④ 顾海良认为，新发展理念吸取借鉴了全球经济发展的经验教训，特别是对发展中国家经验教训的探究。⑤ 新发展理念引领新时代中国式现代化发展要求。任保平、宋雪纯从创新、协调、绿色、开放、共享五个方面细致分析了制约我国经济高质量发展的多方面问题；⑥ 刘伟分析了新发展理念视域下中国特色现代化经济体系，中国现代化倡导开放、合作、共赢。⑦ 新发展理念对于新时代中国式现代化的意义。孙红湘、张静认为新发展理念"是将科学的马克思主义理论与中国改革开放的伟大实践和时代特征紧密结合的智慧结晶"。⑧

（五）坚定"四个自信"与新时代中国式现代化研究

新时代"四个自信"的中国式现代化，既要求坚定中国特色社会主义道路自

---

① 章忠民、魏华：《中国方案拓展发展中国家现代化的途径选择》，载于《马克思主义研究》2018年第12期。

② 李娟、李海春：《人类命运共同体与经济全球化》，载于《前线》2019年第1期。

③ 戴翔、张二震：《"人类命运共同体"理念引领下的新时代经济全球化》，载于《江苏行政学院学报》2018年第1期。

④ 刘伟：《中国特色社会主义新时代与新发展理念》，载于《前线》2017年第11期。

⑤ 顾海良：《习近平新时代中国特色社会主义经济思想与"系统化的经济学说"的开拓》，载于《马克思主义与现实》2018年第5期。

⑥ 任保平、宋雪纯：《以新发展理念引领中国经济高质量发展的难点及实现路径》，载于《经济纵横》2020年第6期。

⑦ 刘伟：《坚持新发展理念，推动现代化经济体系建设》，载于《管理世界》2017年第12期。

⑧ 孙红湘、张静：《以新发展理念指引高质量发展》，载于《人民论坛》2018年第3期。

信、理论自信、制度自信、文化自信，同时新时代中国式现代化成就又成为"四个自信"的底气和源泉。理论界关于中国式现代化"四个自信"的成果主要体现在理论意义与内在关系的研究。

1. 中国式现代化"四个自信"对中华民族伟大复兴的意义

于艳红指出："四个自信"是实现中国梦的根基与保证，其中道路自信是实现中国梦的现实途径、理论自信是实现中国梦的行动指南、制度自信是实现中国梦的根本保障、文化自信是实现中国梦的精神力量。[①] 全燕黎认为，"四个自信"的提出，标志着中国共产党在治国理政理念上的创新，这对我们党在新的历史时期坚定自身信念，创造美好生活，实现中华民族伟大复兴，具有重大的理论和现实意义。[②] 常锐指出，坚定道路自信，强调中国特色社会主义道路是实现中国梦的必由之路；坚定理论自信，强调中国特色社会主义理论体系是实现中国梦的正确理论指引；坚定制度自信，强调中国特色社会主义制度是实现中国梦的根本制度保障；坚定文化自信，强调中国特色社会主义文化是实现中国梦的强大精神力量。只有坚定"四个自信"，才能够获得正确的行动指南和坚实保障，实现新中国成立一百年时建成富强民主文明和谐美丽的社会主义现代化强国的中华民族伟大复兴的中国梦。[③]

2. 中国式现代化"四个自信"的相互关系

一是"同一、协同与层递"说。郝娜、黄明理认为："把握'四个自信'的三重逻辑关系对于我们准确完整地理解'四个自信'具有重要意义。"[④] 二是"整体"说。袁睿指出："'四个自信'在内容上内在统一，具有相同的指导思想和方法论基础，并且相互依存、相互促进，形成了紧密联系的严整逻辑。"[⑤] 三是"一致与差异并列"说。赵丽华、陈嫒认为"四个自信"具有实现目标的一致性、激励功能的一致性、凝聚功能的一致性。与此同时，"四个自信"之间的差异性和不可替代性："四个自信"在来源和依据上的差异性，"四个自信"在功能上的差异性和不可替代性。[⑥] 四是"辩证统一"说。何坦指出："四者之间是辩证统一的关系，文化自信是道路自信、理论自信、制度自信之源，理论自信是道路自信、制度自信、文化自信之魂，制度自信是道路自信、理论自信、文

① 于艳红：《"四个自信"是实现中国梦的根基与保证》，载于《新长征》2016 年第 12 期。
② 全燕黎：《论"四个自信"与中华民族伟大复兴》，载于《西安政治学院学报》2016 年第 8 期。
③ 常锐：《坚定四个自信是实现中国梦的行动指南和坚实保障》，载于《学术交流》2018 年第 6 期。
④ 郝娜、黄明理：《中国特色社会主义"四个自信"之间的逻辑关系》，载于《南通大学学报（社会科学版）》2020 年第 1 期。
⑤ 袁睿：《"四个自信"的辩证关系探析》，载于《中国井冈山干部学院学报》2018 年第 9 期。
⑥ 赵丽华、陈嫒：《"四个自信"之间辩证关系的深层思考》，载于《山西高等学校社会科学学报》2017 年第 12 期。

自信之本,道路自信是理论自信、制度自信、文化自信之用。"① 李永胜指出:文化自信是基础和源泉,体现中国共产党、中华人民共和国、中华民族的主体自信;理论自信是灵魂,体现真理自信、价值自信、逻辑自信;制度自信是根本,实质和核心是客体自信,体现实践自信、创新自信、审美自信;道路自信是表征,实质和核心是过程自信、手段自信,体现方向自信。道路自信、理论自信、制度自信、文化自信都源于当代中国社会主义现代化建设的伟大实践。②

(六) 统筹推进"五位一体"与新时代中国式现代化研究

"五位一体"现代化体现统筹推进经济现代化、政治现代化、文化现代化、社会现代化和生态文明现代化总体布局的要求。由于"五位一体"总体布局涉及领域比较广,呈现多学科成果百花齐放的状态,学界相关研究成果集中体现在经济建设、政治建设具体领域,也有关于文化建设、社会建设和生态建设的研究成果。

1. "五位一体"总体布局的分领域研究

第一,经济现代化研究。梅荣政等系统梳理了中国社会主义经济现代化的理论源头以及中国特色社会主义政治与经济的关系,为我们研究和把握新时代经济现代化提供了理论启示。③

第二,政治现代化研究。党的十八大以来,该领域研究重点体现在全面改善和加强党的领导研究、协商治理研究和国家治理体系与治理能力现代化研究等方面。首先,全面改善和加强党的领导研究。王先俊在《改革开放以来中国共产党的理论自觉和理论创新》一文中系统回顾了中国共产党在改革开放40年内的思想理论创新历程,评述了我们党思想理论创新的历史、发展、意义、经验及启示。④ 许耀桐在《改革开放以来中国共产党党的建设新发展》一文中从干部队伍建设、民主集中制建设、群众路线建设、反腐倡廉建设、监督体制建设、党内法规制度建设几个方面系统总结改革开放以来中国共产党在党的建设方面的新发展。习近平总书记关于党的建设和组织工作的重要思想,具有丰富的理论内涵和鲜明的时代特色,党的十八大以来全面从严治党的理论和实践标示着习近平总书记关于党的建设的重要思想已经形成了实践操作性强、逻辑严谨的科学理论体系。⑤ 其次,社会主义协商民主研究。王浦劬提出,"中国的协商治理产生于协

---

① 何坦:《正确理解和把握中国特色社会主义"四个自信"》,载于《中共四川省委党校学报》2017年第3期。

② 李永胜:《辩证把握"四个自信"的关系》,载于《辽宁日报》2016年9月13日。

③ 梅荣政:《中国特色社会主义基本问题研究》,武汉大学出版社2007年版,第10~15页。

④ 王先俊:《改革开放以来中国共产党的理论自觉和理论创新》,载于《安徽师范大学学报(人文社会科学版)》2018年第4期。

⑤ 许耀桐:《改革开放以来中国共产党党的建设新发展》,载于《东南学术》2018年第5期。

7

商政治与协商民主，是中国共产党基于中国历史、国情、政情、社情和民情，在长期的人民民主政治实践基础上创造和发展的"。[①] 最后，国家治理体系和治理能力现代化研究。李安林和程建军认为，国家治理体系和治理能力现代化的本质是国家治理的制度现代化，"只有实现国家制度现代化，才能促进社会公平正义，增进人民的福祉。实现国家制度现代化的标志：一是国家权力的依法产生、运行、配置、监督和制衡机制；二是财政预算独立和司法独立体系；三是多元、合作、包容、协商的社会自治治理机制；四是国家治理的财政基础以及保障市场经济的公正、有效运转的机制等"。[②]

第三，文化现代化研究。秦宣认为，文化建设一直是我们党确立建设中国特色社会主义总体布局中的一个重要组成部分。为什么说文化自信更基本、更深沉、更持久，就是因为坚定中国特色社会主义文化自信所要实现的，是汇聚推动当代中国发展进步的强大精神力量，为中华民族在历史新起点上的新长征、新跋涉和具有许多新特点的伟大历史斗争提供基本的思想共识、明确的价值引领、强大的制度保障和不竭的精神动力。没有文化自信，其他自信就会失去基础和灵魂。[③]

第四，社会现代化研究。辛鸣认为，社会建设给人民稳定的民生预期，既着眼长远，创新体制机制，又立足当前，着力解决健康事业中存在的突出问题。既注重整体设计，明确总体改革方向目标和基本框架，又突出重点分步实施，积极稳妥推进改革。[④]

第五，生态文明现代化研究。方世南认为，绿色生活方式是注重人与自然和谐共生平衡关系的生活新理念。作为与生态野蛮、生态灾难、生态危机相对应的一个概念，生态文明彰显的是人与自然在和谐共生中保持相互之间的协调平衡关系，反映出经济社会发展和生态文明进步的状态，体现了自然生态与人类文明之间的有机结合，是人们在文明生产和文明生活中促进自由而全面发展的一种文明样式。[⑤] 张富文认为，以人民为中心要求生态文明建设坚持"合规律性"与"合目的性"的辩证统一。[⑥]

---

① 王浦劬：《中国协商治理的基本特点》，载于《求是》2013 年第 10 期。

② 李安林、程建军：《从政党发展视角推进治理体系和治理能力现代化》，载于《学习论坛》2019 年第 11 期。

③ 秦宣：《中国特色社会主义新论》，中国人民大学出版社 2017 年 8 月版，第 72 页。

④ 辛鸣：《十九大后党政干部关注的重大理论与现实问题解读》，中共中央党校出版社 2017 年 11 月版，第 160 页。

⑤ 方世南：《践行人与自然和谐共生平衡的绿色生活方式》，载于《毛泽东邓小平理论研究》2020 年第 1 期。

⑥ 张富文：《以人民为中心：社会主义生态文明建设的价值追求》，载于《科学社会主义》2018 年第 1 期。

2. "五位一体"内在关系研究

党的十八大以来,学术界就"五位一体"总体布局问题的研究更加深入系统,主要成果体现在"五位一体"总体布局的历史发展和哲学基础等方面,夏东民、金朝晖(2009)阐述新时期加强生态文明建设是我们党文明观的丰富与完善,说明了生态文明建设的重要地位,使生态文明建设成为新时期在党领导下实现现代化建设的重要方面。雷云(2013)阐述了"五位一体"总体布局是建设中国特色社会主义的最重大、最根本的战略部署。学者还重视"五位一体"总体布局的哲学基础研究,朱炳元、仇昆芳(2012)运用唯物史观的基本原理,通过剖析"五位一体"的深刻内涵及五个方面之间的相关性和哲学性,认为"五位一体"不仅具有时代意义,更具有中国特色,是属于民族的文化,它不仅在内容上还是形成原理上都与中国的实践密切相关。他们认为,"五位一体"正是在马克思主义基本哲理的指导下、在中国社会的具体国情下所形成和发展的,所以只有利用马克思主义的唯物史观来全面分析,才能真正站在当前中国的实际来理解和认识这一总体布局,我党和全国人民才能更脚踏实地地走好这条道路,加快实现我们全面建成小康社会和实现中华民族伟大复兴的历史使命。苏振华、周慧兰(2012)提出"五位一体"由原先的两个方面逐渐扩展为五个方面协调发展,基本包含了国家发展前进的各方各面,这一历程反映了我党在进行中国特色社会主义建设中认识和实践的不断深化。吴瑾菁、祝黄河(2013)指出,党的十八大报告中明确指出把生态文明建设放在"五位一体"总体布局的突出地位,是中国共产党在建设中国特色社会主义事业过程中,深入贯彻落实科学发展观所进行的理论和实践创新,反映了我党对中国特色社会主义的本质内涵有了更加准确的理解和高度把握。因此,中国共产党把生态文明建设融入新时代中国特色社会主义现代化的其他方面,努力创建美丽中国,实现中华民族伟大复兴是当前一项重大而紧迫的时代任务。

(七)协调推进"两个一百年"奋斗目标交汇的"四个全面"研究

国内专家学者对新时代中国式现代化"四个全面"战略布局进行了深入的研究,内涵丰富,成果丰硕。

1. 新时代中国式现代化"四个全面"的逻辑关系

韩庆祥等指出,"四个全面"中的每一个全面之间紧密相连,构成一个严密的逻辑体系,是"目标—路径—保证"三者的有机统一。[①] 辛向阳指出,"四个

[①] 韩庆祥等:《战略思维框架中的"四个全面"战略布局》,载于《经济日报》2016年6月27日。

全面"战略布局思想包含着历史、现实、未来三大逻辑。[1] 汪青松认为："四个全面"战略布局既独立成篇，又构成一个整体。不能静止地看待中国梦与"四个全面"战略布局，而应在中国特色社会主义视域下，发展地把握"四个全面"战略布局、中国梦与中国特色社会主义三个"三步走"的阶段性。[2] 张建等认为，"四个全面"战略布局内涵丰富、逻辑严密，每一个"全面"既自成一体，又紧密相连，构成内在统一的科学思想体系。[3] 王钰鑫在《"四个全面"战略布局的内在逻辑研究——兼论坚持和发展中国特色社会主义的行动指针》中指出，从全面建成小康社会到全面深化改革，再到全面推进依法治国、全面从严治党，是层层递进、渐次铺陈的全局性长期性战略谋划和部署。[4] 柳礼泉认为，"四个全面"体现了目标与举措的辩证统一、当前与长远的辩证统一、内容和形式的辩证统一，每一个"全面"都是一个小系统，自成方略，自成体系，"四个全面"环环紧扣、相辅相成，形成了一个逻辑严密的战略布局。[5]

2. 新时代中国式现代化"四个全面"的战略地位

曲青山指出，"四个全面"是推进中国特色社会主义伟大事业和党的建设新的伟大工程的总方略、总框架、总抓手、总遵循。[6] 韩振峰指出，"四个全面"战略布局确立了新形势下党和国家各项工作的战略方向、重点领域、主攻目标。[7] 谢俊等认为，"四个全面"战略布局是党和国家在总结改革开放的历史经验，深入分析新形势下的新情况和新问题后提出的，具有根本性和全局性，是引领实现中华民族伟大复兴，坚持和发展中国特色社会主义的根本方略。[8] 石仲泉指出，"四个全面"是习近平治国理政新理念新思想新战略的重中之重，属于顶层设计的"纲中之纲"。[9] 张乾元等认为，"四个全面"深刻地阐述了坚持和发展中国特

[1] 辛向阳：《"四个全面"战略布局思想的三大逻辑》，载于《南京师大学报（社会科学版）》2015年第5期。

[2] 汪青松：《新时代治国理政思想与马克思主义中国化》，上海社会科学院出版社2018年版，第43～44页。

[3] 张建等：《"四个全面"：新时代治国理政的总方略》，载于《中共天津市委党校学报》2018年第2期。

[4] 王钰鑫：《"四个全面"战略布局的内在逻辑研究——兼论坚持和发展中国特色社会主义的行动指针》，载于《中共福建省委党校学报》2015年第4期。

[5] 柳礼泉：《"四个全面"战略布局的哲学意蕴和逻辑进路》，载于《思想理论教育导刊》2016年第4期。

[6] 曲青山：《"四个全面"：新形势下党治国理政的总方略》，载于《党建》2015年第2期。

[7] 韩振峰：《"四个全面"战略布局与中国特色社会主义》，载于《科学社会主义》2015年第5期。

[8] 谢俊等：《"四个全面"：引领实现中国梦的战略布局》，载于《重庆邮电大学学报（社会科学版）》2015年第6期。

[9] 石仲泉：《"四个全面"与十八大以来党和国家历史的新发展》，载于《毛泽东邓小平理论研究》2016年第5期。

色社会主义的总目标和总要求，是坚持和发展中国特色社会主义的重大战略布局。① 漆玲指出，"四个全面"作为中国特色社会主义理论体系的重要构成因素，在指导中国特色社会主义实践中具有里程碑意义。② 学界关于新时代中国式现代化"四个全面"战略布局的战略地位研究准确反映了这一重大战略思想在坚持和发展新时代中国特色社会主义中的历史地位，进一步深化了对新时代中国式现代化"四个全面"战略布局的规律性探究。

3. 新时代中国式现代化"四个全面"的重大价值

韩喜平等指出，"四个全面"战略布局明确了中国式现代化建设的制度体系、提供了中国式现代化建设的持久力量。③ 颜晓峰认为，"四个全面"战略布局是走向民族复兴的固本之道、破障之道、兴旺之道。④ 陈金龙指出，"四个全面"战略布局是中国道路的集中表达和理性升华，表明中国道路是中国现代化之路、中国协调发展之路、中国内涵发展之路、实现人民幸福之路；"四个全面"为国家形象注入了新元素，展示了国家形象的新内涵，有助于国家形象的建构；"四个全面"既是彰显中国特色的话语表达，也是适应世界潮流、赢得国际社会认同的话语表达，为中国融入国际社会带来了新机遇。⑤ 任新民认为，习近平总书记关于"四个全面"的系列重要讲话，深刻回答了新形势下党和国家事业发展的一系列重大理论和现实问题，是新的历史条件下我们党治国理政的行动纲领，是坚持和发展中国特色社会主义的理论成果，实现中华民族伟大复兴中国梦的强大思想武器。⑥ 从现有学界研究成果看，学者们普遍认同新时代中国式现代化"四个全面"战略布局是新时代中国式现代化建设的制度体系，为中国式现代化提供持久力量，为我们党提供了带领人民走向民族复兴的固本之道、破障之道和兴旺之道。

4. 新时代中国式现代化"四个全面"的时空维度

国内学界同样对新时代中国式现代化"四个全面"战略布局的时空维度进行了有意义和有价值的研究和讨论。汪青松指出："四个全面"战略布局与中国梦是习近平新时代中国特色社会主义思想的重要组成部分，具有宏大的战略性、内在的系统性、形成的过程性，其高端层面是中国特色社会主义，中端层面是中国

① 张乾元等：《"四个全面"开辟中国特色社会主义新境界》，载于《新疆师范大学学报（哲学社会科学版）》2015年第6期。
② 漆玲：《"四个全面"：中国现代化理论的最新成果》，载于《理论与现代化》2016年第1期。
③ 韩喜平：《"四个全面"：构建中国现代化的战略布局》，载于《思想理论教育》2015年第12期。
④ 颜晓峰：《"四个全面"战略布局是实现中国梦的理论指导和实践指南》，载于《中国高校社会科学》2015年第4期。
⑤ 陈金龙：《"四个全面"战略布局的价值解读》，载于《学术研究》2015年第12期。
⑥ 任新民：《"四个全面"：党治国理政的行动纲领》，载于《学术探索》2015年第3期。

11

梦，基础层面是"四个全面"战略布局。不能孤立、片面、静止地看待中国梦与
"四个全面"战略布局，而应在中国特色社会主义视域下，整体地把握中国梦与
"四个全面"战略布局的层次性，逻辑地把握中国梦与"四个全面"战略布局的
结构性，发展地把握"四个全面"战略布局与中国梦的阶段性。有人依据"四
个全面"的第一全面是全面建成小康社会而把"四个全面"战略布局判定为仅
是"十三五"时期的战略方针，这一看法并不准确。诚然，"四个全面"战略布
局首先是直接针对全面建成小康社会的目标提出的；但"四个全面"战略布局并
不局限于全面建成小康社会阶段，而是与中国梦"三步走"相对应的。"四个全
面"战略布局作为中国梦的实践性安排，与中国特色社会主义都具有长远的指导
意义。在此基础上，汪青松提出，把握与实施好中国梦的"关键"，就能在建党
一百周年时全面建成小康社会，即实现中国梦的第一步目标；按照中国梦"三步
走"顶层设计的要求，全面建成小康社会即中国梦的第一步目标达到之后，还要
进一步为实现中国梦的第二步和第三步目标而奋斗。与此相对应，"四个全面"
战略布局也不只是"十三五"时期的战略布局，即不仅要引领和服务于中国梦第
一步目标的实现，而且要在中国梦第二、第三步目标推进过程中不断发挥作用。[①]
党的十九届五中全会已经提出"协调推进全面建设社会主义现代化国家、全面深
化改革、全面依法治国、全面从严治党的战略布局"[②] 的最新表达。这一点与学
界现有的关于新时代中国式现代化"四个全面"战略布局的时空维度研究的逻辑
理路一致，这表明了学界研究的巨大价值与意义，也有利于科学把握坚持和发展
新时代中国特色社会主义的理论逻辑、历史逻辑和实践逻辑。

（八）"中国现代化""中国式现代化""中国式现代化系统" 研究

1. "中国现代化" 为题的研究

中国科学院何传启领衔的中国现代化战略研究团队 20 多年潜心研究，2001
年以来，在北京大学出版社每年出版一本《中国现代化报告》，从现代化基本原
理上研究现代化科学概念、现代化与评价[③]、知识经济与现代化、现代化理论与
展望等；从分层现代化上研究世界现代化概览、世界现代化的度量衡、国际现代
化、地区现代化；从领域现代化上研究经济现代化、社会现代化、文化现代化、
生态现代化；从部门现代化上研究农业现代化、工业现代化[④]、交通现代化、

---

① 汪青松：《新时代治国理政思想与马克思主义中国化》，上海社会科学院出版社 2018 年版，第 42 ~
44 页。
② 《中国共产党第十九届中央委员会第五次全体会议公报》，载于《人民日报》2020 年 10 月 30 日。
③ 何传启：《中国现代化报告 2001——现代化与评价》，北京大学出版社 2001 年版。
④ 何传启：《中国现代化报告 2014 ~ 2015——工业现代化研究》，北京大学出版社 2015 年版。

城市现代化、服务业现代化；从现代化战略上研究产业结构现代化、健康现代化、生活质量现代化①等，系统阐述世界和国家现代化的原理和方法以及中国现代化的理性选择和政策建议。

2. "中国式现代化"为题的研究

中国式现代化研究自20世纪70年代末改革开放和现代化建设新时期开始。自邓小平1979年3月首提"中国式的现代化"时，1979年以"中国式的现代化"为题研究论文4篇。根据中国知网文献统计分析，新时期以"中国式现代化"为题研究论文60多篇，其中1980～1989年19篇、1990～1999年11篇（笔者在1995年发表过②）、2000～2009年29篇、2010～2011年2篇，新时期30多年共发表以"中国式现代化"为题论文60多篇。

2012年党的十八大以来，2012～2019年发表以"中国式现代化"为题研究论文11篇。2020年10月习近平在党的十九届五中全会第二次全体会议上的讲话中首论中国式现代化，中国式现代化研究进入热潮。2020年中共中央党校（国家行政学院）《中国党政干部论坛》第12期即发表何传启、戴木才、高祖贵等撰写的一组研究"坚定不移推进中国式现代化"论文③；2021年1月和7月习近平分别在省部级主要领导干部学习贯彻党的十九届五中全会精神专题研讨班上的讲话和在庆祝中国共产党成立一百周年大会上的讲话中阐述中国式现代化，2021年学界发表以"中国式现代化"为题研究论文105篇；2022年10月党的二十大报告阐发中国式现代化的中国特色和本质要求，2022年学界发表以"中国式现代化"为题研究论文1 220篇；2023年2月习近平在新进中央委员会的委员、候补委员和省部级主要领导干部学习贯彻习近平新时代中国特色社会主义思想和党的二十大精神研讨班开班式上的讲话中详论中国式现代化的中国特色，2023年学界发表以"中国式现代化"为题的研究论文4 700多篇。新时代10年发表以"中国式现代化"为题的研究论文6 000多篇。

2023年中共中央宣传部理论局组织编写《中国式现代化面对面》（学习出版社、人民出版社2023年版），《四川日报》和川观智库联合四川省委党校、西南财经大学推出《中国式现代化100问》④，对中国式现代化理论和实践重大问题进行深入浅出的回答。

3. "中国式现代化系统"为题的研究

在庆祝中国共产党成立100周年大会上习近平首提"中国式现代化新道路"

---

① 何传启：《中国现代化报告2019——生活质量现代化研究》，北京大学出版社2019年版。

② 汪青松：《中国式现代化的内涵与特征》，载于《安徽师大学报》1995年第1期。

③ 何传启：《中国式现代化与全面建设现代化国家新征程》，载于《中国党政干部论坛》2020年第12期。

④ 陈名财：《中国式现代化蕴含了怎样的道路自信？》，载于《四川日报》2023年12月4日。

概念，标志着中国式现代化建设实践走出与西方式现代化完全不同的发展道路。戴木才认为，中国式现代化道路创造了以人民本位、共建共享、自觉推动、和平发展、命运与共、合作共赢等为丰富内涵的现代化理论体系和实践路径，全面超越了以资本本位、逐利本性、自发生成、丛林法则、全面扩张、唯我独霸等为主要内容的西方式现代化道路，拓展了发展中国家走向现代化的新路径。① 这已是系统地理解中国式现代化理论体系。汪青松、严运楼撰文认为，从系统观看，新时代现代化新布局新方略在科学内涵上是协调推进"四个全面"式现代化、协同促进"四化同步"式现代化、贯彻"新发展理念"式现代化，在本质特征上是社会主义式现代化、人民至上式现代化、"五位一体"式现代化，在时代价值上是统揽"四个伟大"式现代化、把握"四个大势"式现代化、坚定"四个自信"式现代化。②

2023 年 2 月习近平明确强调"推进中国式现代化是一个系统工程"。③ 孟东方、王资博指出，中国式现代化系统工程运行框架的战略目标子系统解决现代化发展方向；民心根基子系统解决现代化发展担当；主体架构子系统解决现代化本质要求；动力依托子系统解决现代化发展动力；协同保障子系统解决现代化发展条件。④ 中国式现代化系统运行的文化根基深厚滋养是发生前提，战略目标辩证统一是方向引领，核心要素稳定运转是现实根基，评估优化高效实施是可靠保证，系统机制勾连融通是核心要旨。⑤ 朱大鹏认为，处理好中国式现代化系统工程中若干重大关系，要求树立系统观念，从整体、协同、发展、环节的角度看待系统，运用好顶层性思维、战略性思维、结构性思维、统筹性思维、趋势性思维、阶段性思维、环节性思维等系统思维的具体方法。⑥ 徐浩然认为，推进中国式现代化是一个系统工程，其主体内容是全面建设社会主义现代化国家，使命任务、内容结构、时空秩序艰巨复杂，要从需求管理、顶层设计、综合集成、演化变革、评估验证环节一体推进。⑦ 任洁指出，推进中国式现代化系统工程涉及改革发展稳定、内政外交国防、治党治国治军等党和国家事业的各个领域、各个方面，需要统筹兼顾、系统谋划、整体推进，以实现质量、结构、规模、速度、效

① 戴木才：《实现人民美好生活之道——中国式现代化道路》，人民出版社 2022 年版。

② 汪青松、严运楼：《系统观视阈中的新时代现代化新布局新方略》，载于《观察与思考》2022 年第 9 期。

③ 《习近平在学习贯彻党的二十大精神研讨班开班式上发表重要讲话强调正确理解和大力推进中国式现代化》，载于《人民日报》2023 年 2 月 8 日。

④ 孟东方、王资博：《中国式现代化系统工程研究论纲》，载于《重庆师范大学学报（社会科学版）》2023 年第 1 期。

⑤ 孟东方、陈沉：《中国式现代化系统运行研究论纲》，载于《重庆师范大学学报（社会科学版）》2024 年第 1 期。

⑥ 朱大鹏：《推进中国式现代化的系统工程论析》，载于《马克思主义研究》2023 年第 4 期。

⑦ 徐浩然：《中国式现代化的系统工程问题研究》，载于《科学社会主义》2023 年第 3 期。

益、安全的有机统一与协调优化,保障中国式现代化巨轮行稳致远。①

二、本书研究的主要问题与思路

(一) 研究的主要问题

本书站在当代中国马克思主义、21 世纪马克思主义发展重大机遇的高度,聚焦新时代中国式现代化新理念新思想新战略,深入开展习近平新时代中国特色社会主义思想与中国特色社会主义现代化强国建设关系的研究;根据习近平治国理政系统思维特点,深刻把握新时代中国式现代化新理念新思想新战略贯穿的科学世界观和方法论。

1. 及时跟进习近平新时代中国特色社会主义思想的发展,阐论"新时代中国式现代化新理念新思想新战略"

本书重点研究"四个伟大"的中国式现代化、把握"四个大势"的中国式现代化、"四个全面"的中国式现代化、"五位一体"的中国式现代化、"四个自信"的中国式现代化。学深悟透党的十九大和二十大精神,加深国家治理体系和治理能力现代化研究。

2. 站在当代中国马克思主义、21 世纪马克思主义重大发展的高度,开展习近平新时代中国特色社会主义思想和新时代中国式现代化关系的研究

从科学社会主义进入 21 世纪伟大历史创举的视野看,习近平新时代中国特色社会主义思想的伟大实践,是当代中国马克思主义、21 世纪马克思主义发展重大历史机遇。建设社会主义现代化强国,是新中国成立后我们党的不懈追求。以习近平同志为核心的党中央把科学社会主义理论与新时代中国特色社会主义治国理政新理念新思想新战略,以及开启第二个百年新征程实际相结合,全面建设社会主义现代化国家。新时代中国特色社会主义治国理政新理念新思想新战略,不仅具有中国意义,而且具有世界意义;不仅具有中国特色,而且反映世界社会主义发展趋势。把我国建成富强民主文明和谐美丽的社会主义现代化强国,是新时代中国特色社会主义治国理政新理念新思想新战略对马克思主义的最重要贡献,必须集中研究和概括提炼。

习近平新时代中国特色社会主义思想系统回答了全面建成社会主义现代化强国的重大理论问题,党的二十大提出全面建成社会主义现代化强国的目标,深化了社会主义现代化的内涵,丰富了新时代治国理政的内容和领域,提升了社会主

---

① 任洁:《以系统观念整体推进中国式现代化》,载于《国家治理》2023 年第 8 期。

义现代化的层次。

加强习近平新时代中国特色社会主义思想和中国式现代化实践关系的研究，聚焦"建设什么样的社会主义现代化强国""怎样建设社会主义现代化强国"重大课题及其新时代解答，研究需要从多个领域展开，如治国理政新理念新思想新战略推进现代化经济体系建设研究、推进社会主义民主政治与法治国家建设研究、推进社会主义先进文化建设研究、推进共建共治共享的社会建设研究、推进人与自然和谐共生的现代化建设研究、推进国防和军队现代化研究、推进马克思主义执政党建设研究以及推进国家治理体系和治理能力现代化研究等。

3. 深刻把握和深入研究新时代中国式现代化新理念新思想新战略蕴含和贯穿的系统思维和科学世界观方法论

党的十八大以来，以习近平同志为核心的党中央以系统思维和战略思维聚焦现代化，从经济建设、政治建设、文化建设、社会建设和生态文明建设"五位一体"总体布局的高度推进社会主义现代化强国建设。党的十九大提出，到21世纪中叶，我国物质文明、政治文明、精神文明、社会文明、生态文明将全面提升，实现国家治理体系和治理能力现代化，成为综合国力和国际影响力领先国家。在社会主义现代化进程的不断探索中，推进国家治理体系和治理能力现代化既是坚持和发展中国特色社会主义的必然要求，也是实现社会主义现代化的题中应有之义，更是本书跟进研究的重点。

新时代中国式现代化新理念新思想新战略从唯物主义的世界观与方法论立场出发，遵循一切从实际出发、实事求是的基本原则，立足"四个全面"战略布局，注重调查研究，坚持问题导向，彰显习近平总书记始终不忘马克思主义一切从实际出发、实事求是的理论品格，思维方式紧贴中国大地，根系世情、国情、党情，特别注重运用马克思主义的科学思维方法解决问题。习近平总书记把脉中国实际，从中国现实问题出发解决中国问题，把唯物论、底线思维、问题意识有机统一起来，本书力求对新时代中国式现代化新理念新思想新战略的世界观与方法论进行研究。

（二）研究的思路

以习近平同志为核心的党中央总揽战略全局，围绕"建设什么样的社会主义现代化强国""怎样建设社会主义现代化强国"等问题，作出新时代中国式现代化解答。新时代中国式现代化统揽"四个伟大"，坚持"新发展理念"为新时代中国式现代化提供奋斗目标、必由之路、精神支撑、政治保障和理念指导。新时代中国式现代化全面超越西方模式与苏联模式，是把握"四个大势"的现代化，是坚定"四个自信"的现代化。全面超越、把握大势、"四个自信"彰显的是新时代中国式现代化的全新范本、全新选择和全新方案。习近平总书记立足中华民族伟大复兴的战略全局和世界百年未有之大变局，对中国实现"两个一百年"奋斗目标作出新时代中国式现代化的战略性思考与全局性谋划。新时代中国式现代化统筹推进"五位一体"现代化，把我国建成富强民主文明和谐美丽的社会主义现代化强国；新时代中国式现代化协调推进"四个全面"现代化，全面建成小康社会和全面建设社会主义现代化国家，全面深化改革，全面依法治国，全面从严治党。

中国特色社会主义已进入的新时代是全面建成小康社会进而全面建成社会主义现代化强国的时代。本书聚焦新时代中国式现代化新理念新思想新战略，形成6篇22章50多万字专著书稿，具体包括：导论，系统研究新时代中国式现代化新理念新思想新战略的意义；第一篇，统揽"四个伟大"的中国式现代化；第二篇，贯彻新发展理念的中国式现代化；第三篇，坚定"四个自信"的中国式现代化；第四篇，把握"四个大势"的中国式现代化；第五篇，统筹推进"五位一体"的中国式现代化；第六篇，协调推进"四个全面"的中国式现代化；结语，坚持新时代中国式现代化新理念新思想新战略的系统观方法论。

三、本书成果的主要观点

本书主要观点体现在对新时代中国式现代化新理念、新思想、新战略等方面的把握上。党的十八大以来，习近平总书记站在时代变局和战略全局的高度发表一系列重要讲话，形成了新时代治国理政的新理念新思想新战略。新理念新思想新战略三者统一于新时代中国式现代化重点任务。新理念是新时代中国式现代化的实践先导；新思想是新时代中国式现代化的行动指南；新战略是新时代中国式现代化的发展蓝图，都围绕"什么是新时代中国式现代化、怎样建设新时代中国式现代化"重大问题，从理论和实践上作出新时代系统解答。

（一）新时代中国式现代化的新理念

第一、二篇主要从统揽"四个伟大"和贯彻"新发展理念"视角论述新时代建设的是什么样的中国式现代化，把握新时代中国式现代化总体与重点的关系。

作为新时代中国式现代化新理念，"四个伟大"是总体性理念。新时代中国式现代化的伟大梦想是建党一百周年时全面建成小康社会，建国一百周年时全面建成社会主义现代化强国。新时代中国式现代化要通过开展伟大斗争、推进伟大事业、建设伟大工程来实现。伟大梦想是目标，伟大斗争、伟大事业、伟大工程是动力、路径和保证。因此，在新理念上，就是要明确新时代中国式现代化建设的是以"两个一百年"奋斗目标为伟大梦想的现代化强国，明确新时代中国式现代化建设的是以伟大斗争为动力、以伟大事业为路径、以伟大工程为保证的现代化强国。

新发展理念即"五大发展理念"是现代化强国重点领域经济现代化的理念。全面现代化以经济现代化为基础。贯彻新发展理念，新时代中国式现代化必须实现创新成为第一动力、协调成为内生特点、绿色成为普遍形态、开放成为必由之路、共享成为根本目的的高质量发展。

1. 统揽"四个伟大"的中国式现代化

伟大梦想、伟大工程、伟大事业、伟大斗争为新时代中国式现代化提供全面性总体性的理念先导。伟大梦想指引现代化前进方向；伟大斗争激励现代化前进动力；伟大工程提供现代化根本保证；伟大事业开辟现代化新道路。"四个伟大"聚焦新时代中国式现代化，在理念上分别宣示"朝着什么样的目标""以什么样的主体力量""举什么旗，走什么路""以什么样的精神状态"全面推进中国式现代化。

实现伟大梦想明确宣示"朝着什么样的目标"全面建设新时代中国式现代化强国。加快推进社会主义现代化，既承担着中华民族的历史使命，又承担着当代中国的使命，也承担着未来中国发展走向的使命。建设新时代中国式现代化强国，就是要团结带领全党全国各族人民，接过历史的接力棒，为实现社会主义现代化强国而奋斗，使中华民族更加坚强有力地自立于世界民族之林，为人类作出新的更大的贡献。

建设伟大工程明确宣示了我们"以什么样的主体力量"全面建设新时代中国式现代化强国。中国特色社会主义最本质的特征是中国共产党领导，中国特色社会主义制度的最大优势是中国共产党领导。我们党承担着带领广大人民加快推进社会主义现代化，实现中华民族伟大复兴的中国梦，责任很重大，使命很光荣，需要自身更加坚强有力，保持党的先进性和纯洁性，着力提高执政能力和领导水平，着力增强抵御风险和拒腐防变能力，不断把新时代党的建设新的伟大工程推向前进。

推进伟大事业明确宣示新时代中国式现代化"举什么旗走什么路"。加快推进社会主义现代化，实现中华民族伟大复兴的中国梦，必须坚定不移坚持和发展中国特色社会主义。因此，必须牢牢把握我国发展的阶段性特征，牢牢把握人民群众对美好生活的向往，提出新的思路、新的战略、新的举措，夺取全面建设新时代中国式现代化伟大胜利。

进行伟大斗争明确宣示了我们"以什么样的精神状态"全面建设新时代中国式现代化强国。习近平总书记反复强调，我们正在进行具有许多新的历史特点的伟大斗争，面临的挑战和困难前所未有，发展中国特色社会主义是一项长期的艰巨的历史任务，必须准备进行具有许多新的历史特点的伟大斗争。这就要求我们发扬斗争精神，推动中国由大国走向强国，建成富强民主文明和谐美丽的社会主义现代化强国，实现中华民族伟大复兴的中国梦。

从深层次看，改革开放和社会主义现代化强国建设实践蕴含着"四个伟大"的完整逻辑。新时代中国式现代化"四个伟大"各有侧重又有机联系，实现中华民族伟大复兴的"伟大梦想"就是目标，是党、国家和人民的殷切期待，推进中国特色社会主义"伟大事业"、进行具有许多新的历史特点的"伟大斗争"、推进党的建设新的"伟大工程"，分别是实现"伟大梦想"的必由之路、精神支撑和政治保障。① 其中党的建设伟大工程是关键，历史已经并将继续证明，没有中国共产党的领导，新时代中国式现代化必然是空想。

明确"四个伟大"的深刻内涵，新时代建设现代化要统筹推进"四个伟大"。一方面，以"两个一百年"奋斗目标伟大梦想引领建设现代化强国的伟大斗争、伟大事业、伟大工程实践；另一方面，中国式现代化的伟大斗争、伟大事业、伟大工程的推进，都要围绕全面建成社会主义现代化强国的伟大梦想而展开。在新的历史起点上，实现全面建成小康社会和全面建成社会主义现代化强国的伟大梦想，既需要攻坚克难进行伟大斗争提供强大动力，也需要推进中国特色社会主义伟大事业以确保正确道路，更需要深入推进新时代党的建设新的伟大工程打造坚强领导提供组织保证，必须贯通起来理解、结合起来把握、协同起来贯彻，为实践提供理念先导。

2. 贯彻"新发展理念"的中国式现代化

站在新起点，实现新目标，完成新任务，必须坚持新发展理念，重点实现经济高质量发展，这是新时代中国式现代化强国的基础保障和重点领域。

一是贯彻创新发展理念，推进新时代中国式现代化经济高质量发展。新时代中国式现代化必须鼓励创新，推动经济发展质量变革、效率变革、动力变革，持续提高生产率。科技是第一生产力，是先进生产力的集中体现和主要标志，在新科技革命方兴未艾，世界处于百年未有之大变局，全面建设社会主义现代化国家的新发展阶段，科技创新、自立自强愈发成为决定我国生存和发展的基础能力。

二是贯彻协调发展理念，实现城乡现代化协调发展。协调发展的重点是"三农"问题，做好农村工作，巩固发展农业在国民经济中的基础地位，实现农民脱贫致富、乡村振兴是新发展理念的重要要求，也是新时代中国式现代化的内在要求。接续推进全面脱贫与乡村振兴有效衔接，"针对主要矛盾的变化，理清工作

---

① 韩庆祥：《"四个伟大"意义重大》，载于《学习时报》2017 年 9 月 25 日。

思路，推动减贫战略和工作体系平稳转型，统筹纳入乡村振兴战略，建立长短结合、标本兼治的体制机制。"①

三是贯彻绿色发展理念，坚持人与自然和谐共生的新时代中国式现代化。新时代中国式现代化建设依然面临能源体系高度依赖煤炭等化石能源，生产和生活体系向绿色低碳转型的巨大压力，实现"碳达峰""碳中和"任务极其艰巨。面对这样的态势，就需要准确贯彻绿色发展理念，坚持节约资源和保护环境的基本国策，统筹山水林田湖草沙系统治理，实行最严格的生态环境保护制度，形成绿色发展方式和生活方式，坚定走生产发展、生活富裕、生态良好的文明发展道路，建设美丽中国，为全球生态安全作出贡献。

四是贯彻开放发展理念，构建新时代中国式现代化新发展格局。开放发展对于我国实现更高质量、更有效率、更加公平、更可持续、更为安全的发展，对于促进世界经济繁荣，影响都非常深远。"新发展格局决不是封闭的国内循环，而是开放的国内国际双循环。推动形成宏大顺畅的国内经济循环，就能更好吸引全球资源要素，既满足国内需求，又提升我国产业技术发展水平，形成参与国际经济合作和竞争新优势。"②

五是贯彻共享发展理念，坚持以人民为中心的现代化观，在为人民谋幸福、扎实推进共同富裕方面取得实质性进展。"为人民谋幸福、为民族谋复兴，这既是我们党领导现代化建设的出发点和落脚点，也是新发展理念的'根'和'魂'。只有坚持以人民为中心的发展思想，坚持发展为了人民、发展依靠人民、发展成果由人民共享，才会有正确的发展观、现代化观。"③ 坚持以人民为中心的现代化观，就一定要扎实推进全体人民的共同富裕。共同富裕是社会主义的本质要求，是关系党的执政基础的重大政治问题。

在新发展理念中，创新是发展的动力，协调是发展的方法，绿色是发展的模式，开放是发展的途径，共享是发展的目的。新发展理念为经济高质量发展提供了科学思路。明确"五大发展"的现代化理念，新时代建设中国式现代化要统揽"五大发展"的现代化实践。从根本宗旨、问题导向、忧患意识上把握"五大发展"，才能完整准确全面贯彻新时代中国式现代化新发展理念，建成创新发展、协调发展、绿色发展、开放发展、共享发展的现代化强国。

---

① 习近平：《在决战决胜脱贫攻坚座谈会上的讲话（2020年3月6日）》，载于《人民日报》2020年3月7日。

② 习近平：《关于〈中共中央关于制定国民经济和社会发展第十四个五年规划和二〇三五年远景目标的建议〉的说明》，引自《中共中央关于制定国民经济和社会发展第十四个五年规划和二〇三五年远景目标的建议》，人民出版社2020年版，第45页。

③ 习近平：《把握新发展阶段，贯彻新发展理念，构建新发展格局》，载于《求是》2021年第9期。

（二）新时代中国式现代化的新思想

第三、四篇主要从坚定"四个自信"和把握"四个大势"的视角论述新时代为什么能建设社会主义现代化强国，把握新时代中国式现代化内因与外因的关系。

内因是根据。作为新时代中国式现代化新思想，拥有四大优势、坚定"四个自信"是新时代建设现代化强国的关键内因。新时代中国式现代化之所以能实现，就是因为拥有中国道路、中国理论、中国制度、中国文化，依靠的就是中国道路、中国理论、中国制度、中国文化的四大优势。在中国道路、中国理论、中国制度、中国文化四大要素中，中国道路是基础，道路问题关系新时代中国式现代化兴衰成败，中国特色社会主义道路是新时代中国式现代化的必然选择，道路决定命运；中国理论是灵魂，理论指引中国式现代化方向；中国制度是根本，制度提供新时代中国式现代化的保障；中国文化是根基，文化凝聚新时代中国式现代化的力量源泉，文化涵养力量。新时代中国式现代化必须坚持中国道路、中国理论、中国制度、中国文化，坚定中国道路自信、中国理论自信、中国制度自信、中国文化自信。

外因是条件。作为新时代中国式现代化新思想，在国际上坚持胸怀天下，把握"四个大势"，引领全球"四化"即经济全球化、世界多极化、文化多样化、社会信息化，是新时代中国式现代化的外部条件。世界正处于大发展大变革大调整时期，百年未有之大变局和新冠疫情全球大流行交织影响，世界多极化、经济全球化、社会信息化、文化多样化深入发展。全球治理体系和国际秩序变革加速推进，新兴市场国家和发展中国家快速发展，尤其是中国的发展，国际力量对比更趋均衡，世界各国相互联系日益紧密。新时代中国式现代化必须坚持胸怀天下，顺应世界多极化加速推进、经济全球化持续发展、国际环境总体稳定、各种文明交流互鉴的"四个大势"；高举和平、发展、合作、共赢的旗帜，引领经济全球化、世界多极化、社会信息化、文化多样化正确发展，把我国现代化建设同世界各国人民利益统一起来，朝着构建人类命运共同体的方向前行。

1. 坚定"四个自信"的中国式现代化

新时代中国式现代化坚定道路自信、理论自信、制度自信、文化自信。中国共产党人和中国人民完全有信心有能力探索现代化的中国方案，为人类对更好社会制度的探索提供全新方案。[①]

新时代中国式现代化的道路自信在于，中国特色社会主义现代化既不是"传统的"，也不是"外来的"，更不是"西化的"，而是我们"独创的"；既不走封

---

① 汪宗田：《坚定"四个自信"与提供"中国方案"》，载于《光明日报》2016 年 12 月 20 日。

闭僵化老路，也不走改旗易帜邪路，而是开创了一条改革开放的民族复兴新路。中国特色社会主义现代化道路符合中国国情，指引中国走向繁荣昌盛，增进人民福祉，是国家富强、民族振兴和人民幸福的必由之路。

新时代中国式现代化的理论自信在于，中国特色社会主义理论体系凝结了几代中国共产党人带领全国各族人民不懈探索实践的智慧，是对马克思列宁主义、毛泽东思想的坚持和发展，是全国各族人民团结奋斗的共同思想基础。习近平新时代中国特色社会主义思想是马克思主义中国化时代化的最新成果，丰富发展中国特色社会主义理论体系，是迎来从"站起来""富起来"到新时代中国式现代化中"强起来"的科学指南。

新时代中国式现代化的制度自信在于，中国特色社会主义制度是新时代中国式现代化强国建设的根本保障。中国特色社会主义制度是一整套相互衔接、相互联系的制度体系。我们最大的优势就是中国特色社会主义制度是具有强大自我完善能力的先进制度。我国社会主义制度能够集中力量办大事，这是我们成就现代化事业的重要法宝，也为人类对更好社会制度的探索提供可供参考借鉴。

新时代中国式现代化的文化自信在于，中国特色社会主义文化为新时代中国式现代化强国建设提供精神动力。2016 年 7 月 1 日习近平在庆祝中国共产党成立 95 周年大会上的讲话中指出："在 5000 多年文明发展中孕育的中华优秀传统文化，在党和人民伟大斗争中孕育的革命文化和社会主义先进文化，积淀着中华民族最深层的精神追求，代表着中华民族独特的精神标识。"[1] 新时代中国式现代化文化自信是道路自信、理论自信、制度自信的根基和源泉，为道路自信、理论自信、制度自信提供智力支持和价值支撑。

明确"四个自信"的中国式现代化新思想，新时代中国式现代化要充分发挥中国特色社会主义道路、理论、制度、文化的四大优势，以道路自信为基，以理论自信为魂，以制度自信为本，以文化自信为根，更加坚定地集中全党全国人民的智慧与力量为新时代中国式现代化而奋斗。

2. 把握"四个大势"的中国式现代化

建设一个什么样的世界、怎样建设这个世界？面对世界百年未有之大变局，习近平对世界之问的回答是胸怀天下，把握"四个大势"，即世界多极化加速推进的大势、经济全球化持续发展的大势、国际环境总体稳定的大势、各种文明交流互鉴的大势[2]，以新时代中国式现代化引领全球"四化"，即经济全球化、世

---

① 郑庆东主编：《习近平经济思想研究文集（2022）》，人民出版社 2023 年版，第 169 页。
② 《习近平谈治国理政》第三卷，外文出版社 2020 年版，第 428 页。

界多极化、文化多样化、社会信息化，构建人类命运共同体。中国努力推进新时代中国式现代化，给世界上那些既希望加快发展又希望保持自身独立性的国家和民族提供全新选择。[①]

新时代中国式现代化所处世界多极化加速推进的大势，新兴市场国家和发展中国家群体性崛起、国际力量更趋均衡的多极化世界。多样性是世界文化的基本特征。习近平指出，文明具有多样性，就如同自然界物种的多样性一样，一同构成我们这个星球的生命本源。[②] 世界因多彩而美丽，文明因交流互鉴而发展。与单极世界、两极世界相比，世界多极化更能体现国际社会对公平正义与合作共赢的普遍期待。中国是世界多极化的坚定支持者和积极推动者，新时代中国式现代化引领世界多极化，共同推动世界和平与发展。新时代中国式现代化引领文化多样化，与不同文明交流对话不断深入，文化空间和文化视野不断拓展，必将为人类文明发展作出更大贡献。

经济全球化是不可逆转的历史大势，为世界经济发展提供了强劲动力。2016年 11 月 20 日，习近平在亚太经合组织第二十四次领导人非正式会议上指出："我们要坚定不移引领经济全球化进程，引领经济全球化向更加包容普惠的方向发展，反对一切形式的保护主义。"[③] 新时代中国式现代化高举经济全球化旗帜，加大力度主动开放推进全球化，持续放宽市场准入，营造国际一流营商环境，不断激发进口潜力，打造对外开放新高地，推动多边合作深入发展，引领经济全球化朝着美好的方向发展。

国际环境总体稳定的大势没有改变，习近平强调，世界多极化、经济全球化、国际关系民主化的大方向没有改变，要引导国际社会共同塑造更加公正合理的国际新秩序。[④] 中国秉承和平、发展、公平、正义、民主、自由的人类共同价值，深入推进共建"一带一路"，新时代中国式现代化带来新动能，为美好世界建设做贡献。

把握各种文明交流互鉴的大势，新时代中国式现代化与日新月异的信息革命相交汇。互联网发展是无国界、无边界的，利用好、发展好、治理好互联网必须深化网络空间国际合作，携手构建网络空间命运共同体。[⑤] 中国提出的网络空间命运共同体理念逐渐成为全球共识。新时代中国式现代化引领社会信息化，为全球数字经济发展注入强大动能。

---

① 孙贺：《现代化之路的中国超越》，载于《光明日报》2020 年 6 月 29 日。
② 《习近平谈治国理政》第二卷，外文出版社 2017 年版，第 464 页。
③ 习近平：《面向未来开拓进取 促进亚太发展繁荣》，载于《人民日报》2016 年 11 月 22 日。
④ 《习近平主持召开国家安全工作座谈会强调牢固树立认真贯彻总体国家安全观 开创新形势下国家安全工作新局面》，载于《人民日报》2017 年 2 月 18 日。
⑤ 习近平：《在第三届世界互联网大会开幕式上的视频讲话》，载于《人民日报》2016 年 11 月 17 日。

正确认识和把握"四个大势",新时代中国式现代化要把握面向世界推进现代化的辩证法。胸怀天下、立己达人。习近平 2021 年 7 月 6 日在中国共产党与世界政党领导人峰会上的主旨讲话中说:"大时代需要大格局,大格局呼唤大胸怀。从'本国优先'的角度看,世界是狭小拥挤的,时时都是'激烈竞争'。从命运与共的角度看,世界是宽广博大的,处处都有合作机遇。"[①] 我们既要把握世界多极化加速推进的大势,又要重视大国关系深入调整的态势;既要把握经济全球化持续发展的大势,又要重视世界经济格局深刻演变的动向;既要把握国际环境总体稳定的大势,又要重视国际安全挑战错综复杂的局面;既要把握各种文明交流互鉴的大势,又要重视不同思想文化相互激荡的现实,在妥善应对和化解我国发展历史交汇期和世界发展转型过渡期相互叠加带来的现代化各种风险挑战中取得现代化的胜利。

(三) 新时代中国式现代化的新战略

第五、六篇主要从统筹推进"五位一体"和协调推进"四个全面"的视角,论述怎么样加强新时代中国式现代化,把握新时代中国式现代化纵向布局与横向谋篇的关系。

作为新时代中国式现代化新战略,"五位一体"总体布局按社会结构五个层面纵向布局。经济现代化居于基础地位,经济现代化借助自主创新的驱动力,在关键领域、"卡脖子"的地方下功夫,中国经济现代化必将领跑世界;我国政治现代化道路在发展道路的激烈交锋中,国家治理体系与治理能力现代化得到提高,展现出中国引领全球治理体系的大国担当;在文化现代化引领下,中国传统文化传承创新,借鉴人类文明成果,实现从文化大国向文化强国的新跨越;社会现代化推动美好追求,中国人对生活的方方面面都有了更高的追求,高质量、高品位的文明进步生活正在成为一种时尚;生态文明现代化推进绿色发展体系,既满足人民日益增长的美好生活需要,也满足人民日益增长的优美生态环境需要。

明确"五位一体"的中国式现代化新战略,就要在统筹推进"五位一体"总体布局中全面开启现代化新征程。经济建设是根本,政治建设是保障,文化建设是灵魂,社会建设是条件,生态文明建设是基础,共同致力于全面提升我国物质文明、政治文明、精神文明、社会文明、生态文明,统一于把我国建成富强民主文明和谐美丽的社会主义现代化强国的新目标。

作为新时代中国式现代化新战略,"四个全面"战略布局按社会发展四个方面横向谋篇。"四个全面"在战略设计上认识到社会运行的复杂性和系统要素的

---

① 《习近平谈治国理政》第四卷,外文出版社 2022 年版,第 424 页。

多样性，以阶段性时期为根据，对新时代中国式现代化进行战略部署。全面建成小康社会和全面建设社会主义现代化国家是战略目标，全面深化改革和全面依法治国是两大战略举措，都离不开党的领导，都需要把全面从严治党作为根本保证和重要前提。"四个全面"坚持阶段性目标和长远目标、问题导向和目标导向、整体规划和重点推进有机统一的战略抉择，是坚持和发展中国特色社会主义、推进新时代中国式现代化重要战略考量。

明确"四个全面"的新时代中国式现代化新战略，就要围绕全面建成小康社会和全面建设社会主义现代化国家阶段性战略目标，推进全面深化改革、全面依法治国、全面从严治党是三大战略举措，努力做到"四个全面"相辅相成、相互促进、相得益彰，协调推进新时代中国式现代化强国伟大事业。

1. 统筹推进"五位一体"的中国式现代化

新时代中国式现代化是"五位一体"的现代化。党的十八大明确提出经济建设、政治建设、文化建设、社会建设和生态文明建设"五位一体"总体布局。新时代中国式现代化是经济现代化、政治现代化、文化现代化、社会现代化、生态文明现代化的统一体。[①]

强大的经济实力是新时代中国式现代化的重要标志，社会主义现代化强国的重要支撑应是现代化经济体系，包括产业现代化、经济结构现代化、区域布局现代化等；政治现代化是新时代中国式现代化必不可少的组成部分，在当代中国现代化和实现中华民族伟大复兴的历史进程中，党的政治领导是新时代政治现代化的最大优势；文化现代化和文化软实力是新时代中国式现代化的重要目标，高度发达的社会文明为建成社会主义现代化强国提供了精神动力和智力支持，社会主义现代化强国必须具有强大的文化影响力；改善民生是新时代中国式现代化的必然要求，社会治理得到改善，民主、法治、公平、公正等就能在很大程度上实现；新时代中国式现代化还应是人与自然和谐共处的现代化。美丽中国主要体现在生态文明的提升和进步上，实现资源节约型、环境友好型、人口均衡型、生态健康型的社会，不断迈向生态文明的新时代。

统筹推进新时代中国式现代化"五位一体"总体布局，意味着中国进入 21 世纪后从局部现代化到全面现代化，从不断协调的现代化到全面协调的现代化。"五位一体"总体布局是对现代化建设的系统整合，经济现代化建设是中心，政治现代化建设是保障，文化现代化建设是灵魂，社会现代化建设是条件，生态文明现代化建设是基础。[②] 坚持"五位一体"的现代化建设全面推进、协调发展，

---

① 张智、胡伟：《新征程上现代化的深刻内涵——学者纵论现代化的基本格局、演进历程、基本脉络、核心目标》，载于《北京日报》2020 年 12 月 14 日。

② 肖冬松：《治国理政现代化》，人民出版社 2017 年版，第 79 页。

才能形成经济富裕、政治民主、文化繁荣、社会公平、生态良好的发展格局，把我国建成富强民主文明和谐美丽的社会主义现代化强国。

2. 协调推进"四个全面"的中国式现代化

新时代中国式现代化要协调推进"四个全面"战略布局。"四个全面"是以习近平同志为核心的党中央治国理政的总方略，是新时代中国式现代化的战略布局。协调推进"四个全面"战略布局，彰显新时代中国式现代化的特色，为新时代中国式现代化提供科学引领[①]。

全面建成小康社会进而全面建设社会主义现代化国家，是我们党对社会主义现代化建设作出的战略安排。1987 年党的十三大确立"三步走"战略：第一步，实现国民生产总值比 1980 年翻一番，解决人民的温饱问题；第二步，到 20 世纪末，使国民生产总值再增长一倍，人民生活达到小康水平；第三步，到 21 世纪中叶，人均国民生产总值达到中等发达国家水平，基本实现现代化。1997 年，已提前实现解决人民温饱问题、人民生活总体上达到小康水平，党的十五大将第三步战略进一步具体化，提出了三个阶段性目标：21 世纪第一个 10 年，实现国民生产总值比 2000 年翻一番，使人民的小康生活更加富裕；再经过 10 年的努力，到建党 100 周年时，使国民经济更加发展，各项制度更加完善；到 21 世纪中叶建国 100 周年时，基本实现现代化。2012 年党的十八大进一步明确"两个一百年"奋斗目标：在中国共产党成立 100 年时全面建成小康社会，在新中国成立 100 年时建成富强民主文明和谐的社会主义现代化国家。2012 年 11 月 29 日，习近平在国家博物馆参观《复兴之路》展览时表示："我坚信，到中国共产党成立 100 年时全面建成小康社会的目标一定能实现，到新中国成立 100 年时建成富强民主文明和谐的社会主义现代化国家的目标一定能实现，中华民族伟大复兴的梦想一定能实现。"[②]

党的十八大以来，以习近平同志为核心的党中央提出并形成了全面建成小康社会、全面深化改革、全面依法治国、全面从严治党的战略布局。全面建成小康是新时代中国式现代化的第一个百年奋斗目标，是实现中华民族伟大复兴的关键一步；全面深化改革是破除一切不适合现代化发展思想观念和体制机制弊端的根本动力，总目标是完善和发展中国特色社会主义制度，推进国家治理体系和治理能力现代化；全面依法治国坚持党的领导、发扬社会主义民主和严格依法办事统一，是党领导人民治理国家的基本方略，是新时代中国式现代化建设的基本方式，是国家长治久安的必要保障；全面从严治党基础在全面，就是管全党，关键

---

① 陈金龙：《"四个全面"：拓展中国道路的科学引领》，载于《人民日报》2015 年 5 月 18 日。
② 《习近平谈治国理政》第一卷，外文出版社 2018 年版，第 36 页。

在严，就是真管真严、敢管敢严，要害在治，是新时代中国式现代化的政治保证。"四个全面"作为新时代中国式现代化的战略布局，其四个方面不是并列关系。2015 年 2 月 2 日习近平指出，全面建成小康社会是我们的战略目标，到 2020 年实现这个目标，我们国家的发展水平就会迈上一个大台阶，我们所有奋斗都要聚焦于这个目标。全面深化改革、全面依法治国、全面从严治党是三大战略举措，对实现全面建成小康社会战略目标一个都不能缺。不全面深化改革，发展就缺少动力，社会就没有活力。不全面依法治国，国家生活和社会生活就不能有序运行，就难以实现社会和谐稳定。不全面从严治党，党就做不到"打铁还需自身硬"，也就难以发挥好领导核心作用。①

"四个全面"战略布局首先是针对全面建成小康社会的目标提出的，但并不局限于全面建成小康社会阶段，而是与全面建成小康社会、基本建成社会主义现代化、全面建成社会主义现代化强国的中国梦"三步走"相对应的。② 在 2020 年全面建成小康社会、实现第一个百年奋斗目标之后，"四个全面"战略布局就要与时俱进。党的十九届五中全会宣布开启全面建设社会主义现代化国家新征程，向第二个百年奋斗目标进军。

在"四个全面"战略布局新表述中，全面建设社会主义现代化国家是战略目标，居于引领地位；全面深化改革、全面依法治国和全面从严治党是服务于全面建设社会主义现代化国家的战略举措。战略目标从全面建成小康社会提升到全面建设社会主义现代化国家，三个战略举措就要"升级"，新征程上全面深化改革对改革的系统性、整体性、协同性要求更强，全面依法治国使得社会主义民主法治更加健全、社会公平正义得到进一步彰显，全面从严治党更加突出以自我革命的精神加强党的建设和把政治建设摆在首位，才能与战略目标相协同，做到"四个全面"相辅相成、相互促进、相得益彰、协调推进。③

总的来看，新时代中国式现代化是一个宏大系统。以"四个伟大"和"五大发展理念"为先导，以"四个大势"和"四个自信"为指南，统筹推进"五位一体"和"四个全面"。只要我们百年大党坚持以习近平新时代中国特色社会主义思想为指导，把握新时代中国式现代化发展规律，真抓实干，攻坚克难，就一定能率领 14 亿中国人民奋力开创全面建成社会主义现代化强国的新伟业。

---

① 《习近平谈治国理政》第二卷，外文出版社 2017 年版，第 23～24 页。

② 汪青松：《中国特色社会主义视域下的"四个全面"战略布局与中国梦》，载于《思想理论教育》2016 年第 2 期。

③ 陶文昭：《"四个全面"不只刷新了表述，还升级了内涵》，载于《长江日报》2020 年 12 月 11 日。

四、本书研究的特色与创新点

（一）力求进行新时代中国式现代化新理念新思想新战略研究的理论创新

党的十八大以来，习近平总书记以马克思主义政治家宽广视野、理论家远见卓识、战略家雄才大略，阐述新时代中国式现代化新理念新思想新战略，生动展现了复兴梦想的战略愿景和人民幸福的战略追求、高瞻远瞩的战略谋划和把握大势的战略胸怀，从容自信的战略担当和统筹兼顾的战略方法。

首先，从新时代中国式现代化的新理念来看，新时代中国式现代化是"四个伟大"的现代化、是新发展理念的现代化。新时代中国式现代化不是别的什么现代化，是以马克思主义理论和马克思主义中国化时代化成果为指导，在党的领导下发展生产力，追求共同富裕；新时代中国式现代化是"四个伟大"的现代化，伟大斗争、伟大工程、伟大事业、伟大梦想共同构成推进新时代中国式现代化建设的战略支撑；新时代中国式现代化坚持创新、协调、绿色、开放、共享的新发展理念，为中国人民谋幸福，为中华民族谋复兴。

其次，从新时代中国式现代化的新思想看，是把握"四个大势"、坚定"四个自信"的现代化。新时代中国式现代化超越资本主义现代化和苏联模式的社会主义现代化道路，立足中国国情、独立自主走中国特色社会主义现代化强国之路；我国在很长时期内仍将处于赶超阶段，但经过多年的高速发展，我国的现代化方位应由"跟跑""并跑"向"领跑"转变。从转变的条件来看，我国经济总量位于世界第二，在多个领域的技术，如生物、农业、航空航天、电力、建筑、互联网等都位居世界前列，我国每年在研究与试验领域投入大量经费，数额位居世界第二，全球创新指数居于中等收入国家首位。当前的中国已具备一定的经济基础，并拥有一套相对系统化的治国理政体制。现代化发展在第四次科技革命浪潮下迎来了新机遇，为实现赶超，我国要坚持技术创新，不能安于"跟跑"。"新路在哪里？就在科技创新上，就在加快从要素驱动、投资规模驱动发展为主向以创新驱动发展为主的转变上"[①]。因此，习近平总书记反复强调要重视自主创新，瞄准重点领域和关键处，以非对称赶超策略强化核心领域的优势，既有助于保障国家安全，又能凸显大国的领航作用，同时这也是社会主义现代化的必由之路。新时代中国式现代化是把握"四个大势"式现代化，立足中华民族伟

---

① 《习近平谈治国理政》第一卷，外文出版社 2018 年版，第 120 页。

大复兴的战略全局和世界百年未有之大变局，引领经济全球化、世界多极化、社会信息化、文化多样化潮流，尊重文明共生共存，推动人类交流互鉴。新时代中国式现代化是"四个自信"式现代化，道路自信、理论自信、制度自信、文化自信为新时代中国式现代化提供不竭精神动力，必须坚定对中国特色社会主义的道路自信、理论自信、制度自信、文化自信，不断把现代化国家建设推向前进。

最后，从新时代中国式现代化新战略看，新时代中国式现代化是"五位一体"的现代化，是"四个全面"的现代化。新时代中国式现代化是"五位一体"的现代化，统筹推进经济建设、政治建设、文化建设、社会建设和生态文明建设总体布局，是富强民主文明和谐美丽的全面现代化。党的十九届五中全会对"五位一体"总体布局做了系统谋划。新时代中国式现代化要全面推进国防和军队现代化，还要推进国家治理体系和治理能力现代化。新时代中国式现代化关键在于建设引领新时代的马克思主义执政党。坚持马克思主义指导地位，保证马克思主义政党代表人类历史现代化发展方向。坚持中国共产党领导，以党的先进性纯洁性推动社会主义现代化。党作为国家治理的主导力量，是现代治理的执政党，党作为马克思主义执政党，要始终走在时代前列，要勇于自我革命。"四个全面"战略布局明确了新时代中国式现代化的战略目标、战略步骤和战略支撑。党的十九届五中全会指出，全面深化改革取得重大突破，全面依法治国取得重大进展，全面从严治党取得重大成果，国家治理体系和治理能力现代化加快推进，中国共产党领导和我国社会主义制度优势进一步彰显。

（二）努力开展新时代中国式现代化新理念新思想新战略的前瞻性研究

以新时代中国式现代化为主题，以习近平治国理政新理念新思想新战略为主线，从历史和现实相贯通、国际和国内相关联、理论和实际相结合上，围绕新时代"什么是中国式现代化""怎样进行中国式现代化"等一系列重大问题深入研究。

中国共产党的百年历史是推进伟大斗争、伟大事业、伟大工程和伟大梦想的"四个伟大"的历史。在新时代，统筹推进"四个伟大"，就要协调推进"四个全面"战略布局，全面建成小康社会与全面建设社会主义现代化国家、全面深化改革、全面依法治国、全面从严治党。"四个伟大"是党的百年伟大实践的战略全局，"四个全面"是党的"四个伟大"的新时代战略布局。一个政党、一个民族有一个政党和民族的战略全局，一个阶段有一个阶段的战略布局。在中国革命与建设、改革、复兴的不同时期，"四个伟大"表现为不同特征的战略布局。如果说"四个伟大"是中国共产党百年全景式战略全局，那么"四个全面"战略

29

布局就是"四个伟大"在新时代的呈现与展开。"四个全面"战略布局是从我国现代化发展现实需要和人民群众现代化热切期待中提出来的，是为推动解决现代化面临的突出矛盾和问题提出来的。"四个全面"是党的"四个伟大"的新时代战略布局。

新时代中国式现代化要协调推进"四个全面"战略布局，将"两个一百年"奋斗目标与现代化联系起来，为"两个一百年"奋斗目标内实现"新三步走"中国梦路线图提供了阐论依据。中国梦时间表和路线图不是"两个一百年"之中的"两步走"，也不是"两个一百年"基础上的"三步走"，而是"两个一百年"之中实现"三个建成"的"最新三步走"，即在全面建成小康社会、基本实现社会主义现代化、建成富强民主文明和谐美丽的社会主义现代化强国即进入世界强国行列。明确21世纪中叶"三个建成"的"最新三步走"路线图，赋予中国梦重要的创新亮点。

新时代中国式现代化要把握"四个大势"，在引领经济全球化上，推动世界经济朝着更美好的方向发展。新时代中国式现代化加大力度主动开放融入全球化，不断激发进口潜力，持续放宽市场准入，营造国际一流营商环境，打造对外开放新高地，推动多边和双边合作深入发展，展示互利共赢、携手前行的勇气和胸怀。人类生活在同一个地球村里，生活在历史和现实交汇的同一个时空里，越来越成为你中有我、我中有你的命运共同体。在引领世界多极化上，共同推动世界安全繁荣。新时代中国式现代化所处的是一个新兴市场国家和发展中国家群体性崛起，国际力量更加趋于均衡的世界。与单极世界、两极世界相比，世界多极化更能体现国际社会对公平正义与合作共赢的追求。世界多极化、经济全球化、国际关系民主化的大方向没有改变，要引导国际社会共同塑造更加公正合理的国际新秩序。在引领社会信息化上，以更加开放的姿态融入全球数字经济发展。中华民族伟大复兴与日新月异的信息革命历史性交汇，为改革开放和新时代中国式现代化注入强大动能。中国坚持开放合作、互利共赢，加强与世界各国网络空间合作，以更加开放的姿态融入全球数字经济发展。发展好、运用好、治理好互联网，让互联网更好造福人类，是国际社会的共同责任。在引领文化多样化上，推动不同文明交流互鉴。新时代中国式现代化离不开人类文明互学互鉴，多样性是世界文化的基本特征。新时代中国式现代化促进中国日益走近世界舞台中央，带来全球文化多样化机遇；文化交流带动经济合作，"一带一路"倡议深入实施，为新时代中国式现代化带来新动能。文明具有多样性，就如同自然界物种的多样性一样，一同构成我们这个星球的生命本源。世界因多彩而美丽，文明因交流互鉴而发展。新时代中国式现代化新战略，不局限于是一个全球性政治概念，更是一种现代化力量，而这种力量是各国在不断阐发、制度化以及实践中发现的。命运共同体理念是理论创新成果，继承了马克思主义与中华传统优秀文化，并结合了时代需求。人类命运共同体理念是新时代背景下的世界观和方法论，是中国治国理政和现代化的经验总结，是中国智慧和中国力量，是对辩证唯物主义和历史唯物主义的继承与创新，是人类文明新成果。

（三）重视新时代中国式现代化新理念新思想新战略的学理性研究

从哲学上提炼习近平治国理政新理念新思想新战略的立场观点方法。特别是从系统观思想方法、系统观思维方法和系统观工作方法三个层面，阐释了新时代中国式现代化新理念新思想新战略的系统观方法论。

建成富强民主文明和谐美丽的社会主义现代化强国是一个实践系统，新时代中国式现代化新战略充分体现系统观方法论。系统观念是马克思主义基本原理的重要内容。以习近平同志为核心的党中央提出的一系列治国理政新理念新思想新战略坚持新时代中国式现代化系统观方法论，聚焦全面建设社会主义现代化国家的目标，运用新发展理念集中解决新的社会主要矛盾，统筹推进"五位一体"总体布局、协调推进"四个全面"战略布局，把创新发展、协调发展、绿色发展、开放发展、共享发展统一起来，树立总体国家安全观与积极构建人类命运共同体，都体现系统观方法论自觉。正是系统观方法论的科学运用，党的十八大以来，中国特色社会主义事业取得创造性历史成就，为新时代中国式现代化打下坚实基础。攻克了许多长期没有解决的难题，办成了许多事关长远的大事要事，推动党和国家事业取得举世瞩目的重大成就。

新时代中国式现代化新理念新思想新战略通过丰富深刻的内容和极其严密的逻辑思维，形成了一系列符合历史发展方向和中国内涵的系统观方法论体系，其中包括新时代中国式现代化的系统观思想方法、新时代中国式现代化的思维方法和新时代中国式现代化的系统观工作方法三个层面。新时代中国式现代化的系统观思想方法是统筹推进"四个伟大"与协调推进"四个全面"战略布局，坚持解放思想与实事求是，坚定信念与真抓实干结合；新时代中国式现代化的系统观思维方法是坚持现代化的历史思维与当代思维，现代化的高线思维与底线思维，现代化的战略思维与全局思维；新时代中国式现代化的系统观工作方法是实现伟大梦想与践行"五位一体"愿景的相互作用，进行伟大斗争与弘扬"四个精神"的相互推动，推进伟大事业与坚定"四个自信"的相互激荡，建设伟大工程与增强"四个意识"的相互促进。新时代中国式现代化的思想方法、思维方法和工作方法这三个方面辩证统一，共同构成新时代中国式现代化新理念新思想新战略的系统观方法论体系，成为推进新时代中国式现代化的基本遵循。新时代中国式现代化是一个宏大系统，从"四个伟大"到"新发展理念"，从"四个大势"到

31

"四个自信"，从"四个全面"到"五位一体"。在一定意义上可以说，新时代中国式现代化是以系统观为方法论的现代化。

党的十九届六中全会通过的《中共中央关于党的百年奋斗重大成就和历史经验的决议》指出，习近平新时代中国特色社会主义思想从系统回答新时代一个重大时代课题发展到系统回答新时代三个重大时代课题，实现了新时代马克思主义中国化时代化一次新飞跃。党的十八大以来国内外形势变化和我国各项事业发展给我们党提出的一个重大时代课题是必须系统回答新时代"坚持和发展什么样的中国特色社会主义、怎样坚持和发展中国特色社会主义"①。党的十九届六中全会认为，党的十九大以来，我们党治国理政新理念新思想新战略回答的是"坚持和发展什么样的中国特色社会主义、怎样坚持和发展中国特色社会主义，建设什么样的社会主义现代化强国、怎样建设社会主义现代化强国，建设什么样的长期执政的马克思主义政党、怎样建设长期执政的马克思主义政党"三个重大时代课题。党的十九大报告对习近平新时代中国特色社会主义思想做了"八个明确"的阐述，包括明确坚持和发展中国特色社会主义总任务，明确新时代我国社会主要矛盾、坚持以人民为中心的发展思想，明确中国特色社会主义事业总体布局战略布局，明确全面深化改革总目标，明确全面推进依法治国总目标，明确党在新时代的强军目标，明确中国特色大国外交目标，明确中国共产党领导和新时代党的建设总要求。②《中共中央关于党的百年奋斗重大成就和历史经验的决议》把习近平新时代中国特色社会主义思想内容从"八个明确"拓展为"十个明确"③。

"十个明确"可分为三组：第一组是全新增加的第一个"明确"和第七个"明确"。其中，第一个"明确"即明确中国特色社会主义最本质的特征是中国共产党领导，中国特色社会主义制度的最大优势是中国共产党领导，中国共产党是最高政治领导力量，全党必须增强"四个意识"、坚定"四个自信"、做到"两个维护"。第七个"明确"即明确必须坚持和完善社会主义基本经济制度，使市场在资源配置中起决定性作用，更好发挥政府作用，把握新发展阶段，贯彻创新、协调、绿色、开放、共享的新发展理念，加快构建以国内大循环为主体，国内国际双循环相互促进的新发展格局，推动高质量发展，统筹发展和安全。第二组是未变化的第五、第六、第八个"明确"。其中，第五个"明确"为原第四个"明确"，第六个"明确"为原第五个"明确"，第八个"明确"为原第六个"明确"。这三个"明确"沿用了党的十九大报告的提法。第三组是增加要素的

① 《十九大以来重要文献选编》（上），中央文献出版社 2019 年版，第 13 页。
② 《十九大以来重要文献选编》（上），中央文献出版社 2019 年版，第 13～14 页。
③ 《中共中央关于党的百年奋斗重大成就和历史经验的决议》，载于《人民日报》2021 年 11 月 17 日。

第二、第三、第四、第九、第十个"明确"。其中，第二个"明确"为原第一个"明确"即明确坚持和发展中国特色社会主义，总任务增加了"以中国式现代化推进中华民族伟大复兴"的表述；第三个"明确"为原第二个"明确"即明确新时代我国社会主要矛盾和必须坚持以人民为中心的发展思想，增加了"发展全过程人民民主"的表述，充实了"全体人民共同富裕取得更为明显的实质性进展"的表述；第四个"明确"为原第三个"明确"即明确中国特色社会主义总体布局和战略布局，把"五位一体"和"四个全面"的内涵展开论述，把"四个全面"的第一个"全面"由"全面建成小康社会"调整为"全面建设社会主义现代化国家"；第九个"明确"为原第七个"明确"即明确中国特色大国外交，增加了"服务民族复兴、促进人类进步"；第十个"明确"即明确党的建设总要求，增加了"明确全面从严治党的战略方针""以伟大自我革命引领伟大社会革命"等内容。这是对习近平新时代中国特色社会主义思想四梁八柱的最新概括。全新增加的第一个"明确"和增加要素的第十个"明确"，对应回答的是"建设什么样的长期执政的马克思主义政党、怎样建设长期执政的马克思主义政党"；全新增加的第七个"明确"和增加要素的第二、第三、第四、第九个"明确"，对应回答的是"建设什么样的社会主义现代化强国、怎样建设社会主义现代化强国"。

从全新增加的第七个"明确"和增加要素的第二、三、四、九个"明确"看，"建设什么样的社会主义现代化强国、怎样建设社会主义现代化强国"的新理念新思想新战略包括：在现代化总目标上，全面建设社会主义现代化国家；在现代化强国经济建设上，坚持和完善社会主义基本经济制度，把握新发展阶段，贯彻新发展理念，加快构建新发展格局，推动高质量发展，统筹发展和安全；在现代化强国政治建设上，发展全过程人民民主；在现代化强国社会建设上，促进全体人民共同富裕取得更为明显的实质性进展；在现代化外交工作上，中国特色大国外交服务民族复兴、促进人类进步；在现代化总特征上，以中国式现代化推进中华民族伟大复兴。

党的二十大报告要求把握好习近平新时代中国特色社会主义思想的世界观和方法论，强调坚持好、运用好贯穿其中的"必须坚持系统观念"等立场观点方法。[①] 世界万事万物相互联系和依存，只有用普遍联系的、全面系统的、发展变化的观点观察事物才能把握事物发展规律。2023 年 2 月 7 日习近平在新进中央委员会的委员候补委员和省部级主要领导干部学习贯彻习近平新时代中国特色社会主义思想和党的二十大精神研讨班上的讲话中指出："推进中国式现代化是一个系

---

① 《习近平著作选读》第一卷，人民出版社 2023 年版，第 16～17 页。

统工程，需要统筹兼顾、系统谋划、整体推进，正确处理好一系列重大关系。"①系统研究新时代中国式现代化新理念新思想新战略，认识到新时代中国式现代化强国新理念是社会主义现代化实践的先导，新时代中国式现代化强国新思想是社会主义现代化行动的指南，新时代中国式现代化强国新战略是社会主义现代化发展的蓝图，进而认识到新时代中国式现代化强国新理念新思想新战略三者统一于新时代中国式现代化的伟大实践，就能把握习近平新时代中国特色社会主义思想引领新时代中国式现代化新理念新思想新战略，新时代中国式现代化新理念新思想新战略的实践必将促进新时代中国式现代化伟业为实现中华民族伟大复兴创造新的辉煌。

---

① 习近平：《推进中国式现代化需要处理好若干重大关系》，载于《求是》2023 年第 19 期。

第一篇

统揽"四个伟大"的中国式现代化

党的十八大以来，以习近平同志为核心的党中央以宽广眼界与深邃目光审视中国式现代化大格局，在进行伟大斗争、推进伟大事业、建设伟大工程、实现伟大梦想的实践征程中不断实现思想理论的新创造，形成"四个伟大"的新时代中国式现代化新思想。

"四个伟大"的形成植根于中国共产党领导人民展开的波澜壮阔历史之中，有着深厚的理论渊源与鲜活的实践基础。"四个伟大"中的每个"伟大"在我们党的历史文献中分别有所提及，党的十八届六中全会将伟大斗争、伟大工程、伟大事业一同提及。2017 年 7 月 26 日习近平总书记在省部级主要领导干部"学习习近平总书记重要讲话精神，迎接党的十九大"专题研讨班上强调："在新的时代条件下，我们要进行伟大斗争、建设伟大工程、推进伟大事业、实现伟大梦想"。[①]这是我们党第一次完整地将"四个伟大"作为整体提出来。2017 年 10 月党的十九大报告系统阐述了"四个伟大"的主要内涵及其相互关系，将统揽"四个伟大"界定为"新时代中国共产党的历史使命"[②]。2021 年 11 月党的十九届六中全会通过的《中共中央关于

① 《习近平谈治国理政》第二卷，外文出版社 2017 年版，第 62 页。
② 《习近平著作选读》第二卷，人民出版社 2023 年版，第 11~15 页。

党的百年奋斗重大成就和历史经验的决议》指出："以习近平同志为核心的党中央，以伟大的历史主动精神、巨大的政治勇气、强烈的责任担当，统筹国内国际两个大局，……统揽伟大斗争、伟大工程、伟大事业、伟大梦想，……推动党和国家事业取得历史性成就、发生历史性变革。"①2022 年 10 月党的二十大强调，"新时代党和国家事业发展作出科学完整的战略部署，提出实现中华民族伟大复兴的中国梦，以中国式现代化推进中华民族伟大复兴，统揽伟大斗争、伟大工程、伟大事业、伟大梦想"②。

习近平用"四个伟大"科学回答了我们党举什么旗走什么路、以什么样精神状态、担负什么样历史使命、实现什么样奋斗目标这四个内在关联的问题。"伟大事业"明确了我们党举什么旗走什么路的根本方向，"伟大斗争"明确了我们党要有什么样的精神状态，"伟大工程"明确了我们党担负什么样的历史使命，"伟大梦想"明确了我们党实现什么样的奋斗目标。③"四个伟大"是以习近平同志为核心的党中央带领人民进行理论出新与实践出彩的伟大创造。有学者从治国理政角度认为，"四个伟大"的重要概括，构成了党在新时代治国理政的大逻辑、大格局。新的历史条件下，作为战略大格局的"四个伟大"，廓清了各项工作的基本脉络，拎起了治国理政的总体纲目，为决胜全面建成小康社会、实现中华民族伟大复兴勾画了清晰的"路线图"④；有学者从中国特色社会主义角度认为，"四个伟大"生成新时代中国特色社会主义的理论逻辑，总结改革开放以来社会主义现代化建设的历史经验,构成新时代中国特色社会主义的战略部署，提供新时代中国特色社会主义的实践遵循⑤。我们认为，从中国式现代化角度看，实现伟大梦想明确宣示新时代"朝着什么样的目标"全面建设社会主义现代化国家，推进伟大事业明确宣示新时代"举什么旗，走什么路"全面建设社会主义现代化国家，进行伟大斗争明确宣示新时代"以什么样的精神状态"全面建设社会主义现代化国家，建设伟大工程明确宣示新时代"以什么样的主体力量"全面建设社会主义现代化国家。统揽"四个伟大"，既是从中国与世界、历史与未来、理论与实践的内在关联上把握中国式现代化出场路径⑥，又是通过"进行伟大斗争、建设伟大工程、推进伟大事业、实现伟大梦想相互促进、相得益彰"⑦以中国式现代化全面推进中华民族伟大复兴。

① 《中共中央关于党的百年奋斗重大成就和历史经验的决议》，载于《人民日报》2021 年 11 月 17 日。
② 《习近平著作选读》第一卷，人民出版社 2023 年版，第 5～6 页。
③ 王永贵：《深刻领会"四个伟大"内在关系》，载于《新华日报》2017 年 8 月 23 日。
④ 颜晓峰、姜钦云：《"四个伟大"：治国理政的大逻辑》，载于《前线》2017 年第 10 期。
⑤ 刘梦然：《论"四个伟大"对新时代中国特色社会主义的重要意义》，载于《大连海事大学学报（社会科学版）》2018 年第 6 期。
⑥ 左雪松：《新时代四个伟大全球化出场的逻辑论析》，载于《广西社会科学》2019 年第 3 期。
⑦ 李捷：《伟大工程保障伟大事业　自我革命推动社会革命——中国共产党自身建设的历史与经验》，载于《马克思主义研究》2020 年第 8 期。

第一章

伟大梦想开辟新时代中国式现代化新目标

恩格斯指出："一个知道自己的目的，也知道怎样达到这个目的的政党，一个真正想达到这个目的并且具有达到这个目的所必不可缺的顽强精神的政党，——这样的政党将是不可战胜的。[①] 中国共产党是马克思主义执政党，承载着领导人民实现民族复兴的庄严使命与伟大梦想，并通过谋划现代化发展方式与制定现代化发展战略。民族复兴的中国梦是近代以来中国人民矢志不渝追寻的发展目标，而推进现代化则是实现这一伟大梦想目标的方式、途径与手段。民族复兴梦与国家现代化是"道"与"路"的关系，实现中华民族伟大复兴是中国现代化发展的根本指向，现代化发展是实现中国梦的必由之路。党的十九大报告指出，"实现社会主义现代化"与"中华民族伟大复兴"是坚持发展中国特色社会主义的总任务，这寓意"实现社会主义现代化"与"实现中华民族伟大复兴的中国梦"是新时代坚持发展中国特色社会主义这一主题的两个方面，两者从不同角度回答什么是新时代中国特色社会主义、怎样建设新时代中国特色社会主义。伟大梦想是从"社会性质"与"中国特色"上审视什么是新时代中国特色社会主义，推进现代化则是从"发展程度"与"实现路径"思索怎样建设新时代中国特色社会主义。两者统一于中国特色社会主义伟大实践之中，统一于坚持发展中国特色社会主义"四个自信"之中，统一于党治国理政的历史进程之中。坚持社会主义现代化发展是中国梦的根本、路径和诉求，中国梦是中国现代化发展的指向、动力和旋律。追求与发展现代化，以推动与实现中华民族伟大复兴，一直

[①] 《马克思恩格斯全集》第三十九卷，人民出版社 1974 年版，第 139 页。

是近代以来中国人民奋斗的理想和目标，领导中国实现社会主义现代化也是中国共产党治国理政的目标。中国梦是新时代中国式现代化的追求，是中国人民长期以来追求现代化的中国式表达，规定了中国现代化发展的实现目标、基本内涵与特殊品质。

"中华文化产生之初，即有一个关于民族—国家以及人的幸福梦想"①。进入新时代，习近平提出实现中华民族伟大复兴中国梦的宏伟目标。这一美好夙愿是近代以来中华民族最伟大的梦想，凝聚着各族人民对国家富强、民族振兴与人民幸福的希冀。中国梦并非脱离社会主义现代化发展的"美梦"，也并非背离人类现代化发展潮流的"说梦"，是新时代我们党提出事关社会主义现代化发展的重大命题，在理论与实践上科学回答了社会主义现代化发展基本目标、基本内涵与基本特征的一系列重大基本问题。习近平总书记不仅认真思考实现中国梦与推进社会主义现代化的逻辑关联，而且将中国梦视为"实现全面建成小康社会梦"与"建成社会主义现代化强国梦"的"两大梦想"，也是实现"国家富强梦""民族振兴梦""人民幸福梦"的"三大梦想"，更是促进"人类和平梦""世界发展梦""国际合作梦""全球共赢梦"的"四大梦想"。这表明了推动实现中国梦明确了中国现代化发展的两大目标——"中国式现代化"的小康梦与"富强民主文明和谐美丽"的现代化强国梦，赋予中国现代化发展的三大内涵——实现国家富强、民族振兴、人民幸福，彰显中国现代化发展的四大品质——求和平、促发展、推合作与谋共赢。

第一节　中国式现代化之"伟大梦想"的由来

我们党成立之日起，就肩负着民族独立与人民解放、国家富强与人民幸福的历史使命，就秉持为人民谋幸福与为民族谋复兴的初心使命。这是激励中国共产党人不断前进的根本动力，也是我们党提出伟大梦想的历史起源。

党的十三大明确提出"中华民族伟大复兴的阶段"的命题。党的十五大提出"中华民族全面振兴"的概念。2002 年 5 月江泽民在中央党校省部级干部进修班毕业典礼上强调在建设有中国特色社会主义的道路上实现中华民族的伟大复兴。②党的十六大报告再次强调这一重大论断，指出我们党创造性地完成由新民主主义

---

① 聂保平：《中国历史文化中的中国梦源流与支撑》，载于《毛泽东邓小平理论研究》2013 年第 7 期。
② 江泽民：《在中央党校省部级干部进修班毕业典礼上的讲话》，载于《人民日报》2002 年 6 月 1 日。

到社会主义的过渡，开始了在社会主义道路上实现中华民族伟大复兴的历史征程。党的十七大报告则进一步指出我们党自诞生之日起就勇敢担当起带领中国人民创造幸福生活、实现中华民族伟大复兴的历史使命。

2012 年 11 月 29 日习近平在参观《复兴之路》展览时提出"中国梦"概念，他指出："现在，大家都在讨论中国梦，我以为，实现中华民族伟大复兴，就是中华民族近代以来最伟大的梦想。"① 将中华民族伟大梦想起始点上溯到近代以来，增强中国梦的历史厚重感。这是我们党最高领导人首次将"实现中华民族伟大复兴"界定为"中国梦"，首次把"中国梦"定义为中华民族近代以来"最伟大的梦想"。

2013 年 3 月 17 日习近平在十二届全国人大一次会议上全面阐释中国梦的三大基本内涵与三大实现路径，即中国梦就是要实现国家富强、民族振兴、人民幸福，实现中国梦必须走中国道路，必须弘扬中国精神，必须凝聚中国力量。②

2017 年 7 月习近平在省部级主要领导干部"学习习近平总书记重要讲话精神，迎接党的十九大"专题研讨班开班式上强调，"在新的时代条件下，我们要进行伟大斗争、建设伟大工程、推进伟大事业、实现伟大梦想"③。首次把"伟大梦想"与"伟大斗争""伟大事业""伟大工程"并列纳入"四个伟大"。

2017 年 10 月习近平在党的十九大报告中指出，"实现中华民族伟大复兴是近代以来中华民族最伟大的梦想。""今天，我们比历史上任何时期都更接近、更有信心和能力实现中华民族伟大复兴的目标。""实现伟大梦想，必须进行伟大斗争。""实现伟大梦想，必须建设伟大工程。""实现伟大梦想，必须推进伟大事业。"这就明确了"伟大梦想"是"四个伟大"的目标。④

在中国梦这一"伟大梦想"引领之下，新时代中国取得全方位、开创性的历史性成就，中国式现代化事业发生深层次、根本性的历史性变革。正如党的二十大报告所指出的，新时代十年"实现了小康这个中华民族的千年梦想"，站在了新征程实现全面建成社会主义现代化强国梦想的"更高历史起点上"。⑤

第二节　伟大梦想战略目标指引中国式现代化前进方向

党的十八大召开之后，习近平带领十八届中央领导集体在参观《复兴之路》

---

① 《习近平著作选读》第一卷，人民出版社 2023 年版，第 63 页。
② 《习近平著作选读》第一卷，人民出版社 2023 年版，第 97~99 页。
③ 《习近平谈治国理政》第二卷，外文出版社 2017 年版，第 62 页。
④ 《习近平著作选读》第二卷，人民出版社 2023 年版，第 12~15 页。
⑤ 《习近平著作选读》第一卷，人民出版社 2023 年版，第 6 页。

展览时指出，到中国共产党成立一百年时全面建成小康社会的目标一定能实现，到新中国成立一百年时建成富强民主文明和谐的社会主义现代化国家的目标一定能实现，中华民族伟大复兴的梦想一定能实现。[1] 从时间历程看，中国梦是全面建成小康梦与建成社会主义现代化国家梦这两大战略目标的接续，即中国梦要接续实现小康社会之梦与现代化国家之梦。党的十九大根据国内外形势与自身现代化发展状况，明确提出新时代要实现社会主义现代化与民族复兴中国梦，在全面建成小康社会基础上，再奋斗十五年，基本实现社会主义现代化；再奋斗十五年，把我国建成富强民主文明和谐美丽的社会主义现代化强国的"两步走"战略安排，在 21 世纪中叶实现富强民主文明和谐美丽的社会主义现代化强国。这样中国梦可以理解为"全面的小康梦"与现代化强国梦。中国梦与新时代中国式现代化奋斗目标是同向同行的，中国梦是民族复兴之梦，这种复兴是"两个一百年"奋斗目标的现代化崛起之梦，即现代化的小康梦与强国梦，这两大梦想分步骤、分阶段来逐步实现，前者是后者的基础，后者是前者的升级，小康之梦与强国之梦的循序渐进，由低到高，相互衔接，通过相继实现"两个现代化之梦"，最终实现民族复兴的中国梦。

一、现代化的小康社会梦

习近平指出："中国已经进入全面建成小康社会的决定性阶段。实现这个目标是实现中华民族伟大复兴中国梦的关键一步。"[2] 实现中国梦的阶段性目标就是全面建成小康社会，实现现代化的小康社会梦，这是实现中国梦的近期目标，是实现现代化强国梦的基础，是实现中国梦的关键一步。新时代中国式现代化正是将实现小康梦放在中国梦的大格局中进行谋划与部署。小康梦究竟是何种性质之梦？实质上是中国初步现代化之梦，是中国现代化的初级阶段，它是基本实现现代化之梦的重要基础与现代化强国梦的必经阶段。邓小平在 20 世纪 70 年代末提出小康社会构想时，是把现代化目标与小康社会目标有机结合，中国现代化发展由此进入小康阶段，党的十三大正式把小康社会建设目标列为基本实现现代化国家的第二步战略。

《诗经》有曰："民亦劳止，汔可小康。"小康是指百姓大致可以达到摆脱艰苦劳动、享受富足生活的状态，描绘了中国人民对丰衣足食与宽裕殷实的向往与

---

① 《习近平关于实现中华民族伟大复兴的中国梦论述摘编》中央文献出版社 2013 年版，第 4 页。
② 习近平：《弘扬丝路精神 深化中阿合作——在中阿合作论坛第六届部长级会议开幕式上的讲话》，载于《人民日报》2014 年 6 月 6 日。

追求，反映人民安居乐业与稳定安宁的状态。改革开放以来中国共产党人推进中国特色社会主义伟大事业中赋予现代化以丰富的小康社会内涵，邓小平最早用小康诠释中国现代化发展，用中国传统文化的小康语言赋予中国现代化的初级阶段新内涵。1979年他第一次以"小康"来界定"中国式现代化"，用小康目标替代20世纪末实现四个现代化目标，明确提出20世纪末基本实现小康社会的奋斗目标，用追求与憧憬小康的理想社会来勾勒现代化发展的第二步奋斗目标。

改革开放以来，以邓小平同志为核心的党的第二代领导集体，多次阐述现代化的小康梦。1979年邓小平会见时任日本首相大平正芳时说："我们要实现的四个现代化，是中国式的四个现代化。我们的四个现代化的概念，不是像你们那样的现代化的概念，而是'小康之家'。"[1] 1984年邓小平会见时任日本首相中曾根康弘时指出："这个小康社会，叫作中国式的现代化。翻两番、小康社会、中国式的现代化，这些都是我们的新概念。"[2] 改革开放40多年来，我国实现了由贫困到温饱、由温饱到总体小康，由达到总体小康到迈入全面小康以及全面建成小康的历史性跨越。新时代的小康梦已经被中国共产党人赋予了更为深刻的现代化内涵，全面建成小康社会是建设社会主义现代化国家与强国、实现中国梦的阶段性与基础性任务，是新时代中国式现代化的基础工程。

首先，从现代化小康梦的内涵演变看。小康是"中国式现代化"的形象描述与外在特征，实现小康梦是实现中国梦第一个百年奋斗目标与阶段任务。随着人类现代化发展潮流以及中国现代化发展步伐的加快，小康梦与实现任务在不同的阶段具有不同的内涵，其内涵在实践中不断调整与充实。在改革开放与社会主义现代化发展进程中，现代化小康梦得以不断丰富与发展，内涵不断彰显时代化的精神特质。我们党相继提出"小康之家""小康水平""小康社会""总体小康社会""全面小康社会""全面建设小康社会""全面建成小康社会""决胜全面建成小康社会"等重大命题。

其次，从现代化小康梦的决胜任务看。中国共产党向人民作出庄严承诺，在2020年全面建成小康社会并实现第一个百年奋斗目标。党的十九大报告指出，全面建成人民认可、经得起历史检验的小康社会关键要千方百计打赢防范化解重大风险、精准脱贫、污染防治的三大攻坚战，这是关注的难点、短板与弱项。一是防范化解重大风险，现代化小康梦必须增强防范风险意识。当前国际形势复杂多变，影响国内改革动力与阻力的变量复杂，各类风险挑战显著增多。2020年是全面建成小康社会的冲刺之年，突如其来的新冠疫情，给各国人民生命安全与

① 《邓小平文选》第二卷，人民出版社1994年版，第237页。
② 《邓小平文选》第三卷，人民出版社1993年版，第54页。

41

第一章　伟大梦想开辟新时代中国式现代化新目标

身体健康带来严重威胁。二是精准脱贫，现代化小康梦必须摆脱贫困的生活状态。"小康不小康，关键看老乡"。农村贫困人口脱贫是最艰巨的任务，如期全部脱贫是全面建成小康社会的最大短板。三是污染防治，现代化小康梦既要"金山银山"，也要"绿水青山"。小康全面不全面，绿色发展很关键。没有绿色健康就没有全面小康，当前生态环境成为民生反映的突出问题。

再次，从现代化小康梦的实现进程看。小康之梦作为中国式现代化发展的期盼，实现现代化小康梦也是中国现代化发展的重要历程。从时间角度看，从开启小康之旅到实现全面建成小康之梦，是中国式现代化的一个重要阶段，是中国现代化发展的必经阶段、特定阶段与起点阶段，即现代化小康梦既是实现温饱梦的历史跨越，也是实现全面小康梦的基本任务，更是实现社会主义现代化强国梦的现实起点。一是历史跨越。实现小康梦是中国现代化发展的必经阶段，是从温饱迈向小康，党的十三大提出"三步走"战略。二是任务实现。实现小康梦是中国现代化发展特定阶段，在社会主义现代化与实现中国梦之中具有承上启下、继往开来的作用。三是实现起点。"决胜全面小康""基本实现社会主义现代化""建成社会主义现代化强国"是新时代中国现代化发展的"三部曲"。全面建成小康社会是基本实现社会主义现代化之基础，是建成社会主义现代化强国的"基础之基础"。

最后，从现代化小康梦的基本特色看。习近平强调各国历史传统、文化积淀与基本国情不同，其发展道路必然有着自己的特色。中国特色是我们党思考小康梦的现实逻辑与基本依据，这不是简单套用西方现代化发展模板。邓小平以小康来描述中国现代化的特质，领会中国现代化发展的要义，建设小康社会是"中国式现代化"，是对中国国情的深刻把握，以解放思想与实事求是态度推进现代化建设，符合中国基本国情与人类现代化发展规律，彰显中国现代化发展的独特内涵，具有鲜明的中国特色。

二、现代化的强国梦

全面建成社会主义现代化强国是中国共产党领导人民不懈奋斗的宏伟愿景，也是新时代中国式现代化的基本目标与重要内容。新中国成立以来，毛泽东就提出建设"社会主义的现代化强国"的重大命题，1963 年他在审阅《关于工业发展问题（初稿）》时提出建设"社会主义的现代化强国"的重大论断，次年他在审阅周恩来在第三届全国人大一次会议上政府工作报告草稿时说："在一个不太长的历史时期内，把我国建设成为一个社会主义的现代化的强国。"[1] 这次会议提出

---

[1] 《毛泽东文集》第八卷，人民出版社 1999 年版，第 341 页。

"四个现代化"并宣布今后国民经济发展的主要任务，尽快把我国建设成为现代农业、现代工业、现代国防和现代科学技术的社会主义强国。建设社会主义现代化强国梦一直在中国共产党与中国人民心中魂牵梦绕，并通过艰辛努力为建设社会主义现代化强国打下扎实基础。进入新时代，习近平全面分析国际形势与我国发展现实，他在党的十九大报告中提出全面建成小康社会的三年冲刺与基本实现社会主义现代化的十五年实干，在此基础上，再奋斗十五年，建成社会主义现代化强国。

首先，新时代中国式现代化强国梦战略目标。战略目标是对长远发展愿景的战略规划。党的十九大报告提出把我国建成富强民主文明和谐美丽的社会主义现代化强国，这是从纵向高度看待新时代中国式现代化发展目标的引领与跃进。回顾中华民族伟大复兴的艰辛历程与苦难辉煌，经历了从"站起来""富起来"到"强起来"的三个历史阶段。"站起来"是建设社会主义现代化强国的前提与条件，"富起来"是建设社会主义现代化强国的基础与支撑，"强起来"是建设社会主义现代化强国的重要彰显。新时代以习近平同志为核心的党中央以"两个一百年"奋斗目标为指引，社会主义现代化实现了跨越式发展，基于这一强劲发展势头，党的十九大报告提出新时代中国式现代化发展目标从"基本实现社会主义现代化"迈向"社会主义现代化强国"，这是新时代的新目标新安排，这是中国梦第二个百年奋斗目标，对新时代中国式现代化提出更高要求，目标蓝图更加明晰。

其次，新时代中国式现代化强国梦的战略内涵。如果说从"基本实现社会主义现代化"迈向"社会主义现代化强国"，是现代化强国梦之战略目标的纵向飞跃，那么，建设"富强民主文明和谐美丽"五大目标就是现代化强国梦的横向拓展。党的十九大报告提出"富强民主文明和谐美丽的社会主义现代化强国"的战略内涵，"美丽"彰显了人与自然和谐共生的现代化，这是我们党第一次将"美丽"与"富强民主文明和谐"一起纳入社会主义现代化建设的目标序列，体现新时代中国式现代化的美丽导航定位，寄托着人民对美丽环境的希冀，开启中国梦发展的新时代与新境界。习近平在《关于〈中共中央关于党的百年奋斗重大成就和历史经验的决议〉的说明》中指出："协同推进人民富裕、国家强盛、中国美丽。"[1]

再次，新时代中国式现代化强国梦的战略安排。现代化发展是有规律的历史跃进，新时代中国式现代化需要分阶段分步骤进行推进。战略安排包括战略步骤，是为达到战略目标与彰显战略内涵而采取有计划的行动步骤，前一步为后一步创造条件与奠定基础。阶段性战略安排是现代化建设的重要规律，"一棒接着

---

① 习近平：《关于〈中共中央关于党的百年奋斗重大成就和历史经验的决议〉的说明》，载于《人民日报》2021年11月17日。

一棒跑"是中国共产党推进现代化发展的战略安排。自新中国成立以来，我们党基于不同历史时期的主要任务，规划接续性发展目标并提出现代化发展战略。1964 年在第三届全国人大一次会议上，根据毛泽东建议，周恩来在政府工作报告中提出"两步走"构想。改革开放以来，邓小平提出现代化发展"三步走"战略，规划我国现代化发展的宏伟蓝图。进入新时代，党的十九大对全面建成社会主义现代化强国作出了战略部署，总的战略安排是分两步走：从 2020 年到 2035 年基本实现社会主义现代化；从 2035 年到本世纪中叶把我国建成富强民主文明和谐美丽的社会主义现代化强国。党的二十大对全面建成社会主义现代化强国作出分两步走"总的战略安排"①，重点部署未来 5 年的战略任务和重大举措。

最后，新时代现代化强国梦的战略视野。黑格尔说过："我们不可离开别物而思考某物。"② 新时代现代化强国梦既是自身发展的历史演变与巨大跨越，也是全球视野的国际参照与国际比较。习近平指出："只有回看走过的路、比较别人的路、远眺前行的路，……很多问题才能看得深、把得准。"③ 有参照就有比较，参照重在定位，比较则在发现优势与弥补不足。通过国际比较认识差异、坚定自信。新时代中国式现代化强国梦是全球思维的产物，作为马克思主义者的中国共产党人，十分注重国际比较分析的全球思维。

新时代中国式现代化强国梦是科学判断当代中国所处的历史方位，在国际参照系中开阔视野、保持清醒、实现赶超。习近平对中国现代化发展战略的研判，是在自我实现与国际参照中实现的，其界定不仅需要历史与现实的观照，也需要国际与同类的参照，不仅从历史发展的纵向坐标去定位，也将其放在国际参照的横向坐标中来考量。中国式现代化梦想与各国现代化梦想是本质相通和目标相通的同向同行之梦。④

第三节 伟大梦想科学内涵规定中国式现代化基本内容

习近平在十二届全国人大一次会议上指出，"实现全面建成小康社会、建成富强民主文明和谐的社会主义现代化国家的奋斗目标，实现中华民族伟大复兴的

---

① 《习近平著作选读》第一卷，人民出版社 2023 年版，第 20 页。
② 黑格尔著，贺麟译：《小逻辑》，商务印书馆 1980 年版，第 205 页。
③ 《习近平谈治国理政》第三卷，外文出版社 2020 年版，第 70 页。
④ 左雪松、何华珍：《论中国梦与世界梦的相通性》，载于《太原理工大学学报（社会科学版）》2023 年第 4 期。

中国梦，就是要实现国家富强、民族振兴、人民幸福"。① 中国梦在纵向上是实现两个一百年奋斗目标的两大接续梦想，在横向上是实现三项特定内容的三大关联梦想。中国梦有特定的科学内涵——国家富强、民族振兴与人民幸福。2013年3月习近平在俄罗斯莫斯科国际关系学院发表演讲时指出，中国梦的"基本内涵是实现国家富强、民族振兴、人民幸福"。② 同年5月习近平在接受拉美三国媒体联合采访时说，"中国梦的本质是国家富强、民族振兴、人民幸福"③。实现中国梦是以国家富强为基石、以民族振兴为根本、以人民幸福为取向。国家富强是现代化发展的前提，民族复兴是现代化发展的核心，人民幸福是现代化发展的目的。中国梦从国家富强、民族振兴、人民幸福的整体层面对新时代中国式现代化发展进行了质性规定，中国梦三大科学内涵规定了新时代中国式现代化发展的基本内容、历史使命与主要任务。

一、实现国家富强是新时代中国式现代化的基本要求

国家富强是中国梦的显性标志与首要任务，也是新时代中国式现代化的基本要求。"中国梦是'国家富强'的梦"④。实现中国梦是中国以发展现代化来实现求富求强之梦。国家富强即意味国家要富要强、由富到强，国家富强是民族振兴与人民幸福的根本条件。富强包括"富"与"强"两个方面，即在实现富裕富足的同时又实现自身强大强盛。近代以来中华民族之所以受尽西方列强的欺凌压迫在于国家积贫积弱。中国梦是求富求强之梦，国家富强是国家财富充裕且力量强大。毛泽东指出："现在我们实行这么一种制度，这么一种计划，是可以一年一年走向更富更强的，一年一年可以看到更富更强些。"⑤ 国家富强体现现代化发展水平不断提高和综合国力越发增强。实现中国富强之梦必须深刻把握现代化发展的"富"与"强"的关系，在"富裕"和"强大"上做足功夫，写好现代化发展的富强篇章。

一方面，从国家富足与富裕看。富是指物质财富增长程度与现代化发展水平，意味着中国现代化发展不仅要在经济上取得繁荣昌盛，物质财富涌流，也要不断提高人民生活水平，使之富裕安康。改革开放以来，中国不断推进社会主义现代化建设，不断发展社会生产力，实现物质财富巨大增长，实现国家与人民富

---

① 《习近平著作选读》第一卷，人民出版社2023年版，第97页。
② 《习近平著作选读》第一卷，人民出版社2023年版，第107页。
③ 《习近平谈治国理政》第一卷，外文出版社2018年版，第56页。
④ 李俊斌、刘星利：《习近平关于民族团结重要论述的逻辑理路》，载于《广西民族研究》2021年第5期。
⑤ 《毛泽东文集》第六卷，人民出版社1999年版，第495页。

裕。富是强的基础，国穷则国弱。国家的富强必须建立在国家富裕的基础之上，没有哪个贫穷的国家，能真正成为强盛国家。新中国成立70多年，我们党励精图治，领导人民在接续社会主义革命、建设与改革的巨大革命，激发与倍增生产力，综合国力与社会生产力、国际影响力与竞争力大幅提升。中国已经成为制造业第一大国、货物贸易第一大国、商品消费第二大国，等等。

另一方面，从国家强大与强盛看。富是强的基础，穷国弱国不可能成为强国。但富未必一定就能强，国家富裕富足不会自动变成国家强大强盛。国强不仅包含国富，而且比国富有更为丰富的内涵。历史上富而不强的国家照样危亡，当今一些富油富矿的国家，国家富有、收入颇丰，毫无疑义是世界富国而非强国，他们在市场、技术等很多方面仍然受制于人。中国梦既追求中国由穷国变富国，也期待由大国变强国，既追求经济、科技、军事的硬实力强大，也追求制度、思想、文化的软实力提升。党的十九大报告具体提出了人才强国、制造强国、科技强国、质量强国、航天强国、网络强国、交通强国、海洋强国、贸易强国、文化强国、体育强国、教育强国及世界一流军队等多项强国的子目标。

二、实现民族振兴是新时代中国式现代化的重要标志

国家是由民族组成的共同体，民族振兴是国家富强和人民幸福的崇高追求，也是新时代中国式现代化的根本标志。民族振兴是中华民族总体对外风貌的集中展现，是国家富强与人民幸福由内而外的精神面貌与主体姿态，也是新时代中国式现代化成果的集中体现。通过全民族不懈奋斗，实现民族独立自主、民族兴旺发达和民族贡献人类的伟大目标。

一是民族独立自主是新时代中国式现代化的前提。近代以来现代化是人类历史发展潮流，也是中国社会发展的急迫期待。当时西方列强依靠坚船利炮打开中国大门，中华民族跌入苦难深渊，遭受深重苦难、空前屈辱与饱受摧残，对外无主权尊严，对内没有民主自由。这种扭曲的社会，其主要矛盾是民族矛盾与阶级矛盾。这就决定了近代中国需要完成独立与解放、富强与富裕的重任，前者是为后者扫清障碍，创造现代化必要的前提。近代中国以挽救中华民族危亡与救亡图存为前提，这是近代以来中国人民推进现代化发展的主题。民族独立自主是民族振兴与现代化发展的前提，如果民族不能站起来，也就无法实现富起来到强起来的伟大飞跃。

二是民族兴旺发达是新时代中国式现代化的基本要求。没有民族兴旺发达，民族复兴的辉煌与现代化强国的梦想也只能是幻想，屹立于世界民族之林与先进民族行列也会落空。新中国成立实现了民族独立自主与人民解放，中国人民牢牢把现代化进程掌握在自己手里，为中国现代化构筑了崭新的国家政治前提，一个

占全球人口 1/4 的大国，开启了人类历史上最大规模且独立自主的现代化进程。毛泽东指出："要中国的民族独立有巩固的保障，就必须工业化。我们共产党是要努力于中国的工业化的。"①

三是民族贡献是新时代中国式现代化的时代要求。5000 多年来，作为唯一一个文明从未中断的民族，中华民族以勤劳勇敢、聪明才智与卓越创造，赢得全世界的尊重与认可。但到了近代，由于外敌入侵、封建制度腐朽与外部遭受列强欺辱，导致中国落伍，中华民族退出贡献人类的先进行列。中国共产党成立后，领导人民在革命、建设与改革实践进程中不断为人类作出新的更大贡献。习近平总书记创造性地丰富与发展了贡献人类的思想，将"为人类作出更大贡献"纳入新时代中国式现代化基本范畴，始终强调新时代中国是负责任大国，应当为人类和平发展与文明进步作出更大的贡献。习近平说："近代以来，中华民族始终有一个梦想，这就是实现中华民族伟大复兴，为人类作出更大贡献。"②新时代民族振兴不只是简单的大国崛起与强国实现，民族振兴不仅要为民族谋复兴，也要为人类谋进步，不仅关注自身现代化发展，也要关注世界现代化进程，以中华民族勤劳勇敢的双手、天下己任的情怀与聪明智慧的思维，对人类现代化发展与人类文明作出伟大贡献，在走向世界舞台中央的进程中，不仅要实现自身发展的荣光，也要恢复昔日贡献人类的光荣。

三、实现人民幸福是新时代中国式现代化的根本目的

习近平总书记指出："中国梦归根到底是人民的梦，必须紧紧依靠人民来实现，必须不断为人民造福。"③ 在中国梦的三大科学内涵中，人民幸福被置于最后位置，彰显其是中国梦的最终落脚点与价值归宿点。实现国家富强与民族振兴的根本目的与价值取向就是实现人民幸福，也是人民幸福的重要保障。只有人民幸福，中国梦才温馨美丽。人民幸福是实现中国梦与推进现代化发展的根本追求，中国梦描绘了现代化发展的新蓝图，也点燃了人民幸福生活的新期待。新时代中国式现代化最终是人的现代化，是全面丰富与提升人的有形生活与无形境界，提升人的自由度与幸福感。人民幸福规定了中国现代化发展的幸福归属、幸福内容与幸福创造的三层含义。

一是人民幸福梦的主体归属。习近平总书记指出："中国梦是民族的梦，也

---

① 《毛泽东文集》第三卷，人民出版社 1996 年版，第 146 页。

② 习近平：《在纪念毛泽东同志诞辰 120 周年座谈会上的讲话》，载于《人民日报》2013 年 12 月 27 日。

③ 《习近平著作选读》第一卷，人民出版社 2023 年版，第 99 页。

是每个中国人的梦。"① 幸福是人类现代化发展的重要使命与永恒追求。任何一种幸福观都有"为了谁的幸福"的主体归属。中国共产党始终代表中国先进生产力的发展要求，始终代表中国先进文化的前进方向、始终代表中国最广大人民的根本利益，为人民谋幸福是党的初心使命，也是新时代中国式现代化发展的奋斗动力。实现人民幸福梦就要在现代化发展中确立梦想的人民幸福归属。在现代化进程中，享受幸福的主体是人民，人民是幸福的受惠者，强调现代化发展理念、战略与举措，要尊重人民主体地位，坚持一切为了人民幸福，让现代化成果更多惠及全体人民。

二是人民幸福梦的主体内容。习近平总书记指出："中国梦是人民的梦，必须同中国人民对美好生活的向往结合起来才能取得成功。"② 生活幸福是人民对美好生活的向往，也是现代化发展的主体内容。新时代中国式现代化不是为现代化而现代化，现代化发展是对美好生活的追求。马克思认为人是现实的人，不要虚幻幸福，要现实幸福。人民幸福梦想只有照进现实才会实现。习近平强调以人民为中心的发展思想，绝不能只停留在口头上。③ 实现人民幸福就是要在现代化发展中改善与提升人民生活水平，为实现有品质、有质量、有尊严的幸福生活而奋斗。

三是人民幸福梦的主体实现。唯物史观认为人民是现代化发展进程的主体力量与决定力量。人民是创造历史的动力，习近平总书记多次强调共产党人任何时候都不要忘记这个历史唯物主义最基本的道理。④ 人民是幸福中国梦的享有者与创造者，是幸福中国梦的实现主体。新时代中国式现代化是实现美好幸福生活的基本途径与重要方式，人民是推动实现中国梦的决定性力量，在建设现代化强国进程中，必须发挥人民主体地位，发扬人民创造精神，凝聚人民磅礴力量，只有在人民共同努力下美好幸福生活才能变成现实。

① 《习近平著作选读》第一卷，人民出版社 2023 年版，第 98 页。
② 《习近平谈治国理政》第二卷，外文出版社 2017 年版，第 30 页。
③ 《习近平关于社会主义精神文明建设论述摘编》，中央文献出版社 2022 年版，第 247 页。
④ 《习近平总书记系列重要讲话读本》，学习出版社、人民出版社 2016 年版，第 128 页。

第二章

伟大斗争开启新时代中国式现代化新征程

马克思说："如果这个时代以伟大斗争为标志，那它是幸运的。"① 党的十八大以来，新时代中国式现代化将伟大斗争、伟大工程、伟大事业、伟大梦想作为一个统一有机整体提了出来，在"四个伟大"之中，排在第一位的是伟大斗争，它是推动发展的强大动力与有力武器，为实现伟大梦想、推进伟大事业与建设伟大工程提供不竭动力。"坚持敢于斗争。敢于斗争、敢于胜利，是党和人民不可战胜的强大精神力量。"② 伟大斗争何以伟大？不仅在于伟大斗争具有长期性、复杂性、艰巨性，而且也为其他"三个伟大"提供了动力支撑，是关乎中国现代化发展与民族复兴的基本力量。伟大斗争置于"四个伟大"之首，是围绕着党领导人民实现社会主义现代化与中华民族伟大复兴这一总任务提出的。习近平在主持党的十八大报告起草工作时，就明确提出"必须准备进行具有许多新的历史特点的伟大斗争。"③ 新时代习近平总书记反复强调这个重要论断并对伟大斗争进行多次阐述，伟大斗争不仅为新时代中国式现代化提供不竭动力，而且也消解了现代化发展的阻力、坚定了现代化发展的定力、提高了领导现代化的能力，开启了新时代中国式现代化新征程。

---

① 《马克思恩格斯全集》第四十卷，人民出版社1982年版，第137页。

② 《中共中央关于党的百年奋斗重大成就和历史经验的决议》，载于《人民日报》2021年11月17日。

③ 《习近平著作选读》第一卷，人民出版社2023年版，第140页。

第一节　中国式现代化之"伟大斗争"的由来

百年党史告诉我们，只有进行伟大斗争才能实现伟大梦想、推进伟大事业与建设伟大工程。党自成立以来，就全身心投入到了争取民族独立与民族解放、国家富强、民族振兴与人民幸福的伟大斗争洪流之中。

"伟大斗争"可以追溯到1939年《〈共产党人〉发刊词》。毛泽东指出："我们党的历史，……党经历了许多伟大的斗争。党员、党的干部、党的组织，在这些伟大斗争中，锻炼了自己。"[1]

新中国成立之初，1950年6月14日毛泽东在全国政协一届二次会议致闭幕词说："全国人民正在蓬蓬勃勃地在各个战线上开展真正人民革命的伟大斗争。"[2] 1957年5月，毛泽东在接见中国新民主主义青年团三大代表时号召："团结起来，坚决地勇敢地为社会主义的伟大事业而奋斗。"[3] 1962年毛泽东在扩大的中央工作会议上的讲话中指出："处在这样一个时代，我们必须准备进行同过去时代的斗争形式有着许多不同特点的伟大的斗争。"[4]

2012年党的十八大报告提出，"发展中国特色社会主义是一项长期的艰巨的历史任务，必须准备进行具有许多新的历史特点的伟大斗争。"[5] 2013年6月28日习近平在全国组织工作会议上指出："面对复杂多变的国际形势和艰巨繁重的国内改革发展稳定任务，我们必须准备进行具有许多新的历史特点的伟大斗争。这是党的十八大报告中的一句话。'新的历史特点'这个概念，含义是很深刻的，是全面审视和判断国内国际两个大局发展大势得出的重要判断。"[6]

2016年7月1日，习近平在庆祝中国共产党成立95周年大会上的讲话中指出，"必须准备进行具有许多新的历史特点的伟大斗争。这就告诫全党，要时刻准备应对重大挑战、抵御重大风险、克服重大阻力、解决重大矛盾"[7]。

党的十九大报告强调，"实现伟大梦想，必须进行伟大斗争。"[8] 党的二十大

① 《毛泽东选集》第二卷，人民出版社1991年版，第603～604页。
② 《毛泽东文集》第六卷，人民出版社1999年版，第79页。
③ 《毛泽东文集》第七卷，人民出版社1999年版，第303页。
④ 《毛泽东文集》第八卷，人民出版社1999年版，第302页。
⑤ 《十八大以来重要文献选编》（上），中央文献出版社2014年版，第11页。
⑥ 《习近平著作选读》第一卷，人民出版社2023年版，第129页。
⑦ 《习近平谈治国理政》第二卷，外文出版社2017年版，第32页。
⑧ 《习近平著作选读》第二卷，人民出版社2023年版，第13页。

系统观视阈的新时代中国式现代化

报告指出:"面对这些影响党长期执政、国家长治久安、人民幸福安康的突出矛盾和问题,党中央审时度势、果敢抉择,⋯⋯义无反顾进行具有许多新的历史特点的伟大斗争。"①

新时代习近平总书记反复强调"进行伟大斗争"的重要性,进行伟大斗争成为实现伟大梦想、推进伟大事业、建设伟大工程的强大动力,成为中国式现代化的精神状态和主体面貌。

第二节　伟大斗争激发中国式现代化发展的内生动力

人类社会发展无论是渐进发展还是跨越演进,都是在伟大斗争中实现的,越是伟大事业,越是充满艰难险阻,越是需要艰苦卓绝斗争。发展伟大事业是长期且艰巨的重任,伟大斗争为社会主义现代化发展提供了重要动力,给中国特色社会主义带来旺盛的生命力。新时代进行伟大斗争为新时代中国式现代化提供动力,这是近代以来中国人民长期奋斗的理论逻辑、历史逻辑和问题逻辑的必然结果。

一、伟大斗争推动新时代中国式现代化的理论逻辑

斗争是共产党人哲学思维,但绝非意气用事,并非斗争哲学,习近平强调伟大斗争,是以解决问题的方式推动事物发展,是斗争而非斗气,是斗争而非争斗,是社会进步的基本动力,也是新时代中国式现代化的基本动力。正是由于事物内部矛盾的两个方面既彼此统一,又相互对立斗争,才造成了事物自身的不断发展变化。社会矛盾斗争推动人类社会发展,并且在矛盾斗争中开拓前进,社会发展包含着斗争的全部秘密,揭示了社会发展的基本规律和动力源泉。唯物史观认为人类社会矛盾都可以概括为生产力和生产关系、经济基础和上层建筑的矛盾,人类现代化发展进程也是基于这两对基本矛盾互相作用与发展演进的结果。人类现代化进程也是社会内部矛盾运动的结果,即调整生产关系适应生产力发展,调整上层建筑适应经济基础变革,这种调整不是自发形成或一帆风顺的,后者一旦形成具有强大的稳定性与牢固性,需要进行艰苦卓绝的斗争,需要进行革命、建设与改革的伟大斗争,才能用先进代替落后、用开放代替封闭。

---

① 《习近平著作选读》第一卷,人民出版社 2023 年版,第 5 页。

中国共产党人历来重视革命斗争、批判斗争、改造斗争、改革斗争。由于斗争存在的普遍性和客观性，要推进伟大事业、完成伟大使命，就必须开展伟大斗争，就必须运用唯物辩证法树立斗争意识并发扬斗争精神。斗争性是马克思主义的理论品格，斗争精神是我们党的鲜明风格，是中国共产党人的政治素养。继承斗争思想、创新斗争理论、发扬斗争精神是习近平对唯物辩证法的秉持，是推动革命、建设、改革的伟大动力。新民主主义革命的胜利与新中国的成立是通过伟大斗争取得的，社会主义建设与改革同样离不开伟大斗争，发展中国特色社会主义更需要伟大斗争。进入新时代，面对重大挑战、抵御重大风险、克服重大阻力、解决重大矛盾，这与以往历史上的伟大斗争有很大不同，具有很多新的特点、内容和形式。

二、伟大斗争推动新时代中国式现代化的历史逻辑

恩格斯说："历史从哪里开始，思想进程也应当从哪里开始。"① 习近平总书记多次指出，历史是最好的教科书②。中国共产党是马克思主义政党，坚持斗争、敢于斗争、善于斗争、不懈斗争、顽强斗争，在斗争中诞生、成长、成熟与强大，这是中国共产党的本色和品质。伟大斗争是中国共产党在百年奋斗历史的真实写照，在百年波澜壮阔的历史进程中，我们党充分继承与发扬了马克思主义斗争精神，带领人民进行艰苦卓绝的斗争，取得革命、建设、改革的伟大胜利，谱写出叫歌可泣的斗争史诗。为有牺牲多壮志，敢教日月换新天。伟大斗争是中国共产党的光荣传统，也是克敌制胜的法宝。习近平强调我们党诞生于国家内忧外患、民族危难之时，一出生就铭刻着斗争的烙印，一路走来就是在斗争中求得生存、获得发展、赢得胜利。

"一百年来，中国共产党在斗争中诞生，在斗争中成长，在斗争中发展壮大。"③ 中国共产党发展史就是一部伟大斗争史，无论何种情境，我们党矢志不渝、砥砺前行，领导人民在斗争中不断从胜利走向胜利。一是实现"站起来"的伟大斗争。自1921年中国共产党诞生以来，在伟大斗争中中国逐渐形成自己的主心骨，斗争精神面貌由被动转为主动，党带领人民进行新民主主义革命的伟大斗争，为中国现代化发展奠定了重要的政治前提，党团结带领人民完成了社会主义改造的伟大斗争，为中国现代化发展奠定了坚实的制度基础，党团结带领人民

① 《马克思恩格斯选集》第二卷，人民出版社2012年版，第14页。
② 习近平：《以史为镜、以史明志，知史爱党、知史爱国》，载于《求是》2021年第12期。
③ 杨俊、程恩富：《习近平"大力弘扬将革命进行到底精神"刍议——确立"三重革命论"的马克思主义观》，载于《毛泽东邓小平理论研究》2021年第10期。

开启社会主义全面建设的伟大斗争，为中国现代化发展创造了良好的发展起点，中华民族不仅站立起来，而且还站得稳、立得住，屹立于世界民族之林。二是实现"富起来"的斗争。改革开放以来，我们党团结带领中国人民进行改革开放这一新的伟大斗争，破除阻碍发展的各种思想与体制障碍，使中国现代化发展大踏步向前迈进。改革开放之初，党坚持解放思想与拨乱反正，以巨大的政治勇气和坚毅的斗争精神，冲破"两个凡是"的思想禁锢，彻底否定"以阶级斗争为纲"，果断作出把党和国家的工作重心转移到经济建设上来、实行改革开放的历史性决策，破除僵化计划体制，正确处理计划与市场的关系，提出改革是中国第二次革命的重大命题，破除抽象谈论姓"社"姓"资"的思维定式，强调在改革开放中既反"左"也反右。三是迈向"强起来"的伟大斗争。新时代党和国家事业发生了历史性与根本性变革，这一时代的伟大斗争就是为了实现全面建成小康社会与全面建成社会主义现代化强国，伟大斗争可以解决新时代中国式现代化进程中各种可以预见和难以预见的风险和挑战。新时代既要抓住新机遇，也要迎接新挑战。新时代中国式现代化仍然面临着艰巨的任务与众多不确定性，当今世界正处于百年未有之大变局，外部竞争、抗争、斗争激烈，摩擦、遏制、阻碍、打压日益严重，当代中国改革发展稳定的任务艰巨繁重，在前进道路上面临的风险考验越来越复杂。

三、伟大斗争推动新时代中国式现代化的问题逻辑

习近平指出，"我们共产党人的斗争，从来都是奔着矛盾问题、风险挑战去的。"[①] 唯物史观告诉我们，既然矛盾是普遍存在的，斗争不可回避，我们就应该顺应历史发展趋势，主动自觉投入到伟大斗争之中。斗争因矛盾而产生与形成，但斗争不是盲目的，不是为斗争而斗争。"新时代伟大斗争是有原则有底线的斗争"[②]，伟大斗争要抓住矛盾尤其是主要矛盾进行斗争。这就告诉我们进行伟大斗争要善于区分矛盾性质与抓住主要矛盾。解决主要矛盾是伟大斗争的问题逻辑，抓住主要矛盾就抓住伟大斗争的"牛鼻子"，体现伟大斗争的针对性与有效性。进行伟大斗争要始终抓住主要矛盾，突出伟大斗争的聚焦方向。中国共产党成立百年来，党和国家的事业兴衰荣辱都直接与党对不同时期关于我国社会主要矛盾作出的基本判断密切相关。

---

① 《习近平著作选读》第二卷，人民出版社 2023 年版，第 258 页。

② 秦书生、朱双鹏：《新时代开展伟大斗争的方向立场、原则要求与策略方法》，载于《当代世界与社会主义》2021 年第 2 期。

进入新时代，我国社会主要矛盾已经转化为人民日益增长的美好生活需要和不平衡不充分的发展之间的矛盾，我们党以巨大的政治勇气与强烈的使命担当，围绕新时代社会主义矛盾变化，与贪图享受、消极懈怠、回避矛盾的思想和行为进行斗争。我国社会主要矛盾的变化揭示了新时代伟大斗争面临的新挑战和新要求，新时代伟大斗争为解决人民日益增长的美好生活需要和不平衡不充分的发展之间的矛盾，表明这种伟大斗争以"美好生活需要"为目标，对不平衡不充分问题进行宣战，以攻坚性为显著特征，推进新时代中国式现代化建设。习近平带领全党针对社会主要矛盾，迎难而上并知难而进。当前国内外环境发生广泛而深刻的变化，我国在前进进程中矛盾与挑战重重。对外，要同霸权霸凌、强权特权、单边主义、保护主义进行斗争，开展有理有利有节的国际斗争。对内，敢于向各种错误思潮亮剑，以壮士断腕的决心全面深化改革，保持反腐与扫黑除恶的高压态势，打好防范化解重大风险攻坚战、全力打赢脱贫攻坚战、坚决打好污染防治攻坚战。

第三节 伟大斗争克服中国式现代化发展的重大阻力

新时代中国式现代化难免遇到各种困难与阻力。习近平反复强调实现中国梦绝非易事，中国和平崛起与发展壮大，遇到的挑战与困难越发增大。新时代进行伟大斗争不仅增强新时代中国式现代化的动力与活力，而且要有效消解新时代中国式现代化的阻力与压力。新时代中国式现代化发展既面临世情、国情与党情变化所带来的纵向阻力和压力，也面对经济发展、政治改革、文化提升、社会调整与生态建设的横向阻力和压力，新时代进行伟大斗争既要做到"横向到边"，又要做到"纵向到底"，以伟大斗争的全面性、全方位与全过程，消除或减少实现中国梦与现代化强国的阻力和压力。

一、以多层性的伟大斗争来克服新时代中国式现代化的纵向阻力

习近平强调伟大斗争绝非主观臆想，必须深入分析与准确把握当前世情、国情、党情的变化发展。这表明新时代斗争是多层次的斗争，必须全面审视和分析国际、国内与党内的发展大势。新时代伟大斗争在国际、国内、党内展开，而且相互交织。当今世界百年未有之大变局与当代中国进入新时代之大变化，两者相

互激荡。新时代伟大斗争，是习近平基于世情、国情和党情的发展变化提出的，体现出坚定的时代自觉与高度的历史自醒。世情、国情和党情的情势发展变化为伟大斗争的产生提供了深层的时代诱因与多维的时代坐标，国际大变革昭示伟大斗争，全面深化改革倒逼伟大斗争，党面临考验与危险催生伟大斗争，消除社会主义现代化发展遇到的三层阻力与三重压力。

第一，适应世情变化的伟大斗争。"世情、国情、党情的深刻变化要求我们必须准备进行具有许多新的历史特点的伟大斗争。"[①] 当今世界是变局的世界，是机遇与挑战并存的世界，国际力量对比发生深刻变化，国际体系与国际秩序发生深度调整，不同民族国家在全球化大潮这一宏大舞台上竞相绽放，既形态各异又矛盾重重。全球化背景下，世界需要中国，中国也离不开世界。当今中国日益融入人类现代化进程、全球化发展潮流与国际体系变革之中，不断为世界和平发展与人类文明进步作出更大贡献。新时代中国式现代化推进中国走向世界舞台中央，在和平崛起过程中也面临方方面面的挑战与风险，国际斗争越发趋向激烈。敢于斗争、勇于斗争与善于斗争是中华民族的优秀品格。我们党也是在各种炮火洗礼中发展壮大的党，在当今全球化时代科学把握国际形势的严峻复杂，审视国际伟大斗争的方向、态势与特点，做到斗争的有的放矢，做到斗争有理、有利与有节。当今中国是"全球的""最大的""发展中的""社会主义"国家。面对国际风云变幻的形势，要以全球思维谋划伟大斗争，同全球化参与国家、社会主义国家、发展中国家与世界大国，保持伟大斗争的战略定力，保持斗争节奏，把握伟大斗争的主动权。

第二，适应国情变化的伟大斗争。新时代中国式现代化推动中国不断走近世界舞台的中央，中国不断朝强国目标迈进，也迎来了更多发展的"瓶颈"。进入新时代我国社会主要矛盾发生重大转化，但这并没有改变"我国仍处于并将长期处于社会主义初级阶段"这一基本国情，全面深化改革正在爬坡过坎，处在攻坚期与深水区，面对深刻复杂的基本国情，进行伟大斗争需要极力打破思想禁锢束缚、破除机制体制弊病、打碎利益固化藩篱，不断促进解放与发展社会生产力，不断激发与提升社会创造力。

第三，适应党情变化的伟大斗争。办好中国的事情关键在党。作为坚强领导核心与根本政治保证，能否把党建设好关系着执政党的生死存亡，关系着中国特色社会主义的前途命运。以习近平同志为核心的党中央既带领人民进行伟大社会革命，也进行伟大自我革命。在"两个革命"中，自我革命是前提，打铁必须自身硬，党的自我革命是党领导人民进行社会革命的重要基础。我们党成立百年

---

① 杨金卫：《从战略视角全面把握习近平治国理政思想》，载于《东岳论丛》2017年第9期。

来，在全国范围内执政 70 多年，长期面对"四大考验"，直面"四种危险"，肩负团结与带领人民全面建成小康社会与全面建成社会主义现代化强国的历史重任，承载实现中国梦的"两个一百年"奋斗目标。作为世界上最大的执政党，新时代我们党的队伍结构组成、所处环境、肩负历史使命均发生重大变化。党情发生重大变化，呼唤我们党开展新的伟大斗争，在打铁中成为铁打的。习近平强调："严肃党内政治生活、净化党内政治生态是伟大斗争、伟大工程的题中应有之义。"① 新时代我们党以自我革命的勇气与魄力，通过开展伟大斗争破除影响党的先进性、弱化党的纯洁性的各种因素，消除党内各种政治隐患与净化党内政治生态，实现党自我净化、自我完善、自我革新、自我提高，党在伟大斗争锻造中更加坚强，焕发出巨大生机与活力，不断增强新时代我们党的创新力、向心力和影响力。

二、以全面性的伟大斗争来克服新时代中国式现代化的横向阻力

习近平指出："我们在工作中遇到的斗争是多方面的"。② 新时代伟大斗争是涵盖众多领域、许多方面的伟大斗争，是复杂多样的系统斗争，既涉及党内党外、国内国外、网内网外等里里外外，也涉及经济、政治、文化、社会、生态文明等方方面面。新时代全党要充分认识这场伟大斗争的全面性，从新时代中国式现代化"五位一体"总体布局的战略高度，认识经济斗争、政治斗争、文化斗争、社会斗争、生态文明斗争的"五位一体"。

第一，经济斗争。经济领域的伟大斗争一般是指为了维护自身经济利益而进行的国际斗争。当前，经济全球化出现重大波折，与全球化进程背道而驰的反全球化浪潮与逆全球化思潮，这种思潮在很多国家泛滥与蔓延，保护主义、单边主义、孤立主义与霸凌主义不断抬头，多边主义与自由贸易体制受到冲击，国际贸易摩擦与博弈前所未有。要维护国际公平正义，就必须反对一切形式贸易保护主义，与西方国家各种狭隘自私行为进行坚决斗争，正面引导公正合理的经济全球化。面对全球化受阻与逆全球化猖獗，面对当今逆全球化思潮的兴风作浪，中国审时度势，认为逆全球化不是解决全球化失衡的良方与良策，是西方国家开出的错误"药方"，以积极开放姿态与务实合作举动，及时提出共建"一带一路"倡议，高举合作共赢的大旗，引领经济全球化的大旗，倡导开放、包容、普惠、平衡、共赢的全球化理

---

① 习近平：《严肃党内政治生活净化党内政治生态　为全面从严治党打下重要政治基础》，载于《人民日报》2016 年 6 月 30 日。
② 《习近平著作选读》第二卷，人民出版社 2023 年版，第 260 页。

念，实现经济全球化进程再平衡，促进贸易和投资自由化便利化，旗帜鲜明反对保护主义、单边主义与霸权主义，反对以邻为壑与嫁祸他人。

第二，政治斗争。"当面临严峻的政治斗争形势和复杂的现代化建设难题时，党和国家更倾向于打破现有制度的束缚，用政治运动的方式解决问题。"① 政治领域斗争主要是指围绕与影响国家政治权力问题而进行的斗争。在当代中国集中体现在影响党的执政地位与社会根基、妨碍人民民主实现、影响依法治国深入推进的伟大斗争。当前我国政治领域斗争的一个重要凸显就是把扫黑除恶和反腐败斗争结合起来。黑恶势力是社会毒瘤，严重破坏经济社会秩序，侵蚀党的执政根基。如果任由黑恶势力蔓延，将会成为危害社会稳定、动摇党执政根基的重大隐患。黑恶不扫，社会不稳。黑恶不除，人民不安。只有重拳打击与惩治黑恶势力犯罪，彻底铲除黑恶势力滋生的土壤与保护伞，民众才有切实的安全感、获得感与幸福感，才能保障人民安居乐业、社会安定有序、国家长治久安。扫黑除恶专项斗争是正义与邪恶的较量，从"打"到"扫"，一字之别，透露除恶务尽的坚定决心与勇气。扫黑除恶专项斗争事关社会稳定与国家长治久安，关系人心向背与政权稳定的严重政治斗争。开展扫黑除恶专项斗争的重大决策部署，是着眼伟大事业发展全局作出的战略部署，牢固树立以人民为中心的发展思想与总体国家安全观，不断增强人民获得感、幸福感、安全感，是全面依法治国、保证国家长治久安的需要，是推进全面从严治党、巩固党的执政根基的要求，为推进"四个伟大"创造和谐、安全、稳定的社会环境。

第三，文化斗争。党的十九大报告指出："意识形态决定文化前进方向和发展道路。"② 当前西方一些敌对势力仍在以资产阶级价值观所谓的"普世价值"来挑战中国意识形态安全，西方敌对势力通过各种方式对中国进行文化与价值观渗透，抹黑社会主义制度、污蔑马克思主义指导思想，企图西化、分化、丑化、虚化、妖魔化中国，对于这种企图利用所谓的"普世价值"攻击马克思主义的错误思潮，其本质是想否定中国共产党的领导与中国特色社会主义道路，要坚决予以斗争与回击，揭示他们进行意识形态渗透的真实图谋。当下文化领域斗争要对所谓的"普世价值"进行深入揭露与驳斥。恩格斯指出："每一种新的进步都必然表现为对某一神圣事物的亵渎。"③ 当前所谓的"普世价值"成为极具迷惑性并带有鲜明意识形态的思潮，西方国家在国际上极力鼓吹与贩卖所谓的"普世价值"，认为这是普遍适用、永恒存在的价值。习近平基于人类社会发展普遍性与特殊性提出人

---

① 周光辉、赵学兵：《政党会期制度化：推进国家治理体系现代化的有效路径》，载于《政治学研究》2019 年第 2 期。

② 《习近平谈治国理政》第三卷，外文出版社 2020 年版，第 32 页。

③ 《马克思恩格斯文集》第四卷，人民出版社 2009 年版，第 291 页。

类共同价值，以共同价值的真命题来揭示"普世价值"的伪命题，彻底揭露其伪装者的真实面目，揭示其在理论上的有误、目的上的有意与实践中的有害，全面祛魅其神圣性与蛊惑性，澄清人们思想困惑，认清"普世价值"的实质与危害。习近平指出："和平、发展、公平、正义、民主、自由，是全人类的共同价值。"① 这是习近平站在人类命运共同体的立场与高度，提出具有包容特质的人类共同价值观，超越西方所谓的"普世价值"，为构建新型国际关系提供价值支撑。

第四，社会斗争。社会领域斗争是维护社会安定团结与公平正义而进行的伟大斗争，面对的是社会风险，维护的是公共安全。社会领域的伟大斗争是维护国家长治久安与国际社会安定团结的重要内容。一方面，从有形的社会风险看。例如，重大传染性疾病是全人类的共同敌人，也是非传统安全关注的社会风险，正如中国人民与世界各国人民共同抗击新冠疫情，这场全球重大公共卫生突发事件，给各国人民生命安全与身体健康带来巨大威胁。面对这场突如其来且来势汹汹的严重疫情，在中国，我们党把人民群众生命安全与身体健康放在第一位，坚持人民至上、生命至上、健康至上的发展理念，举全国之力进行疫情防控，坚决打赢疫情防控的人民战争、总体战、阻击战。在世界，病毒无国界，面对疫情在全球扩散蔓延，中国与国际社会联防联控，坚决打好疫情防控国际阻击战。另一方面，从无形的社会风险看。当前网络技术突飞猛进，但网络安全隐患令人担忧，社会安全、国家安全与全球安全不断受到来自网络问题的困扰。时下网络诈骗、网络病毒、网络泄露、网络造谣、网络谩骂、网络宣泄、网络暴力、网络恐怖等不良与违法现象时有发生。同时，网络霸权、网络攻击、网络监听、网络渗透、网络颠覆、网络煽动等危害国家安全的活动与日俱增。习近平总书记强调要从"建设网络强国"的战略高度与"构建网络空间命运共同体"② 的全球思维，构筑网络安全的坚固防线，打造安全、稳定、清朗的网络空间。

第五，生态文明斗争。生态文明领域斗争主要是为了保护生态系统、实现人与自然和谐共生的现代化而进行的保护、维护与防护斗争，对破坏生态、浪费资源、污染环境的不良行为作坚决斗争，实现解决人与自然和谐相处。改革开放以来，由于传统粗放型发展，经济快速发展，造成资源高消耗和环境高污染，出现生态环境的短板。习近平总书记强调树立与践行绿水青山就是金山银山的理念，建设美丽中国，我国生态环境质量持续好转。但当前资源约束趋紧、环境污染严重、生态系统退化并未得以根本性改变，生态治理成效并不稳固，在推进新时代中国式现代化进程中，生态问题的严重挑战已经凸显出来。新时代我们党把解决突出

---

① 习近平：《论坚持推动构建人类命运共同体》，中央文献出版社 2018 年版，第 253 页。
② 习近平：《在第三届世界互联网大会开幕式上的视频讲话》，载于《人民日报》2016 年 11 月 17 日。

生态环境问题作为生态文明斗争的重要领域，围绕建设美丽中国，用最严格制度、最严密法治保护生态环境，打好污染防治攻坚战。当前打好污染防治攻坚战，重点打好治气、治水、治土的攻坚战，全力呵护蓝天、碧水、净土是当务之急。一是坚决打赢蓝天保卫战。党的十九大报告指出："持续实施大气污染防治行动，打赢蓝天保卫战。"① 基本消除重污染天气，实现蓝天白云、繁星闪烁。二是着力打好碧水保卫战，实现清水绿岸、鱼翔浅底的景象。三是扎实推进净土保卫战。加强土壤污染防控与修复、加快推进垃圾分类处理与强化固体废物污染防治。

第四节　伟大斗争保持中国式现代化发展的战略定力

习近平指出："不论国际形势如何变幻，我们要保持战略定力、战略自信、战略耐心。"② 战略定力是指在错综复杂的国内外形势下，坚定正确立场、观点与方法，排除各种干扰、抵御各种风险，为实现战略意图与战略目标所具有或表现出来的坚毅、自信与果敢。习近平强调："在道路、方向、立场等重大原则问题上，旗帜要鲜明，态度要明确，不能有丝毫含糊。"③ 习近平强调共产党人的斗争是有方向、有立场、有原则的。关于伟大斗争之"怎么斗"与"怎么争"，需要头脑特别清醒、立场特别坚定，进行伟大斗争，我们党是有主张、有定力的，牢牢把握正确斗争方向，保持应有的战略定力。我们党提出包括伟大斗争在内的"四个伟大"的理论创新与实践命题。"四个伟大"作为一个有机整体，伟大斗争为其他"三个伟大"提供动力驱动，其他"三个伟大"为伟大斗争提供了目标指引、基本原则与根本保证，即进行伟大斗争要牢记实现其他"三个伟大"为历史使命与重大任务，不会在日益复杂斗争中迷失方向、丧失立场与丢失原则。

一、在伟大斗争中实现伟大梦想的战略定力

恩格斯指出："任何事情的发生都不是没有自觉的意图，没有预期的目的的。"④ 伟大斗争的战略定力首先表现为追求远大目标的身体力行与矢志不渝。梦想目标引领斗争前进方向，梦想像灯塔，指引斗争的方向，照亮斗争的道路。

---

① 《习近平著作选读》第二卷，人民出版社 2023 年版，第 42 页。
② 《习近平谈治国理政》第二卷，外文出版社 2017 年版，第 382 页。
③ 《习近平总书记系列重要讲话读本》，学习出版社、人民出版社 2016 年版，第 284 页。
④ 《马克思恩格斯选集》第四卷，人民出版社 2012 年版，第 253 页。

伟大梦想既是实现人民幸福梦想，也是促进人类发展梦想，在推动伟大斗争中必须将人民利益与人类利益进行有机结合，做到两者的相通、相连与相融。中国梦与世界梦是中国人民和世界人民前行的目标指引，关系中国道路与世界格局的基本走向，也是保持伟大斗争的战略定力。

习近平强调："发扬斗争精神，增强斗争本领，为实现'两个一百年'奋斗目标、实现中华民族伟大复兴的中国梦而顽强奋斗。"[1] 这是站在实现中国梦的战略高度，着眼于新时代面对迫切需要解决的问题进行斗争。实现中国梦是近代以来中华民族最伟大的梦想，也是近代以来中国人民进行伟大斗争的精神支柱。中国梦作为激励动力与实现目标，激励着中国人砥砺奋进与接力奋斗。新时代我们要继续进行具有许多新的历史特点的伟大斗争，准备战胜一切艰难险阻，朝着民族复兴中国梦的伟大目标奋勇前进。我们党从诞生之日起，就承载与肩负起实现民族复兴的光荣使命，团结与带领人民进行了艰苦卓绝的斗争并谱写出气吞山河的篇章。百年来，我们党把为人民谋幸福、为民族谋复兴作为初心使命，紧紧依靠与带领人民，在革命、建设与改革中取得一个又一个斗争胜利，更加自觉地维护人民利益，不断接近实现中国梦的伟大目标。习近平指出："想一帆风顺推进我们的事业，想顺顺当当实现我们的奋斗目标，那是不可能的。"[2] "两个一百年"的新时代中国式现代化奋斗目标，承载民族的光荣与梦想，为克服困难、化解风险与应对挑战的伟大斗争提供了不竭的前进动力与远大的光明前景。

习近平指出："各国人民对梦想的追求，不论有什么异同，都是激励他们顽强奋斗的强大动力。"[3] 梦想是方向与共识，也是有效的精神激励，通过美好理想的塑造，给人以共同希望与强大力量，成为伟大斗争的精神支柱与信念支撑。习近平在提出中国梦不久，在担任国家主席后首次出访时就提出了"实现持久和平、共同繁荣的世界梦"。[4] 新时代中国梦是实现国家富强、民族振兴与人民幸福的梦，有助于推动建设持久和平、普遍安全、共同繁荣、开放包容、清洁美丽的世界梦。当前和平赤字、发展赤字、治理赤字、信任赤字是摆在全人类面前的严峻挑战，是实现中国梦与世界梦的重大障碍，是当今国际社会共同面临的四大斗争。一是面对和平赤字的伟大斗争。中国反对以武力施压与威胁，倡导走"对话非对抗、结伴非结盟"的新路与正路，止息纷争，破解和平赤字。二是面对发展赤字的伟大斗争。当前全球发展动力不足、空间受限与受益不均。当前破解全

---

① 《习近平著作选读》第二卷，人民出版社 2023 年版，第 257 页。

② 习近平：《在中央党校建校 80 周年庆祝大会暨 2013 年春季学期开学典礼上的讲话》，载于《人民日报》2013 年 3 月 3 日。

③ 《习近平接受〈华尔街日报〉采访：坚持构建中美新型大国关系正确方向 促进亚太地区和世界和平稳定发展》，载于《人民日报》2015 年 9 月 23 日。

④ 《习近平外交演讲集》第一卷，中央文献出版社 2022 年版，第 18 页。

球发展赤字，需要共同发展与合作共赢，坚持创新驱动、协同联动与示范带动。三是面对治理赤字的伟大斗争。推进新型全球治理的伟大斗争，消除全球治理的民主赤字、参与赤字与责任赤字，改变全球治理不公平不合理因素。习近平指出："要推动变革全球治理体制中不公正不合理的安排。"① 四是面对信任赤字的伟大斗争。当今冲突缘于国际、党际、群际与人际关系中缺乏普遍信任，在国际交往中屡屡出现出尔反尔、不讲诚信、摇摆不定与背信弃义的现象，唯有增强信任，通过先礼后兵才能减少猜疑与隔阂，增加互信，减少冲突与加强合作。

二、在伟大斗争中推进伟大事业的战略定力

中国特色社会主义是改革开放以来党的全部理论和实践的主题，是道路、理论、制度、文化的"四个自信"，是党领导人民历尽千辛万苦、进行艰苦卓绝斗争的根本成就。其道路是伟大斗争的必由之路，其理论体系是指导伟大斗争的正确理论，其制度是伟大斗争的根本制度保障，其文化是伟大斗争的强大精神力量。新时代我们党领导人民进行伟大斗争都是围绕坚持与发展中国特色社会主义这个重大主题来展开、深化与拓展的，新时代要在伟大斗争中更加自觉地增强道路自信、理论自信、制度自信、文化自信的政治定力，在伟大斗争中推进伟大事业。

首先，在伟大斗争中坚定道路自信。历史与现实一再表明道路关乎前途与命运，关乎方向与命脉，是举旗定向的生死选择。道路不正确，再美的梦想、再大的事业都难以实现。关于伟大斗争的战略定力，首要是道路自信的战略定力，必须要旗帜鲜明，态度明确，不能有丝毫含糊。进行伟大斗争的道路千条万条，其中最重要的一条就是走中国特色社会主义道路，这是实现新时代中国式现代化与创造中国人民美好生活的必由之路，是实现人民福祉的康庄大道。习近平指出："'鞋子合不合脚，自己穿着才知道'。一个国家的发展道路合不合适，只有这个国家的人民才最有发言权。"② 改革开放以来我们党高举中国特色社会主义伟大旗帜，一以贯之在这条道路上接力奔跑，在伟大斗争中不为任何风险所阻，不为任何干扰所惑，将坚定道路自信贯穿于伟大斗争的各个方面。习近平指出："我们要保持战略定力和坚定信念，坚定不移走自己的路，朝着自己的目标前进。"③

其次，在伟大斗争中坚持理论自信。伟大斗争不仅是行动斗争，也是思想斗争、理论斗争和真理斗争。真理是非此即彼的一元而不是亦此亦彼的多元，真理

---

① 习近平：《论坚持推动构建人类命运共同体》，中央文献出版社2018年版，第260页。
② 习近平：《论坚持推动构建人类命运共同体》，中央文献出版社2018年版，第6~7页。
③ 《习近平著作选读》第一卷，人民出版社2023年版，第240页。

总是在与各种谬误斗争中不断开辟自身发展道路，总是在同形形色色的错误思潮作斗争中发展起来的。在伟大斗争中坚持理论自信，在深层次上是对马克思主义自信，这是中国特色社会主义理论体系的立论根基。当前思想领域中是不折不扣的"跑马场"，马克思主义受到各种非马克思主义、反马克思主义、伪马克思主义的歪曲、攻击与污蔑，马克思主义"过时论""无用论""有害论"不绝于耳，习近平指出马克思主义在很多社会科学领域中被边缘化、空泛化、标签化，在一些学科中"失语"、教材中"失踪"、论坛上"失声"。[①] 强调伟大斗争的理论自信，就是要理正气壮、旗帜鲜明与大张旗鼓宣传马克思主义，在涉及大是大非重大原则上，必须主动发声，敢于亮剑，通过斗争发展马克思主义。

再次，在伟大斗争中坚定制度自信。习近平强调："制度优势是一个国家的最大优势，制度竞争是国家间最根本的竞争。"[②] 我国宪法第一条明确规定社会主义制度是我国的根本制度，禁止任何组织或者个人破坏社会主义制度。新时代在伟大斗争中坚定制度自信，既要确保斗争在制度的护航下进行，又要以有效斗争来促进制度的自我完善，更要在斗争中维护制度的权威与神圣。中国特色社会主义制度是党和人民在长期实践探索中形成的科学制度体系，把马克思主义基本原理同中国具体实际相结合，呈现根本制度、基本制度、重要制度的三个层次，涉及经济制度、政治制度、文化制度、社会制度、生态文明制度的五个方面，构建系统完备、科学规范、运行有效的制度体系。邓小平指出："我们的制度将一天天完善起来，它将吸收我们可以从世界各国吸收的进步因素，成为世界上最好的制度。"[③] 但长期以来总有一些别有用心之人，极力鼓吹、宣扬、兜售与迷信西方的三权分立制度，以此妄图曲解、削弱、歪曲、否定与改变我国社会主义制度，必须进行坚决斗争。新冠疫情是一次重大危机，也是一国制度效能的大考。防控工作取得的成效彰显了中国共产党领导和中国特色社会主义制度的显著优势。

最后，在伟大斗争中坚定文化自信。习近平指出："我们说要坚定中国特色社会主义道路自信、理论自信、制度自信，说到底是要坚定文化自信。"[④] 文化自信是对自身文化价值的充分肯定、不断创新与积极践行的坚定信心。文化是更基本、更深沉、更持久的力量，文化自信是更基础、更广泛、更深厚的自信。文化是国家与民族的灵魂，如果在国际竞争与全球斗争中缺乏文化自信，一打就垮，甚至不打自垮。习近平指出："丢了这个'根'和'魂'，就没有根基了。"[⑤] 当今无论是面

① 习近平：《在哲学社会科学工作座谈会上的讲话》，载于《人民日报》2016年5月19日。
② 《习近平著作选读》第二卷，人民出版社2023年版，第277页。
③ 《邓小平文选》第二卷，人民出版社1993年版，第337页。
④ 《习近平谈治国理政》第二卷，外文出版社2017年版，第339页。
⑤ 《习近平关于实现中华民族伟大复兴的中国梦论述摘编》，中央文献出版社2013年版，第33页。

对全球性挑战还是国际性斗争，都需要坚定文化自信。文化不仅是激励奋勇前进的强大精神力量，也体现民族斗争的独特精神标识、哲学智慧与思维方式。习近平强调："博大精深的中华优秀传统文化是我们在世界文化激荡中站稳脚跟的根基。"①直面当代中国和当今世界的重大斗争，需要从中华文化中发掘斗争智慧与思维。当前贸易保护主义盛行、恐怖主义猖獗、霸凌主义横行、单边主义高涨，在国际斗争中，充分挖掘与阐发中华文化关于斗争的优秀基因，撷取中华文化斗争智慧，从中汲取斗争营养。例如，先礼后兵、以斗促和、为正义而战、以战去战、不战而屈人之兵等，对其进行创造性转化与创新性发展。习近平强调："要加强对中华优秀传统文化的挖掘和阐发，……把跨越时空、超越国度、富有永恒魅力、具有当代价值的文化精神弘扬起来。"②

三、在伟大斗争中建设伟大工程的战略定力

习近平指出："党要团结带领人民进行伟大斗争、推进伟大事业、实现伟大梦想，必须毫不动摇坚持和完善党的领导，毫不动摇把党建设得更加坚强有力。"③实践表明只有进一步把党建设好，我们党才能立于不败之地，才能永葆旺盛生命力与强大战斗力。建设伟大工程是进行伟大斗争的根本保证，建设伟大工程在于坚持与完善党的领导，提升党的执政本领与领导能力，伟大斗争的根本保证也在于坚持与完善党的领导，这是进行伟大斗争需要保持的根本战略定力。党是中国最高政治力量，是推进伟大事业的领导核心与主心骨，是伟大斗争取得胜利的根本保证，进行伟大斗争必须始终坚持与完善党的领导。在中国能够团结与带领全国各族人民实现中国梦这一宏伟目标与推进中国特色社会主义这一伟大事业的领导力量，也只有中国共产党，开展伟大斗争意在提高党的执政能力与领导水平。历史也证明，中国革命、建设、改革所取得伟大斗争的胜利，都与党的坚强领导分不开的。没有总揽全局与协调各方的主心骨，伟大斗争就不可能取得一个又一个胜利，攻克一个又一个堡垒。坚持党的领导地位不动摇，这是新时代伟大斗争的核心价值取向。党的领导是新时代伟大斗争的最大优势，直接决定伟大斗争的成败得失。新时代要确保党在伟大斗争中始终成为坚强的领导核心，必须坚决反对一切削弱、歪曲、否定党的领导的言行，把党建设得更加坚强有力。

---

① 《习近平关于社会主义文化建设论述摘编》，中央文献出版社2017年版，第108页。

② 习近平：《完善和发展中国特色社会主义制度　推进国家治理体系和治理能力现代化》，载于《人民日报》2014年2月18日。

③ 《习近平谈治国理政》第三卷，外文出版社2020年版，第47～48页。

一是在伟大斗争中坚持党的领导，为实现中国梦与现代化发展指引前进方向。党的十九大报告强调党是领导一切的，进行伟大斗争也不例外。百年来，我们所取得全方位与开创性的成就，发生深层次与根本性的变革，都与我们党所领导的各项斗争密切相关。有了党的领导，保证伟大斗争的方向不偏与步伐不乱。习近平强调没有党的坚强领导，以伟大斗争实现伟大梦想必然是空想。坚持实现中国梦与推进社会主义现代化建设的正确方向，需要中国共产党的领导。

二是在伟大斗争中坚持党的领导，为实现中国梦与现代化发展提供领导核心。党的十九大报告指出："我们党要始终成为时代先锋、民族脊梁，始终成为马克思主义执政党，自身必须始终过硬。"[1] 打铁必须自身硬，既要政治过硬，也要本领高强。党领导人民进行伟大斗争，既是在打铁，也是在锻造成为铁打的，这为实现民族复兴与现代化发展提供坚强的领导核心。

三是在伟大斗争中坚持党的领导，为实现中国梦与现代化发展凝聚基本力量。恩格斯说："为了进行斗争，我们必须把我们的一切力量捏在一起。"[2] 实现中国梦与全面建成社会主义现代化强国，必须凝聚起同心筑梦的磅礴力量。习近平指出："实现中国梦必须凝聚中国力量。这就是中国各族人民大团结的力量。"[3] 但这种力量并非天然一体与浑然一体的，有时是分散的与零散的，需要团结、整合与凝聚。中国共产党就是这样一个能够把人民组织起来，团结凝聚起来的政治力量，这就需要以党的力量来凝聚人民的力量。党成立以来始终是团结人民的纽带，是凝聚中国力量的黏合剂，在伟大斗争中不断凝聚力量，共同托举中国梦与不断推动现代化。

第五节 伟大斗争提高中国式现代化发展的领导能力

习近平指出："斗争是一门艺术，要善于斗争。"[4] 进行伟大斗争，既要敢于斗争，又要善于斗争，斗争不仅是斗智斗勇，也是斗智斗法。斗争的方式方法影响斗争的进程进展，掌握科学正确的斗争方式方法是取得伟大斗争胜利的必备要求，也是提升党领导中国式现代化的执政能力。我们党是马克思主义政党，斗争本领是"看家本事"，在现代化发展进程，发扬斗争精神、讲求斗争

① 《习近平谈治国理政》第三卷，外文出版社2020年版，第13页。
② 《马克思恩格斯选集》第四卷，人民出版社2012年版，第500页。
③ 《习近平谈治国理政》第一卷，外文出版社2018年版，第40页。
④ 《习近平著作选读》第二卷，人民出版社2023年版，第259页。

艺术、注重斗争策略、掌握斗争方法，不断增强斗争本领，有效消除与克服领导现代化发展的"本领恐慌"与"能力危机"。当前国际斗争错综复杂、国内斗争任务异常艰巨，国际国内斗争相互交织。新时代要赢得伟大斗争的新胜利、推动社会主义现代化的新发展，迫切需要我们党掌握科学正确的斗争方法，增强斗争本领。新时代进行伟大斗争，要认清斗争形势、认识斗争性质、把握斗争要求、增强斗争力量、发扬斗争精神与增强斗争本领，不断开创新时代中国式现代化发展的新局面。习近平指出："要根据形势需要，把握时、度、效，及时调整斗争策略。"①

一、认清斗争形势

党的十九大报告强调全党要充分认识这场伟大斗争的长期性、复杂性、艰巨性。当今世界正经历百年未有之大变局，正处于大发展大变革大调整时期，当代中国不断和平崛起，正处于全面深化改革的攻坚期与深水区，要增强斗争本领，必须科学把握形势发展走势，趋利避害，牢牢掌握斗争主动权。第一，认清伟大斗争的长期性。习近平指出："我们面临的各种斗争不是短期的而是长期的，至少要伴随我们实现第二个百年奋斗目标全过程。"② 斗争无处不在，无时不有。党领导人民进行伟大斗争也必须做好打持久战的准备，要全身心投入到解决人民日益增长的美好生活需要和不平衡不充分的发展之间的矛盾之中。第二，认清伟大斗争的复杂性。习近平指出："面临的重大斗争不会少，经济、政治、文化、社会、生态文明建设和国防和军队建设、港澳台工作、外交工作、党的建设等方面都有，而且越来越复杂。"③ 新时代伟大斗争内容广泛，斗争领域空前扩大，涵盖各个领域。第三，认清伟大斗争的艰巨性。伟大斗争的艰巨性是斗争难度前所未有。一是从目标看，目标越是伟大，面临的风险就越高越多，遇到的阻力压力就会越大，越需要艰苦卓绝斗争。二是从历史看，很多问题是长期累积的过程，存在深层性矛盾，伟大斗争不可能一蹴而就。三是从现实看，当前众多斗争存在党内党外、国内国外、有形无形、线上线下的互相交织与相互叠加。

---

① 《习近平著作选读》第二卷，人民出版社 2023 年版，第 259 页。
②③ 《习近平在中央党校（国家行政学院）中青年干部培训班开班式上发表重要讲话强调 发扬斗争精神增强斗争本领 为实现"两个一百年"奋斗目标而顽强奋斗》，载于《人民日报》2019 年 9 月 4 日。

二、认识斗争性质

伟大斗争"还要注意斗争性质和斗争方法问题"[①]，从斗争性质来看，新时代进行伟大斗争要占据正义制高点、植根人民利益立场与注重改革非对抗性，新时代伟大斗争是正义性、人民性、改革性的有机统一。一是伟大斗争的正义性。斗争可分为正义斗争与非正义斗争，这主要看是否符合社会发展的客观规律与基本趋势，积极推动人类发展进步的斗争都是正义的，即有理的斗争。伟大斗争之所以伟大，在于名正言顺、师出有名且理直气壮。新时代伟大斗争首先是正义斗争，符合人类社会发展规律、社会主义建设规律、共产党执政规律，推动人类进步与中国发展。新时代党所开展的一切伟大斗争都立足于先进与公正，占据道义制高点，反对霸凌、破除屏障与扫除藩篱，坚持真理必赢与正义必胜，实现得道多助与失道寡助。二是伟大斗争的人民性。人民是历史发展的推动者与创造者，伟大斗争既依靠人民这一主体力量，也是实现人民的利益诉求，伟大斗争不仅符合推动历史发展的"有理"，而且符合人民根本利益的"有利"。新时代我们党始终坚持以人民为中心的发展思想，把人民利益放在首位，坚决同一切损害人民利益的行为做斗争。三是伟大斗争的改革性。经过新民主主义革命与社会主义改造，我国进入社会主义初级阶段，阶级斗争在一定范围内还将长期存在，但其已经不是我国社会主要矛盾，这决定了当今伟大斗争不是暴风骤雨式的革命斗争，不能走以阶级斗争为纲的路线，不能回到政治斗争挂帅的时代，大规模群众运动的斗争方式早已不合时宜，必须以改革对原有体制机制进行深层次与根本性变革，而非细枝末节的小修小补，实现社会主义制度自我发展、完善与超越。

三、把握斗争要求

习近平指出要注重策略方法，讲求斗争艺术[②]。斗争是有规律可循，其中，依法斗争、公开斗争与团结斗争是其显著特点与基本要求。一是依法斗争。在新民主主义革命时期，伟大斗争主要是采用革命战争与武装斗争的基本方式，在社会主义革命时期与建设时期，伟大斗争主要采取大规模群众运动的基本方式。改革开放以来，伟大斗争逐渐形成运用法治思维方式来进行合理合规的伟大斗争，

---

① 高飞：《思想政治教育议题设置研究》，载于《马克思主义理论学科研究》2021年第2期。
② 《习近平在中央党校（国家行政学院）中青年干部培训班开班式上发表重要讲话强调　发扬斗争精神增强斗争本领　为实现"两个一百年"奋斗目标而顽强奋斗》，载于《人民日报》2019年9月4日。

系统观视阈的新时代中国式现代化

突出伟大斗争不是随心所欲的，要在民主框架与法治航道中进行，凸显伟大斗争的法制性。新时代强调法治思维，主张法治方式，新时代伟大斗争要在全面依法治国框架下推进，确保伟大斗争于法有据。习近平指出："对各种危害法治、破坏法治、践踏法治的行为要挺身而出、坚决斗争。"[①]　二是公开斗争。我们党是伟大事业的领导核心，是中国的执政党，具有公开性与合法性的执政地位。党领导人民进行伟大斗争，不是"地下党"的秘密活动与秘密斗争，也不是"在野党"的暗箱操作与明争暗斗，是光明磊落、公开合法的伟大斗争。新时代进行伟大斗争是公开斗争，不是关起门来搞斗争，而是敞开大门进行斗争；不是悄无声息与默不作声的斗争，而是声势浩大与大张旗鼓地斗争。三是团结斗争。进行伟大斗争，不是为斗争而斗争，斗争不是要故意制造冲突与分裂，斗争是为了和谐与团结，把斗争作为实现团结的武器。习近平强调在斗争中争取团结，在斗争中谋求合作，在斗争中争取共赢[②]。

四、增强斗争力量

毛泽东曾指出区分敌友问题是中国革命的首要问题。这表明中国革命斗争需要区分对象，也需要联合力量。伟大斗争不能单枪匹马，必须进行力量联合与团结。实现伟大斗争的胜利，既要搞清斗争的对象，做到斗争的有的放矢，也要联合斗争的力量，做到斗争的万众一心。进行伟大斗争，必须凝聚磅礴力量。毛泽东指出："真正的铜墙铁壁是什么？是群众。"[③]唯物史观认为民众是伟大斗争的胜利之本与力量之源，实现伟大斗争的胜利，紧紧依靠民众开展伟大斗争，确保伟大斗争始终具有广泛与坚实的群众基础。党是伟大斗争的领导主体，人民群众是伟大斗争的基本主体，进行伟大斗争要坚持群众观点与践行群众路线。新时代进行伟大斗争，我们党要充分凝聚民众共识、尊重民众意志、吸收民众智慧、汇聚民众力量，团结、带领与汇聚广大民众力量，形成一切可以团结的力量，形成历史合力，面对一切风险挑战，克服一切艰难险阻，向着共同敌人做坚决斗争。

五、发扬斗争精神

毛泽东指出："我们中华民族有同自己的敌人血战到底的气概，有在自力更

---

① 《习近平总书记系列重要讲话读本》，学习出版社、人民出版社 2016 年版，第 98 页。

② 《习近平在中央党校（国家行政学院）中青年干部培训班开班式上发表重要讲话强调　发扬斗争精神增强斗争本领　为实现"两个一百年"奋斗目标而顽强奋斗》，载于《人民日报》2019 年 9 月 4 日。

③ 《毛泽东选集》第一卷，人民出版社 1991 年版，第 139 页。

生的基础上光复旧物的决心，有自立于世界民族之林的能力。"① 善于斗争的前提是敢于斗争，斗争既是斗智也是斗志，伟大斗争是实际行动与精神品质的有机统一，既需要行动的坚毅果敢，也需要精神的斗志昂扬。斗争需要斗志，发扬斗争精神，这是斗争行动的内在驱动与精神支撑。这种斗争精神并非争强好胜，发扬斗争精神与坚定斗争意志，绝非好勇斗狠。发扬斗争精神是要在重大原则上立场坚定、在大是大非面前敢于亮剑、在矛盾冲突面前敢于迎难而上、在危机困难面前敢于挺身而出、在歪风邪气面前敢于旗帜鲜明，需要"为有牺牲多壮志，敢教日月换新天"的斗争精神、"千磨万击还坚劲，任尔东西南北风"的斗争意志、"狭路相逢勇者胜"的斗争勇气、"明知山有虎，偏向虎山行"的斗争胆量、"黄沙百战穿金甲，不破楼兰终不还"的斗争决心，始终保持共产党人不畏困难、一往无前与敢于斗争的气概、气节与气量。百年党史告诉我们，中国共产党人在任何艰难险境中都始终保持敢于斗争精神，斗争精神是我们党取得新胜利的思想武器与精神财富，发扬斗争精神是赢得新胜利的重要法宝，是共产党人的鲜明政治品格，党的历史就是敢于斗争、善于斗争、勇于斗争的历史。

六、提升斗争本领

习近平指出："斗争精神、斗争本领，不是与生俱来的。领导干部要经受严格的思想淬炼、政治历练、实践锻炼，在复杂严峻的斗争中经风雨、见世面、壮筋骨，真正锻造成为烈火真金。"② 这表明斗争的好功夫是练出来的，斗争的真本领是磨出来的，要形成思想淬炼、政治历练、实践锻炼的全方位，这是党员干部增强斗争本领的三大基本途径。一是思想淬炼。理论上清醒与政治上坚定，斗争起来才有方向、底气与力量。用党的创新理论尤其是习近平新时代中国特色社会主义思想武装头脑，夯实敢于、勇于、善于斗争的思想根基。二是政治历练。增强斗争本领需要不断强化政治历练，在磨炼中长本领与本事，在历练中变老练。对于斗争的政治历练而言，越是困难与艰难的地方，越是严峻与复杂的时候，越能练胆量、强意志与长本领。三是实践锻炼。实践是检验斗智斗勇的基本场景与根本标准，新时代中国式现代化要求党员领导干部主动投身于各种实践中锻炼斗争的真本领与真功夫，尤其是到基层一线中摸爬滚打、在重要岗位上锻造摔打、在艰苦环境下磨炼拍打，特别是投入到化解重大风险、脱贫攻坚与污染防治的三大攻坚战之中。

---

① 《毛泽东选集》第一卷，人民出版社 1991 年版，第 161 页。
② 《习近平在中央党校（国家行政学院）中青年干部培训班开班式上发表重要讲话强调 发扬斗争精神 增强斗争本领 为实现"两个一百年"奋斗目标而顽强奋斗》，载于《人民日报》2019 年 9 月 4 日。

第三章

伟大事业开拓新时代中国式现代化新局面

在统揽"四个伟大"的实践中，推进伟大事业是指推进中国特色社会主义这一伟大事业。中国特色社会主义伟大事业是由中国共产党领导中国人民，在改革开放与社会主义现代化建设中所开创的伟大事业，这一前无古人与后启来者的崇高而伟大事业，是党和人民砥砺前行、进行艰苦卓绝斗争所取得的根本成就，包括道路的开辟与发展、理论的坚持与创新、制度的建立与完善、文化的传承与自信。马克思指出："我们代表着一个伟大壮丽的事业。我们正宣布历史上最伟大的变革，这个变革，无论就其彻底性还是就其成果的丰硕来说在世界史上是无与伦比的。"① 党的十九大报告强调坚持和发展中国特色社会主义，总任务是实现社会主义现代化与中华民族伟大复兴，这就表明推进伟大事业是新时代中国式现代化发展的主题形态，新时代中国式现代化是伟大事业的实践形态，中国特色社会主义与新时代中国式现代化之间是主题形态与实践形态的关系，中国特色社会主义规定了新时代中国式现代化的基本属性，新时代中国式现代化是从实践进程中有效回答新时代坚持和发展什么样的中国特色社会主义、怎样坚持和发展中国特色社会主义。新时代以习近平同志为核心的党中央把科学社会主义基本原则同我国新时代新实际新要求紧密结合起来，推动伟大事业进入新时代，从富强、民主、文明、和谐与美丽的五大发展目标，以及经济建设、政治建设、文化建设、社会建设与生态文明建设的五大发展范畴，不断开创新时代中国式现代化的新局面。

---

① 《马克思恩格斯全集》第四十二卷，人民出版社 1979 年版，第 436 页。

第一节　中国式现代化之"伟大事业"的由来

百年党史是领导全国人民进行革命、建设和改革推进中国式现代化伟大事业的历史。在"四个伟大"中，出现时间最早的不是有的学者所说的 1939 年提出的"伟大工程"概念[①]，而是 1936 年就提出的"伟大事业"概念。

1936 年 3 月 1 日毛泽东起草《中国人民红军抗日先锋军布告》号召："一切爱国志士，革命仁人，不分新旧，不分派别，不分出身，凡属同情于反抗日本帝国主义者，本军均愿与之联合，共同进行民族革命之伟大事业。"[②] 1936 ~ 1938 年毛泽东在《中国共产党致中国国民党书》、《国共合作成立后的迫切任务》、同世界学联代表团的谈话、党的扩大的六届六中全会上政治报告《论新阶段》中，把救国救民、抗日救国、抗日和建国称为"伟大事业"。[③]

新中国成立 70 多年来，中国共产党领导全国各族人民，进行中国革命、建设和改革开放中国式现代化伟大事业。1956 年三大改造建立社会主义基本制度。1957 年 3 月，毛泽东在中国共产党全国宣传工作会议上的讲话中提到"社会主义建设这样一个伟大事业"[④]；同年 5 月，他在接见中国新民主主义青年团三大代表时号召，"团结起来，坚决地勇敢地为社会主义的伟大事业而奋斗"[⑤]。以毛泽东同志为核心的党的第一代中央领导集体带领全国人民不懈探索社会主义建设伟大事业。

党的十一届三中全会以来，改革开放新时期党开创了社会主义现代化建设伟大事业。1982 年党的十二大报告号召"在新时期中，……干出一番前人从来没有做过的伟大事业来吧！"[⑥] 1987 年党的十三大报告强调"中国十亿人民正在进行现代化建设和改革的伟大事业"[⑦]。1992 年党的十四大报告指出："改革开放和现代化建设是人民群众的伟大事业"，"把有中国特色社会主义的伟大事业继续推

---

① 关锋：《"四个伟大"内涵的多维解读》，载于《红广角》2018 年第 1 期。
② 《毛泽东文集》第一卷，人民出版社 1993 年版，第 383 页。
③ 《毛泽东文集》第一卷，人民出版社 1993 年版，第 430 页；《毛泽东选集》第一卷，人民出版社 1991 年版，第 363 页；《毛泽东文集》第二卷，人民出版社 1993 年版，第 131 页；《毛泽东选集》第一卷，人民出版社 1991 年版，第 526 ~ 527 页。
④ 《毛泽东文集》第七卷，人民出版社 1999 年版，第 276 页。
⑤ 《毛泽东文集》第七卷，人民出版社 1999 年版，第 303 页。
⑥ 《十二大以来重要文献选编》（上），人民出版社 1986 年版，第 61 页。
⑦ 《十三大以来重要文献选编》（上），人民出版社 1991 年版，第 59 页。

向前进"。① 1997 年党的十五大报告指出："我们这次大会的任务，就是动员全党和全国各族人民团结奋斗，全面推进建设有中国特色社会主义的伟大事业。""把建设有中国特色社会主义伟大事业全面推向二十一世纪！"② 2002 年党的十六大报告指出，"坚持十一届三中全会以来的路线不动摇，成功地稳住了改革和发展的大局，捍卫了中国特色社会主义伟大事业。"③ 2007 年党的十七大报告提出，"在全面建设小康社会实践中坚定不移地把改革开放伟大事业继续推向前进。"④

新时代"伟大事业"主题从中国特色社会主义跃进到中国式现代化。2012 年党的十八大报告提出，"投身中国特色社会主义伟大事业"⑤。2016 年 7 月 1 日习近平在庆祝中国共产党成立 95 周年大会上的讲话中指出："坚持不忘初心、继续前进，就要坚持中国特色社会主义道路自信、理论自信、制度自信、文化自信，坚持党的基本路线不动摇，不断把中国特色社会主义伟大事业推向前进。"⑥ 2021 年 7 月 1 日习近平在庆祝中国共产党成立一百周年大会上的讲话中指出：我们党"这一百年来开辟的伟大道路、创造的伟大事业、取得的伟大成就，必将载入中华民族发展史册、人类文明发展史册！"⑦ 2022 年 10 月党的二十大报告说："我们从事的是前无古人的伟大事业"，"全面建设社会主义现代化国家，是一项伟大而艰巨的事业"。⑧ 2023 年 10 月 23 日习近平在同中华全国总工会新一届领导班子成员集体谈话时要求，"充分调动广大职工群众的积极性、主动性、创造性，积极投身全面推进强国建设、民族复兴的伟大事业"⑨。新时代新征程的"伟大事业"就是全面建设社会主义现代化国家，就是全面推进强国建设、民族复兴。

第二节　伟大事业孕育中国式现代化发展的五大目标

新时代中国式现代化伟大事业既是社会主义的科学事业，也是现代化美好事

---

① 《十四大以来重要文献选编》（上），人民出版社 1996 年版，第 4、34 页。
② 《十五大以来重要文献选编》（上），中央文献出版社 2000 年版，第 51 页。
③ 《十六大以来重要文献选编》（上），中央文献出版社 2011 年版，第 4 页。
④ 《十七大以来重要文献选编》（上），中央文献出版社 2009 年版，第 7 页。
⑤ 《十八大以来重要文献选编》（上），中央文献出版社 2014 年版，第 44 页。
⑥ 《习近平谈治国理政》第二卷，外文出版社 2017 年版，第 36 页。
⑦ 《习近平著作选读》第二卷，人民出版社 2023 年版，第 480 页。
⑧ 《习近平著作选读》第一卷，人民出版社 2023 年版，第 16、21 页。
⑨ 《习近平在同中华全国总工会新一届领导班子成员集体谈话时强调坚持党对工会的全面领导　组织动员亿万职工积极投身强国建设民族复兴伟业》，载于《人民日报》2023 年 10 月 24 日。

业，蕴含多维的美好愿景。党的十九大报告提出把我国建成富强民主文明和谐美丽的社会主义现代化强国奋斗目标，这从五大范畴上界定了伟大事业之富强、民主、文明、和谐、美丽的基本内涵，也从五大任务上勾勒社会主义现代化发展的五大目标。发展目标对实践行动发挥着导向与引领作用，"富强民主文明和谐美丽"的现代化发展目标，实质上就是坚持以"五大目标"来指引与推进新时代中国式现代化伟大事业，以富强之中国、民主之中国、文明之中国、和谐之中国、美丽之中国的五大发展目标来引领基本实现社会主义现代化与建设社会主义现代化强国的系统工程。新时代"富强民主文明和谐美丽"作为社会主义现代化的五大发展目标，相辅相成又相互关联，构成有机的目标体系，富强是基础性目标、民主是保障性目标、文明是深层性目标、和谐是本质性目标、美丽是重要性目标，共同指引社会主义现代化发展，以富强中国、民主中国、文明中国、和谐中国、美丽中国指引现代化不断前行。

改革开放以来，我们党历来从谋划新时代中国式现代化这一伟大事业的战略高度，以目标导向对现代化事业进行顶层设计与谋篇布局，围绕伟大目标进行长远谋划，做到现代化发展的"有的放矢"，以目标实现的高度提升社会主义现代化发展的高度。从党的十二大强调逐步实现工业、农业、国防与科学技术的四个现代化，建设"高度文明与高度民主"的"两大目标"，到党的十三大提出社会主义现代化国家之"富强民主文明"的三大目标，到党的十七大提出建设"富强民主文明和谐"的社会主义现代化国家的四大目标，再到党的十九大强调建设"富强民主文明和谐美丽"的社会主义现代化强国的五大目标，这是新时代中国式现代化伟大事业内涵的拓展与丰富，对其总体布局的谋划更加全面与系统，使得中国式现代化发展目标更加明确与清晰，为发展社会主义现代化描绘了宏伟蓝图。

一、富强的现代化

新时代中国式现代化发展也是"逐步走向繁荣富强的现代化发展"[①]。富强是财富充足与力量强大，实现国家富强是中国人民的共同期盼，是现代化发展的首要目标。社会主义现代化就要在解放和发展生产力的基础上，不断增加经济总量，创造积累物质财富，在生产力高度发展基础上，实现物质财富的充分涌流，不断改善与提高人民生活水平与生活质量，让人民普遍享受富裕安康的生活与体

---

① 蒋研川、张林：《"四个自信"助力"四个伟大"理论意蕴研究》，载于《思想理论教育导刊》
2018 年第 12 期。

会国家强盛的尊严。马克思说无产阶级成为统治阶级后要尽可能快地增加生产力的总量。富强是现代化发展的基础性目标，这一基础目标在于生产力基础地位，生产力是社会发展的最终且根本的决定力量，更好地促进生产力发展也是现代化发展程度的重要彰显，凸显生产力提升与物质生产的优先性规律，体现对现代化发展规律的精准把握与实践自醒。马克思指出："还因为如果没有这种发展，那就只会有贫困、极端贫困的普遍化。"① 邓小平也强调社会主义根本任务就是发展生产力，不仅体现出其优于资本主义，还为实现美好共产主义创造物质基础。进入新时代，习近平不仅将国家富强列为中华民族伟大复兴中国梦的科学内涵之一，还特别提出重视建设现代化经济体系，实现国家经济富强，为新时代中国式现代化强国与实现中国梦夯实雄厚物质基础。习近平指出："国家强，经济体系必须强，只有形成现代化经济体系，才能更好顺应现代化发展潮流和赢得国际竞争主动，也才能为其他领域现代化提供有力支撑。"②

二、民主的现代化

现代社会，民主是衡量现代化发展水平的重要指标与显性标志。新时代中国式现代化不仅体现在物质充裕的程度与生产力发展的水平上，也体现在人民的自由、意志与平等的实现程度上。追求自由民主是人类文明进步的重要体现，也是社会主义现代化发展的重要目标。邓小平强调没有民主就没有社会主义，就没有社会主义现代化。这就表明人民民主是社会主义的生命与本质属性，也是现代化事业的重要目标与本质要求。伟大事业是发扬人民民主的现代化事业。一方面，民主的现代化性质。马克思说无产阶级上升为统治阶级应争得民主。新中国成立与社会主义制度建立，标志着中国民主进程实现历史性飞跃，从传统为民作主走向现代人民民主，是社会主义现代化发展的重要飞跃，体现出社会主义国家是人民当家作主的现代化国家，是保障人民自由权利的现代化国家。另一方面，民主的现代化程度。实现民主不等于实现了充分民主，民主的现代化是民主实现程度不断提升的历史过程，民主需要不断地改善与提升，通过建立民主制度、改善民主机制与发展民主权利，更好保障人民当家作主的权利、自由与意志。社会主义现代化越发展，民主也越加进步。不仅以现代化推动民主化，更以民主化的机制变革推动社会主义现代化发展，为实现社会主义现代化强国宏伟目标努力奋斗。

---

① 《马克思恩格斯选集》第一卷，人民出版社 2012 年版，第 166 页。
② 习近平：《深刻认识建设现代化经济体系重要性　推动我国经济发展焕发新活力迈上新台阶》，载于《人民日报》2018 年 2 月 1 日。

三、文明的现代化

从广义看，新时代中国式现代化发展是物质文明、政治文明、精神文明、社会文明、生态文明的全面提升，在"富强民主文明和谐美丽"的现代化五大目标中的"文明"，应是狭义的文明，即精神文明。精神文明发展也是现代化发展的重要目标与衡量指标，现代化发展不仅是物质增长与民主进步，也是精神文明提升，不断提高全社会的文明程度。如果富强是现代化发展的"硬实力"目标，那么精神文明就是现代化发展的"软实力"目标。建设社会主义精神文明事关中华民族伟大复兴中国梦的实现，关系社会主义现代化发展的兴衰成败。没有民主就没有社会主义现代化，同样，没有精神文明就没有社会主义现代化。邓小平讲过风气如果坏下去，经济搞成功又有什么意义？一是精神文明是现代化发展的精神动力，为其他四大文明发展提供精神动力，对其他文明建设起着定向、鼓舞与调节的作用，彰显中华民族万众一心、牢不可破的向心力和凝聚力。精神文明搞得好，人心齐，精神活跃，现代化兴旺兴盛。二是精神文明为现代化发展提供智力支持。智力支持是发挥人们认知性与创造性，这主要来自精神文明范畴的教育科学文化，科学技术是第一生产力，教育科学文化建设是发展现代化的关键，加强精神文明重在提高人民教育程度与科学文化素质，实现现代化发展的创新驱动、科技牵引与文化孕育。三是精神文明为现代化发展提供思想保证。任何国家现代化发展总是在特定社会制度下进行的，与特定生产关系与政治制度相互联系，现代化发展存在一定发展方向，现代化发展成果存在归谁占有与享有。精神文明为现代化建设提供思想保证，保障现代化发展以人民为中心与实现共同富裕等。

四、和谐的现代化

社会和谐是人类梦寐以求的理想形态，也是包括中国共产党在内的各国政党不懈追求的美好愿景。我们党早就提出"社会和谐是中国特色社会主义的本质属性"的重大论断，把社会和谐与新时代中国式现代化放在一起，揭示两者深层关系，这深化和发展了对社会主义本质的认识，也揭示了社会主义现代化发展的基本规律——社会主义现代化是和谐发展的现代化。"中国式现代化反映了文明变迁的动态性，它以社会主要矛盾的变迁为突破口。"[①] 新时代面对社会主要矛盾

---

① 董志勇、毕悦：《中国式现代化的发生逻辑、基本内涵与时代价值——基于文明新形态的视角》，载于《政治经济学评论》2021 年第 5 期。

的转化，面对各种社会纷争、分歧与纷扰的不断突出，科学合理地调适、整合与消解各种利益矛盾，并在生产力与生产关系、经济基础与上层建筑的交织交互关系中推动社会发展与建设，是当今现代化发展的必然要求。当前我们既面对社会构成多样化、社会利益多样化、社会价值多样化；又面临我国处在转型升级关键期、经济结构调整阵痛期、经济增速换挡期、全面深化改革攻坚期、社会矛盾凸显期的"五期叠加"的时间节点，要以和谐理念与目标为指引，打造共建共治共享的社会现代化发展格局。

五、美丽的现代化

马克思说："人也按照美的规律来构造"。① 新时代中国式现代化事业是美好的事业，也是美丽的事业，美丽中国是现代化的底色，也是伟大事业的重要目标，推进伟大事业包含着追求美丽的生态向度。现代化不仅体现在人对自然改造的程度与适应的能力，也体现在人对自然的融合程度与顺应能力。一味强调征服自然能力的现代化，忽视自然环境保护，是一种单向度与失衡的现代化，是"由绿变黑"而非"由绿生美"的现代化。党的十九大报告强调我们要建设的现代化是人与自然和谐共生的现代化。这是从人与自然的种际角度提出美丽现代化的生态命题，用美丽勾勒人与自然和谐共生的美丽蓝图与绚丽多彩。把美丽中国作为现代化强国的显性目标与应有之义，突出尊重自然、保护自然与顺应自然的绿色生态之梦。这是把握新时代我国社会主要矛盾的变化与全球绿色发展浪潮，回应人民对绿色生活的美好向往，寄托人民对优美环境的美好希冀。美丽现代化发展目标的提出，反映我们党对于生态文明建设规律的新认识，拓展了新时代中国式现代化的美丽意境。

第三节　伟大事业形成中国式现代化发展的五大建设

新时代中国式现代化伟大事业总体布局是"五位一体"。即经济建设、政治建设、文化建设、社会建设、生态文明建设，这与富强、民主、文明、和谐、美丽的社会主义现代化强国目标相互呼应，通过谋划"五位一体"总体布局实现现代化发展的五大目标，全面提升我国物质文明、政治文明、精神文明、社会文明、生态文明的实现程度。这表明了我们党对伟大事业的发展规律与发展路径有了更加全

---

① 《马克思恩格斯选集》第一卷，人民出版社2012年版，第57页。

面的理解。"五位一体"总体布局是新时代中国式现代化全面发展的实践系统，总体布局是采取全面谋划与统筹兼顾的方法为全面推进社会主义现代化建设进行具体定位，"五位一体"总体布局为社会主义现代化建设提出了全面要求和五大任务，推动伟大事业不断向前发展。只有各领域既相互区别，又相互支撑、协调发展，新时代中国式现代化伟大事业才会充满活力。总体布局要求现代化全面布局与多面建设，形成"五位一体"的现代化建设。其中，经济建设是现代化建设的中心，政治建设是现代化建设的根本，文化建设是现代化建设的灵魂，社会建设是现代化建设的关键，生态文明建设是现代化建设的保障。新时代中国式现代化实现社会主义富强、民主、文明、和谐与美丽的现代化强国目标，必须统筹协调好经济建设、政治建设、文化建设、社会建设与生态文明建设。

一、在经济建设中形成现代化经济体系

经济建设是实现中华民族伟大复兴中国梦的物质基础，是新时代中国式现代化的中心工作与重点任务。"有经济基础建立新的经济体系才能达成民族复兴的进路。"[①] 当前把握经济发展新常态、推进供给侧结构性改革、建设现代化经济体系是经济建设的迫切要求和现代化发展的重要任务，有效推动我国经济发展质量变革、效率变革、动力变革，增强我国经济发展的竞争力和创新力。

一是把握经济发展新常态。进入新时代，中国经济告别过去 30 多年年均 10% 左右的高速增长，经济增速逐渐放缓，经济增长更趋平稳，增长动力更趋多元。2015 年 6 月习近平在贵州调研时指出，适应新常态、把握新常态、引领新常态，是当前和今后一个时期我国经济发展的大逻辑。[②] 新常态是习近平综合把脉世界经济发展特点与我国经济发展特征及其相互交织的重大判断，从增长速度、发展方式、经济结构、发展动力四个方面对中国经济发展特点进行深入总结和概括，反映了我们党对中国经济转型和优化升级的规律性认识，是推进供给侧结构性改革和建设现代化经济体系的重要依据。

二是推进供给侧结构性改革。进入新时代，习近平把推进供给侧结构性改革与新常态联系起来进行思考，指出推进供给侧结构性改革是我国经济发展进入新常态的必然选择，是我国宏观经济管理必须确立的战略思路。如果说新常态是"怎么看"新时代经济状态，供给侧结构性改革则是"怎么做"来提升经济高质量发展。当前制约我国经济发展的主要矛盾是结构性矛盾，供给与需求的两侧都

---

① 吴修虎、吕庆广：《20 世纪 30 年代乡村复兴的主义之争》，载于《学术探索》2021 年第 4 期。
② 《"平语"近人——习近平谈把握经济新常态大逻辑》，新华网，2016 年 12 月 14 日。

有，矛盾主要在供给侧，有效供给不足，主要表现在有供给无需求、有需求无供给及供给低效导致经济循环不畅，需要从供给侧着手宏观调控，抓住供给侧就抓住了经济发展的"衣领子"与"牛鼻子"。

三是建设现代化经济体系。建设现代化经济体系是紧扣新时代我国经济发展进入新常态以及我国社会主要矛盾转化的客观现实，是社会主义现代化发展的重要内容和战略目标，是决胜全面建成小康社会、开启全面建设社会主义现代化国家新征程的基本途径，是中国由经济大国走向经济强国的重大战略。现代化经济体系囊括创新引领、协同发展的现代产业体系；统一开放、竞争有序的现代市场体系；体现效率、促进公平的收入分配体系；彰显优势、协调联动的城乡区域发展体系；资源节约、环境友好的绿色发展体系；多元平衡、安全高效的全面开放体系；充分发挥市场基础作用、更好发挥政府作用的经济体制。

二、在政治建设中发展民主政治

中国政治发展道路是近代以来中国人民长期奋斗历史逻辑、理论逻辑、实践逻辑的必然结果，是中国走向现代化的根本保障和政治前提。中国政治建设的现代化，不仅在纵向上体现从"为民作主"到"人民民主"的历史跨越，也在横向上通过国际比较，体现维护民众权益最广泛、最真实、最管用的民主政治。通过坚持发展社会主义民主政治，推进民主政治制度化、规范化、法治化、程序化，符合政治现代化规律、符合民主政治建设规律。中国政治建设需要改进和完善，但怎么改、怎么完善，我们党有自己的主张与定力。这个主张与定力就是我们党反复强调坚持党的领导、人民当家作主与依法治国的有机统一，党的十九大报告再次指出：坚持党的领导、人民当家作主、依法治国有机统一。坚持"三者有机统一"是新时代中国政治现代化建设的基本逻辑与法宝，党的领导是政治现代化建设的根本保证，人民当家作主是政治现代化建设的本质特征，依法治国是政治现代化建设的基本方式，三者各有侧重又彼此联系。这是中国民主政治建设的基本经验与历史经验，也是实现政治建设现代化的基本主张和最大共识。新时代中国式现代化就是在党的领导下，在人民当家作主基础上，在依法治国框架中的民主政治。

一是坚持党的领导。《中共中央关于党的百年奋斗重大成就和历史经验的决议》指出："治理好我们这个世界上最大的政党和人口最多的国家，必须坚持党的全面领导特别是党中央集中统一领导。"[1] 当代中国坚持党的领导，就是要支

---

[1]　《中共中央关于党的百年奋斗重大成就和历史经验的决议》，载于《人民日报》2021 年 11 月 17 日。

持与保障人民当家作主，实施好依法治国这个党领导人民治理国家的基本方略。现代政治建设既不能是一盘散沙，也不能形成唱对台戏。党的主张与人民意志、法律精神是统一的，只有坚持党的领导，人民当家作主才能充分实现，制度化与法治化才能有序推进。不能把坚持党的领导同人民当家作主、依法治国对立或隔离起来，更不能用人民民主与依法治国来歪曲、动摇、否定党的领导。邓小平指出："改革要成功，就必须有领导有秩序地进行。"①

二是坚持人民民主。充分发扬社会主义民主，大力加强民主政治建设，是社会主义现代化的基本内容之一，也是现代化建设的重要保证。人民当家作主是社会主义民主政治的本质特征，推进政治建设，要更加体现人民地位、尊重人民意志、保障人民权益、激发人民力量，用体制机制与法律制度保障人民当家作主，不断探索民主政治建设的客观规律与有效途径，走出一条中国式政治民主发展道路。社会主义政治建设要尊重人民主体地位与发挥人民首创精神，党的领导就是引导支持人民当家作主，政治建设最根本的目的是实现党领导的人民当家作主。

三是坚持依法治国。依法治国是党领导人民当家作主的基本治国方略，法治是治国理政的基本方式，也是现代化方式，是超越人治的现代化。法令行则国治，法令弛则国乱。法治能力水平体现国家治理体系与治理能力现代化的重要标志。从党的十一届三中全会提出"有法可依、有法必依、执法必严、违法必究"的社会主义法制建设16字方针，到党的十八大提出"科学立法、严格执法、公正司法、全民守法"这一新时代社会主义法治建设16字方针，表明我国法治现代化建设进入了新阶段。

三、在文化建设中推动文化繁荣兴盛

文化是一个国家、一个民族的灵魂。文化兴则国运兴，文化强则民族强。物质贫乏不是社会主义，精神空虚也不是社会主义。没有文化的繁荣发展，就没有健康持续的现代化。当今世界竞争是硬实力比拼，也是软实力竞争，最核心、最根本、最持久的还是文化软实力。习近平指出："文化自信是一个国家、一个民族发展中更基本、更深沉、更持久的力量。"② 文化建设关系坚持和发展伟大事业，关系实现伟大梦想。建设社会主义现代化强国最根本是建设文化强国，文化强国是提高国家现代化软实力的重要组成部分与迫切需要，文化强国建设担负着凝聚民族复兴之魂的历史重任。文化建设要坚持新时代中国式现代化文化发展道

① 《邓小平文选》第三卷，人民出版社1993年版，第277页。
② 《习近平谈治国理政》第三卷，外文出版社2020年版，第18页。

路，激发全民族文化继承传承与创新创造的活力，建设社会主义文化强国。当前中国开启全面建设社会主义现代化国家新征程，文化越来越成为民族凝聚力与创造力的重要源泉、越来越成为综合国力竞争的重要因素、越来越成为现代化发展的重要支撑、越来越成为人民对美好生活的热切愿望。新时代中国式现代化把文化强国建设放在现代化强国建设的重要战略地位，坚持和发展中国特色社会主义文化，推动中华优秀传统文化创造性转化与创新性发展，继承与弘扬革命文化，代表与发展社会主义先进文化，不忘本来、吸收外来、面向未来，增强国家文化软实力。

中国特色社会主义文化源自中华民族五千多年文明历史所孕育的中华优秀传统文化，熔铸于党领导人民在革命、建设、改革中创造的革命文化与社会主义先进文化。一是文化建设要坚持对中华文化的创造性转化与创新性发展。有着五千多年文明发展史的中华文化，要结合当今时代条件，通过创新与改造不断铸就新辉煌。习近平指出："深入挖掘和阐发中华优秀传统文化讲仁爱、重民本、守诚信、崇正义、尚和合、求大同的时代价值。"[1] 二是文化建设要坚持对革命文化的提炼与传承。党领导人民在长期革命斗争实践中形成了具有红色基因的革命文化，是争取国家独立与民族解放，实现国家富强与人民幸福的精神标识，这种在伟大革命斗争中孕育而生的强大精神力量、远大精神追求和特殊精神品格，是文化自信的重要源头。三是文化建设要坚持对社会主义先进文化的代表与弘扬。社会主义先进文化是立足当代中国现实，结合时代发展潮流，面向现代化、面向世界、面向未来的文化，民族的科学的大众的文化，为人民服务、为社会主义服务，做到百花齐放、百家争鸣。

四、在社会建设中改善民生与创新治理

社会建设是提高民众基本生活质量与维护共同利益的公共事业建设，社会建设是现代化建设的重要组成部分，其建设水平影响现代化发展进程和进度，与群众安危冷暖息息相关，是直接服务群众的工作，是我们党人民立场、人民情怀、人民至上的集中体现，在社会主义现代化建设中具有举足轻重的地位和作用，是衡量社会发展进程的重要指标，是现代化发展价值取向，关乎人民幸福安康，也关乎国家长治久安。

新时代以习近平同志为核心的党中央从伟大事业全局与维护最广大人民根本利益的高度重视社会建设，坚持以人民为中心的发展思想，让改革发展成果更多

---

[1] 《习近平谈治国理政》第一卷，外文出版社 2018 年版，第 164 页。

更公平惠及全体人民，加快健全基本公共服务体系，在改善民生和创新治理中加强社会建设。一方面，以改善民生来重点发力。习近平指出："增进民生福祉是发展的根本目的。"① 新时代社会建设始终聚焦关键领域和重要环节不断提升社会发展、和谐与文明程度，为社会主义现代化注入新动力。一方面，积极推进社会体制改革，扩大公共服务，完善社会管理，深入开展脱贫攻坚，保证全体人民在共建共享发展中有更多获得感、幸福感、安全感；另一方面，以创新治理来协同发力。社会建设不仅关注社会发展，也注重社会治理，加强和创新社会治理，推进社会治理体系与治理能力现代化，形成有效的社会治理与良好的社会秩序，打造共建共治共享的社会治理格局。

五、在生态文明建设中实现人与自然和谐共生的现代化

党的十九大报告指出："推动形成人与自然和谐发展现代化建设新格局。"② 建设生态文明是中华民族永续发展的千年大计，也是实现现代化强国的历史重任与基本内容。生态文明建设就是要推动形成人与自然和谐发展的现代化，这是"五位一体"总体布局的重要组成，在伟大事业之中生态文明建设具有突出的战略地位，需要融入经济建设、政治建设、文化建设、社会建设全方面和全过程，努力建设现代化的美丽中国和美丽强国。党的十七大报告第一次明确使用"生态文明"这一词，到党的十八大报告将其列为"五位一体"总体布局的重要组成，再到党的十九大报告则进一步提出"美丽"是社会主义现代化强国的奋斗目标，强调人与自然和谐共生的现代化是社会主义现代化的应有之义，生态文明建设将现代化提升到美丽高度和绿色向度。生态文明建设的方向是美丽中国和绿色发展，核心是处理好人与自然的关系，实质是实现人与自然和谐共生的现代化。党的十九大报告指出："我们要建设的现代化是人与自然和谐共生的现代化。"③ 人与自然和谐共生的绿色现代化，大大丰富和发展了中国现代化理论。

一方面，生态文明建设推动形成人与自然和谐共生的现代化，需要强调人与自然是生命共同体。马克思主义认为人是自然界的组成部分，彰显人与自然之间不可分割的联系，人与自然是生命共同体，遵循自然演化的基本规律。人与自然生命共同体思想，人与自然是一种共生关系。这种共生关系就是生态系统，是各种生态要素相互依存而实现循环的生态链与生态圈。良好的生态环境是人类生存

---

① 《习近平谈治国理政》第三卷，外文出版社 2020 年版，第 18 页。
② 《习近平谈治国理政》第三卷，外文出版社 2020 年版，第 41 页。
③ 《习近平谈治国理政》第三卷，外文出版社 2020 年版，第 39 页。

与健康的基础。"共生"是共同生存、生活与生长，强调了人与自然紧密互利、不可分割的关系网。自近代工业文明以来，人类对自然进行了大规模征服、掠夺与改造，无止境向自然伸手，环境与资源难以承受现象不断凸显，人与自然的关系趋向紧张。人与自然和谐共生的现代化超越传统工业文明与资本逻辑对自然资源的野蛮开采、肆意掠夺的现代化。

另一方面，生态文明建设推动形成人与自然和谐共生的现代化，需要突出以人民为中心的发展思想。人与自然和谐共生的现代化，在表层上是处理人与自然的关系，在深层次上是处理人与人的关系。人与自然的种际冲突实质则是人际异化，人为造成环境恶化寓意人类文明的退化。人与自然和谐共生的现代化是以人民为中心的现代化，人民向往美好生活是现代化发展的根本目的，人民对美丽环境的追求成为人与自然和谐共生现代化的绿色动因。社会主义现代化的本质是人民的现代化，人民共享现代化的成果，现代化归根结底是实现合乎人民根本利益追求的现代化，为了创造适宜人民生存的美丽环境，维护和实现人民生态权益，而非西方现代化是以实现利润最大化为中心的现代化。新时代建设生态文明恰恰在于通过人与自然的和谐共存实现人民对美丽环境和绿色生活的追求。习近平指出："如果经济发展了，但生态破坏了、环境恶化了，大家整天生活在雾霾中，吃不到安全的食品，喝不到洁净的水，呼吸不到新鲜的空气，居住不到宜居的环境，那样的小康、那样的现代化不是人民希望的。"①

---

① 《习近平关于社会主义生态文明建设论述摘编》，中央文献出版社 2017 年版，第 36 页。

第四章

伟大工程开创新时代中国式现代化新高度

办好中国的事情,关键在党,关键在党的领导,推动新时代中国式现代化也不例外。毛泽东指出:"中国共产党是全中国人民的领导核心。没有这样一个核心,社会主义事业就不能胜利。"[1] 中国现代化发展需要先进政党来领导,现代化事业需要先进政党来推进,这是中国现代化发展的基本规律与基本逻辑。孙中山指出:"国家必有政党,一切政治始能发达。"[2] 中国共产党是工人阶级、中国人民与中华民族的先锋队,也是中国现代化发展引领者、领导者与推动者。百年历史充分说明,我们党以党建的伟大工程推动现代化发展的伟大事业,全面推进党的政治建设、思想建设、组织建设、作风建设、纪律建设,把制度建设贯穿其中,深入推进反腐败斗争,进而提高领导中国现代化的能力与水平,为现代化发展提供全方位的政治保证。这就表明党建现代化与国家现代化之间存在正向的互动关系。从历史上看,党建现代化与国家现代化密切相关,建设伟大工程与推进伟大事业紧密相连,前者不仅是后者应有之义,也是后者根本保障。新时代中国式现代化需要中国共产党的指引、领导和推动,需要党建现代化推动新时代中国式现代化,新时代中国式现代化实现程度是党建现代化的试金石和检测剂。

百年党史表明,中国现代化和党建现代化的历史进程高度契合,国家现代化进程与政党现代化进程息息相关,建设伟大工程向前迈进一步,国家现代化就会向前推进一步;新中国成立以来,国家现代化发展史表明,党建现代化与国家现

---

[1] 《毛泽东文集》第七卷,人民出版社1999年版,第303页。
[2] 《孙中山全集》第三卷,中华书局2006年版,第4页。

代化共生共荣、荣辱与共，国家现代化必须依靠党的坚强有力和科学有方的领导，实现国家现代化要紧紧依靠党建科学化。在新民主主义革命时期，我们党作为近现代化的产物，党的诞生推动现代化意识觉醒，谋求民族独立和人民解放，以革命党的建设来建立统一战线和开展武装斗争，建立新中国，结束了半殖民地半封建的状态，实现民族独立和人民解放，为现代化建设奠定了坚实的政治基础。新中国成立后，我们党迅速从革命党转变为执政党，执政之后党面临的最大难题，就是社会主义改造和现代化建设。但由于长期进行革命斗争，深受阶级斗争思维的影响，我们党执政党的身份发生巨大变化，但"革命党"思维与行为并未完全改变，导致我国现代化建设走了一些弯路。改革开放以来，以邓小平同志为主要代表的中国共产党人从正反两方面总结执政经验，不断反思自我与进行自我革命，提升党建的科学化水平，有效实现从"革命党"向"执政党"的现代转型。邓小平指出："搞社会主义也要靠一个好党，否则胜利就靠不住。"[1] 此后，江泽民提出"三个代表"重要思想，胡锦涛强调坚持以执政能力建设与先进性建设为主线，开创改革开放与社会主义现代化建设的新局面。

进入新时代，以习近平同志为核心的党中央以全面从严治党的重大命题推动新时代中国式现代化，强调我们党始终成为现代化发展的坚强领导核心，真正做到以全面从严"强党"推动建设现代化"强国"。新时代习近平围绕管党治党强党提出一系列新思想与新举措，以全面从严治党引领中华民族"强起来"，以党建的新气象新行为，唱响实现全面建成小康社会、基本实现社会主义现代化与全面建成社会主义现代化强国的"三部曲"。习近平根据新时代建设社会主义现代化强国的历史使命，在建设伟大工程中围绕加强和改善党的领导，牢牢把握加强党的执政能力建设、先进性和纯洁性建设这条主线，从思维方式的现代化、制度治党的现代化与执政能力的现代化这三个方面，开创全面从严治党的新局面，提升社会主义现代化强国建设的新高度。

第一节　中国式现代化之"伟大工程"的由来

中国共产党把党的自身建设称为伟大的工程。自党成立之日起，我们党深刻认识到要取得事业的成功，就必须大力加强党的建设。近百年来我们党极其重视自身建设，强调打铁必须自身硬，在不同时期思索如何加强党的自身建设，科学

---

① 《邓小平文选》第一卷，人民出版社 1994 年版，第 348 页。

回答了在不同形势下建设什么样的党，怎样建设党的时代课题。1939年毛泽东在《〈共产党人〉发刊词》一文中指出："为了中国革命的胜利，迫切地需要建设这样一个党，建设这样一个党的主观客观条件也已经大体具备，这件伟大的工程也正在进行之中。"① 改革开放以来，我们党把党的建设视为新的伟大工程，1994年江泽民在党的十四届四中全会上首次明确提出了"党的建设新的伟大工程"的重大命题，努力把党建设成为用建设有中国特色社会主义理论武装起来、全心全意为人民服务、思想上政治上组织上完全巩固、能够经受住各种风险、始终走在时代前列的马克思主义政党。此后，我们党旗帜鲜明强调加强这一新的伟大工程建设。党的十五大报告提出继续推进，党的十六大报告强调全面推进。党的十七大报告与党的十八大报告均强调以改革创新精神全面推进，习近平在党的十九大报告中用"伟大工程"表述"党的建设新的伟大工程"，指出："这个伟大工程就是我们党正在深入推进的党的建设新的伟大工程。"②

2022年7月习近平在省部级主要领导干部"学习习近平总书记重要讲话精神，迎接党的二十大"专题研讨班上指出：全面建设社会主义现代化国家，必须深入推进新时代党的建设新的伟大工程。③ 党的二十大报告强调："全面建设社会主义现代化国家、全面推进中华民族伟大复兴，关键在党。……必须持之以恒推进全面从严治党，深入推进新时代党的建设新的伟大工程，以党的自我革命引领社会革命。"④ 这就从"全面建设社会主义现代化国家"的高度阐发"伟大工程"。

第二节　建设伟大工程塑造思维方式的现代化

恩格斯指出："一个民族要想站在科学的最高峰，就一刻也不能没有理论思维。"⑤ 思维决定行为，思维影响作为。党建现代化与国家现代化都是主体对客体的科学把握，必须借助一定的科学思维才能进行，其思想与行为都是在特定思维支配下展开的。全面从严治党的科学思维从总体上规定了思考新时代中国式现代化的视角与思路，统摄新时代中国式现代化的内容与方法，影响新时代中国式

---

① 《毛泽东选集》第二卷，人民出版社1991年版，第602页。
② 《习近平著作选读》第二卷，人民出版社2023年版，第13页。
③ 《习近平在省部级主要领导干部"学习习近平总书记重要讲话精神，迎接党的二十大"专题研讨班上发表重要讲话强调：高举中国特色社会主义伟大旗帜，奋力谱写全面建设社会主义现代化国家崭新篇章》，载于《人民日报》2022年7月28日。
④ 《习近平著作选读》第一卷，人民出版社2023年版，第52页。
⑤ 《马克思恩格斯选集》第三卷，人民出版社2012年版，第875页。

现代化的进程、评价和认同。中国共产党是以马克思主义武装起来的政党，在领导人民进行革命、建设和改革过程中，不断创新思维方法和方式，推动新时代中国式现代化不断开创新局面。新时代中国式现代化首先需要思维现代化，党的十八大以来，习近平以思维创新的新气象开创全面从严治党的新作为，强调新时代党领导现代化建设，既要政治过硬，也要本领高强。新时代我们在全面从严治党进程中坚持战略思维、创新思维、辩证思维、法治思维、底线思维这五大科学思维，开创了现代化发展新气象。

一、坚持战略思维

习近平强调："战略上判断得准确，战略上谋划得科学，战略上赢得主动，党和人民事业就大有希望。"① 我们党历来高度重视战略思维，善用战略思维谋划革命、建设与改革，这是中国共产党成功之道。战略思维是中国共产党人最恢宏的气度。不谋万世者，不足谋一时；不谋全局者，不足谋一域。党的十八大以来，以习近平同志为核心的党中央注重运用战略思维治国理政，着眼全局、统筹大局、把握时局、谋划布局。一是着眼战略全局。习近平坚持以全球思维谋篇布局，坚持中国梦与世界梦相通、构建人类命运共同体倡议与共建"一带一路"倡议相应、推进国家治理与参与全球治理相连、构建新型国际关系与构建新型大国关系相融。二是统筹战略大局。谋大局就是正确认识中国与世界的关系，统筹国内国际两个大局。习近平指出："正确处理中国和世界的关系，是事关党的事业成败的重大问题。"② 三是把握战略时局。习近平把伟大事业放到历史长河和全球视野中来谋划，把握方向，掌握主动，增强驾驭全局的能力。我们党要始终把握"四个大势"：世界多极化加速推进的大势、经济全球化持续发展的大势、国际环境总体稳定的大势、各种文明交流互鉴的大势③。四是谋划战略布局。新时代我们党积极统筹推进"五位一体"总体布局、协调推进"四个全面"战略布局，这是新时代中国式现代化发展的宏观战略矩阵。

二、坚持创新思维

习近平指出："创新是一个民族进步的灵魂，是一个国家兴旺发达的不竭动

---

① 《习近平总书记系列重要讲话读本》，学习出版社、人民出版社2016年版，第44页。
② 《习近平总书记系列重要讲话读本》，学习出版社、人民出版社2014年版，第22页。
③ 《习近平谈治国理政》第三卷，外文出版社2020年版，第428页。

力，也是中华民族最深沉的民族禀赋"。① 创新思维是在深刻把握事物发展规律的基础上，勇于突破传统惯性思维的束缚，探索认识新思路与新方法。新时代以习近平同志为核心的党中央牢牢把握历史机遇，以问题导向法、目标导向法和实践导向法，高度重视创新思维。一是问题导向法。习近平指出："从某种意义上说，理论创新的过程就是发现问题、筛选问题、研究问题、解决问题的过程。"② 新时代我们具有强烈的问题意识，以问题倒逼改革、以问题推动创新，以重大问题为导向，推动理论出新与实践出彩。以"四个全面"战略布局为例，这是我国改革发展进程中所面临的四个根本问题和主要矛盾。二是目标导向法。以目标为导向，尊重客观规律为基础，通过科学预测、合理预见与前瞻思考，制定未来发展规划并形成战略谋划。中国梦就是习近平对中华民族"两个一百年"奋斗目标的前瞻思考和理论创新。三是实践导向法。马克思指出："人应该在实践中证明自己思维的真理性。"③ 实践出真知，批判武器代替不了武器批判。实践创新的广度和深度决定创新思维的广度和深度。习近平从实践中挖掘新材料、发现新问题、提出新观点、构建新理论，形成"四个伟大"的重大理论创新。

三、坚持辩证思维

习近平强调："不断增强辩证思维能力，提高驾驭复杂局面、处理复杂问题的本领。"④ 辩证思维是在矛盾双方对立统一的过程中把握事物发展规律，承认、分析、解决矛盾，坚持主观与客观、普遍与特殊、系统与要素、全面与重点的辩证统一。一是理论与实践的辩证性。习近平指出："理论一旦脱离了实践，就会成为僵化的教条，失去活力和生命力。实践如果没有正确理论的指导，也容易'盲人骑瞎马，夜半临深池'。"⑤ 两者有机结合超越唯理论与经验论的分野，科学解决了理论与实践有机统一的问题，有效做到知行合一。二是普遍与特殊的辩证性。习近平指出："善于把握发展的普遍性和特殊性、渐进性和飞跃性、前进性和曲折性。"⑥ 习近平遵循共性与个性相结合的基本方法，提出构建人类命运共同体倡议与共建"一带一路"倡议、构建新型国际关系与新型大国关系的基本主张。三是系统与要素的辩证性。新时代统筹推进"五位一体"总体布局、协调

---

① 习近平：《在欧美同学会成立 100 周年庆祝大会上的讲话》，载于《人民日报》2013 年 10 月 22 日。
② 《习近平谈治国理政》第二卷，外文出版社 2017 年版，第 342 页。
③ 《马克思恩格斯选集》第一卷，人民出版社 2012 年版，第 134 页。
④ 《习近平总书记系列重要讲话读本》，学习出版社、人民出版社 2016 年版，第 280 页。
⑤ 《习近平关于社会主义文化建设论述摘编》，中央文献出版社 2017 年版，第 65 页。
⑥ 《习近平总书记系列重要讲话读本》，学习出版社、人民出版社 2016 年版，第 138 页。

推进"四个全面"战略布局以及国内国际双循环相互促进的发展格局。四是全面与重点的辩证关系。习近平指出:"在任何工作中,我们既要讲两点论,又要讲重点论。"① 新时代我们党在布局中国特色大国外交时,将新型国际关系的全面性与新型大国关系的重点性进行有机统一,做到"点面结合"与"以点带面"。既不是"以点代面"的简化思维,以大国关系取代一切国际关系,也不是"一概而论"的趋同思维,用一般国家关系来审视大国关系。

四、坚持法治思维

依法治国是党领导人民治理国家的基本方略,法治思维也是新时代中国式现代化的鲜明特色。习近平围绕建设社会主义法治国家这一战略目标,坚持用法治思维和法治方式推动深化改革、推动发展、化解矛盾、维护稳定的能力,从主事尊法、做事信法、遇事找法、决事用法、办事依法、行事守法,集中阐述了现代法治思维方式的规范性、价值性、程序性、逻辑性。一是法治思维是"法律标尺"的规范性思维方式。习近平说:"法律是什么?最形象的说法就是准绳。"② 法治思维强调决事用法与用法决策,使所有决策内容与程序都纳入法治化轨道,做到决策于法有据、有序、有度。二是法治思维是"法律至上"的价值性思维方式。党的十八大报告第一次用"尊法"代替"遵法",党的十八届四中全会用"尊法守法"取代"遵法守法"。习近平指出:"我反复考虑,觉得应该把尊法放在第一位。"③ 党是现代化事业的领导核心,以何种姿态对待法律成为法治思维的焦点。习近平明确指出,"党大还是法大"的伪命题、"权大还是法大"是真命题。三是法治思维是"法律预设"的程序性思维方式。习近平指出,谋划工作要运用法治思维,处理问题要运用法治方式,说话做事要先考虑一下是不是合法。④ 法治思维要求办事依法,不能知法犯法、以言代法、以权压法、逐利违法、徇私枉法。四是法治思维是"法律路径"的逻辑性思维方式。习近平强调:"做到在法治之下、而不是法治之外、更不是法治之上想问题、作决策、办事情。"⑤ 习近平从人治与法治、德治与法治、党治与法治、政治与法治的关系思索法治思维的基本逻辑。

---

① 《坚持运用辩证唯物主义世界观方法论 提高解决我国改革发展基本问题本领》,载于《人民日报》2015年1月25日。
② 《习近平关于全面依法治国论述摘编》,中央文献出版社2015年版,第8~9页。
③ 《习近平关于全面依法治国论述摘编》,中央文献出版社2015年版,第121页。
④ 《习近平谈治国理政》第二卷,外文出版社2017年版,第127页。
⑤ 《习近平关于全面依法治国论述摘编》,中央文献出版社2015年版,第124页。

五、坚持底线思维

党的二十大报告中指出：全面建设社会主义现代化国家，任重道远。"我们必须增强忧患意识，坚持底线思维，做到居安思危、未雨绸缪，准备经受风高浪急甚至惊涛骇浪的重大考验。"[①] 底线思维是新时代中国式现代化的突出思维。新时代我们党坚持底线原则，认清界限的"红线"思维、忧患的"下线"思维与转向的"低线"思维，提升底线思维能力，安全稳定推进现代化发展。一是底线思维是变质的界线思维。任何事物都有其发展与运行的边界，超出边界，事物性质就可能发展变化，过犹不及。底线又称界限与红线，为事物保持其性质不变的临界点与关节点，一旦突破这个临界值，事物性质就会发生变化。二是底线思维是忧患的下线思维。底线又称下线，是事物发生最坏结果的下线。守住底线就是不能突破下线，不可逾越最低警戒线，防止最坏结果的发生，带来不可挽回的损失与造成非常被动的局面。习近平指出，中国是大国，决不能在根本性问题上出现颠覆性错误。树立底线思维必须增强风险意识与前瞻意识，见微知著，未雨绸缪，防患于未然，有备无患。三是底线思维是低线的转化思维。习近平指出："要善于运用底线思维的方法，凡事从坏处准备，努力争取最好的结果。"[②] 底线又称低线，是最起码应该做到的最低要求与达到的基本标准。底线思维要求看到事物的好坏与高低的两面性，强调想问题、做事情必须做最坏的打算，争取最好的结果，这是一种主动作为、积极转化的思维，推动事物由坏到好、由低到高的辩证转化。

第三节　建设伟大工程推动制度治党的现代化

治国必先治党，治党务必从严，从严必依法度。进入新时代我们党把制度治党提到党的建设伟大工程与现代化伟大事业全局的高度，在推进全面从严治党的具体实践中，坚持思想建党和制度治党同向发力，抓牢"制度治党"这个党建的"牛鼻子"，阐述了关于用制度管党治党的理念，强调以制度化方式推进全面从严治党，统筹推进党的各项建设，把制度建设贯穿于党的建设全过程。新时代我们

---

① 《习近平著作选读》第一卷，人民出版社 2023 年版，第 22 页。
② 《习近平总书记系列重要讲话读本》，学习出版社、人民出版社 2016 年版，第 288 页。

党牢牢把握住制度治党这一推进党的自身建设的法宝和利器，制度治党成为新时代全面从严治党的显著特点，通过制度建设和制度执行，提升党建科学化水平，进而提升党领导新时代中国式现代化的能力与水平。

一、制度治党是管党治党的基本命题

中国共产党是全球第一大政党，也是最大的执政党，拥有九千五百多万名党员，几百万个基层党组织。中国共产党靠什么来管好自身？答案是靠制度。全面从严治党，关键是制度治党，必须依靠党内健全的法规制度体系以及运行体系。新时代以习近平同志为核心的党中央高度重视制度治党的重大命题。习近平在党的群众路线教育实践活动总结大会上首次提出制度治党的概念，强调要坚持思想建党和制度治党紧密结合，使加强制度治党的过程成为加强思想建党的过程。党的十九大报告中强调思想建党和制度治党要同向发力。从提出制度治党概念到明确把制度治党上升为全面从严治党的管党治党根本之策，这是党建科学化水平的巨大飞跃。制度治党主要是指依靠、运用制度的功能与机制，尤其是党章、准则、条例、规则、规定、办法和细则等，通过运用制度体系的执行力与约束力来协调党内关系、调节党内运行、解决党内问题、规范党员行为，促进党内各项事务的制度化、有序化和规范化，确保党内事务有章可循、有据可依。在制度治党中，制度建设是基础与前提，制度执行是关键与核心。制度治党，基础是"制"、关键是"治"，制度治党是建章立制与落地生根的共同推进，既要注重制定完善的法律法规，又要提升法律法规的执行力。

第一，制度治党的根本性。习近平指出："加强党内法规制度建设是全面从严治党的长远之策、根本之策。"① 制度是政党存在与发展的基本形式，制度治党是全面从严治党的治本之策，这是由制度属性决定的，制度建设具有指导性、激励性、规范性、程序性等重要作用，制度是人们互动关系的行为规则、组织规范及运行机制。邓小平指出，制度好可以使坏人无法任意横行，制度不好可以使好人无法充分做好事。历史经验深刻告诉我们小治治事、中治治人、大治治制。制度治党强调党内制度的顶层设计，强化制度治党是全面从严治党的治本之策，着力解决管党治党"宽松软"问题的根本措施，用制度立规矩、用制度管权力。相对于思想治党、以德治党等其他治党方式而言，制度治党最为有效。制度治党是向制度建设要长效，做到标本兼治，做到发现治党病症与开出治党药方。

---

① 习近平：《坚持依法治国与制度治党、依规治党统筹推进、一体建设》，载于《人民日报》2016年12月26日。

第二，制度治党的科学性。习近平指出："坚持思想建党和制度治党紧密结合。从严治党靠教育，也靠制度，二者一柔一刚，要同向发力、同时发力。"①制度治党的提出与思想建党相伴，不是就制度治党而谈制度治党，也不是单独发挥制度治党作用，制度治党是建立在思想建党基础之上的制度治党，是思想建党的柔性内化与制度治党的刚性约束的有机统一，是内有精神之"钙"，外有扎紧之"笼"，二者缺一不可。思想建党与制度治党是全面从严治党缺一不可的两大支柱，相互促进，既要拧紧"总开关"，又要关紧"大门窗"，产生治党双重叠加效应。思想建党是党建的基础条件，制度治党是党建的根本保证。一方面，思想建党决定着制度治党的方向性与自觉性。正确的思想引领保证制度方向的坚定性，广泛的思想认同保证制度执行的主动性。习近平指出："现在，一个比较明显的问题就是轻视思想政治工作，以为定了制度、有了规章就万事大吉了。"②另一方面，制度治党决定了思想建党的稳定性和长期性，缺乏制度治党的巩固，思想建党就难以为继。习近平指出："思想教育要结合落实制度规定来进行，抓住主要矛盾，不搞空对空。"③

第三，制度治党的规范性。制度治党的表现是落实政党制度的程序化与规范化，从而稳定有序地推进党的建设，提高党建科学化水平。党内法规制度体系是制度治党的基本框架，是各级党组织与全体党员的行为准则与行事遵循。一方面，制度治党强调明规则。政党制度具有普遍且明确适用性，具有规范引导、控制约束、警戒告诫、惩罚威慑的作用，规范、制约与保障政党及其成员行为活动。制度治党强调制度的硬约束，明确规范党员的权利与责任，对应该做什么、不应该做什么作出了具体明确的规范，合理界定行为边界，实现党内政治生活有规可依。另一方面，制度治党破除潜规则。党内潜规则是与党章以及党内其他法规相违背的非正式规则，表现为暗箱操作、关系办事、任人唯亲等负面现象。党内的潜规则对于党内法规制度的执行具有极大的侵蚀作用，腐蚀党的制度根基，导致对制度执行不认真，有令不行、有禁不止。习近平指出："要坚持清正严明，形成正气弘扬的大气候，让那些看起来无影无踪的潜规则在党内以及社会上失去土壤、失去通道、失去市场。"④

二、制度建设是制度治党的重要前提

制度建设是根本，是其他各项党建的必然要求与基本保障，必须贯穿于党的

---

① ② ③　《习近平在党的群众路线教育实践活动总结大会上的讲话》，载于《人民日报》2014年10月9日。

④　习近平：《作风建设要经常抓深入抓持久抓　不断巩固扩大教育实践活动成果》，载于《人民日报》2014年5月10日。

全部工作之中。制度治党必须从建章立制开始，需要回答制度治党的"何以与用何"的问题。制度是治党之重器，良规是治党之前提，制度治党，基础在"制与规"。制度治党必须有制可依，需要内容科学、程序严密、配套完备、运行有效的党内法规制度体系，需要注重制度建设的全面性、衔接性与协调性。习近平总书记多次强调制度建设在制度治党中的基础性，从制度健全、制度衔接、制度协调，不断建立健全立体式、全方位与多层次的法规制度体系，为全面从严治党奠定前提条件。

第一，制度健全。习近平指出："对现有制度规范进行梳理，该修订的修订，该补充的补充，该新建的新建，让党内政治生活有规可依、有章可循。"① 2017年6月中共中央印发《关于加强党内法规制度建设的意见》强调党内法规制度体系是以党章为根本，以民主集中制为核心，以准则、条例等中央党内法规为主干，由各领域各层级党内法规制度组成的有机统一整体。一方面，从纵向看。中国共产党制度体系包括党章、准则、条例、规则、规定、办法、细则等在内的多层性，各项制度相互衔接、相互关联，以发挥制度的整体效能。健全法规制度，不能无规可依，无章可循，不能"牛栏关猫"。另一方面，从横向看。从严治党是全面的，制度治党也是全面的，党内法规制度体系包括党的领导与工作制度、思想建设制度、组织建设制度、作风建设制度、反腐倡廉建设制度等，形成完整全面的党内法规制度体系。

第二，制度衔接。习近平指出："不管建立和完善什么制度，都要本着于法周延、于事简便的原则，注重实体性规矩和保障性规范的结合和配套，确保针对性、操作性、指导性强。"② 制度衔接是制度建设的重要环节，完善完备的制度体系应该是实体性制度与程序性制度的相统一与相匹配的制度体系。实体性制度规定了制度的主要内容、基本要求与基本原则等，规定"做什么"的问题。程序性制度规定了制度运行的流程、方法与措施等，回答"怎么做"的问题。

第三，制度协调。习近平指出："要坚持宏观思考、总体规划，既要注意体现党章的基本原则和精神，符合国家法律法规，也要同其他方面法规制度相衔接，提升法规制度整体效应。"③ 制度建设既要完备健全与匹配衔接，也要相互协调，不能存在制度的内外相互打架、前后相互矛盾与交叉重复的情况。一方面，内外协调。习近平指出，要完善党内法规制定体制机制，注重党内法规同国

---

① 《习近平谈治国理政》第二卷，外文出版社2017年版，第181页。
② 《十八大以来重要文献选编》（上），中央文献出版社2014年版，第318页。
③ 习近平：《加强反腐倡廉法规制度建设　让法规制度的力量充分释放》，载于《人民日报》2015年6月28日。

家法律的衔接和协调。① 注重党内法规和国家法律的协调，要充分认识到党内法规与国家法律具有内在一致性，党内法规与国家法律统一于中国特色社会主义法治体系，充分发挥各自的优势，形成党内法规与国家法律的交融耦合与良性互动，依党章从严治党，依宪法治国理政，形成相互促进、相互保障的格局。另一方面，内部协调。党内制度建设存在两个方面的内部协调，既有中央党内法规与地方党内法规之间的协调，也有党的总章程与具体章程的协调。基本要求是地方党内法规不得与中央党内法规相冲突，具体法规不得与党章相抵触。

三、制度执行是制度治党的关键问题

习近平指出："制度的生命力在执行，有了制度没有严格执行就会形成'破窗效应'。"② 制度治党的前提是"制"，重在制度建设，制度治党的关键是"治"，贵在制度执行。提高制度执行力是制度治党的核心，将制度优势转化为制度效能。新时代制度治党既要有完备的党内法规制度体系，又要大幅度提升制度执行能力。再好的制度，如果束之高阁、流于形式或者执行不力，那么制度就会形同虚设成为摆设，制度成为纸老虎与稻草人。以往我们党出台了不少规章制度，但长期形成注重"制定而非执行"，有些制度被束之高阁，执行不力，未能得到切实执行的制度就成为一种摆设，使得制度的公信力与权威性大打折扣。党的十八大以来，以习近平同志为核心的党中央强调制度治党要强化制度的执行力，在解决制度有效供给基础上着力推进制度执行，让制度动起来又转起来，把制度约束作为刚性约束，让制度成为硬约束而不是橡皮筋，切实维护制度公信力与权威性。习近平从内驱执行、约束执行、带动执行与监督执行等方面对党内制度执行力问题进行全面思考与论述，让制度执行成为制度治党的普遍共识与价值追求，切实提高制度执行力，确保全面从严治党落到实处。习近平说："要坚持制度面前人人平等、执行制度没有例外，不留'暗门'、不开'天窗'，坚决维护制度的严肃性和权威性。"③

第一，内驱执行。思想是行动的先导。制度执行的重要基础在于对制度的学习与内化，使党的各项制度入脑入心，制度不能只写在纸上或挂在墙上，而是要装在党员心中。只有形成党员尊重、敬畏与遵守制度的自觉及形成良好的社会氛围，制度才能得到内在的执行。制度认同是制度执行的内在驱动。如果党员干部

---

① 习近平：《加快建设社会主义法治国家》，载于《求是》2015年第1期。
② 《十八大以来重要文献选编》（上），中央文献出版社2014年版，第720页。
③ 习近平：《在党的群众路线教育实践活动总结大会上的讲话》，载于《人民日报》2014年10月9日。

对制度缺乏制度尊重与制度敬畏，制度执行就会大打折扣，甚至强烈抵制与内在变通。

第二，约束执行。"制度的有效执行不仅需要执行主体的制度自觉，而且需要外在的强制性约束作为强化制度执行的重要保障。"[①] 进言之，制度执行既要从内心深处的自觉认同与积极遵守，还要靠外部强制力的有效约束，使制度真正成为不可触碰的红线、界限、底线和"高压线"，铸就制度的刚性约束力。"软制度"啃不了"硬骨头"。党的十八大以来，针对制度失之于宽、失之于松、失之于软的现状，习近平多次强调要狠抓制度执行，扎牢制度篱笆，真正让铁规发力、让禁令生威，用制度治党、管权与治吏，要给制度装上"牙齿"。

第三，带动执行。"政者，正也。子帅以正，孰敢不正？"（《论语·颜渊》）抓"关键少数"是新时代党中央治国理政的鲜明特点，也是全面从严治党的重要特点。制度执行需要以上率下，率先垂范、上行下效、以身作则的示范引导，通过"关键少数"带动"绝大多数"，形成人人遵守制度与自觉维护制度的生动局面。对于提高制度执行力，党员干部发挥好导向、榜样、示范作用至关重要。以习近平同志为核心的党中央，从我做起，抓"关键少数"，要求党员做到的，领导干部必须首先做到，党员干部要发挥表率作用，以严格标准要求自己，在遵守制度过程中发挥领头雁作用，严格依照制度办事，自觉维护制度权威性。

第四，监督执行。当前党内有些制度得不到有效贯彻落实，重要原因之一是监督检查不力，制度执行监督力不足，导致制度执行力不高。在制度执行自觉性与约束力不足的情况下，监督倒逼显得尤为重要，必须用监督传递制度执行压力，用压力推动制度落实。当前解决制度执行力问题，需要强化制度执行的监督，对违反制度规定行为进行监督问责，这是提高制度执行力必要的环节。严格制度执行需要健全制度执行的监督机制，强化自上而下的组织监督，改进内外结合的民主监督，实现制度执行监督的全覆盖与全方位，积极探索与强化党内监督与党外监督的有效途径。

第四节　建设伟大工程提升执政能力的现代化

当今全球化进程加剧了我们党面临"四大考验"的复杂性程度，当代改革开

---

① 陈建兵、郝一博：《民主集中制：制度优势转化为国家治理效能的中国逻辑》，载于《科学社会主义》2021 年第 4 期。

放历程也增添了"四大危险"的不确定性程度。当前能否做到在乱局中保持定力、在变局中抓住机遇、在僵局中打开突破、在时局中赢得主动，这是新时代建设伟大工程的重大命题。江泽民指出："现在历史条件变了，社会环境变了，党肩负的任务变了，因此党的建设和党的领导的方式、方法，也必须相应地加以改变或改进。"① 党的十九大报告指出："中国特色社会主义进入新时代，我们党一定要有新气象新作为。"② 根据新时代党建的总体要求，我们党提出不断增强党的政治领导力、思想引领力、群众组织力与社会号召力的历史任务。"四力统筹"是全球化进程中党建的现代转型与形象重塑，刷新了新时代党的精神面貌与时代风貌。

一、增强政治领导力

政党作为政治集团，政治是政党的根本与灵魂，政治属性是政党第一位的属性，党的政治建设是党的根本性建设，政治领导力是政党首要能力。旗帜鲜明讲政治是马克思主义政党的根本要求，也是我们党自身建设的根本要求。讲政治要坚定政治立场、增强政治本领与营造政治生态。政治建设是党建的"根"与"魂"，决定党建方向与效果，增强政治领导力既是政党政治建设的题中之义，也是马克思主义政党的党性要求，提升政治领导力就是为党的政治建设固本铸魂。中国共产党是伟大事业的领导核心，处在总揽全局、协调各方的关键位置，增强政治领导力是中国共产党作为马克思主义执政党的首要领导力，是党的建设的重要法宝。新时代面对国内外复杂形势，如何把握正确政治方向、保持应有政治定力与有效化解政治风险，成为我们党建设的重大考验，向我们党提出了新的更高要求。党的十九大报告提出了"政治领导力"新命题，以执行政治路线、纪律与规矩，以及坚持政治立场、方向、原则与道路来强化政治领导力，以此来保持战略定力与清醒头脑。

政治领导力是驾驭政治全局能力，是关于政治决策、政治掌控、政治辨识、政治决断、政治协调等各种领导能力的集合。"政治领导力具有引擎作用，抓好了政治领导力，能够达到纲举目张、以简驭繁的效果。"③ 党之所以能够带领人民从站起来、富起来到迈向强起来，得益于党超强的政治领导力。党的政治领导主要是政治原则、政治方向、政治路线与政治决策的领导，政治领导力是衡量执政党领导能力与水平的首要尺度，党的凝聚力、战斗力、创造力最终彰显为党的

---

① 江泽民：《论党的建设》，中央文献出版社 2001 年版，第 44 页。
② 《习近平著作选读》第二卷，人民出版社 2023 年版，第 50 页。
③ 《政治领导力是衡量政党领导力重要尺度》，载于《人民日报》2017 年 10 月 30 日。

94

系统观视阈的新时代中国式现代化

政治领导力，这是马克思主义政党的生命所在。习近平强调要提高党把方向、谋大局、定政策、促改革的能力与定力。①

二、增强思想引领力

如果说政治是大局与统帅，思想则是灵魂与旗帜。思想建党、理论兴国与理念启民是党成长、成熟与成功的重要奥秘。增强党的思想引领力，是解决思想意识领域问题的需要，百年来我们党高举伟大旗帜不动摇，坚持理论创新不停步，抓住理论武装不放松，强化思潮批判力不减弱。如何在国内外复杂环境下使"主导思想"变成"主流思想"，成为新时代执政党建设的重大考验，我们党提出"思想引领力"的重大命题。思想引领力是指增强党的理论创新力，用创新理论武装头脑、统一思想、指导实践、批驳错误舆论与抵御不良思潮干扰的能力，巩固全党全国各族人民团结奋斗的共同思想。提升思想引领力需不断增强党的理论说服力、感染力与感召力。习近平指出："这是一个需要理论而且一定能够产生理论的时代，这是一个需要思想而且一定能够产生思想的时代。我们不能辜负了这个时代。"② 新时代我们党重视从思想上富党、理论上强党、理念上兴党，从理论创新力、思想武装力与思潮批判力三个方面增强党的思想引领力。

三、增强群众组织力

密切联系群众是我们党最大政治优势，脱离群众是我们党最大危险，有效组织群众是我们推动伟大事业的最大资源与传家宝。党的根基在群众、力量在群众，党的深厚伟力在民众之中，有效组织群众是党的光荣传统与制胜法宝。全球化时代，在主体多元化与诉求多样化的情况下，如何有效发动、组织、动员、团结与凝聚群众，消除群众自发性与分散性进而形成强大合力，考验我们党的执政能力与领导水平。进入新时代，针对如何提升党的群众组织力的问题。党的十九大报告首次提出"增强党的群众组织力"这一重大课题，这既体现对群众路线这一优良传统的继承与弘扬，也是基于新时代群众工作复杂性的深刻认识。群众组织力是适应群众工作新特点的内在需要，是指我们党坚持群众路线、运用群众观点与创新群众工作方式，以此依靠群众、动员群众与组织群众来实现伟大目标与使命的能力。新时代提高党的群众组织力，要总结群众组织的基本规律与重要特

---

① 《习近平谈治国理政》第三卷，外文出版社 2020 年版，第 16 页。
② 《习近平关于社会主义文化建设论述摘编》，中央文献出版社 2017 年版，第 73 页。

点，构建符合新时代群众组织机制与方式，融洽党群关系，提升群众组织力。党的二十大报告指出："全党要坚持全心全意为人民服务的根本宗旨，树牢群众观点，贯彻群众路线"。① 群众路线是党的生命线，新时代统揽"四个伟大"，着力增强党的群众组织力，我们党坚持以人民为中心，践行党的群众路线、有效开展群众工作、防范脱离群众的风险，走好新时代群众路线，增强党的群众组织力。

四、增强社会号召力

政党的社会号召力是政党对社会不同群体、阶层与组织的影响力与感召力，这种能力是政党在长期实践中所形成的吸引力、感染力、说服力、认同力、团结力、凝聚力、动员力与向心力的总和，是一个政党以其价值理念与身体力行所折射出来的社会影响力，体现政党动员社会力量来实现目标的能力，在本质上属于政党建设的软实力。一个政党尤其是执政党是否具有强大的威信与权威，最重要的一点是其能否将人民群众号召起来为实现伟大目标奋斗的能力，社会号召力是检验执政党是否具有广泛影响力与巨大感召力的重要指标。保持强大的社会号召力是我们党的政治优势与历史经验，也是我们党在革命、建设、改革进程中不断发挥这种号召力战胜各种艰难险阻。回顾百年党史，我们党之所以能团结、带领、组织与动员民众，取得伟大事业的胜利，源于始终保持强大的社会号召力。当今社会发展进入转型期与风险期，如何提高执政党的社会号召力，成为执政党建设的重大课题。习近平总书记站在人心向背与兴衰荣辱高度认识党的社会号召力问题，面对多元差异的社会、美好生活的期待、不确定的各种风险，提出了增强社会号召力的时代要求，围绕新时代中心任务与主要矛盾，用共同目标来提升社会号召力，以身体力行来增强社会号召力，从信度与效度两方面发力，不断提升与增强社会号召力，"现代化国家、现代化社会的建设也将拥有稳固的政党领导"②。

---

① 《习近平著作选读》第一卷，人民出版社 2023 年版，第 57～58 页。
② 项敬尧：《论中国共产党政党能力》，载于《教学与研究》2021 年第 7 期。

第五章

统揽"四个伟大"建设新时代
中国式现代化的总方略

2007 年党的十七大报告提出，"把推进中国特色社会主义伟大事业同推进党的建设新的伟大工程结合起来"。① 习近平指出："中国特色社会主义是党领导的伟大事业同党的建设新的伟大工程相互促进的进程。"② 2016 年 10 月，党的十八届六中全会提出"为更好进行具有许多新的历史特点的伟大斗争、推进党的建设新的伟大工程、推进中国特色社会主义伟大事业"③。以此为节点和标志，"两个伟大"就被推进发展到"三个伟大"相并列的阶段。

党的十九大报告指出："伟大斗争，伟大工程，伟大事业，伟大梦想，紧密联系、相互贯通、相互作用。"④ "四个伟大"以中华民族伟大复兴的中国梦为落脚点，以中国特色社会主义伟大事业为依托，以全面从严治党伟大工程为保证，以具有许多新的历史特点的伟大斗争为动力，构成具有内在逻辑关联的"四个伟大"总方略的现代化。"'四个伟大'明确了我们党在新时代治国理政的总方略、全局工作的总框架、谋划事业的总坐标、推进工作的总抓手。"⑤ 在"四个伟大"总方略的现代化基本架构中，其由伟大事业缘起，回答中国现代化要"干什么"；

---

① 《十七大以来重要文献选编》（上），中央文献出版社 2009 年版，第 8 页。
② 习近平：《中国共产党 90 年来指导思想和基本理论的与时俱进及历史启示》，载于《学习时报》 2011 年 6 月 27 日。
③ 《十八大以来重要文献选编》（下），中央文献出版社 2018 年版，第 419 页。
④ 《习近平著作选读》第二卷，人民出版社 2023 年版，第 14 页。
⑤ 曲青山：《"四个伟大"的由来及其相互关系》，载于《中国纪检监察报》2017 年 11 月 8 日。

其由伟大梦想引领，回答中国现代化要"干成什么"；其由伟大斗争支撑，回答中国现代化发展要保持"什么样状态干事"；其由伟大工程保证，回答中国现代化"由谁领着干"。作为新时代我们党治国理政与推动现代化发展的"四梁八柱"，是推进富强民主文明和谐美丽的社会主义现代化强国建设以及中国由世界大国迈向世界强国的方向引领，是实现民族复兴伟大梦想的行动遵循，体现新时代中国共产党的历史使命与责任担当。

第一节 伟大斗争推进统揽"四个伟大"中国式现代化

新时代我们党要团结带领人民有效应对重大挑战、抵御重大风险、克服重大阻力、解决重大矛盾，必须进行具有许多新的历史特点的伟大斗争。当前伟大事业越发展、伟大工程越牢固、伟大梦想越接近，遇到的风险挑战就会越复杂，就越要进行伟大斗争。在"四个伟大"式现代化架构中，伟大斗争是动力所在，是整体战略的关键，处于支撑地位，具有开路先锋作用，是现代化发展的推动器与动力源，是动力引擎与内在驱动，为其他三个伟大提供强大动力与增添巨大活力，具有激发斗志的积极功能。新时代只有不断进行具有许多新的历史特点的伟大斗争，才能克服万难，攻克一个又一个堡垒，取得一次又一次胜利，才能为建设伟大工程、推进伟大事业与实现伟大梦想扫清各种阻碍。

一、在进行伟大斗争中实现伟大梦想

党的十九大报告指出实现伟大梦想，必须进行伟大斗争。我们党从成立之日起，就承载与肩负起实现民族复兴的光荣梦想，团结与带领人民进行了艰苦卓绝的斗争、谱写出气吞山河的史诗。近百年来我们党把为人民谋幸福、为民族谋复兴作为初心使命，把实现国家富强、民族振兴与人民幸福的伟大梦想作为奋斗目标，紧紧依靠、团结与带领人民，在革命、建设与改革的伟大斗争中披荆斩棘，攻坚克难，不断接近实现中国梦的伟大目标。党的十九大报告指出："中华民族伟大复兴，绝不是轻轻松松、敲锣打鼓就能实现的。全党必须准备付出更为艰巨、更为艰苦的努力。"[①] 新时代伟大斗争要站在实现中国梦战略高度，着眼于复杂斗争形势，发扬敢于斗争的精神，做到勇于斗争的自觉，激发善于斗争的智

---

① 《习近平谈治国理政》第三卷，外文出版社 2020 年版，第 12 页。

慧，做到斗争就是斗志、斗勇与斗智，为实现伟大梦想排除障碍与干扰。一是敢于斗争。斗争需要斗志，发扬斗争精神是斗争行动的内在驱动与精神支撑。我们党是敢于斗争、敢于胜利的政党，斗志昂扬是我们党的精神状态与鲜明品格。新时代面对世界大变局、民族大复兴与党建大工程的复杂形势，越要发扬斗争精神，释放斗争勇气与魄力，绝不能患上斗争恐惧症与软骨病。二是勇于斗争。斗争需要斗勇。伟大斗争不是被动斗争，而是主动积极的斗争，对斗争复杂形势有着清醒的认识。党的十九大报告强调全党要充分认识这场伟大斗争的长期性、复杂性、艰巨性，自觉自醒地防范各种风险。三是善于斗争。斗争需要斗智。斗争本领是我们党看家本事，要在思想淬炼、政治历练、实践锻炼中提升斗争本领，确保斗争于法有据、光明磊落与团结有力。

二、在伟大斗争中推动伟大事业

习近平在纪念邓小平同志诞辰 110 周年座谈会上指出："越是伟大的事业，往往越是充满艰难险阻，越是需要开拓创新。"[1] 中国特色社会主义是前无古人的伟大事业，是改革开放以来党的全部理论和实践的主题，是道路、理论、制度、文化的"四位一体"，只有通过伟大斗争才能更加坚定道路自信、理论自信、制度自信、文化自信。习近平指出："可以预见，在今后的前进道路上，来自各方面的困难、风险、挑战肯定还会不断出现。"[2] 第一，在伟大斗争中坚定道路自信。走中国特色社会主义道路，这是实现中国现代化与创造中国人民美好生活的必由之路。伟大斗争要旗帜鲜明与极右邪路和极"左"老路进行决不妥协的斗争，一以贯之在中国道路上接力奔跑。第二，在伟大斗争中坚持理论自信。正确思想与科学理论总是在与形形色色思潮斗争中不断发展起来的，用党的创新理论武装头脑，筑牢思想防线，这是战胜艰难险阻的法宝。第三，在伟大斗争中坚定制度自信。习近平强调制度优势是一个国家的最大优势，制度竞争是国家间最根本的竞争。中国特色社会主义制度是当代中国发展进步的根本制度保障，禁止任何组织或者个人的破坏，警惕别有用心之人，极力鼓吹、宣扬、兜售与迷信西方制度，以此妄图曲解、削弱、歪曲、否定与改变我国社会主义制度。第四，在伟大斗争中坚定文化自信。"四个自信"说到底是文化自信。中国特色社会主义文化是激励全党全国各族人民奋勇前进的强大精神力量，在文化多样化的交往交流

---

[1] 《习近平谈治国理政》第二卷，外文出版社 2017 年版，第 8~9 页。
[2] 习近平：《在中央党校建校 80 周年庆祝大会暨 2013 年春季学期开学典礼上的讲话》，载于《人民日报》2013 年 3 月 3 日。

99

交融中，要警惕"没有硝烟战争"的文化渗透与意识形态斗争，从中华文化中充分撷取斗争智慧与汲取斗争营养。

三、在伟大斗争中建设伟大工程

党的十九大报告强调我们党要始终成为时代先锋、民族脊梁，始终成为马克思主义执政党，自身必须始终过硬。近百年党史告诉我们，我们党的成长、成熟与成功的重要法宝，就是敢于斗争、善于斗争、勇于斗争，伟大斗争是建设伟大工程的密钥。新时代建设伟大工程的全面从严治党，要在伟大斗争中成为"打铁的"与"铁打的"，以伟大斗争筑牢伟大工程。一方面，在伟大斗争中成为"铁打的"。在全面从严治党过程中，我党以伟大斗争精神与行为，勇于直面问题，敢于刮骨疗毒，消除一切损害党的先进性和纯洁性的因素，清除一切侵蚀党的健康肌体的病毒。另一方面，在伟大斗争中成为"打铁的"。新时代我们党以伟大斗争加强党的长期执政能力建设，以党的政治建设为统领，以坚定理想信念宗旨为根基，以调动全党积极性、主动性、创造性为着力点，全面推进党的政治建设、思想建设、组织建设、作风建设、纪律建设，把制度建设贯穿其中，深入推进反腐败斗争，不断提高党的建设质量。

第二节　伟大工程保证统揽"四个伟大"中国式现代化

党的十九大报告中指出："伟大斗争，伟大工程，伟大事业，伟大梦想，紧密联系、相互贯通、相互作用，其中起决定性作用的是党的建设新的伟大工程。"[①] 建设伟大工程是筑起坚固堡垒，保证统筹"四个伟大"中国式现代化，为进行伟大斗争、推进伟大事业、实现伟大梦想保驾护航。习近平指出："党要团结带领人民进行伟大斗争、推进伟大事业、实现伟大梦想，必须毫不动摇坚持和完善党的领导，毫不动摇把党建设得更加坚强有力。"[②] 两个"毫不动摇"表明伟大工程在"四个伟大"中国式现代化中的关键作用与基础地位。基础不牢，地动山摇。只有建设好伟大工程，才能为伟大斗争、伟大事业和伟大梦想提供根本保证。

---

① 《习近平谈治国理政》第三卷，外文出版社 2020 年版，第 14 页。
② 《习近平谈治国理政》第三卷，外文出版社 2020 年版，第 47～48 页。

一、建设伟大工程来实现伟大梦想

党的十九大报告指出，实现伟大梦想，必须建设伟大工程。进入新时代，以习近平同志为核心的党中央从全面从严治党的重大命题审视推动实现中华民族伟大复兴中国梦的重大议题，以全面从严"强党梦"推动建设富强民主文明和谐美丽的社会主义现代化"强国梦"。历史与现实反复证明，正是有了中国共产党的坚强领导，中国人民从根本上改变了自己的命运，中华民族迎来了伟大复兴的光明前景。新时代我们党以党建的新气象新行为，领导人民从实现全面建成小康社会迈向基本实现现代化与全面建成现代化强国的新征程。习近平强调："只要我们党把自身建设好、建设强，确保党始终同人民想在一起、干在一起，就一定能够引领承载着中国人民伟大梦想的航船破浪前进，胜利驶向光辉的彼岸。"[1] 一是建设伟大工程为实现中国梦指引前进方向。党的十九大报告指出："没有中国共产党的领导，民族复兴必然是空想。"[2] 党的坚强领导推动民族复兴的方向不偏、步伐不乱。二是建设伟大工程为实现中国梦提供领导核心。新时代建设伟大工程，确保党始终成为坚强的领导核心与事业的主心骨，承载领导人民实现民族复兴的历史重任。三是建设伟大工程为实现中国梦凝聚力量。习近平指出："以党的坚强领导和顽强奋斗，激励全体中华儿女不断奋进，凝聚起同心共筑中国梦的磅礴力量！"[3] 党是团结人民的纽带，是凝聚中国力量的黏合剂。实现中国梦必须凝聚中国力量，保持党同人民群众的血肉联系，巩固全党全国人民大团结，齐心协力走向民族复兴的光明前景。

二、建设伟大工程来推动伟大事业

2023 年 3 月 1 日习近平在中央党校建校 90 周年庆祝大会暨 2023 年春季学期开学典礼上指出："自觉在党的新的伟大事业和党的建设新的伟大工程中精准定位。"[4]

中国式现代化是中国共产党领导的社会主义现代化，所以党的二十大报告提出的中国式现代化本质要求的第一个要求是"坚持中国共产党领导"，全面建设

---

① 《习近平谈治国理政》第三卷，外文出版社 2020 年版，第 54 页。
② 《习近平谈治国理政》第三卷，外文出版社 2020 年版，第 13 页。
③ 《习近平谈治国理政》第三卷，外文出版社 2020 年版，第 14 页。
④ 习近平：《在中央党校建校 90 周年庆祝大会暨 2023 年春季学期开学典礼上的讲话》，载于《求是》2023 年第 7 期。

社会主义现代化国家必须牢牢把握的首要重大原则是"坚持和加强党的全面领导","坚定不移全面从严治党,深入推进新时代党的建设新的伟大工程"①。

围绕全面从严治党的伟大工程,习近平要求增强党的政治领导力、思想引领力、群众组织力、社会号召力。政治领导力、思想引领力、群众组织力、社会号召力"四力统筹",是开创中国式现代化伟大事业新局面的重大命题。一是增强政治领导力。这是推进中国式现代化伟大事业的重要发力点。二是增强思想引领力。以伟大旗帜引领中国式现代化伟大事业。三是增强群众组织力。保持强大的社会号召力是我们党推进中国式现代化伟大事业的政治优势与历史经验。四是增强社会号召力。新时代党以增强民众对政党的信任来增强对中国式现代化伟大事业的信心。推进新时代党的建设新的伟大工程,增强党的"四力统筹",使党始终成为全体人民最可靠的主心骨,确保中国式现代化正确方向,确保拥有团结奋斗的强大政治凝聚力和发展自信。

三、建设伟大工程来进行伟大斗争

习近平指出:"只有进一步把党建设好,……我们党才能带领人民成功应对重大挑战、抵御重大风险、克服重大阻力、解决重大矛盾,不断从胜利走向新的胜利。"② 党是中国最高政治力量,在应对国内外各种风险考验与伟大斗争中始终走在时代前列,始终成为主心骨,始终成为坚强领导核心,这是取得伟大斗争胜利的根本保证。党的领导是新时代伟大斗争的最大优势,决定伟大斗争的成败得失。历史证明,中国革命、建设、改革所取得伟大斗争的胜利,都与党的坚强领导是分不开的,开展伟大斗争必须建设伟大工程,把各级党组织建设成为领导伟大斗争的坚强核心和战斗堡垒。一是提升斗争本领。我们党的建设既要政治过硬,也要本领高强。二是拓展斗争领域。新时代党的建设总要求是坚持和加强党的全面领导,全面斗争就是全方位、全覆盖、全过程的斗争。三是推动斗争进程。建设伟大工程的全面从严治党,以党内斗争影响国内外斗争,以关键斗争带动全面斗争。

第三节　伟大事业指引统揽"四个伟大"中国式现代化

"四个伟大"中国式现代化是以伟大事业为主题引领,其在"四个伟大"中

---

① 《习近平著作选读》第一卷,人民出版社 2023 年版,第 20、22、52 页。
② 《习近平谈治国理政》第二卷,外文出版社 2017 年版,第 63 页。

系统观视阈的新时代中国式现代化

国式现代化中发挥旗帜引领作用。离开伟大事业，其他"三个伟大"就失去了根基，成为无源之水与空中楼阁。

党的二十大明确了新时代新征程党的中心任务，即全面建成社会主义现代化强国、实现第二个百年奋斗目标，以中国式现代化全面推进中华民族伟大复兴。新时代新征程党的中心任务就是中国式现代化的伟大事业。只有中国式现代化伟大事业不断向前推进，其他"三个伟大"才有现实依托，才有牢固根基，才有科学检验。

一、在推进伟大事业中实现伟大梦想

党的十九大报告指出实现伟大梦想，必须推进伟大事业。习近平指出："实现中华民族伟大复兴是一项光荣而艰巨的事业，需要一代又一代中国人共同为之努力。"[1] 中国特色社会主义是道路、理论、制度、文化的有机统一。习近平强调："中国特色社会主义，既是我们必须不断推进的伟大事业，又是我们开辟未来的根本保证。"[2] 中国特色社会主义是实现伟大梦想的基本遵循与现实路径，是实现伟大梦想的道路指引、理论指导、制度保障与精神支撑。一是坚定道路自信实现伟大梦想。中国特色社会主义道路是实现社会主义现代化、创造人民美好生活的必由之路。实现中国梦必须走中国特色社会主义道路。习近平总书记在参观《复兴之路》展览时强调："改革开放以来，我们总结历史经验，不断艰辛探索，终于找到了实现中华民族伟大复兴的正确道路，取得了举世瞩目的成果。这条道路就是中国特色社会主义。"[3] 二是坚定理论自信实现伟大梦想。理论是行动指引，中国特色社会主义理论体系是指导党和人民实现中国梦的正确理论，是实现民族复兴的行动指南。三是坚定制度自信实现伟大梦想。中国特色社会主义制度是当代中国发展进步的根本制度保障，是实现民族复兴梦想的制度保障。四是坚定文化自信实现伟大梦想。习近平指出："实现中国梦，是物质文明和精神文明比翼双飞的发展过程。"[4] 坚定文化自信是更加深层的精神动力，是凝聚起同心共筑中国梦的磅礴力量与精神动力。习近平强调："实现中国梦，是物质文明和精神文明均衡发展、相互促进的结果。"[5]

---

① 《习近平谈治国理政》第一卷，外文出版社 2018 年版，第 36 页。
② 《习近平谈治国理政》第二卷，外文出版社 2017 年版，第 36 页。
③ 《习近平谈治国理政》第一卷，外文出版社 2018 年版，第 35 页。
④⑤ 习近平：《论坚持推动构建人类命运共同体》，中央文献出版社 2018 年版，第 82 页。

二、在推进伟大事业中进行伟大斗争

伟大事业是全面的事业。党的十九大报告指出坚决战胜一切在政治、经济、文化、社会等领域和自然界出现的困难和挑战。新时代全党要充分认识这场伟大斗争的全面性，从中国特色社会主义"五位一体"总体布局的战略高度，认识经济斗争、政治斗争、文化斗争、社会斗争、生态文明斗争的"五位一体"。习近平指出："改革发展稳定、内政外交国防、治党治国治军都需要发扬斗争精神、提高斗争本领。"① 第一，经济斗争。当今逆全球化动向凸显与思潮泛滥，贸易保护主义盛行，区域一体化受阻，多边主义与自由贸易体制受到冲击，国际贸易摩擦与博弈前所未有，要旗帜鲜明反对一切形式的保护主义。第二，政治斗争。新时代要高度关注影响党的执政地位与社会根基、妨碍人民民主实现、影响依法治国深入推进的伟大斗争。第三，文化斗争。当下文化领域斗争要对所谓"普世价值"进行深入揭露与驳斥，对企图西化、分化、丑化、虚化、妖魔化马克思主义指导思想、社会主义制度与党的领导的各种言行，要坚决予以斗争与回击。第四，社会斗争。社会领域斗争所面对的是社会风险，维护的是公共安全，实现维护国家长治久安与国际社会安定团结。第五，生态文明斗争。打好污染防治攻坚战，重点打赢蓝天保卫战、打好碧水保卫战、推进净土保卫战。

三、在推进伟大事业中建设伟大工程

以坚定"四个自信"强化伟大工程建设是新时代全面从严治党的根本遵循与主要途径，以道路强党、理论富党、制度治党与文化兴党，不断提高党的建设质量与科学化水平。一是道路强党。道路关乎党的命脉，决定党的建设方向和实际效果，是党的政治建设、思想建设、组织建设、作风建设、纪律建设、制度建设的方向统领。二是理论富党。思想建设是党的基础性建设，要加强理论武装，推动习近平新时代中国特色社会主义思想深入人心。三是制度治党。新时代把依法治国与制度治党统一起来，牢牢把握制度治党这一推进党的自身建设的法宝与利器。四是文化兴党。文化兴党建兴，没有高度文化自信，就没有全面从严治党的深入推进。坚定文化自信激发文化创新创造活力，弘扬忠诚老实、公道正派、实事求是、清正廉洁等中国共产党人价值观，永葆共产党人政治本色。

---

① 习近平：《发扬斗争精神增强斗争本领　为实现"两个一百年"奋斗目标而顽强奋斗》，载于《人民日报》2019 年 9 月 4 日。

第四节　伟大梦想领航统揽"四个伟大"中国式现代化

习近平指出："一个民族、一个国家，必须知道自己是谁，是从哪里来的，要到哪里去，想明白了、想对了，就要坚定不移朝着目标前进。"[①] 党的十八大以来，以习近平同志为核心的党中央把实现中华民族伟大复兴的中国梦作为治国理政的目标导向。习近平指出："只要 13 亿多中国人民始终发扬这种伟大梦想精神，我们就一定能够实现中华民族伟大复兴！"[②] 伟大梦想是党和国家推动现代化发展的奋斗目标，它科学回答了统揽"四个伟大"的历史使命与奋斗目标的根本问题。在"四个伟大"中，伟大梦想是目标方向与价值归宿，具有导航作用，为伟大斗争、伟大工程、伟大事业指引正确方向，是其他"三个伟大"的出发点与落脚点，其他"三个伟大"共同构成了实现伟大梦想的三大支撑，共同托起伟大梦想的实现。

一、伟大梦想指引伟大斗争

实现中华民族伟大复兴是近代以来中华民族最伟大的梦想。中国共产党从成立以来，就义无反顾肩负起实现中华民族伟大复兴的历史使命，团结带领人民进行了艰苦卓绝的斗争，谱写了气吞山河的壮丽史诗。"新时代敢于斗争和善于斗争，需要有战略思维。"[③] 中国梦承载民族复兴的光荣与梦想，赋予伟大斗争新使命新目标，以伟大梦想牵引伟大斗争，为克服困难、化解风险、引领挑战的伟大斗争提供了目标指引、目标共识与目标激励，凝聚起伟大斗争的共同目标、共同意识与共同力量。一是伟大梦想引领斗争方向。中国梦是党的新一届中央领导集体提出的关乎党和国家未来发展的目标宣言，是伟大斗争的目标纲领，给伟大斗争装上前行导航，一切斗争都要围绕实现国家富强、民族振兴与人民幸福作为目标指引。二是伟大梦想形成斗争共识。习近平指出："这个梦想，凝聚了几代中国人的夙愿，体现了中华民族和中国人民的整体利益，是每一个中华儿女的共

---

① 《习近平谈治国理政》第一卷，外文出版社 2018 年版，第 171 页。

② 《习近平谈治国理政》第三卷，外文出版社 2020 年版，第 142 页。

③ 陈锡喜：《论新时代进行伟大斗争的内涵、外延和战略思维》，载于《毛泽东邓小平理论研究》2021 年第 9 期。

同期盼。"① 伟大梦想是伟大目标，也是最大公约数，代表中国人民最大利益，承载共同安全、利益与责任。习近平指出："中国人民发自内心地拥护实现中国梦，因为中国梦首先是 13 亿中国人民的共同梦想。"② 三是伟大梦想凝聚斗争力量。以梦共鸣，以梦为马。梦想催人奋进，激励前进。通过梦想塑造，成为斗争的精神支柱与信念支撑，激励着中国人砥砺奋进与接力奋斗，成为新时代伟大斗争的激昂旋律与高昂斗志。

二、伟大梦想引导伟大事业

中国特色社会主义进入新时代，意味着近代以来久经磨难的中华民族迎来了从站起来、富起来到强起来的伟大飞跃，意味着在全面建成小康社会的基础上，乘势而上开启全面建设社会主义现代化国家新征程，为把我国建设成为富强民主文明和谐美丽的社会主义现代化强国而奋斗。这表明中国梦不仅在纵向上是实现"两个一百年"奋斗目标的两大接续梦想，也是在横向上实现"五位一体"战略布局的五大关联梦想。一方面，从纵向上推进伟大事业实现伟大梦想。全面建成小康社会、全面建成社会主义现代化强国是实现伟大梦想的前后接续的奋斗历程与伟大目标。中国梦是"实现全面小康梦"与"现代化强国梦"的"两大梦想"，中国梦是中国实现社会主义现代化之梦。改革开放以来，伟大梦想与伟大事业同向同行，从现代化历程看，中国梦是"两个一百年"奋斗目标的现代化崛起之梦，是实现现代化小康梦与现代化强国梦的不断接力。另一方面，从纵向上推进伟大事业实现伟大梦想。党的十九大报告明确指出中国特色社会主义事业总体布局是"五位一体"，强调统筹推进"五位一体"总体布局，以此发展中国特色社会主义事业的全面性与整体性，蕴含对物质文明、政治文明、精神文明、社会文明、生态文明建设的美好愿景，实现经济富强梦、政治民主梦、文化繁荣梦、社会和谐梦、生态美丽梦的现代化发展格局，表达出实现伟大事业的中国心声，描绘了中国现代化发展的光辉画卷与伟大事业的五彩斑斓。

三、伟大梦想引领伟大工程

伟大梦想把国家富强、民族振兴与人民幸福作为主要内涵与归宿落脚，体现为人民谋幸福与为民族谋复兴的初心使命，这一初心使命是激励中国共产党人不

---

① 《习近平谈治国理政》第一卷，外文出版社 2018 年版，第 36 页。
② 《习近平接受金砖国家媒体联合采访》，载于《人民日报》2013 年 3 月 20 日。

断前进的根本动力，是中国共产党自身建设的原始驱动力与政治密码，是立党建党治党的初心本色。党的十九大报告指出："不忘初心，方得始终。中国共产党人的初心和使命，就是为中国人民谋幸福，为中华民族谋复兴。"① 近百年来，我们党把为人民谋幸福、为民族谋复兴作为初心使命，把实现国家富强、民族振兴与人民幸福的中国梦作为党建的价值取向，以坚定这种理想信念宗旨为根基，调动全党积极性、主动性与创造性。马克思指出："思想要得到实现，就要有使用实践力量的人。"② 中国梦是中国共产党人团结奋斗的理想信念、精神支柱与政治灵魂，建设伟大工程要把实现中国梦作为党的思想建设的基本任务，解决好共产党人世界观、人生观、价值观"总开关"，教育引导全党牢记党的初心使命，始终成为时代先锋、民族脊梁，始终成为马克思主义执政党。

---

① 《习近平谈治国理政》第三卷，外文出版社 2020 年版，第 1 页。
② 《马克思恩格斯文集》第一卷，人民出版社 2009 年版，第 320 页。

第二篇

贯彻新发展理念的中国式现代化

2022 年 10 月习近平在党的二十届一中全会上的讲话中指出：党的二十大对全面建设社会主义现代化国家、全面推进中华民族伟大复兴进行了战略谋划，全党要聚焦实现高质量发展这个主题，"完整、准确、全面贯彻新发展理念，把新发展理念贯彻到经济社会发展全过程和各领域，抓紧解决不平衡不充分的发展问题，协调推进创新发展、协调发展、绿色发展、开放发展、共享发展，着力提高发展质量和效益。"①新时代中国式现代化是贯彻新发展理念的现代化。

理念是行动的先导，一定的发展实践都是由一定的发展理念来引领的。发展理念是否对头，从根本上决定着发展成效乃至成败。新时代现代化是贯彻"新发展理念"的中国式现代化，以新发展理念引领开拓中国式现代化发展的新征程新境界。

党的十八大以来，习近平根据对国内外形势的科学判断，对新时代中国式现代化发展理念思路作出战略谋划。2015 年党的十八届五中全会提出创新、协调、绿色、开放、共享的五大发展理念。2017 年党的十九大报告把"坚持新发展理念"作为新时代坚持和发展中国特色社会主义的十四个基本方略之

① 习近平：《为实现党的二十大确定的目标任务而团结奋斗》，载于《求是》2023 年第 1 期。

——①；2021 年党的十九届六中全会将"贯彻创新、协调、绿色、开放、共享的新发展理念"作为习近平新时代中国特色社会主义思想的重要内容；2022 年党的二十大提出"贯彻新发展理念是新时代我国发展壮大的必由之路"②。

习近平强调："新发展理念是一个系统的理论体系，回答了关于发展的目的、动力、方式、路径等一系列理论和实践问题，阐明了我们党关于发展的政治立场、价值导向、发展模式、发展道路等重大政治问题。"③贯彻"新发展理念"的中国式现代化要基于高质量发展的主题，结合中国进入新发展阶段与构建新发展格局的整体逻辑中去把握。高质量发展是在以人民为中心发展思想指导下与安全发展的前提下，推进创新发展、协调发展、绿色发展、开放发展与共享发展的五大发展。高质量发展是贯穿新发展阶段、新发展理念、新发展格局内在关联的逻辑主线与核心主题。

立足新发展阶段、贯彻新发展理念、构建新发展格局的联袂出场，这是党中央在对我国进入新时代，特别是进入新发展阶段的战略谋划与科学判断，是推动现代化高质量发展而作出的行动方案。有学者指出："贯彻新发展理念体现全面建设社会主义现代化国家本质要求。"④进入新发展阶段、贯彻新发展理念、构建新发展格局，是中国式现代化发展的理论逻辑、历史逻辑、现实逻辑决定的，三者内在统一于现代化高质量发展。新发展理念引领新时代中国式现代化发展要求。进入新发展阶段明确了中国式现代化高质量发展的历史方位，贯彻新发展理念明确了中国式现代化高质量发展的指导原则，构建新发展格局明确了中国式现代化高质量发展的重要路径，科学回答了新阶段中国实现什么样的发展、怎样实现发展这个重大议题。贯彻新发展理念必须从进入新发展阶段与构建新发展格局的大逻辑中去把握。

贯彻新发展理念是关系我国发展全局的一场深刻变革。高质量发展，就是能够很好满足人民日益增长的美好生活需要的发展，是体现新发展理念的发展，是创新成为第一动力、协调成为内生特点、绿色成为普遍形态、开放成为必由之路、共享成为根本目的的发展。⑤必须实现以创新成为第一动力、以协调成为内生特点、绿色成为普遍形态、以开放成为必由之路、以共享为根本目的的高质量发展，才能全面建成社会主义现代化强国。

① 《习近平著作选读》第二卷，人民出版社 2023 年版，第 18 页。
② 《习近平著作选读》第一卷，人民出版社 2023 年版，第 57 页。
③ 《习近平著作选读》第二卷，人民出版社 2023 年版，第 406 页。
④ 颜晓峰：《新发展阶段新发展理念新发展格局的内在逻辑》，载于《学习时报》2021 年 3 月 1 日。
⑤ 《习近平著作选读》第二卷，人民出版社 2023 年版，第 67 页。

第六章

新发展理念引领新时代中国式现代化强国建设

党的十八大以来，以习近平同志为核心的党中央高瞻远瞩，对关乎中国式现代化发展的根本性、全局性与长远性的重大问题进行整体思考，以新发展理念引领新时代中国式现代化发展的大势、大局与大事，不断开创中国式现代化发展的新境界。习近平强调新发展理念是战略性、纲领性、引领性的，是指挥棒与红绿灯，是新时代中国式现代化发展的思路、方向、着力点的集中体现。发展理念科学，战略目标与战略举措也就明确。新时代在推动现代化过程中，要以新发展理念破解现代化发展难题、增强现代化发展动力、厚植现代化发展优势。为凸显新发展理念对现代化发展的重要性，习近平在每一发展理念之前加以动词强调，即崇尚创新、注重协调、倡导绿色、厚植开放、推进共享，以创新的第一动力、协调的内生特点、绿色的普遍形态、开放的必由之路、共享的根本目的，引领现代化高质量发展。

第一节 新发展理念引领新时代中国式现代化大势

习近平指出："认识世界发展大势，跟上时代潮流，是一个极为重要并且常做常新的课题。中国要发展，必须顺应世界发展潮流。要树立世界眼光、把握时代脉搏，要把当今世界的风云变幻看准、看清、看透，从林林总总的表象中发现本质，尤其要认清长远趋势。"[1] 势是中国传统哲学的重要概念，原意是指高坡上的滚球，当能量蓄积到一定程度还未释放的状态就叫势或态势，现在泛指一种趋势，代表一种潜能，预示事物发展方向与未来前景。观大势就是观察不以人的意志为转移且人为无法阻止的历史规律。观大势贯穿于新时代我们党治国理政的全过程与推动现代化发展的全方面。新时代习近平总书记反复强调谋现代化全局必须观现代化大势、明现代化时局必须顺现代化大势。党的十八大以来，以习近平同志为核心的党中央深刻总结国内外现代化发展经验教训、科学分析国内外大势、精准把握现代化发展规律，科学提出创新、协调、绿色、开放、共享的新发展理念，集中反映了我们党对现代化发展规律的深化，是高质量发展和高水平安全的必由之路，是引领新时代中国式现代化发展的时代航标。中国特色社会主义进入新时代，我国现代化发展迈向高质量发展阶段，要坚持创新的第一动力，以创新发展引领现代化的转型发展；要把握协调的内生特点，以协调发展引领现代化的统筹发展；要实现绿色的普遍形态，以绿色发展引领现代化的低碳发展；要认清开放的必由之路，以开放发展引领现代化的联动发展；要树立共享的根本目的，以共享发展引领现代化的共同发展。

一、创新发展引领现代化的转型发展

习近平多次强调要把握创新特点与遵循创新规律。当前我国经济已由高速增长阶段转向高质量发展阶段，正处在转变发展方式、优化经济结构、转换增长动力的攻关期。创新发展引领现代化的转型发展集中体现在转方式、优结构与增动力。全面转型升级是创新发展理念引领现代化必由之路，是实现高质量发展与跨越式发展的必然选择。面对我国经济发展新常态与社会大变革，创新发展要以转型发展为主线，围绕资源要素驱动向创新创造驱动转变。一是发展方式的转型。长期以来我国经济发展主要依靠资源、资本、劳动力等要素投入来支撑，在资源约束趋紧的背景下，这种规模速度型的粗放外延型增长与扩张难以为继，必须依靠创新发展实现从要素聚集转向要素优化，变中国制造为中国创造。二是经济结构的转型。创新驱动发展旨在由外延扩张向内涵提升转变，实现经济结构从扩能增量转为优质优产。经济结构转型的重中之重是推动产业结构的转型升级，提升产业链供应链的现代化水平，推动产业结构由高耗低效、粗放线性发展转向高效低碳、集约多元发展，发展壮大战略性新兴产业，大力改造传统产业，着力发展高技术产业，加速产业高端化、融合化、数字化、智能化、绿色化、低碳化。三

---

① 习近平：《论坚持推动构建人类命运共同体》，中央文献出版社 2018 年版，第 199 页。

是发展动力的转型。创新在于创造新要素、优化新结构、形成新形态、培育新技术、变革新模式等，依靠理论创新、制度创新、科技创新、文化创新等打造新引擎、构建新支撑，推动发展动力从生产要素的简单叠加转向高端优化，激发内生动力与释放内需潜力，创新驱动实现更加高效、更加绿色、更加持续。

二、协调发展引领现代化的统筹发展

习近平强调"协调发展是制胜要诀"[①]。现代化发展需要创新的动力与活力，也需要协调的合力与协力。现代化发展是诸领域诸要素相互协调的有机体，协调需要统筹兼顾与整体推进。协调发展是新时代中国式现代化发展的基本理念，统筹发展是基本方式，以协调发展引领现代化的统筹发展，以统筹发展实现协调发展，这是唯物辩证法的基本要求。习近平指出："统筹兼顾是中国共产党的一个科学方法论。它的哲学内涵就是马克思主义辩证法。"[②] 统筹协调是我们党推动现代化发展的一以贯之。例如，毛泽东提出"十大关系"；邓小平强调"两手抓、两手都要硬"；江泽民提出正确处理好改革、发展、稳定的关系；胡锦涛提出统筹城乡发展、区域发展、经济社会发展、人与自然和谐发展、国内发展和对外开放。新时代坚持协调发展要发挥其蕴含统筹的方法论，加强全局性谋划与战略性布局，统筹兼顾现代化发展中的重大关系，增强发展整体性，走好中国式现代化发展道路。一是统筹推进"五位一体"总体布局，中国式现代化是统筹推进经济、政治、文化、社会、生态文明的五大建设与五大文明的协调发展。二是统筹中华民族伟大复兴战略全局和世界百年未有之大变局，以立足国内与放眼世界的大历史观，从历史长河、时代大潮、全球风云中分析中国与世界的相遇、联动与共赢，在中国与世界各国良性共赢中开拓前进。三是统筹发展和安全，犹如鸟之两翼、车之双轮，两者互为条件与基础，彼此协同与支撑，推动高质量发展和高水平安全的相得益彰。四是统筹疫情防控和经济社会发展。面对突如其来的新冠疫情给我国经济社会发展带来前所未有的冲击，对人民生命安全和身体健康带来严重危害。面对严峻形势，我们党统筹推进疫情防控和经济社会发展，经济运行稳定恢复，社会大局和谐稳定。

---

① 《习近平谈治国理政》第二卷，外文出版社 2017 年版，第 206 页。

② 习近平：《干在实处　走在前列——推进浙江新发展的思考与实践》，中共中央党校出版社 2006 年版，第 25 页。

三、绿色发展引领现代化的低碳发展

"生态现代化理念和战略在当代中国的绿色话语体系构建（同时在理论和政策层面）中发挥着不容否认的促进作用。"[①] 绿色是现代化发展的底色、亮色与成色，习近平强调，"只有把绿色发展的底色铺好，才会有今后发展的高歌猛进"[②]。高质量发展是生态优先、资源节约、环境友好、绿色低碳的发展，使绿色成为现代化发展的普遍形态。党的十九届五中全会强调加快推动绿色低碳发展来实现现代化发展蓝图。绿色低碳发展是针对发展的资源瓶颈与环境容量而提出的重大论断，加快推动绿色低碳发展，要以绿色发展引领现代化的低碳发展，全面提高资源利用效率，持续改善环境质量，实现人与自然和谐共生的现代化。低碳发展要把实现减污降碳、协同增效作为重要目标，通过思维创新、技术创新、制度创新、产业转型、能源开发与优化等手段，从资源高投入、能源高消耗、环境高污染走向低排放、低能耗、低污染，实现经济效益、社会效益和生态效益相统一。2020 年 9 月习近平在第 75 届联合国大会一般性辩论上向世界郑重承诺："中国将提高国家自主贡献力度，采取更加有力的政策和措施，二氧化碳排放力争于 2030 年前达到峰值，努力争取 2060 年前实现碳中和。"[③] "双碳"目标是中国向世界作出的庄严承诺。实现"双碳"目标要以低碳化的生产方式与生活方式推动中国式现代化的绿色事业。一方面，生产方式的低碳化。坚持以科技赋能推动绿色低碳发展，开展低碳、零碳、负碳等重大技术科研攻关，通过调整产业结构，优化能源生产与消费结构，发展节能环保产业，提高能源利用效率，提升可再生能源增长，构建清洁低碳、安全高效的能源体系，推动节能减排。目前中国已成为世界节能与利用新能源、可再生能源第一大国。另一方面，生活方式的低碳化。低碳生活是健康、自然、安全、低价的生活方式。倡导简约适度、绿色低碳的生活方式，大力培养公众节能减排意识，推动生活方式绿色化、低碳化，大力节电、节水、节油、节气，倡导低碳消费、低碳出行与低碳居住，自觉践行低碳发展，支持与推动碳达峰与碳中和。

---

① 郇庆治、张云飞、李娟、陈永森：《"马克思主义生态学和人与自然和谐共生的现代化"笔谈》，载于《福建师范大学学报（哲学社会科学版）》2021 年第 6 期。

② 《让绿水青山造福人民泽被子孙——习近平总书记关于生态文明建设重要论述综述》，载于《人民日报》2021 年 6 月 3 日。

③ 《习近平在第七十五届联合国大会一般性辩论上的讲话》，载于《人民日报》2020 年 9 月 23 日。

四、开放发展引领现代化的联动发展

邓小平指出："实现四个现代化必须有一个正确的开放的对外政策。"① 全球化与信息化把各国卷入世界普遍交往之中，相互开放是世界历史发展的必然，相互联动是人类现代化发展的路径。现代社会互联互通，经济深度融合，各国处在全球产业链、价值链、供应链、共赢链之中，联动发展是各国实现发展的必然选择。习近平强调："我们要在世界经济共振中实现联动发展。"② 中国式现代化是在开放中谋求共同发展与联动发展的道路，奉行互利共赢的开放战略，推动内外循环的联动发展，实现自身发展与共同发展。习近平总书记多次强调各国发展联动、机遇共享、命运与共，放大正面外溢效应，减少负面外部影响。一方面，放大正面外溢效应。当今时代，世界大融合大联动，联动发展是当今世界经济有效复苏与强劲增长的必然要求。各国在追求自身利益与寻求自身发展时，也要兼顾他国利益与惠及别国发展，形成正面联动效应。习近平指出："我们应该增进利益共赢的联动，推动构建和优化全球价值链，扩大各方参与，打造全球增长共赢链。"③ 新时代中国倡导政策沟通、设施联通、贸易畅通、资金融通与民心相通的"一带一路"国际合作，以"五通"为抓手为各国联动发展提供新平台。另一方面，减少负面外部影响。当前世界经济复苏乏力，需要各国在政策与举措上同向同行，但由于自身考虑的立足点与出发点不同，在很多重大议题上，各国政策有时相互冲突，甚至以邻为壑、单边主义、保护主义的现象也时有发生。在大变局大疫情背景下，各国应加强货币、财政、汇率、贸易、投资、关税等政策上的磋商协调，共同打造全球共赢链，减少负面外溢效应，实现各国联动增长，引领世界经济复苏。习近平指出："考虑国内政策的联动效应和传导影响，推动正面而非负面溢出效应。"④

五、共享发展引领现代化的共同发展

社会主义现代化事业是人民共同的事业，也是人类先进的事业。中国进步与人类发展都需要解决公平正义的共享问题，共享是中国特色社会主义的本质要求，也是构建人类命运共同体与构建新型国际关系的基本要求。新时代以习近平

① 《邓小平文选》第二卷，人民出版社1994年版，第233页。
②③ 习近平：《论坚持推动构建人类命运共同体》，中央文献出版社2018年版，第369页。
④ 习近平：《论坚持推动构建人类命运共同体》，中央文献出版社2018年版，第371页。

同志为核心的党中央总结改革开放和现代化建设的成功经验，吸取世界上其他国家现代化发展的经验教训，在新发展理念中强调共享，以共享发展理念引领现代化共同发展，凝聚起实现中国梦与世界梦的深厚伟力。一方面，共享引领人民共同发展。国家建设是全体人民共同的事业，国家发展过程也是全体人民共享成果的过程。共享引领人民的共同发展重在坚持全民惠及与全面覆盖。2017 年 10 月，习近平总书记在十九届中共中央政治局常委同中外记者见面时强调："全面建成小康社会，一个也不能少；共同富裕路上，一个也不能掉队。"① 共享发展就要共享国家经济、政治、文化、社会、生态文明各方面建设成果，全面保障人民在各方面的合法权益。另一方面，共享引领各国共同发展。我们的事业是得到世界各国人民支持的事业，是向世界开放学习的事业，是同世界各国合作共赢的事业。各国共享持久和平与共同繁荣，离不开共同发展之源。中国共产党矢志不渝的奋斗目标是"让十四亿多中国人民过上更加美好的生活，促进人类和平与发展的崇高事业。"② 深入推进中国式现代化，为人类对现代化道路的探索作出新贡献；同各国政党交流互鉴现代化建设经验，共同丰富走向现代化的路径；履行大国大党责任，积极推动完善全球治理，更好为本国人民和世界各国人民谋幸福，为世界各国共同发展繁荣、增进人类福祉作出新贡献。

第二节　新发展理念引领新时代中国式现代化大局

"局"是中国传统文化的重要概念，局本意是指棋盘，有通盘与全盘考虑之意，后引申为大局观。中国人历来强调得其大者兼其小，不谋全局者，不足以谋一域。观大势在于谋大局。着眼大局与全局是中国共产党人的思维品质。党的十八大以来，习近平反复强调在谋大局与谋全局中找到坐标、找准定位，大格局才有大智慧。2018 年 6 月习近平在中央外事工作会议上提出了"正确大局观"。"所谓正确大局观，就是不仅要看到现象和细节怎么样，而且要把握本质和全局，抓住主要矛盾和矛盾的主要方面，避免在林林总总、纷纭多变的国际乱象中迷失方向、舍本逐末。"③ 习近平强调："发展理念是发展行动的先导，是管全局、管

① 《习近平谈治国理政》第三卷，外文出版社 2020 年版，第 66 页。
② 《习近平著作选读》第二卷，人民出版社 2023 年版，第 494 页。
③ 习近平：《论坚持推动构建人类命运共同体》，中央文献出版社 2018 年版，第 539 页。

根本、管方向、管长远的东西。"① 作为治国理政的新发展理念引领新时代中国式现代化发展大局，坚持创新在我国现代化建设全局中的核心地位、以协调发展谋划现代化发展的总体布局与战略布局、以绿色发展推动构建人与自然和谐共生的现代化格局、以开放发展推动形成国内国际双循环的新发展格局、以共享发展推动现代化发展的治理新格局。

一、坚持创新在现代化建设全局中的核心地位

全局是事物的整体和发展的全程。党的十九届五中全会提出坚持创新在现代化建设全局中的核心地位，这是站在实现中国梦的战略高度，紧紧抓住创新在现代化发展全局的"牛鼻子"，强调创新是引领现代化发展的第一动力，让创新贯穿于现代化各领域与全过程，走创新驱动发展道路。习近平指出："坚持创新发展，……是我们应对发展环境变化、增强发展动力、把握发展主动权，更好引领新常态的根本之策。"② 新时代坚持创新在现代化建设全局中的核心地位，是综合分析国际环境与建设强国的迫切需要。一是创新是赢得现代化发展的战略优势。创新强则国强，创新弱则国弱。习近平指出，科技是国家强盛之基，创新是民族进步之魂。③ 当今国际竞争，谁能抢占创新先机与高地，谁就能赢得发展优势与主动权。建设现代化强国必须把发展基点放在创新上，在竞争中拓展空间与赢得优势，在危机中育先机、在变局中开新局。二是创新是现代化发展的战略支撑。现代化战略目标需要战略支撑，创新是引领发展的第一动力，是建设现代化经济体系的战略支撑。推动高质量发展与建设现代化经济体系，根本出路与关键变量是创新。加快形成以创新为主要支撑的现代化经济体系，包括产业体系、市场体系、收入分配体系、城乡区域发展体系、绿色发展体系、全面开放体系、市场与政府发挥各自作用的经济体制。三是创新是推动现代化发展的重要引擎。习近平强调："我们要采取更加有效的措施完善点火系，把创新驱动的新引擎全速发动起来。"④ 当今时代，创新乘数效应与赋能优势明显，其推动质量、效率、动力这三个变革的迭代升级，催生新产业新业态新模式，转变发展方式、优化经济结构、改善生态环境，实现更高质量的现代化。

---

① 习近平：《关于〈中共中央关于制定国民经济和社会发展第十三个五年规划的建议〉的说明》，载于《人民日报》2015 年 11 月 4 日。

② 习近平：《论把握新发展阶段、贯彻新发展理念、构建新发展格局》，中央文献出版社 2021 年版，第 81 页。

③④ 习近平：《在中国科学院第十七次院士大会、中国工程院第十二次院士大会上的讲话》，载于《人民日报》2014 年 6 月 10 日。

二、以协调发展谋划现代化发展的总体布局与战略布局

习近平指出："促进现代化建设各个方面、各个环节相协调。"① 现代化是复杂的系统工程，统筹推进、协调推进是中国式现代化的重要特征。协调发展是我们党治国理政的基本经验，也是推动现代化发展的重要方法。新时代坚持协调发展，从纲举目张的战略高度与统筹兼顾的广度，牢牢把握中国特色社会主义现代化事业总体布局与战略布局，形成现代化发展的大战略大框架，擘画现代化强国的新蓝图。新时代以习近平同志为核心的党中央以协调发展理念谋划现代化发展布局。一是谁布局。中国特色社会主义最本质特征以及制度最大优势是党的领导，党是领导一切的。协调发展重在提高现代化谋篇布局的能力，提升领导现代化的水平。新时代中国式现代化发展涉及的广度和深度前所未有，党必须按照总揽全局、协调各方的原则，把握大局、协调利益、理顺关系，提高把方向、谋大局、定政策、促改革的能力和定力。二是布什么局。习近平指出："我们坚持和发展中国特色社会主义，推动物质文明、政治文明、精神文明、社会文明、生态文明协调发展，创造了中国式现代化新道路。"② 统筹推进"五位一体"总体布局、协调推进"四个全面"战略布局，集中彰显中国式现代化的顶层设计与四梁八柱。三是怎样布局。新时代协调发展促进内部良性运作，发挥整体效能，以系统思维统筹推进"五位一体"总体布局，从整体思维协调推进"四个全面"战略布局。

三、绿色发展推动构建人与自然和谐共生的现代化格局

习近平指出："绿色发展，就其要义来讲，是要解决好人与自然和谐共生问题。"③ 党的十九大报告中强调我们要建设的现代化是人与自然和谐共生的现代化，推动形成人与自然和谐发展现代化建设新格局。党的十九届五中全会提出推动绿色发展，促进人与自然和谐共生。和谐共生才能消解相互对立，实现人与自然的和解与和谐，这是中国式现代化的内在要求与鲜明底色。绿色发展的核心是处理好人与自然的关系，人与自然是生命共同体，人类必须尊重自然、顺应自然、保护自然。习近平总书记站在人与自然和谐共生的现代化高度，提出自然是

---

① 习近平：《论坚持推动构建人类命运共同体》，中央文献出版社 2018 年版，第 25 页。
② 习近平：《在庆祝中国共产党成立 100 周年大会上的讲话》，载于《人民日报》2021 年 7 月 2 日。
③ 《习近平谈治国理政》第二卷，外文出版社 2017 年版，第 207 页。

系统观视阈的新时代中国式现代化

生命之母，人与自然是生命共同体，秉持绿水青山就是金山银山理念，促进人与自然和谐共生的现代化。一是尊重自然。大自然孕育人类，人类应该对大自然保持敬畏之心，尊重自然就是尊重人类自身。恩格斯说过，"我们连同我们的肉、血和头脑都是属于自然界和存在于自然界之中的。"① 马克思主义认为人因自然而生，靠自然生存、生产、生活，自然具有先在性与基础性，人类善待自然，自然馈赠人类，否则必遭自然无情惩罚。二是顺应自然。人类可以利用改造自然，但不能凌驾于自然之上。习近平强调："要统筹山水林田湖草沙系统治理，这里要加一个'沙'字。"② 生态治理不能头痛医头与脚痛医脚，要注重综合治理、系统治理、源头治理。三是保护自然。人与自然是相互依存的整体，对自然不能只讲索取不讲投入、对生态不能只讲利用不讲建设、对环境不能只讲改造不讲保护。在尊重与顺应自然的基础上合理利用、有效保护自然。习近平强调保护生态环境就是保护生产力、改善生态环境就是发展生产力，在发展中保护、在保护中发展，探索人与自然和谐共生之路，充分释放绿色生产力。

四、开放发展推动形成国内国际双循环的新发展格局

现代化是传统社会向现代社会转变的历史过程，也是促进形成内外联动的空间格局。中国式现代化实现从站起来、富起来到强起来的历史飞跃，也是从国内走向国际的空间跨越。邓小平指出："为了搞建设，需要实行两个开放，一个是对内开放，一个是对外开放。"③ 以开放促改革、促创新与促发展，是中国式现代化发展的历史经验与重要法宝。习近平反复强调中国要在历史前进的逻辑中前进、在时代发展的潮流中发展。面对高质量发展要求以及新冠疫情加速世界百年变局演进，我们党提出加快构建以国内大循环为主体、国内国际双循环相互促进的新发展格局，这是以开放理念把中国发展置于世界发展格局中思索，形成畅通的内外循环。一方面，国内大循环。面对经济全球化遭遇逆流，单边主义、保护主义抬头，在当前国际大循环动能减弱与世界经济持续下行的大背景下，构建新发展格局深刻把握了大国内循环的优势，把发展立足点放在国内，坚持扩大内需战略基点，加快建立国内统一大市场，使生产、分配、流通、消费更多依托国内市场的畅通与循环，既满足国内需求又吸引全球要素。习近平指出："我国有 14 亿人口，人均国内生产总值已经突破 1 万美元，是全球最大和最有潜力的消费市

---

① 《马克思恩格斯选集》第三卷，人民出版社 2012 年版，第 998 页。

② 《"'绿水青山就是金山银山'是增值的"（微镜头·习近平总书记两会"下团组"·两会现场观察）》，载于《人民日报》2021 年 3 月 6 日。

③ 《邓小平文选》第三卷，人民出版社 1993 年版，第 232 页。

场，具有巨大增长空间。"①《中共中央关于党的百年奋斗重大成就和历史经验的决议》指出："人类历史上没有一个民族、一个国家可以通过依赖外部力量、照搬外国模式、跟在他人后面亦步亦趋实现强大和振兴。"② 另一方面，国内国际双循环。新发展格局并非封闭式的自我循环，而是基于国内大循环发展开放型经济，实施更大范围、更宽领域、更深层次的对外开放，形成对全球要素与资源的强大引力场。构建新发展格局表明我们不惧逆全球化的逆风、逆浪与逆流，积极融入全球产业链、供应链与价值链，推进投资贸易自由化便利化，促进内外需、进出口、引投资的协调发展。

五、共享发展推动治理现代化发展的新格局

马克思和恩格斯在《共产党宣言》中强调过去运动都是为少数人谋利的运动，无产阶级运动是为绝大多数人谋利的独立运动。共享发展就是解决多数人的公平正义问题。公平正义是中国特色社会主义的内在要求，也是人类共同价值观与新型国际关系的基本价值。共享理念是行动的先导，也是治理的先导，从根本上影响治理成效乃至成败。共享发展事关多数人治理的共商共治共建。习近平指出："全球治理体制变革离不开理念的引领。"③ 新时代中国日益走近世界舞台中央，中国前途日益紧密地同世界命运紧密联系，以习近平同志为核心的党中央统筹国内国际两个大局，以共享理念审视国家治理与全球治理以及"两个治理"的现代化，成为新时代我们党坚持共享理念的两大战略考量。正是由于共享治理理念的相通性，有力推进国家治理和参与全球治理的紧密相连与互联互通，推动国家治理体系与治理能力现代化，推动全球治理体系的改革力度与参与水平，实现"治国"与"平天下"的有机统一。党的十九大报告明确指出打造"共建共治共享"的社会治理格局与提出"共商共建共享"的全球治理观，共建共治共享与共商共建共享的治理观，科学回答了什么是合理有效与公平正义的共享问题，集中回答了"谁来治理""怎样治理"和"为谁治理"三个根本性问题，形成新型的共享治理格局，更加平衡地反映大多数人、大多国家的意志与利益，彰显中国智慧与中国方案。习近平指出："全球治理体系是由全球共建共享的，不可能由

① 习近平：《关于〈中共中央关于制定国民经济和社会发展第十四个五年规划和二〇三五年远景目标的建议〉的说明》，载于《人民日报》2020年11月4日。
② 《中共中央关于党的百年奋斗重大成就和历史经验的决议》，载于《人民日报》2021年11月17日。
③ 习近平：《论坚持推动构建人类命运共同体》，中央文献出版社2018年版，第261页。

哪一个国家独自掌握。中国没有这种想法，也不会这样做。"①

第三节　新发展理念引领新时代中国式现代化大事

习近平强调："统筹发展安全两件大事，牢牢把握坚持和平发展、促进民族复兴这条主线。"② 无论是观势还是谋局，都是为做事服务，观大势与谋大局都必须落实到做大事之中，抓住了大事就掌握了大局，顺应了大势，只有牢牢抓住涉及现代化大局的主要矛盾与矛盾主要方面，才能在纷繁复杂的国内外形势中聚焦重点与抓住根本。党的十八大以来，以习近平同志为核心的党中央心怀"国之大者"，把统筹发展和安全提到现代化发展的战略高度，以新发展理念引领新时代中国式现代化之"发展的第一要务"与"安全的头等大事"，一心一意谋发展，全力以赴保安全，做到两者互促互进，在高质量发展和高水平安全中保持现代化发展的战略定力。习近平指出："既重视发展问题，又重视安全问题，发展是安全的基础，安全是发展的条件，富国才能强兵，强兵才能卫国。"③ 习近平在党史学习教育动员大会上指出："一个民族要走在时代前列，就一刻不能没有理论思维，一刻不能没有思想指引。"④ 新理念新思维，新思维新作为。新时代以习近平同志为核心的党中央以新发展理念引领统筹安全和发展这两件大事，是坚持科学思维推动高质量发展和高水平安全，以全球思维、战略思维、辩证思维、系统思维、底线思维统筹发展和安全，不断开创现代化发展新气象。

一、坚持全球思维统筹发展和安全

习近平指出："坚持以全球思维谋篇布局，坚持统筹发展和安全。"⑤ 当今面对中华民族伟大复兴战略全局和世界百年未有之大变局的相互激荡与同步交织，发展和安全两件大事交织交融，必须坚持全球思维来统筹发展和安全。习近平强调："我们要统筹国内国际两个大局、发展安全两件大事，既聚焦重点，又统揽

---

① 《习近平接受〈华尔街日报〉采访：坚持构建中美新型大国关系正确方向　促进亚太地区和世界和平稳定发展》，载于《人民日报》2015年9月23日。
② 习近平：《论坚持推动构建人类命运共同体》，中央文献出版社2018年版，第198页。
③ 《习近平关于总体国家安全观论述摘编》，中央文献出版社2018年版，第5页。
④ 习近平：《在党史学习教育动员大会上的讲话》，人民出版社2021年版，第11页。
⑤ 《习近平谈治国理政》第二卷，外文出版社2017年版，第382页。

全局，有效防范各类风险连锁联动。"① 新时代以习近平同志为核心的党中央坚持全球思维统筹发展和安全，综合研判与整体谋划，持续创造经济快速发展与社会长期稳定的"两大奇迹"。一方面，统筹发展和安全来促进共同发展。习近平指出："70 多亿人共同生活在我们这个星球上，应当守望相助、同舟共济、共同发展。"② 当今各国联系紧密、利益交融、互通有无与优势互补。习近平指出："每个国家在谋求自身发展的同时，要积极促进其他各国共同发展。"③ 习近平多次强调"我们应该坚持你好我好大家好的理念，推进开放、包容、普惠、平衡、共赢的经济全球化……共同推动世界各国发展繁荣。"④ 习近平指出："既把自己发展好，也帮助其他国家发展好。大家都好，世界才能更美好。"⑤ 另一方面，统筹发展和安全来谋求共同安全。全球化时代，各国安全高度关联，国际风险国内化与国内风险国际化，谋求共同安全是各国人民的根本利益所在。习近平指出："当今世界，没有一个国家能实现脱离世界安全的自身安全，也没有建立在其他国家不安全基础上的安全。"⑥ 当今面对安全共同体的客观存在，各国要把自身安全同国际安全结合起来，坚持共同、综合、合作、可持续的新安全观。面对来势凶猛的新冠疫情，习近平强调，病毒无国界。疫情是我们的共同敌人。各国必须携手拉起最严密的联防联控网络。⑦

二、坚持战略思维统筹发展和安全

习近平强调："战略问题是一个政党、一个国家的根本性问题。"⑧ 战略思维是从全局与长远高度对涉及战略目标的宏观性谋划与战略举措的前瞻性思考。不谋全局者，不足谋一域。国家事务千头万绪与千条万条，归根结底就是安全与发展的两件两条，其犹如车之两轮、鸟之两翼。习近平指出："越是开放越要重视安全，统筹好发展和安全两件大事。"⑨ 新时代以习近平同志为核心的党中央强调发展和安全都是硬道理，坚持发展为本与安全为要，把发展的"第一要务"与

---

① 《习近平谈治国理政》第三卷，外文出版社 2020 年版，第 222 页。
② 《国家主席习近平发表二〇一四年新年贺词》，载于《人民日报》2014 年 1 月 1 日。
③ 习近平：《论坚持推动构建人类命运共同体》，中央文献出版社 2018 年版，第 7 页。
④ 习近平：《论坚持推动构建人类命运共同体》，中央文献出版社 2018 年版，第 511 页。
⑤ 习近平：《论坚持推动构建人类命运共同体》，中央文献出版社 2018 年版，第 371 页。
⑥ 习近平：《论坚持推动构建人类命运共同体》，中央文献出版社 2018 年版，第 208 页。
⑦ 《习近平：携手抗疫　共克时艰——在二十国集团领导人特别峰会上的发言》，载于《人民日报》2020 年 3 月 27 日。
⑧ 《习近平总书记系列重要讲话读本》，学习出版社、人民出版社 2016 年版，第 44 页。
⑨ 习近平：《在深圳经济特区建立 40 周年庆祝大会上的讲话》，载于《人民日报》2020 年 10 月 15 日。

安全的"头等大事"统筹起来，推动高质量发展和高水平安全。一方面，发展是执政兴国的第一要务。新时代我国仍处于社会主义初级阶段，仍是世界最大发展中国家，发展仍是解决我国一切问题的基础和关键。发展是硬道理，是安全的基础和目的，没有发展难以实现国家长治久安、社会安定有序、人民安居乐业。新时代中国共产党坚持以经济建设为中心是兴国之要，发展为第一要务，坚定不移贯彻新发展理念，筑牢国家繁荣富强、人民幸福安康、社会和谐稳定的物质基础，全面提高捍卫国家主权、安全、发展利益的战略能力。另一方面，安全是治国理政的头等大事。习近平在首个全民国家安全教育日到来之际作出重要批示并指出，国泰民安是人民群众最基本、最普遍的愿望。实现中华民族伟大复兴的中国梦，保证人民安居乐业，国家安全是头等大事。① 国家安全是安邦定国的重要基石，安全也是硬道理，安全是发展的条件与前提。没有安全保障，发展难以持续，已有的发展成果也会得而复失。邓小平曾说过，没有稳定环境，什么都搞不成，已经取得的成果也会失掉。② 习近平强调："推动创新发展、协调发展、绿色发展、开放发展、共享发展，前提都是国家安全、社会稳定。没有安全和稳定，一切都无从谈起。"③

三、坚持辩证思维统筹发展和安全

统筹发展和安全的核心要义就是如何正确处理发展和安全的辩证关系。新时代以习近平同志为核心的党中央科学把握发展和安全的辩证关联、辩证转化与辩证统一，实现发展和安全的相得益彰，推动可持续发展与普遍性安全的良性互动，实现高质量发展和高水平安全，谱写"新发展格局"与"大安全格局"的新篇章。一是辩证关联。安全是发展的保障，发展是安全的目的。发展与安全互为基础、互为条件、彼此支撑，不发展是安全的最大隐患，是最大的不安全；不安全是发展的最大障碍，是发展的最大冲击。发展和安全都是硬道理，要两手抓，两手都要硬。二是辩证转化。统筹发展和安全，就是让发展为安全创造条件，让安全为发展提供保障，以安全促发展，以发展保安全，在发展中强化安全保障能力，在安全前提下实现高质量发展，既要善于运用发展成果夯实国家安全的实力基础，又要善于塑造有利于经济社会发展的安全环境，实现高质量发展和高水平安全的良性互动。三是辩证统一。无论是高水平安全还是高质量发展，都

① 《学习语丨国家安全是民族复兴的根基》，人民网，2023 年 4 月 15 日。
② 《邓小平文选》第三卷，人民出版社 1993 年版，第 284 页。
③ 习近平：《论把握新发展阶段、贯彻新发展理念、构建新发展格局》，中央文献出版社 2021 年版，第 107 页。

要始终坚持以人民为中心，坚持党对统筹发展和安全的领导，不断实现人民对美好生活的向往，让人民过上安全有保障与发展有质量的好日子，增强人民获得感、幸福感、安全感。

四、坚持系统思维统筹发展和安全

习近平指出："把国家安全贯穿到党和国家工作各方面全过程，同经济社会发展一起谋划、一起部署，坚持系统思维，构建大安全格局。"[1] 发展和安全是系统工程，涉及方方面面，需要做好顶层设计和整体谋划，必须坚持系统思维谋篇布局，实现高质量发展和高水平安全的良性互动。当前我国发展环境深刻复杂，面临的挑战和风险前所未有，各类矛盾、各项风险与各种阻力易发多发，需要从系统思维出发统筹发展和安全，权衡利弊与趋利避害，坚持总体国家安全观与构建大安全格局。一方面，坚持总体国家安全观。统筹发展和安全，要坚持总体国家安全观，聚焦新时代我国社会主要矛盾的转化，把安全同经济社会发展同步进行部署，党的十九大报告将坚持总体国家安全观纳入党的基本方略，"十四五"规划和 2035 年远景目标首次把统筹发展和安全纳入我国经济社会发展的指导思想，专章专题进行战略部署，从"五位一体"总体布局，在创新发展、协调发展、绿色发展、开放发展、共享发展中，维护经济安全、政治安全、文化安全、社会安全、生态文明安全。另一方面，构建大安全格局。随着中国日益走向世界舞台中央，面临的重人风险相互交织、连锁联动，必须构建大安全格局，既重视发展问题又重视安全问题，既重视外部安全又重视内部安全，既重视国土安全又重视国民安全，既重视传统安全又重视非传统安全，既重视自身安全又重视共同安全，以人民安全为宗旨，以政治安全为根本，以经济安全为基础，以军事、文化、社会安全为保障，以促进国际安全为依托，构建集政治安全、国土安全、军事安全、经济安全、文化安全、社会安全、科技安全、网络安全、生态安全、资源安全、核安全等一体的国家安全体系。

五、坚持底线思维统筹发展和安全

习近平指出："我们必须坚持统筹发展和安全，增强机遇意识和风险意识，树立底线思维，把困难估计得更充分一些，把风险思考得更深入一些，……确保

---

[1] 《坚持系统思维构建大安全格局，为建设社会主义现代化国家提供坚强保障》，载于《人民日报》2020 年 12 月 13 日。

社会主义现代化事业顺利推进。"① 坚持底线思维统筹发展和安全是我们党执政兴国的科学思维与治国理政的重大原则。随着我国社会主要矛盾变化与国际力量对比深刻调整，我国发展与安全面临的内外部风险前所未有，要牢牢守住安全发展底线，增强风险意识，发扬斗争精神，及时防范化解矛盾风险。一方面，防范意识。习近平强调增强忧患意识、防范风险挑战要一以贯之。② 新时代诸多矛盾叠加、风险隐患增多，科学预见形势发展中隐藏与潜藏的风险挑战，做到见微知著、未雨绸缪，防患于未然，防止各种风险传导、叠加、演变、升级，不让小风险变为大风险，不让个别风险变为综合风险，不让局部风险变为系统性风险，阻断国际风险挑战演变为国内的矛盾风险。习近平强调："各种风险我们都要防控，但重点要防控那些可能迟滞或中断中华民族伟大复兴进程的全局性风险，这是我一直强调底线思维的根本含义。"③ 另一方面，斗争意识。统筹发展和安全要进行具有许多新的历史特点的伟大斗争，要主动投身到各种斗争中去，下好先手棋，打好主动仗，敢于斗争、善于斗争、勇于斗争、应对重大挑战、抵御重大风险、克服重大阻力、解决重大矛盾。习近平强调："做好应对任何形式的矛盾风险挑战的准备，做好经济上、政治上、文化上、社会上、外交上、军事上各种斗争的准备。"④

① 习近平：《关于〈中共中央关于制定国民经济和社会发展第十四个五年规划和二〇三五年远景目标的建议〉的说明》，载于《人民日报》2020 年 11 月 4 日。

② 《习近平谈治国理政》第三卷，外文出版社 2020 年版，第 69 页。

③ 《习近平关于防范风险挑战、应对突发事件论述摘编》，中央文献出版社 2020 年版，第 16 页。

④ 习近平：《论把握新发展阶段、贯彻新发展理念、构建新发展格局》，中央文献出版社 2021 年版，第 107 页。

第七章

新时代中国式现代化新发展理念的内涵与要求

习近平强调："新发展理念是一个整体，坚持创新发展、协调发展、绿色发展、开放发展、共享发展是关系我国发展全局的一场深刻变革，全党全国要统一思想、协调行动、开拓前进。"① 新发展理念共同构成中国特色社会主义发展的理念谱系与思维导图，是新时代中国式现代化发展的理念集合体、理念工具箱与理念组合拳。新发展理念以马克思主义的科学方法论，全面阐述新时代中国式现代化的发展思路、发展方向、发展着力点。新发展理念包含创新发展、协调发展、绿色发展、开放发展、共享发展这五个方面，五个方面相互联系、有机统一，构成了系统的理论体系。在贯彻新发展理念的实践中，要整体把握新发展理念的基本内涵与基本要求，坚持系统观和辩证法，创新发展是动力系统，协调发展是平衡系统，绿色发展是保障系统，开放发展是联动系统，共享发展是目标系统，五大系统既各具特色、又相互关联、更高度耦合，共同支撑新发展理念的整体。新发展理念体现了新时代发展中国特色社会主义的新要求，也揭示了中国式现代化发展规律，是对中国式现代化发展理论的重大升华与重大检视。完整准确全面贯彻新发展理念，要加强前瞻性思考、全局性谋划、战略性布局、整体性推进，破解现代化发展难题，增强发展动力，拓展发展空间，厚植发展优势，实现创新成为现代化发展的第一动力、协调成为现代化发展的内生特点、绿色成为现代化发展的普遍形态、开放成为现代化发展的必由之路、共享成为现代化发展的根本目的，引领新时代中国式现代化高质量发展。

---

① 习近平：《全党必须完整、准确、全面贯彻新发展理念》，载于《求是》2022 年第 16 期。

第一节　创新成为第一动力的中国式现代化

现代化发展需要动力之源，这种创新发展是内在的现代化，内因是事物发展依据，要求现代化发展更加依靠于创新驱动，通过全方位全要素的创新集成，引领与推动现代化建设，为现代化提供强大引擎与不竭动力。创新发展作为新发展理念之首，创新是引领发展的第一动力，创新发展重在解决现代化发展动力不足的问题，创新是增强现代化发展的动力引擎。党的十八届五中全会提出的创新发展理念，实质是解决新时代中国式现代化动力问题，体现了新时代我们党对马克思主义发展动力系统论的继承、对现代化发展理论的拓展。习近平指出："创新始终是推动一个国家、一个民族向前发展的重要力量，也是推动整个人类社会向前发展的重要力量。"① 习近平总书记站在实现"两个一百年"奋斗目标与实现中国梦的战略高度，围绕坚持与发展中国特色社会主义现代化这一主题，着力实施创新驱动发展战略与加快推进以科技创新为核心的全面创新，强调创新发展对现代化的引领作用与驱动功能，提出抓创新就是抓发展，谋创新就是谋未来。创新发展理念不是一般层面的创新要求，将创新视为引领经济社会发展的"火车头"与"牛鼻子"，创新驱动是新时代中国式现代化的强大引擎与第一动力。创新发展理念是我们党引领经济社会发展和指导现代化发展的重要理念，事关基本实现社会主义现代化和建成社会主义现代化强国的历史使命，决定着中华民族前途命运。所以，要"坚定不移把创新发展理念放在新时代'新发展理念'之首"②。习近平强调坚持创新发展是应对发展环境变化、增强发展动力、把握发展主动权，更好引领新常态的根本之策。

一、只有依靠创新发展才能解决新时代中国式现代化动力不足问题

从国内发展来看，只有依靠创新发展才能解决新时代中国式现代化动力不足问题。习近平指出，根本出路在于创新，关键要靠科技力量。③ 当前我国经济社会发展与现代化建设遭遇严重制约"瓶颈"，呈现旧动力不足与新动力缺乏，经

① 《习近平关于科技创新论述摘编》，中央文献出版社 2016 年版，第 4 页。
② 汤素娥、柳礼泉：《习近平论弘扬劳动精神的三重意涵》，载于《思想教育研究》2021 年第 1 期。
③ 《习近平关于科技创新论述摘编》，中央文献出版社 2016 年版，第 3 页。

济发展大而不强、快而不优的现象越发凸显。以往我国社会主义现代化建设是以要素驱动发展，主要依靠资源、资本、劳动力、土地、资源等生产要素投入驱动经济发展，从而获取经济社会发展的强大动力，促进经济快速增长与规模迅速扩张，形成高投入、高消耗、高污染与低产出、低水平、低效益的并存。这种粗放型发展与要素驱动，长此以往造成了严重资源匮乏、土地不足，高层次人力短缺、环境污染等问题，就势必会积累更多难以解决的发展弊病，加剧不平衡不充分的不利发展态势，导致现代化发展受阻，这种要素驱动型发展模式就难以为继。新时代中国式现代化必须加快从要素驱动发展为主向以创新驱动发展为主的转变，创新驱动是破解要素不足、环境约束的必由之路，依靠创新驱动与科技带动提高生产要素的产出率，大力推动新技术、新业态、新联动的发展，从而实现集约增长方式，以创新转换老动力，用创新培育新动力，给经济社会可持续发展注入强大动力，切实提高发展质量和效益，实现新时代中国式现代化可持续发展。

二、只有加快创新发展才能牢牢把握新时代中国式现代化的主动权

从国际竞争看，创新强则国强，创新盛则国盛。习近平强调，"在激烈的国际竞争中，惟创新者进，惟创新者强，惟创新者胜"[①]。创新是民族进步的灵魂，是国家兴旺发达的不竭动力，是政党永葆生机的源泉。同时，是中华民族最深沉的民族禀赋，是国家与民族增强国际竞争力的重要指标。中华民族在5000多年人类文明发展史上创造了许多举世闻名的创新成果，为人类文明进步作出更多贡献，长期走在时代发展的前列。当今创新力是国家竞争力的核心内容，创新是决定综合国力提升的关键性因素，也是全球经济竞争的关键所在。当今世界潮流和当代中国发展要求是敢于创新、勇于创新与善于创新，创新发展已成为时代命题、世界潮流与全球趋势，当今各国都在以创新发展要动力、增活力与挖潜力。当前总体来看，我国创新能力尤其自主创新能力依然不强，对高质量发展的支撑能力不足，对高品质发展的贡献率较低，成为建设现代化强国的重要制约，严重阻碍新时代中国式现代化进程与国际竞争力。面对新一轮科技革命和产业变革大势，世界各国开始抢占创新发展战略的制高点，在国际竞争中谋求与赢得发展新优势。当今在日益激烈的国际竞争背景下要真正成为现代化强国，实现经济社会高质量发展，实施创新驱动发展战略，把发展的驱动力转变

① 《习近平关于科技创新论述摘编》，中央文献出版社2016年版，第3页。

到自主创新的内生动力上来，使创新越来越成为现代化发展的核心要素与关键力量。习近平指出，创新就是生产力，企业赖之以强，国家赖之以盛。[①] 当今各国在现代化发展过程中存在跟跑、并跑和领跑的状态，跟跑是学习模仿；并跑是竞相发展、各领风骚；领跑是引领指向，要建成社会主义现代化强国必须进入领跑的层次，由追赶型发展向引领型发展转变。模仿与追赶样式的现代化虽然能跟上先进国家，但不可能进入国际前沿和先进行列，更谈不上现代化强国。习近平指出，"如果总是跟踪模仿，是没有出路的。"[②] 新时代中国式现代化不仅是追赶的现代化，也是跨越的现代化，更是赶超的现代化，必须依靠创新驱动与自主创新来开启全面建设社会主义现代化国家新征程。

"新时代中国共产党将创新理念作为新发展理念的首要原则"[③]，新时代在创新理念指引下，新时代中国式现代化需要把握创新内容、认清创新主导、注重创新方式和强化创新氛围。一是把握创新内容。创新是全面复杂的社会系统工程，涉及经济社会方方面面，不只局限于某一方面或某一领域，而是全面性、全方位和全过程，必须把创新摆在现代化发展全局的核心位置，让创新理念融入党中央治国理政各个环节，不断推进理论创新、制度创新、科技创新、文化创新等，让创新在全社会蔚然成风。二是认清创新主导。在全面创新系统中，如果说理论创新是社会发展和变革的先导，那么科技创新就是经济社会发展的主导。习近平强调："老路走不通，新路在哪里？就在科技创新上，就在加快从要素驱动、投资规模驱动发展为主向以创新驱动发展为主的转变上。"[④] 创新驱动要以科技创新为主导，瞄准国际科技前沿动向，紧紧抓住科技创新这个"牛鼻子"。三是注重创新方式。实施创新驱动发展最根本的是要增强自主创新能力。增强自主创新能力，坚持自主创新、重点跨越、支撑发展、引领未来的方针，直接瞄准国际最新前沿进行自主创新、原始创新与集成创新，加快创新型国家建设步伐。四是强化创新氛围。深入实施创新驱动发展战略需要在全社会营造良好氛围，要加快完善以企业为主体、市场为导向、产学研相结合的创新体系，营造有利于激励创新的制度环境，形成大众创业、万众创新的良好氛围，鼓励各创新主体融入并加入全球创新价值链，以良性创新生态链谋求竞争优势与合作空间。

① 《习近平谈治国理政》第三卷，外文出版社 2020 年版，第 493 页。

② 《习近平关于科技创新论述摘编》，中央文献出版社 2016 年版，第 39 页。

③ 王琳、马艳：《中国共产党百年经济发展质量思想的演进脉络与转换逻辑》，载于《财经研究》2021 年第 10 期。

④ 《习近平谈治国理政》第一卷，外文出版社 2018 年版，第 120 页。

第二节　协调成为内生特点的中国式现代化

新时代中国式现代化需要创新的动力，也需要协调发展的合力。在新发展理念之中，协调发展紧随创新发展而来，如果说创新发展是解决现代化发展动力不足问题，那么协调发展就是解决现代化发展失衡问题。马克思主义认为社会发展是有机体，是系统内部各子系统（各要素）的协调发展。从马克思社会有机体理论视角考察，社会作为一个动态平衡结构和相互交换系统，各要素之间相互联系、相互影响，构成了事物发展的有机整体，不能顾此失彼或厚此薄彼，需要有效协调和统筹兼顾，解决好发展内部失衡问题并增强发展的整体性、系统性与协同性。协调是马克思社会有机体理论的题中之义与应有之义，认为社会发展是各种社会因素共同交互作用的结果。社会有机体由政治、经济、文化、环境等一系列因素构成，构成整体的各要素是相互影响、相互作用的，这个整体不是各个要素的简单拼凑与机械相加，而是有机集成与有效构成，评判社会发展的标准是各个要素综合所表现出来的整体效能，而不是单个要素发展的优劣。恩格斯指出："政治、法、哲学、宗教、文学、艺术等等的发展是以经济发展为基础的。但是，它们又都互相作用并对经济基础发生作用。"[1] 恩格斯强调人类历史发展是多种因素依据一定规则形成合力并发生协调作用的结果，其中，经济因素具有决定作用，其他因素具有重要影响作用，他们交互影响与共同推动社会发展进程。这就告诉我们在现代化发展进程中，需要对其各种要素进行优化、整合与调整，各个部分服从服务于整体，发挥其正向功能与良性互动，使社会整体各组成部分之间呈现有序有为的态势，更好推动社会整体的和谐发展，这就是历史变革与社会改革的协调发展思想。

一、协调是新时代中国式现代化的基本方式

"中国式现代化是协调发展的现代化"[2]，协调是新时代中国式现代化的基本方式，也是中国特色社会主义伟大事业持续健康发展的内在要求。社会主义本身

---

① 《马克思恩格斯选集》第四卷，人民出版社 2012 年版，第 649 页。
② 王岩、吴媚霞：《中国式现代化新道路与人类文明新形态的内在逻辑理路》，载于《思想理论教育》2021 年第 11 期。

就蕴含着对于协调的要求，社会主义现代化发展是多要素组成的复合体系，每一部分都是不可或缺的，都是有机构成，不能以牺牲某个要素为代价而促进其他要素的发展，这样将导致现代化发展失衡或畸形，形成发展短板。中国特色社会主义现代化是具有内在运行规律与逻辑的系统，协调发展是社会主义现代化的基本特征，社会主义强调一盘棋思想的协调发展，这是现代化发展制胜秘诀。当前我国发展也存在不协调性的持续积累，导致现代化发展不平衡问题凸显，需要通过协调局部和整体、国内与国际、当前和长远、主要矛盾与次要矛盾的关系，做好找差距、强弱项、补短板的文章。以习近平同志为核心的党中央通过全面推进、统筹兼顾和协调发展，发挥中国特色社会主义"五位一体"总体布局的整体功能，着眼于新时代中国式现代化发展不协调问题，切抓重点、调比例、补短板、优结构与强弱项，把协调发展贯穿于发展各方面和全过程，优化发展关系、拓展发展空间、增强发展效能，让协调发展形成合力，使失衡矛盾得以转变与化解，努力提升现代化发展整体性、系统性、协同性。

二、协调发展是社会主义现代化发展的重要经验

协调发展是马克思主义社会有机体与历史合力论的重要观点，也是中国共产党推动社会主义现代化发展的重要经验。新中国成立以来，中国共产党人积极探索与推进协调发展，不断推动中国现代化发展。新中国成立后，以毛泽东同志为主要代表的中国共产党人，不断实践探索现代化建设的协调课题。1956年毛泽东提出"十大关系"的著名论断，就是协调发展的生动体现，其论述十个主要方面的关系以及如何协调发展这十大关系，后来又明确提出"统筹兼顾、合理安排"的方针来解决好社会主义建设实践中的矛盾，采取"综合平衡、稳步前进"的协调方式。改革开放以来，以邓小平同志为主要代表的中国共产党人坚持"两手都要抓、两手都要硬"的协调思想，强调现代化建设的任务是多方面的，各方面需要综合平衡，不能单打独斗。世纪之交，以江泽民同志为主要代表的中国共产党人提出了可持续发展思想，明确将实现经济社会协调发展作为现代化建设指导方针。江泽民指出，我们要善于统观全局，精心谋划，做到相互协调、相互促进。[①]进入21世纪，以胡锦涛同志为主要代表的中国共产党人坚持以协调为基本要求的科学发展观，坚持统筹城乡、区域、经济与社会发展、国内与对外开放、人与自然的协调发展。进入新时代，以习近平同志为主要代表的中国共产党人立足现代化新阶段，统筹推进"五位一体"总体布局，协调推进"四个全面"战略布局，注

---

① 《江泽民文选》第一卷，人民出版社2006年版，第461页。

重调整关系、发挥整体效能，促进新时代中国式现代化协调发展。习近平指出："全面推进经济建设、政治建设、文化建设、社会建设、生态文明建设。"①

改革开放以来我国现代化发展成就举世瞩目，但也面临不少问题，发展不平衡、不协调、不可持续的矛盾集中表现在经济和社会的协调问题、城乡发展的协调问题、区域发展的协调问题等方面，如果不加以解决，木桶效应就会凸显，现代化进程受到影响。协调是新时代中国式现代化健康发展的内在要求，必须牢牢把握中国特色社会主义事业总体布局，正确处理发展中的重大关系，重点促进软硬实力、城乡区域的协调发展，不断增强发展的整体性。一是注重物质文明与精神文明的协调发展，在提升国家硬实力的同时，注重增强国家软实力。习近平指出，只有物质文明建设与精神文明建设都搞好、国家物质力量与精神力量都增强、物质生活与精神生活都改善，中国特色社会主义事业才能顺利向前推进。②二是推动城乡的协调发展。要促进城乡协调发展，健全城乡发展一体化、融合化体制机制，推进城乡要素平等交换、合理配置与基本公共服务均等化。重点实现乡村振兴战略，坚持农业农村优先发展，按照产业兴旺、生态宜居、乡风文明、治理有效、生活富裕的总要求，加快推进农业农村现代化。党的二十大报告指出，农业还是"四化"同步的短腿，农村还是全体人民共同富裕的短板。中国式现代化绝不能落下农业农村。新时代中国式现代化的"强富美"，其基础、重点与关键都在农业要强、农村要美与农民要富。三是实施区域协调发展战略。新时代中国式现代化要坚持一盘棋思想，实现从非均衡转向均衡发展，突出统筹区域协调发展。通过创新引领率先实现东部地区优化发展，发挥优势推动中部地区崛起，强化举措推进西部大开发形成新格局，深化改革加大东北等老工业基地振兴，加大力度支持革命老区、民族地区、边疆地区、贫困地区加快发展，推动京津冀协同发展，推动长江经济带发展与粤港澳大湾区建设。

第三节　绿色成为普遍形态的中国式现代化

"绿色发展是开创中国式现代化新道路、实现中华民族伟大复兴的必然选择。"③绿色发展是以效率、和谐、持续为目标的现代化发展理念。新时代中国式现代化顺应百姓对美好生活尤其是美丽环境的新期待、契合人类文明发展尤其

---

① 习近平：《论坚持推动构建人类命运共同体》，中央文献出版社 2018 年版，第 25 页。
② 《习近平谈治国理政》第一卷，外文出版社 2018 年版，第 153 页。
③ 项久雨：《新发展理念与美好生活》，载于《马克思主义研究》2021 年第 10 期。

是生态文明的新要求，提出了绿色发展理念。绿色发展理念作为新时代中国特色社会主义科学发展思维的认识深化与理念升华，绿色发展理念具有推进伟大事业的多维度，以发展方式、治理方式、生活方式塑造现代化的伟大事业。

一、绿色发展方式的现代化

绿色发展是社会主义现代化发展方式的转变，从高投入、高消耗、高污染的粗放型发展向低消耗、低投入、低污染的集约型发展转变，这是现代化建设与永续发展的必要条件，是人民对美好生活向往的迫切要求。绿色发展更加自觉推动保护发展、节约发展、循环发展、低碳发展、清洁发展、安全发展和持续发展，不以牺牲环境为代价去换取一时的经济增长，摒弃传统发展模式中对资源环境的"竭泽而渔""杀鸡取卵"。习近平反复强调："发展经济不能对资源和生态环境竭泽而渔，生态环境保护也不是舍弃经济发展而缘木求鱼。"[①] 面临"要钱与要命"两难抉择，绿色发展承认自然环境的先在性和本原性，坚持"养鸡生蛋"非"杀鸡取卵"，"放水养鱼"非"竭泽而渔"。绿色发展理念确立生态优先的重要法则，把生态资本转化为发展资本，做到留得青山在不怕没柴烧。绿色发展方式实现经济效益和生态效益共赢发展，通过建设绿色生产和健全绿色低碳的经济体系，通过发展循环经济提高资源利用效率，既节约资源又减少废物排放，让山更绿、水更清、天更蓝、空气更清新。习近平指出："我们必须顺应人民群众对良好生态环境的期待，推动形成绿色低碳循环发展新方式，并从中创造新的增长点。"[②]

二、绿色治理方式的现代化

绿色发展需要变革生态环境治理的方式，这是推进国家治理体系和治理能力现代化的重要内容，绿色发展的现代化需要对生态环境治理进行系统谋划与多措并举。一是坚持源头治理与全民治理。生态失衡与环境恶化根源在于发展方式粗放，需要建立健全绿色低碳循环发展的经济体系与生产方式。同时环境治理是全民事业，需要全民参与和全民共治，构建政府主导、企业主体、社会组织和公众参与的环境治理体系。党的十九大报告指出："坚持全民共治、源头防治，持续

---

① 习近平：《坚定信心 勇毅前行 共创后疫情时代美好世界——在 2022 年世界经济论坛视频会议的演讲》，载于《人民日报》2022 年 1 月 18 日。

② 《习近平关于社会主义生态文明建设论述摘编》，中央文献出版社 2017 年版，第 25 页。

实施大气污染防治行动，打赢蓝天保卫战。"① 二是系统治理与综合治理。习近平总书记坚持绿色发展理念，以"命脉"把脉生态系统的"相依为命"，提出山水林田湖草是生命共同体，强调人命在田、田命在水、水命在山、山命在土、土命在林、林命在草。习近平指出，如果种树的只管种树、治水的只管治水、护田的单纯护田，很容易顾此失彼，最终造成生态的系统性破坏。② 三是依法治理与全球治理。法治是党治国理政的基本方式，生态环境治理的重要方式。俗话说无法则无天，法令行则国治，法令弛则国乱。习近平指出，不断提高运用法治思维和法治方式深化改革、推动发展、化解矛盾、维护稳定的能力。③ 这为环境治理提供治本之策，遵循法治才能实现美丽中国的目标。法治中国建设推进美丽中国建设，习近平强调对那些不顾生态环境盲目决策、造成严重后果的人，必须追究其责任，而且应该终身追究。④ 新时代中国从全面依法治国的战略布局，用最严密法治来为生态环境治理保驾护航。同时地球村的生存图景让生态危机早已突破地理国界概念，同呼吸共命运成为人类共同课题。保护生态环境，应对气候变化，维护能源资源安全，是全球面临的共同挑战，任何国家不能独善其身、置身事外，全球生态治理需要各国通力合作，生态环境治理要摆脱狭隘民族思维，不能通过低端产业转移、生态包袱转嫁、生态壁垒设置强推新生态殖民主义。要将国内生态建设融入全球生态链之中加以审视，树立参与全球生态治理的国际视野。中国积极参与全球环境治理，落实减排承诺。"坚持绿色低碳，推动建设一个清洁美丽的世界。"⑤

三、绿色生活方式的现代化

习近平强调，当前中国绿色机遇在扩大，我们要走绿色发展道路，让资源节约、环境友好成为主流的生产生活方式。⑥ 绿色发展理念重在内化于心和外化于行，形成人人、时时、事事、处处崇尚绿色发展的社会风尚，培育公众节约意识、环保理念、勤俭美德、低碳思维、文明取向，形成崇尚绿色发展的社会风尚，传递绿色生态能量。推动绿色生活方式要求从我做起，把践行绿色低碳环保

---

① 《习近平谈治国理政》第三卷，外文出版社 2020 年版，第 40 页。
② 习近平：《关于〈中共中央关于全面深化改革若干重大问题的决定〉的说明》，载于《人民日报》2013 年 11 月 16 日。
③ 《习近平谈治国理政》第三卷，外文出版社 2020 年版，第 287 页。
④ 《习近平谈治国理政》第一卷，外文出版社 2018 年版，第 210 页。
⑤ 《习近平著作选读》第一卷，人民出版社 2023 年版，第 51 页。
⑥ 《习近平同出席博鳌亚洲论坛年会的中外企业家代表座谈》，载于《人民日报》，2015 年 3 月 30 日。

的生活方式落实到具体行动中，以日常生活的具体行为促进绿色发展，用切实的环保行动创造美丽健康的绿色生活。绿色发展倡导简约适度、环保低碳的生活方式，反对奢侈浪费与过度消费的消费方式，倡导绿色饮食、绿色出行、绿色居住、绿色办公、绿色消费，推进节约型机关、绿色家庭、绿色学校、绿色社区的创建，用绿色装点生活，打造美丽绿色家园。

第四节　开放成为必由之路的中国式现代化

习近平指出："开放带来进步，封闭必然落后。"① 按照马克思主义系统观点与社会有机体理论，一个有生命力的系统与活力的有机体必定是开放体系，只有开放，系统才能不断与外界发生信息与能量交换。开放是人类文明与人类进步的阶梯，是任何国家现代化发展的必由之路。现代的互联互通社会，任何民族发展进步都需要借力发展，不可能单纯依靠自身力量。只有处于互联互通之中，经常与外界保持交流开放，才能吸收有益营养不断得以提升和发展，这是时代发展的历史规律。现代化作为历史进程，既是在时间上关于发展程度的跨越，也是在空间上关于发展广度的拓展，现代化是时代化与开放化的有机统一。中国现代化进程是从站起来、富起来到强起来的接续过程，也是日益走近世界舞台中央、不断为人类作出更大贡献的逐渐过程。"中国现代化倡导开放、合作、共赢。"②

马克思关于"世界历史"的生产社会化与交往普遍化构成了现代化进程的开放逻辑，我们党提出推进伟大事业与实现社会主义现代化强国的伟大目标，不是封闭孤立或闭关自守的现代化，而是融入全球化进程的开放现代化，这一进程不仅需要历史性的纵向对比，也需要全球性的横向比较，是"与时俱进"和"与世俱进"的内在关联，意味着各民族在现代化进程中相互依赖的程度日益加深，共同面对人类挑战的全球意识日益增强，意味着每个国家只有从全球视野、时代潮流和国际机遇中才能有效探究各自实现现代化的内在规律和发展路径，体现出从普遍到特殊的现代化发展思路，任何民族的片面性和狭隘性日益成为不可能，任何国家的现代化都无法回避与抗拒时代开放的发展潮流。习近平强调："一个国家能不能富强，一个民族能不能振兴，最重要的就是看这个国家、这个民族能

---

① 《习近平著作选读》第二卷，人民出版社 2023 年版，第 28 页。

② 刘伟：《坚持新发展理念，推动现代化经济体系建设——学习习近平新时代中国特色社会主义思想关于新发展理念的体会》，载于《管理世界》2017 年第 12 期。

不能顺应时代潮流,掌握历史前进的主动权。"① 习近平指出:"一个国家、一个民族要振兴,就必须在历史前进的逻辑中前进、在时代发展的潮流中发展。"②时代潮流在为各国现代化提供广阔发展空间与巨大发展机遇的同时,也对其现代化进程提出了更高的开放要求,为各民族现代化发展增添了全球性指向。改革开放40多来,我们党始终将现代化进程置于时代进程和全球高度进行谋篇布局,新时代中国式现代化进程和参与全球化历程交织交融、吻合融合、相得益彰。新时代中国式现代化以全球思维来谋篇布局,中华民族才能实现全面建成社会主义现代化强国的伟大目标。

一、开放发展是现代化发展的历史总结

人类现代化进程是在开放中发展的历史,开放交往是人类现代化发展规律,是人类文明发展进步的重要动力。在推进社会主义现代化发展过程中,中国共产党人把握"开放兴则事业兴"与"开放衰则事业衰"的正反两方面历史启示。历史是最好的教科书、最好的老师、最好的清醒剂和营养剂。纵观世界历史和中国历史,这种兴盛与开放相伴,衰落与封闭为伍,对外开放形成强盛兴旺,保守封闭导致衰退停滞。一方面,从世界历史经验看。人类历史就是一部开放史,人类现代化进程起始于资本主义兴起的过程,西方近代工业化进程在机器大工业生产与资本扩张的基础上不断向前推进,推动生产力发展和国际交往普遍化,开辟了人类现代化发展的新纪元,这就是马克思所说的"历史向世界历史的转变"。在世界历史进程中,人类社会就不再是各自封闭隔绝的状态,世界历史从封闭的地域性走向开放的全球性,进入直接性与普遍性的交往交流的开放状态,这具有人类现代化的重大意义,是人类历史发展的重大进步,世界越发成为一个开放有机联系的整体,统一的世界市场与紧密的国际分工打破了区域、地方和民族的自给自足,使先前相互孤立的国家与相互分割的民族成为相互往来与相互依赖的整体。"过去那种地方的和民族的自给自足和闭关自守状态,被各民族的各方面的互相往来和各方面的互相依赖所代替了。"③ 这样开放代替了封闭、交往代替了孤立,各民族通过交往交换、交流交融,推动人类现代化发展不断向前迈进。这一历史进程中,西方国家成为世界历史最早弄潮儿,资本主义通过发展大工业来提升生产力,以资本扩张来建立普遍联系,为其现代化发展创造有利条件。另一

---

① 《习近平谈治国理政》第二卷,外文出版社2017年版,第210页。
② 习近平:《论坚持推动构建人类命运共同体》,中央文献出版社2018年版,第521页。
③ 《马克思恩格斯选集》第一卷,人民出版社2012年版,第404页。

方面，从中国历史教训看。中国进入封建社会后期，也是人类历史走向世界历史的时期，面对帝国主义入侵与内部制度腐朽，晚清统治者仍然夜郎自大，仍以天朝上国自居，逐渐走上闭关自守的道路，与西方差距越来越大，长期游离于世界文明和现代化潮流之外，中国逐渐落伍，越封闭越愚昧，越愚昧越腐朽，以致国家积贫积弱。近代以来西方工业社会战胜东方农耕社会，中国进入半殖民地半封建社会，中华民族进入近代屈辱史，更丧失现代化发展的重要战略机遇。历史经验教训说明，不开放不行。邓小平指出："中国长期处于停滞和落后状态的一个重要原因是闭关自守"[1]。

二、开放发展是现代化发展的时代要求

当今世界，经济全球化和社会信息化把各民族国家卷入世界的普遍交往之中，全球作为一个有机整体和开放系统，每个民族国家都是全球系统中的要素，其与全球系统中的其他国家进行经济、政治和文化等方面的开放交往。全球化时代，关起门来发展现代化既不可能成功，也不符合时代潮流。当前世界经济深度融合，各国处在共赢链之中，全球产业链、价值链、供应链相互联系。相互开放是人类现代化发展的必然，也是各国现代化发展的方向，通过开放形成相互借鉴、取长补短、互通有无、吸收外来与优势互补的发展局面，提升各国现代化发展进程与水平。列宁指出："社会主义共和国不同世界发生联系是不能生存下去的，在目前情况下应当把自己的生存同资本主义的关系联系起来。"[2] 面对世界经济深度融合的开放时代，为推动国内深化改革的需要，新时代我们党在治国理政中高举开放大旗，将"开放发展"列为新时代新发展理念之一，将开放发展道路视为实现现代化强国的必由之路，以"一带一路"建设为重点，遵循共商共建共享原则，形成陆海内外联动、东西双向互济的开放格局，构建以国内大循环为主体、国内国际双循环相互促进的新发展格局。习近平在不同场合反复强调一个十分重要的论断——开放带来进步，封闭必然落后。[3] 中国开放的大门不会关闭，只会越开越大，主张各国应"拆墙"而不是"筑墙"。

三、开放发展是现代化发展的现实启示

当今时代，世界多极化、经济全球化、社会信息化、文化多样化已成为不可

---

① 《邓小平文选》第三卷，人民出版社1993年版，第78页。
② 《列宁全集》第四十一卷，人民出版社1986年版，第167页。
③ 《习近平重要讲话单行本》（2022年合订本），人民出版社2023年版，第147页。

抗拒的历史趋势和不可逆转的时代潮流，生产要素在全球范围内优化配置，社会人员在世界范围流动迁徙，各国通过国际分工与世界市场联结成为互联互通的有机整体，各国相互依存、相互依赖程度越来越高。打开国门搞建设、谋发展，是任何国家现代化发展的必由之路，也是重要经验。从全球看，开放是国家繁荣发展的必由之路。邓小平指出："发展经济，不开放是很难搞起来的。世界各国的经济发展都要搞开放，西方国家在资金和技术上就是互相融合、交流的。"① 实践告诉我们，要实现现代化强国，要加速现代化进程必须主动顺应全球化进程，坚持对外开放，充分吸取人类一切文明智慧成果为我所用。第二次世界大战后，许多经济体实现高速增长的共同特征就是采取开放政策。从中国看，坚持对外开放是我国基本国策，也是社会主义现代化发展的基本方针，以开放促改革、促发展、促交流、促合作是推动现代化发展的成功经验。习近平强调："以开放促改革、促发展，是我国发展不断取得新成就的重要法宝。"② 70 多年来中国从封闭落后迈向了开放进步，事实雄辩地证明，对外开放是影响当代现代化发展的关键抉择之一。新时代开放作为新发展理念之一，彰显新时代中国式现代化以开放促改革的鲜明特点。只有构建起开放型经济新体系、新体制、新机制，才能为现代化发展注入发展新动力、增添发展新活力与拓展发展新空间。

第五节　共享成为根本目的的中国式现代化

现代化进程最早始于西方世界，西方传统的现代化是零和博弈的"掠夺式"和"竞争型"的现代化。西方资本主义国家现代化发展历史悠久，现代化发展的"蛋糕"做得很大，但在资本主义制度下，按资本分配导致"蛋糕"分配不均衡、贫富两极分化，劳资失衡，拥有资本的少数人独占多数人共同创造的劳动成果。在西方现代化发展进程中，既是财富的积累也是穷困的累积。马克思指出，这种现代化发展使得一些人靠另一些人来满足自己的需要，因而一些人（少数）得到了发展的垄断权。靠牺牲多数人甚至整个阶级利益来满足少数人独享的发展，这种多数人无法分享的发展状况，无疑暴露了西方现代化道路的对抗性和非正义，这种现代化发展成果只被统治阶级所占有，反映的是资产阶级利益，绝大多数人享受不到现代化发展的利益、权利和成果，这是资本文明而非劳动正义，

---

① 《邓小平文选》第三卷，人民出版社 1993 年版，第 367 页。
② 习近平：《加快实施自由贸易区战略　加快构建开放型经济新体制》，载于《人民日报》2014 年 12 月 7 日。

这种现代化失衡现象产生的根源在于私有制的存在。马克思指出，工人生产的财富越多，他的生产的影响和规模越大，他就越贫穷。① 马克思认为人类现代化发展在于为多数人谋利益，在于实现全人类解放与每个人自由而全面的发展。"过去的一切运动都是少数人的，或者为少数人谋利益的运动。无产阶级的运动是绝大多数人的，为绝大多数人谋利益的独立的运动。"② 社会主义是基于资本主义根本矛盾而孕育产生，其现代化道路不同于资本主义现代化，追求的不是少数人的富裕，而是全体人民的富足，共同富裕是其最大优越性，也是现代化的价值取向与基本推力，是对以资为本的不劳而获与劳而不获的纠偏与矫正。列宁在《告贫苦农民》中指出，在这个新的、更好的社会里，共同劳动成果应该归全体劳动者享受。

邓小平指出，"社会主义最大的优越性就是共同富裕，这是体现社会主义本质的一个东西"。③ 共享是唯物史观的重要观点，共享发展也是科学社会主义的基本原则。马克思主义将所有人共享社会财富和人人生活富裕作为未来新社会主要内容与重要特征。恩格斯指出："通过产业教育、变换工种、所有人共同享受大家创造出来的福利，通过城乡的融合，使社会全体成员的才能得到全面发展。"④ 中国共产党人继承和发扬马克思主义共享思想，将共同富裕作为社会主义本质内容、根本目标和最大优越性。共享发展是实现共同富裕的必然要求，从本质上是对于传统西方现代化模式的巨大突破，与追求剩余价值发展的"以资为本"截然不同，共享发展始终坚持以人为本、以人民为中心、以共享为目的和归宿。新时代中国式现代化是造福人民的现代化，追求的富裕是全体人民共同富裕。新时代中国式现代化最终的判断标准是人民是不是共享现代化发展成果，共享是中国社会主义现代化发展的价值取向和本质要求，是共同富裕的内在要求，对共享的关注和重视始终是社会主义现代化的基本共识。新时代中国式现代化坚持共享是中国特色社会主义的本质要求，强调共享是发展的目的、归宿和动力源泉，现代化必须坚持为了人民、依靠人民、由人民共享，作出更有效的制度安排，也是使现代化发展成果更多更公平惠及全体人民，使全体人民在现代化发展中有更多获得感。

共享回答了由谁共享的问题，强调共享主体是全体人民。现代化推动者和创造者是人民，现代化发展成果的受益者和受惠者也理应是人民。"共享发展是人

① 《马克思恩格斯选集》第一卷，人民出版社 2012 年版，第 51 页。
② 《马克思恩格斯选集》第一卷，人民出版社 2012 年版，第 411 页。
③ 《邓小平文选》第三卷，人民出版社 1993 年版，第 364 页。
④ 《马克思恩格斯选集》第一卷，人民出版社 2012 年版，第 308 ~ 309 页。

人享有、各得其所，不是少数人共享、一部分人共享。"① 共享注重的是所有人民的利益，是不分差异与区别的全体社会成员，即全民共享、人人享有、各得其所，是实现发展成果更多更公平惠及全体人民，使全体人民在共建共享发展中有更多获得感。新时代我们党坚持共同共享，做到公共服务均等化与市场服务差异化，强调共同共享不是要劫富济贫，也不是要同时同步富裕，既要重点关注又要全面普惠，以包容差异和普惠均衡原则，从解决群众最关心最直接最现实的利益问题入手，做好普惠性、基础性、兜底性的共享，改善公共服务供给水平，提高供给的品质与数量，全面提升人民整体共享水平。

共享发展不仅要实现共同共享还要共有共享，"只有共享发展才能共同发展"②。共同共享是解决现代化发展成果的归属问题，是共享发展的主体关注——全民共享；共有共享是认清现代化发展成果的范畴问题，是共享发展的客体思考——全面共享，即人民可以共同享有现代化成果，共有共享实质是回答共享什么。伟大事业是以人为本、以人民为中心的宏伟事业，更好推动人的全面发展是社会主义现代化的价值取向和发展归属。一方面，从横向看，新时代中国式现代化满足人民对美好生活的全面需求，涵盖实现经济利益共享、政治权益共享、文化服务共享、社会安定共享、优美环境共享。另一方面，从纵向看，从共享起点到共享终点，新时代中国式现代化推进发展机会共享、发展过程共享、发展结果共享的有机统一。机会平等是共享的前提和基础，否则共享就会成为幻想。机会共享从起点上谋划共有共享，机会共享是一切共享的基本保障。习近平指出："共同享有人生出彩的机会，共同享有梦想成真的机会，共同享有同祖国和时代一起成长与进步的机会。"③

如果说共同共享是解决现代化发展的共享非独享与共享非私享的问题，共建共享就是解决现代化发展的共享其成而非坐享其成的问题。现代化事业是人民共享的事业，也是人民共建的事业。共建是共享的前提和来源，没有共建就无法共享，要共享先共建。恩格斯指出，在人人都必须劳动的条件下，人人也都将同等地、愈益丰富地得到生活资料、享受资料、发展和表现一切体力和智力所需的资料。④ 人民是社会物质财富与精神财富的创造者，全体人民共同推动现代化并创造出来的成果是实现共享的前提条件，没有共建的成果，共享就没有来源，共享的水平就不可能提高，只能是共同贫穷，只有不断提高现代化的共建水平，才能

---

① 《习近平著作选读》第一卷，人民出版社 2023 年版，第 440 页。

② 曹文宏、濮瑞恬：《百年党史视野下以人民为中心的发展思想的三维解读》，载于《华侨大学学报（哲学社会科学版）》2021 年第 5 期。

③ 《习近平谈治国理政》第一卷，外文出版社 2018 年版，第 40 页。

④ 《马克思恩格斯选集》第一卷，人民出版社 1995 年版，第 330 页。

不断增强现代化的共享水平。习近平强调："共建才能共享，共建的过程也是共享的过程。"① 新时代中国式现代化是亿万人民共同建设的事业，必须以发展为基础，坚持人民的主体地位，凝聚 14 亿多人民的磅礴力量，以共享引领共建，以共建促进共享，实现共建共享的协同融合发展。

① 《习近平谈治国理政》第二卷，外文出版社 2017 年版，第 215 页。

第八章

完整准确全面贯彻新时代中国式现代化新发展理念

创新、协调、绿色、开放、共享的新发展理念，开创了新时代中国式现代化强国建设的新局面。在新发展理念中，创新是发展的动力，协调是发展的方法，绿色是发展的模式，开放是发展的途径，共享是发展的目的。[1] 新发展理念相互贯通、相互促进，是具有内在联系的集合体，要统一贯彻。2021 年 1 月 11 日习近平在省部级主要领导干部学习贯彻党的十九届五中全会精神专题研讨班开班式上强调，全党必须完整、准确、全面贯彻新发展理念，提出从根本宗旨、问题导向、忧患意识的三个维度上完整准确全面贯彻新发展理念。[2]

第一节　从根本宗旨把握新时代中国式现代化新发展理念

马克思指出："我们的出发点是从事实际活动的人，而且从他们的现实生活过程中还可以描绘出这一生活过程在意识形态上的反射和反响的发展。"[3] 人类发展进程是从传统走向现代化的过程，唯物史观认为现代化是由人民群众所创造

---

① 牛先锋：《树立贯彻"五位一体"的发展新理念》，载于《学习时报》2015 年 11 月 2 日。

② 习近平：《论把握新发展阶段、贯彻新发展理念、构建新发展格局》，中央文献出版社 2021 年版，第 479 页。

③ 《马克思恩格斯文集》第一卷，人民出版社 2009 年版，第 525 页。

系统观视阈的新时代中国式现代化

的历史。习近平强调，现代化的本质是人的现代化①，我们党领导人民谋求站起来、实现富起来与追求强起来的现代化，一切都是为了人民与紧紧依靠人民，中国式现代化是为民、靠民、发展成果由民共享的现代化，是坚持以人民为中心的现代化，以人民为中心是中国式现代化的本质和灵魂。习近平指出："以人民为中心的发展思想，不是一个抽象的、玄奥的概念，不能只停留在口头上、止步于思想环节，而要体现在经济社会发展各个环节。"② 新时代我们党提出创新、协调、绿色、开放、共享的新发展理念，首先要解决为什么人这个根本问题，坚持以人民为中心的发展思想，这是新发展理念的精神实质和思想之魂，深刻回答了中国式现代化的出发点和落脚点。习近平指出："为人民谋幸福、为民族谋复兴，这既是我们党领导现代化建设的出发点和落脚点，也是新发展理念的'根'和'魂'。"③ 完整准确全面理解和贯彻新发展理念，要从根本宗旨上把握新时代中国式现代化新发展理念的价值导向，坚持以人民为中心的发展思想，坚持人民主体地位，发展为了人民、发展依靠人民、发展成果由人民共享，在崇尚创新、注重协调、倡导绿色、厚植开放、推进共享中实现人民对美好生活的向往，不断改善民生与增进民众福祉，提升人民获得感、幸福感、安全感。

一、现代化进程中的创新惠民

习近平强调："要把满足人民对美好生活的向往作为科技创新的落脚点，把惠民、利民、富民、改善民生作为科技创新的重要方向。"④ 人民需求是创新发展的前进方向，民众呼唤是创新发展的时代声音，创新是满足人民美好生活的"助推器"，创新发展最终目的是实现人民的美好生活，就必须以改善民生为导向，把实现人民幸福安康作为落脚点，满足人民需求、紧贴民生现实、改善生活品质，让创新成果更多更公平惠及全体人民，不断增强民众获得感、幸福感、安全感。一是创新助推人民有更强的获得感。创新发展要让百姓切实感受到创新带来生活的改善与便利。近年来我国科技创新能力不断提升，许多高技术领域取得重大突破，科技创新成果广泛应用于民生领域，深刻改变了人们的生产生活方式，为人民衣食住行等日常生活带来极大便利。例如，高铁网络、电子商务、移

---

① 《十八大以来重要文献选编》（上），中央文献出版社 2014 年版，第 594 页。

② 习近平：《论把握新发展阶段、贯彻新发展理念、构建新发展格局》，中央文献出版社 2021 年版，第 94 页。

③ 习近平：《论把握新发展阶段、贯彻新发展理念、构建新发展格局》，中央文献出版社 2021 年版，第 479 页。

④ 习近平：《论把握新发展阶段、贯彻新发展理念、构建新发展格局》，中央文献出版社 2021 年版，第 272 页。

动支付、共享经济、在线教育、远程医疗、智能家居、数字社会、智慧城市等。二是创新助推人民有更强的安全感。安全需求是民生的基础需求，创新发展要关注防范化解重大风险，成为维护人民身体健康与安全的利器，为人民撑起安全与健康的保护伞。近年来科技创新立足于找到化解各种风险的突破口与关键点，从源头上筑牢安全防线。例如，气候预报、安全预警、疾病防控、食品安全、药品检测、社会治理、医疗诊断等。三是创新助推人民有更强的幸福感。"创新发展激发活力为了人民幸福"[①]，然而创新发展不仅以实现获得感与安全感来彰显幸福感，更高层是通过创造和创业凸显主体的价值感与幸福感。创新发展是发挥人民主体性、积极性、主动性与能动性，尊重人民主体地位、发挥民众首创精神、激发民众创造热情。在大众创业与万众创新中，人民也创造自身的主观感受与精神体验。

二、现代化进程中的协调惠民

习近平强调协调既是发展手段，又是发展目标，同时还是评价发展的标准和尺度。[②] 发展不平衡不充分的协调问题日益成为制约人民美好生活需求的主要因素。在新发展理念之中，协调发展解决发展不平衡的问题，强调用协调发展来补齐民生领域的各项短板，增强发展的整体性。新发展理念坚持以人民为中心的协调发展，补齐民生发展的短板，着力解决民生的难题，消除民生发展的薄弱环节与滞后领域，不断提升人民的获得感。新时代我们党紧紧扭住关系民众切身利益的突出矛盾与问题，以协调发展着力破除民生发展短板。一是区域协调的惠民。我国幅员辽阔、人口众多，各地自然资源禀赋差别大、发展不平衡，要正确处理和把握沿海与内地、东部与西部、先富与后富的关系，通过政策协同、产业合作、设施共建、服务共享、分工合理的空间格局，走东部帮助西部、先富带动后富、沿海支持内地的共同富裕道路。二是城乡融合的惠民。中国式现代化要实现城乡发展一体化，促进公共资源均衡配置，缩小城乡公共服务的差距，推进城乡公共服务标准化与均等化，通过振兴乡村与以人为核心的新型城镇化，实现城乡要素资源流动的畅通，形成工农互促、城乡互补、协调发展、共同繁荣的新型工农城乡关系。三是物质文明和精神文明均衡发展的惠民。"中国式现代化也要求'两个文明'协调发展。"[③] 中国式现代化是"富口袋"与"富脑袋"的辩证统一，是物质文明与精神文明的均衡发展与比翼双飞，在实现物质财富要极大丰富

---

① 张荣华、陶磊：《人民幸福：五大发展理念的价值追求》，载于《思想理论教育导刊》2017 年第 4 期。

② 《习近平著作选读》第一卷，人民出版社 2023 年版，第 430 页。

③ 周晔：《谈谈中国式现代化新道路》，载于《红旗文稿》2021 年第 20 期。

的基础上，满足人民对民主法治、公平正义、和谐安全、美丽清洁等方面的精神文化诉求。四是人与自然和谐的惠民。人与自然是生命共同体，全面协调人与自然的和谐关系，解决人与自然的和解，通过绿色低碳循环发展，满足人民日益增长的美丽环境的需要。

三、现代化进程中的绿色惠民

习近平强调，"发展经济是为了民生，保护生态环境同样也是为了民生"。[①]贯彻绿色发展理念，建设美丽中国，使良好生态环境成为人民幸福生活的增长点，既有绿水青山的惠民，也有金山银山的惠民。绿色发展的治山理水与显山露水，意在让天更蓝、山更绿、水更清、环境更优美，让百姓切实感受到绿色发展带来实实在在的生态好处。党的十八大以来，以习近平同志为核心的党中央深刻认识到绿色发展对人民美好生活的重要性与必要性，把创造良好的生态环境作为最普惠的民生福祉与最公平的公共产品。一方面，绿水青山是美丽幸福。习近平指出："但绿水青山是人民幸福生活的重要内容，是金钱不能代替的。你挣到了钱，但空气、饮用水都不合格，哪有什么幸福可言。"[②]习近平多次强调，环境就是民生、青山就是美丽、蓝天也是幸福。[③]随着经济社会发展和人民生活水平不断提高，良好生态环境成为高品质生活的重要指标，人民越发需要望得见山、看得见水、记得住乡愁，需要青山常在、绿水长流、空气常新，需要呼吸新鲜空气、喝上干净水、吃上放心食物、生活在宜居的环境中。另一方面，绿水青山就是金山银山。坚持绿色富国、绿色惠民。绿色是美丽也是财富，保护环境是保护生产力，改善环境是发展生产力。通过生态补偿的市场机制推动实现绿水青山与金山银山的有效转化，将生态环境优势转化生态经济优势，切实把生态资源更好地转化成生态资本，在发展绿色产业中增收致富，让增加优质生态产品供给成为推动经济发展的增长点。

四、现代化进程中的开放惠民

习近平说："中国老百姓有一句话，叫作'世界那么大，我想去看看'。在

① 《习近平谈治国理政》第三卷，外文出版社 2020 年版，第 362 页。
② 《习近平关于社会主义生态文明建设论述摘编》，中央文献出版社 2017 年版，第 4 页。
③ 习近平：《在省部级主要领导干部学习贯彻党的十八届五中全会精神专题研讨班上的讲话》，人民出版社 2016 年版，第 19 页。

这里我要说，中国市场这么大，欢迎大家都来看看。"① 中国是世界的中国，中国的发展离不开世界，中国式现代化是在中国与世界互动中推进。坚持对外开放，有效统筹国际国内两个市场、两种资源与两类规则，在开放发展中惠及民生，以个性化、多元化、高品质的有效供给，满足人民美好生活需要。党的十八大以来，为了更好满足人民美好生活的高质量，中国实施大范围、宽领域、深层次的全面开放，通过高质量"请进来"和高水平"走出去"，不断融入、影响世界，不断顺应民意、改善民生。一方面，"引进来"的惠民。我国是世界第二大经济体、第一大货物贸易国，是"世界工厂"，也是"世界市场"。开放关乎经济，也关乎民生。高质量"引进来"带动国内消费升级，通过"引进来"，中国的开放、内需、进口、消费进入"快车道"，开放红利越发惠及民生，为人民带来优质商品与服务，让人民生活更美好。中国国际进口博览会是世界上第一个以进口为主题的国家级展会，举办进口博览会是中国主动向世界开放市场的重大举措，是中国与世界深化开放合作的重要平台，是推动产业升级、迈向高质量发展的重要路径，也是扩大内需、促进消费、改善民生的新引擎。另一方面，"走出去"的惠民。中国和世界的开放、交流与联通，中国开放的大门越开越大，近年来中国推动高质量共建"一带一路"、持续举办中国国际进口博览会、设立自由贸易试验区，通过高质量开放推动高水平"走出去"，不断扩大贸易往来、经贸合作、人文交流等，越来越多的中国人实现了外出学习工作、观光旅游、文化交流和商务合作。

五、现代化进程的共享惠民

恩格斯指出："通过产业教育、变换工种、所有人共同享受大家创造出来的福利。"② 共享是中国特色社会主义的本质要求，中国式现代化发展目的与归宿是为人民创造美好生活，人民共享美好生活是推进现代化高质量发展的落脚点。共享发展必须坚持为了人民、依靠人民、由人民共享，始终把人民对美好生活的向往作为奋斗目标，持续增加民生福祉。习近平强调，生活在我们伟大祖国和伟大时代的中国人民，共同享有人生出彩的机会，共同享有梦想成真的机会，共同享有同祖国和时代一起成长与进步的机会。③ 在现代化进程中通过全民共享、全面共享、共建共享和渐进共享，让人民受惠更多、更广、更丰，在脱贫攻坚、全

---

① 《习近平谈治国理政》第三卷，外文出版社 2020 年版，第 211 页。
② 《马克思恩格斯选集》第一卷，人民出版社 2012 年版，第 308 页。
③ 《习近平谈治国理政》第一卷，外文出版社 2018 年版，第 40 页。

面建成小康社会、开启全面建设社会主义现代化国家新征程中获益受惠。一是脱贫惠民。贫困是人类顽疾，消除贫困是人类梦寐以求的理想。我们党历来团结带领人民以坚定不移的信念、顽强不屈的意志与贫困做斗争。消除贫困是共享发展的必然要求，是实现公平正义的底线，新时代把脱贫攻坚作为检验共享发展的重要内容，既扶贫也扶志与扶智，既富口袋也富脑袋。党的十八大以来，平均每年千万人脱贫，做到"两不愁三保障"，精神风貌与面貌焕然一新。二是小康惠民。到建党百年之时，在基本建成小康社会基础上全面建成惠及十几亿人口的更高水平的小康社会，是我们党进入 21 世纪后对人民的庄严承诺。全面小康重在全面，体现发展的平衡性、协调性和持续性，全面小康是不断满足人民日益增长的多样化、多层次、多方面的需求，小康社会是经济持续健康发展、人民民主不断扩大、文化更加繁荣发展、民生福祉显著提升、生态环境发生历史变化。三是现代化惠民。如今我国已经开启全面建设社会主义现代化国家新征程，围绕建成富强民主文明和谐美丽的社会主义现代化强国这一伟大目标来推动现代化的惠民，推动物质文明、政治文明、精神文明、社会文明、生态文明全面提升，人民享有更加幸福安康的生活。

第二节　从问题导向把握新时代中国式现代化新发展理念

马克思指出："每个问题只要已成为现实的问题，就能得到答案。"[1] 习近平也指出："理论创新只能从问题开始。"[2] 新时代中国式现代化发展要聚焦高质量发展的主题，也要善于发现关键的问题，才能找到解决答案的命题，坚持问题导向是新发展理念推进中国式现代化发展的方法论。习近平多次强调，现在看来，不发展有不发展的问题，发展起来有发展起来的问题，而发展起来后出现的问题并不比发展起来前少，甚至更多更复杂了。[3] 他指出，共产党人干革命、搞建设、抓改革，从来都是为了解决中国的现实问题。[4] 党的十八大以来，以习近平同志为核心的党中央顺应时代发展潮流与应对时代挑战，直面"世界怎么了"与"我们怎么办"，以及"中国发展面临什么问题"与"我们怎么办"，坚持问题导

① 《马克思恩格斯全集》第一卷，人民出版社 1995 年版，第 203 页。
② 《习近平谈治国理政》第二卷，外文出版社 2017 年版，第 342 页。
③ 《习近平谈治国理政》第二卷，外文出版社 2017 年版，第 82 页。
④ 习近平：《关于〈中共中央关于全面深化改革若干重大问题的决定〉的说明》，载于《人民日报》2013 年 11 月 16 日。

向、强化问题意识、探究问题根源，强调有问题不可怕、问题本身不可怕，可怕的是不敢直面问题与找不到解决问题的思路。有学者指出之所以要坚持和贯彻新发展理念，是因为我国现代化各项事业变化发展带来多方面的机遇与挑战。[1]

习近平指出："发展必须是科学发展，必须坚定不移贯彻创新、协调、绿色、开放、共享的发展理念。"[2] 新发展理念是为了解决现代化发展中客观存在且迫切需要解决的问题，具有很强的针对性和目的性，抓住问题就抓住中国式现代化发展路径的"牛鼻子"，创新注重解决现代化发展的动力问题、协调注重解决现代化发展的平衡问题、绿色注重解决现代化发展的人与自然和谐问题、开放注重解决现代化发展的内外联动问题、共享注重解决现代化发展的公平正义问题。有学者认为："新发展理念吸取借鉴了全球经济发展的经验教训，特别是对发展中国家经验教训的探究。"[3] 新时代推动与实现中国式现代化的高质量发展，必须有强烈的问题意识，以创新为动力、以协调为标尺、以绿色为底色、以开放为抓手、以共享为宗旨。任保平、宋雪纯从创新、协调、绿色、开放、共享五个方面细致分析了制约我国经济高质量发展的多方面问题。[4]

一、创新注重解决现代化发展的动力问题

党的十八大以来，我国大力实施创新驱动发展战略，创新型国家建设成果丰硕，中国跻身创新型国家行列，创新能力得到显著提升，处在"跟跑、并跑、领跑"并存的新阶段。但是我国自主创新能力总体不强、创新水平总体不高、创新对经济社会发展的总体支撑力还有待提升，离创新强国还有很大差距。当前在创新发展中要着力解决自主创新、创新人才、创新氛围等涉及第一动力的问题。一是自主创新问题。改革开放以来，我国创新整体水平大幅跃升，但也存在自主创新能力不强、关键核心技术外部依赖度较高、有些领域还处在跟踪模仿阶段。自主创新是推动高质量发展的迫切要求以及产业迈向全球价值链中高端的重要支撑，从中国制造迈向中国创造是自立自强自信的基础。习近平反复强调，只有把核心技术掌握在自己手中，才能真正掌握竞争和发展的主动权，才能从根本上保障国家经济安全、国防安全和其他安全。[5] 核心技术要不来、买不来、讨不来，

---

① 刘伟：《中国特色社会主义新时代与新发展理念》，载于《前线》2017 年第 11 期。
② 《习近平谈治国理政》第三卷，外文出版社 2020 年版，第 217 页。
③ 顾海良：《习近平新时代中国特色社会主义经济思想与"系统化的经济学说"的开拓》，载于《马克思主义与现实》2018 年第 5 期。
④ 任保平、宋雪纯：《以新发展理念引领中国经济高质量发展的难点及实现路径》，载于《经济纵横》2020 年第 6 期。
⑤ 《习近平谈治国理政》，外文出版社 2014 年版，第 122 页。

系统观视阈的新时代中国式现代化

如果"缺芯少魂"就会被人"卡脖子"。习近平指出："增强自主创新能力，最重要的就是要坚定不移走中国特色自主创新道路"① 二是人才创新问题。习近平指出："人才是创新的根基，创新驱动实质上是人才驱动，谁拥有一流的创新人才，谁就拥有了科技创新的优势和主导权。"② 创新是引领发展的第一动力，人才是创新的第一资源，推进自主创新，人才是关键。当前我国人才资源丰富，但创新型人才不足与人才流失比较严重。三是创新氛围问题。习近平指出："如果把科技创新比作我国发展的新引擎，那么改革就是点燃这个新引擎必不可少的点火系。"③ 创新是复杂的社会系统工程，要围绕自主创新能力与培养创新人才，破除思想障碍与制度藩篱，以改革释放创新活力，加快完善企业主体、市场导向、产学研相结合的创新体系，形成大众创业、万众创新的浓厚氛围。

二、协调注重解决现代化发展的平衡问题

如果说创新是解决现代化发展动力不足问题，那么协调发展就是解决现代化发展失衡问题。改革开放以来，我国现代化发展取得了举世瞩目的成就，但发展不平衡问题仍然相对突出，成为制约高质量发展的明显短板。协调发展要求注重发展的整体性，优化结构、补齐短板、整体推进，解决发展不平衡问题。新时代以习近平同志为核心的党中央坚持协调发展，科学把握"五位一体"总体布局，重点促进城乡区域协调发展，促进经济与社会协调发展，物质文明与精神文明协调发展，经济建设与国防建设融合发展，促进新型工业化、信息化、城镇化、农业现代化同步发展，增强发展整体性。一是区域城乡的两类空间协调。坚持区域协同、城乡一体发展，形成崭新的空间布局与合理的利益格局。二是主要领域的三大范畴协调。改革开放以来，我国物质文明建设与经济发展快速，而社会建设、国防军队建设、精神文明建设相对滞后，中国式现代化注重物质文明和精神文明协调发展、物质力量和精神力量全面增强、物质生活和精神生活同步改善。习近平指出："当高楼大厦在我国大地上遍地林立时，中华民族精神的大厦也应该巍然耸立。"④ 三是发展过程的"四化"融合协调。习近平指出："西方发达国家是一个'串联式'的发展过程，工业化、城镇化、农业现代化、信息化顺序发展，发展到目前水平用了二百多年时间。我们要后来居上，把'失去的二百年'找回来，决定了我国发展必然是一个'并联式'的过程，工业化、信息化、城镇

---

① 《习近平关于科技创新论述摘编》，中央文献出版社 2016 年版，第 45 页。
② 《习近平关于科技创新论述摘编》，中央文献出版社 2016 年版，第 122 页。
③ 《习近平关于科技创新论述摘编》，中央文献出版社 2016 年版，第 63 页。
④ 《十八大以来重要文献选编》（中），中央文献出版社 2016 年版，第 122 页。

化、农业现代化是叠加发展的。"① 中国式现代化是并联式、压缩性和跨越性的，促进新型工业化、信息化、城镇化、农业现代化融合发展，并未复制西方现代化模式与历程。

三、绿色注重解决现代化发展的人与自然和谐问题

习近平指出："我国经济发展取得历史性成就……同时必须看到，我们也积累了大量生态环境问题，成为明显的短板，成为人民群众反映强烈的突出问题。"② 随着我国经济发展与人民生活水平不断提升，但资源约束趋紧、环境污染严重、生态系统退化的问题也日益严峻，生态环境恶化成为心头之患和民生之痛，倒逼绿色发展理念的时代出场。绿色发展理念引领发展方式的转变，摒弃损害和破坏生态环境的做法，解决好民众反映强烈的环境问题，坚决打赢、打好污染防治攻坚战，提升人民获得感、幸福感、安全感。习近平指出："经济上去了，老百姓的幸福感大打折扣，甚至强烈不满情绪上来了，那是什么形势？"③ 一是资源约束趋紧的问题。习近平指出，"我们建设现代化国家，走美欧老路是走不通的，再有几个地球也不够中国人消耗。"④ 中国经济高速增长成为世界第二大经济体，但资源环境承载力已经达到或接近上限，甚至逼近极限，高耗能与高污染难以持续，绿色发展要求改变过度依赖资源投入的粗放型增长模式，自觉推动绿色循环低碳新路子。"如果仍是粗放发展，即使实现了国内生产总值翻一番的目标，那污染又会是一种什么情况？届时资源环境恐怕完全承载不了。"⑤ 二是环境污染严重的问题。粗放型发展方式不但使能源资源不堪重负，也严重危害人民健康。习近平多次强调建设美丽中国，要打好蓝天、碧水、净土保卫战，对大气、水、土壤污染的问题，坚持系统治污、精准治污、科学治污、依法治污，让百姓切实感受绿色惠民的成效。三是生态系统退化的问题。传统发展模式片面追求经济增长，甚至不惜牺牲生态环境为代价，导致生态系统退化，例如，植被破坏与减少、侵蚀、荒漠化、石漠化、石质化、土壤贫瘠化等。生态系统退化减弱或丧失生态服务功能，生态效益、经济效益与社会效益均严重受损。

---

① 《习近平关于社会主义经济建设论述摘编》，中央文献出版社 2017 年版，第 159 页。

② 习近平：《论把握新发展阶段、贯彻新发展理念、构建新发展格局》，中央文献出版社 2021 年版，第 89 页。

③⑤ 《习近平关于社会主义生态文明建设论述摘编》，中央文献出版社 2017 年版，第 5 页。

④ 《论坚持人与自然和谐共生》，中央文献出版社 2022 年版，第 23 页

四、开放注重解决现代化发展的内外联动问题

习近平指出："我们今天开放发展的大环境总体上比以往任何时候都更为有利，同时面临的矛盾、风险、博弈也前所未有。"[①] 面对世界经济增长的不稳定性与不确定性，以及中国对外开放水平与质量有待提升，开放着重解决的是内外联动问题，是统筹中华民族伟大复兴战略全局和世界百年未有之大变局，深刻认识错综复杂的国际环境带来的新矛盾新挑战，深刻认识我国社会主要矛盾变化带来的新特征新要求，对现代化发展的空间布局与利益格局进行调整优化，在危机中育先机、于变局中开新局。一方面，世界开放形势。2008 年国际金融危机爆发以来，全球化发展势头受到严重冲击，全球市场需求疲软，国际金融市场反复动荡，国际贸易投资持续走低。一些发达国家大搞单边主义、保护主义，逆全球化趋势加剧，全球经济"火上浇油"，新冠疫情大流行又给世界经济造成"雪上加霜"，全球产业链供应链收缩，国际循环明显弱化，全球经济衰退。另一方面，中国开放形势。改革开放以来特别是中国加入世界贸易组织（WTO）后，中国积极参与国际大循环，在快速融入国际大循环之中，形成所谓的"世界工厂"，凭借自身大国优势形成以国际市场为重要依托的外循环，市场和资源较大依赖外部环境。这种依赖国外大市场，易受国际环境以及全球要素波动的影响，不利于在全球产业链、供应链与价值链中的有效竞争，对国家经济结构与安全产生一定隐患。

五、共享注重解决现代化发展的公平正义问题

共享是新发展理念的出发点和落脚点，蕴含鲜明的问题意识与公正的价值导向。"共享发展也必将随着全面现代化进程快速推进而增添新内容。"[②] 习近平环顾当今世界与当代中国的公平正义问题，以共享理念倡导发展成果更多更公平惠及全体人民与各国人民，不能一部分人或一些国家的"获得感"建立在另一部分人或另一些国家的"剥夺感"之上，要以共享理念推动全体人民共同富裕与倡导各国人民共同发展。邓小平指出："少部分人获得那么多财富，大多数人没有，

---

① 习近平：《论把握新发展阶段、贯彻新发展理念、构建新发展格局》，中央文献出版社 2021 年版，第 94 页。

② 双传学：《唯物辩证法视域下新发展阶段的历史方位探析》，载于《中国特色社会主义研究》2021 年第 4 期。

这样发展下去总有一天会出问题。分配不公，会导致两极分化，到一定时候问题就会出来。这个问题要解决。"①　一方面，国内共享问题。习近平指出："在共享改革发展成果上，无论是实际情况还是制度设计，都还有不完善的地方。"②　经过 40 多年干事创业，中国发展的"蛋糕"不断做大，如何分好分享"蛋糕"成为现代化发展的重要命题。共享发展理念成为解决分配公正问题的良药与良方，通过共享制度化解决权利不平等、机会不充分、收入分配不公、贫富差距过大、地区城乡利益失衡等问题。邓小平指出："十二亿人口怎样实现富裕，富裕起来以后财富怎样分配，这都是大问题。……要利用各种手段、各种方法、各种方案解决这些问题。"③另一方面，国际共享问题。习近平指出："推动建设一个开放、包容、普惠、平衡、共赢的经济全球化，既要做大蛋糕，更要分好蛋糕，着力解决公平公正问题。"④　当前全球财富分配不均衡，贫富差距悬殊，两极分化严重，富者愈富，穷者愈穷。习近平指出："全球最富有的百分之一人口拥有的财富量超过其余百分之九十九人口财富的总和，收入分配不平等、发展空间不平衡令人担忧。全球仍然有七亿多人口生活在极端贫困之中。"⑤　新时代中国以共享理念提出经济全球化再平衡，倡导参与全球化的普遍获益与均衡收益，让不同国家、民族、区域、阶层、群体共享全球化的好处，共享尊严、成果与安全。习近平说："全球经济治理应该以共享为目标，提倡所有人参与，所有人受益。"⑥

第三节　从忧患意识把握新时代中国式现代化新发展理念

习近平指出："增强忧患意识，做到居安思危，是我们党治国理政的一个重大原则。"⑦　人无远虑，必有近忧。生于忧患，死于安乐。防患未然、防微杜渐。居安思危是中国共产党人的精神状态与精神风貌。习近平强调，我们党是生于忧患、成长于忧患、壮大于忧患的政党，正是心存忧患、肩扛重担，才能团结带领

---

①③　《邓小平年谱（一九七五——一九九七）》（下），中央文献出版社 2004 年版，第 1364 页。

②　习近平：《论把握新发展阶段、贯彻新发展理念、构建新发展格局》，中央文献出版社 2021 年版，第 42 页。

④　习近平：《论坚持推动构建人类命运共同体》，中央文献出版社 2018 年版，第 421 页。

⑤　习近平：《论坚持推动构建人类命运共同体》，中央文献出版社 2018 年版，第 404 页。

⑥　习近平：《论坚持推动构建人类命运共同体》，中央文献出版社 2018 年版，第 372 页。

⑦　习近平：《习近平谈治国理政》第三卷，外文出版社 2020 年版，第 19 页。

人民从胜利走向新胜利。① 改革开放 40 多年来，我国综合国力进入世界前列，国际地位实现前所未有的提升，中华民族面貌发生前所未有的变化，但我们也要清醒地意识到事业越前进、越发展、越顺利、越辉煌，越是接近目标，新情况、新问题、新风险、新挑战就会越发增多，越要增强忧患意识，做到居安思危。习近平指出："历史使命越光荣，奋斗目标越宏伟，执政环境越复杂，我们就越要增强忧患意识。"② 共产党人的忧患意识是一种危机感、责任感、使命感，既是对内外形势的清醒认识，也是对自己使命的责任担当。新时代我们党提出新发展理念，也是中国共产党人忧患意识的理论自觉和理论创造，是新时代面对波谲云诡的国际形势、复杂敏感的周边环境、艰巨繁重的改革发展稳定任务的思想自觉，是增强忧患意识与不犯颠覆性错误的战略支撑。新时代以习近平同志为核心的党中央立足于世情、国情、党情、民情的复杂变化，在贯彻新发展理念中，增强忧世、忧党、忧国、忧民意识，本着对人类、对民族、对人民、对党的四重责任，所做的一切都是为人民谋幸福、为民族谋复兴、为世界谋大同。

一、现代化进程中的忧世意识

党的十九届六中全会通过《中共中央关于党的百年奋斗重大成就和历史经验的决议》指出："坚持胸怀天下。大道之行，天下为公。党始终以世界眼光关注人类前途命运。"③ 增强忧患意识，居安思危，首先要以博大胸襟和广阔眼界观察世界、判断形势。新发展理念提出的重要生成逻辑——"世界怎么了"与"我们怎么办"。习近平指出："当今世界充满不确定性，人们对未来既寄予期待又感到困惑。世界怎么了、我们怎么办？这是整个世界都在思考的问题，也是我一直在思考的问题。"④ 当今人类正处在大发展大变革大调整时期，世界多极化、经济全球化、社会信息化、文化多样化深入发展，和平、发展、合作、共赢的时代潮流更加强劲，各国命运与共、休戚相关。同时全球性挑战与问题的数量之多、风险之大、影响之广度和深度前所未有，世界面临的不稳定性和不确定性陡然上升。金融危机阴云不散、全球化遭遇逆流、世界经济增长乏力、贫富分化日益严重、保护主义和单边主义抬头，恐怖主义、网络安全、难民危机、重大传染性疾病、气候变化等非传统安全威胁持续蔓延，当下世界百年未有之大变局和新

---

① 《中共中央政治局召开民主生活会　习近平主持并发表重要讲话》，载于《人民日报》2017 年 12 月 27 日。
② 《十八大以来重要文献选编》（中），中央文献出版社 2016 年版，第 92 页。
③ 《中共中央关于党的百年奋斗重大成就和历史经验的决议》，载于《人民日报》2021 年 11 月 17 日。
④ 习近平：《论坚持推动构建人类命运共同体》，中央文献出版社 2018 年版，第 414 页。

冠疫情全球大流行交织影响，世界环境更趋复杂严峻。习近平指出："今天，我们也生活在一个矛盾的世界之中。一方面，物质财富不断积累，科技进步日新月异，人类文明发展到历史最高水平。另一方面，地区冲突频繁发生，恐怖主义、难民潮等全球性挑战此起彼伏，贫困、失业、收入差距拉大，世界面临的不确定性上升。对此，许多人感到困惑，世界到底怎么了？"① 他指出："和平赤字、发展赤字、治理赤字，是摆在全人类面前的严峻挑战。这是我一直思考的问题。"② 此后他又强调："国际社会正面临治理赤字、信任赤字、和平赤字、发展赤字四大挑战。"③ 新时代我们党对人类面临和平赤字、发展赤字、治理赤字、信任赤字的严峻挑战表现出高度关注与强烈担忧。

二、现代化进程中的忧党意识

办好中国的事情关键在党，党是领导一切的。打铁必须自身硬。党要团结带领人民统揽"四个伟大"，必须毫不动摇坚持和完善党的领导，把党建设得更加坚强有力，始终走在时代前列，成为时代先锋和民族脊梁，成为全国人民的主心骨和伟大事业的坚强领导核心。习近平强调，执政环境越复杂，我们就越要增强忧患意识，越要从严治党，做到"为之于未有，治之于未乱"，使我们党永远立于不败之地。④ 忧党意识要求全党同志在党言党、在党忧党、在党为党，把爱党、忧党、兴党、护党落实到党要管党、从严治党的任务中，提高党的领导水平和执政本领、增强拒腐防变和抵御风险能力。一是坚定理想信念。革命理想高于天，理想信念是中国共产党人的精神之"钙"，精神缺"钙"就会得"软骨病"，党面临的最大风险是变质、变色、变味，信仰信念是共产党人安身立命的根本，是经受住任何考验的精神支柱。二是提升执政本领。习近平强调，我们党既要政治过硬，也要本领高强。⑤ 百年党史蕴藏丰厚的智源、智慧、智能，学党史重在收获启示、启迪、启发，提升执政能力与水平，克服本领恐慌。三是解决现实问题。全面从严治党必须有力解决影响党的先进性与纯洁性问题，从根本解决思想不纯、组织不纯、作风不纯等突出问题，有效应对长期执政考验、改革开放考验、市场经济考验、外部环境考验，高度警惕精神懈怠危险、能力不足危险、脱

---

① 习近平：《论坚持推动构建人类命运共同体》，中央文献出版社 2018 年版，第 400～401 页。
② 习近平：《论坚持推动构建人类命运共同体》，中央文献出版社 2018 年版，第 432 页。
③ 习近平：《为建设更加美好的地球家园贡献智慧和力量——在中法全球治理论坛闭幕式上的讲话》，载于《人民日报》2019 年 3 月 27 日。
④ 习近平：《在党的群众路线教育实践活动总结大会上的讲话》，载于《人民日报》2014 年 10 月 9 日。
⑤ 《习近平谈治国理政》第三卷，外文出版社 2020 年版，第 53 页。

离群众危险、消极腐败危险，破除形式主义、官僚主义、享乐主义、奢靡之风。四是增强执政能力。全面从严治党确保党始终总揽全局、协调各方，提高党把方向、谋大局、定政策、促改革的能力和定力，不断增强政治领导力、思想引领力、群众组织力、社会号召力。

三、现代化进程中的忧国意识

中华民族是常怀忧患的民族。位卑未敢忘忧国，事定犹须待阖棺（陆游：《病起书怀》）。苟利国家生死以，岂因祸福避趋之（林则徐：《赴戍登程口占示家人》）。先天下之忧而忧，后天下之乐而乐（范仲淹：《岳阳楼记》）。中国共产党人是坚定的爱国者，新时代以习近平同志为主要代表的中国共产党人，面对纷繁复杂的国际国内形势，保持战略定力，增强忧患意识，为国家强盛、国家安全、国家机遇提早谋划、科学研判。一是由大到强的忧国意识。习近平指出："一个国家只是经济体量大，还不能代表强。"[1] 他多次强调，虽然我国经济总量跃居世界第二，但大而不强、臃肿虚胖体弱问题相当突出，主要体现在创新能力不强，这是我国这个经济大块头的"阿喀琉斯之踵"。[2] 中国成为世界第二大经济体与世界制造业第一大国，中国从"有没有与大不大"的时代迈向"强不强与好不好"的时代。我们党清醒认识到中国经济发展不少领域大而不强、大而不优，自主创新能力薄弱与竞争力不强。2014 年 5 月习近平在河南考察工作时提出由大到强的三个转变——中国制造向中国创造转变、中国速度向中国质量转变、中国产品向中国品牌转变。[3] 二是居安思危的忧国意识。当前我国发展仍处于重要战略机遇期，前景十分光明，挑战也十分严峻。习近平指出，前进的道路不可能一帆风顺，越是前景光明，越是要增强忧患意识，做到居安思危，全面认识和有力应对一些重大风险挑战。[4] 2021 年习近平总书记在党史学习教育动员大会上指出："当前，我国发展面临着前所未有的风险挑战，既有国内的也有国际的，既有政治、经济、文化、社会等领域的也有来自自然界的，既有传统的也有非传统的，'黑天鹅'、'灰犀牛'还会不期而至。"[5] 三是化危为机的忧国意识。习近平指出："进入新发展阶段，国内外环境的深刻变化既带来一系列新机

---

① 《习近平关于科技创新论述摘编》，中央文献出版社 2016 年版，第 40 页。

② 《习近平谈治国理政》第二卷，外文出版社 2017 年版，第 203 页。

③ 《习近平在河南考察时强调 深化改革发挥优势创新思路统筹兼顾 确保经济持续健康发展社会和谐稳定》，载于《人民日报》2014 年 5 月 11 日。

④ 习近平：《全面贯彻落实总体国家安全观开创新时代国家安全工作新局面》，载于《人民日报》2018 年 4 月 18 日。

⑤ 习近平：《在党史学习教育动员大会上的讲话》，人民出版社 2021 年版，第 17 页。

155

遇，也带来一系列新挑战，是危机并存、危中有机、危可转机。"① 新发展阶段的中国不仅面临前所未有的发展机遇，也面临前所未有的严峻挑战，既要居安思危，也要化危为机、化险为夷，及时采取应对之策，聚焦重点，抓纲带目，破顽疾、除隐患、补短板、强弱项。

四、现代化进程中的忧民意识

忧民意识是中华文化的重要组成部分。从屈原的"长太息以掩涕兮，哀民生之多艰"的感慨，到杜甫的"安得广厦千万间，大庇天下寒士俱欢颜"的憧憬，再到郑板桥的"衙斋卧听萧萧竹，疑是民间疾苦声。些小吾曹州县吏，一枝一叶总关情"的诗句。习近平多次强调江山就是人民、人民就是江山，党领导人民打江山守江山，守的是人民的心。② 忧民意识也是中国共产党人忧患意识的重要内容。我们党根基在人民、血脉在人民、力量在人民，党始终代表中国最广大人民的根本利益，情为民所系、利为民所谋、权为民所用，做到常怀忧民、爱民、惠民之心。百年来我们党团结带领人民不断为美好生活而奋斗，始终把人民群众安危冷暖放在心上，最忧心的问题是关系人民切身利益的民生问题，着力破解发展不平衡不充分的问题，解决民众最盼、最急、最忧、最怨的民生问题，补足就业、教育、医疗、居住、养老等民生领域的短板与弱项，做到知民情、顺民意、解民忧、化民怨、暖民心、惠民生。进入新时代，我们党强调要树立以人民为中心的发展思想，常怀忧患之思，常念人民之托，多谋民生之利、多解民生之忧，在发展中补齐民生短板、促进社会公平正义，突出抓重点、补短板、强弱项，在幼有所育、学有所教、劳有所得、病有所医、老有所养、住有所居、弱有所扶上不断取得新进展。习近平强调："对困难群众，我们要格外关注、格外关爱、格外关心，千方百计帮助他们排忧解难，把群众的安危冷暖时刻放在心上，把党和政府的温暖送到千家万户。"③

新时代中国式现代化是新发展阶段的现代化。"新发展理念是我们处于新的发展阶段的发展理念。"④ 党的十九届五中全会强调在现代化发展进程中要注重贯彻新发展理念的整体关联、内外联动与协同发力，强调深入贯彻新发展理念，必须准确把握新发展阶段与加快构建新发展格局，以"三新"的整体性、协同性

---

① 习近平：《论把握新发展阶段、贯彻新发展理念、构建新发展格局》，中央文献出版社 2021 年版，第 372 页。
② 习近平：《在庆祝中国共产党成立 100 周年大会上的讲话》，载于《人民日报》2021 年 7 月 2 日。
③ 《习近平谈治国理政》第一卷，外文出版社 2018 年版，第 189 页。
④ 卢国琪：《论深化对三大规律认识的再认识》，载于《北京社会科学》2021 年第 11 期。

推动高质量发展，为全面建设社会主义现代化国家开好局、起好步。有学者认为，新发展理念是"将科学的马克思主义理论与中国改革开放的伟大实践和时代特征紧密结合的智慧结晶。"① 新阶段要把新发展理念完整、准确、全面贯穿于现代化发展的全过程和各领域，立足新发展阶段、构建新发展格局，推动实现更高质量、更有效率、更加公平、更可持续、更为安全的发展。

一方面，在准确把握新发展阶段中贯彻新发展理念。新阶段是高质量发展的阶段，高质量发展是创新发展、协调发展、绿色发展、开放发展、共享发展的全面发展与协同发力，新发展理念是实现高质量发展的"金钥匙"和"引动力"。进入新阶段，全面建设社会主义现代化国家开好局、起好步，必须坚定不移贯彻新发展理念，以推动高质量发展为主题，以改革创新、统筹协调、绿色低碳、开放联动、共享共赢为五大支撑，统筹发展和安全，加快建设现代化经济体系，加快构建新发展格局，推进国家治理现代化。

另一方面，在加快构建新发展格局中贯彻新发展理念。中国式现代化高质量发展既是历史的进程，也是空间的布局和利益的联动。新发展阶段的发展方位和发展环境决定了中国式现代化的发展结构与运行框架。构建新发展格局是形成以国内大循环为主体、国内国际双循环相互促进的发展格局，这是统筹国内国际两个大局中的内外联动与自我完善，事关我国现代化发展全局的重大战略任务，是新阶段全面建设社会主义现代化国家的路径选择。完整准确全面贯彻新发展理念，要以畅通国内大循环为立足点，统筹推进国内国际双循环，实现现代化发展的高质量与国家自立自强的高水平。构建新发展格局要以新发展理念为指引，通过崇尚创新、注重协调、倡导绿色、厚植开放、推进共享来实现高质量发展和高水平安全。

---

① 孙红湘、张静：《以新发展理念指引高质量发展》，载于《人民论坛》2018 年第 30 期。

第三篇

坚定"四个自信"的中国式现代化

新时代中国式现代化是"四个自信"的现代化。党的二十大报告指出：中国共产党已走过百年奋斗历程。全党同志务必"坚定历史自信，增强历史主动"，"坚定道路自信、理论自信、制度自信、文化自信"。①道路自信、理论自信、制度自信、文化自信即"四个自信"是新时代中国式现代化的必由之路、内在要求与精神动力。

新时代中国式现代化"四个自信"作为一个逻辑统一体，内在地蕴含着道路的正确性、理论的科学性、制度的优越性和文化的先进性，展示了新时代全面建成社会主义现代化强国的光明前景。道路是实现途径、理论是行动指南、制度是根本保障、文化是内在动力，它们统一于新时代社会主义现代化伟大实践。只有坚定中国式现代化强国建设的"四个自信"，统一思想，凝聚共识，才能把新时代全面建成社会主义现代化强国伟大事业不断推向前进。

一方面，坚定"四个自信"促进新时代中国式现代化；另一方面，新时代中国式现代化增强"四个自信"。新时代全面建成社会主义现代化强国夯实"四个自信"的物质基础，统筹推进"五位一体"总体布局，协调推进"四个全

---

① 《习近平著作选读》第一卷，人民出版社2023年版，第1~2、16页。

面"战略布局，全面贯彻新发展理念，不断解放和发展社会生产力，不断壮大我国经济实力和综合国力，不断朝着全面建成社会主义现代化强国的目标奋勇前进。 新时代全面建成社会主义现代化强国是夯实"四个自信"的精神基础，以坚定的理想信念补足精神之"钙"，以中华优秀传统文化铸牢民族之"魂"，着力建设中华民族共有精神家园，为实现"两个一百年"奋斗目标、全面建成社会主义现代化强国，进而为实现中华民族伟大复兴的中国梦提供精神指引。

第九章

新时代中国式现代化"四个自信"的历史逻辑

现代化是人类文明的重要标志,现代化建设程度是当今世界国与国之间拉开差距的显著标志。一个国家现代化建设水平越高,代表这个国家的整体实力越强,对世界的影响往往也越大。中国特色社会主义进入新时代,我们为什么要在坚定"四个自信"中建设中国式现代化强国?这实质是回答建设中国式现代化强国"四个自信"的历史逻辑问题,对这一问题的科学回答,必须要深入到对新时代建设中国式现代化强国"四个自信"的实践进路和提出过程中。

第一节 新时代中国式现代化"四个自信"的实践进路

新时代中国式现代化"四个自信"是在现代化"三个自信"基础上发展而来的,不仅鲜明地表征了中国共产党与时俱进的理论品质,而且有力地表明了马克思主义在中国式现代化进程中的不断创新和发展。学界充分认识到,"中国共产党百年演进的历程中蕴含着'四个自信'的历史逻辑"①;大多数学者从中国共产党治国理政韬略、中国特色社会主义主题维度论证"四个自信",有学者指

---

① 段治文:《中国共产党百年历史进程与"四个自信"》,载于《观察与思考》2021年第6期。

出，"四个自信"统一于中国特色社会主义伟大实践和中国式现代化建设之中①，中国式现代化彰显"四个自信"②。从中国式现代化与"四个自信"互动关系看，"四个自信"是中国式现代化的前提，中国式现代化又增强"四个自信"。新时代中国式现代化"四个自信"的形成则经历了中华民族从"站起来"到"富起来"再到"强起来"的发展逻辑，这一过程不仅是中国革命、建设、改革的螺旋式发展和阶梯式推进的壮丽展现，而且是中国人民在中国共产党领导下不断推进社会主义现代化强国建设进程中逐步确立"四个自信"的过程。

一、"站起来"：现代化建设的起步与"四个自信"的萌发

中国式现代化建设是一个艰辛的过程，也是"四个自信"逐步确立和牢固坚守的发展过程。因此，中国式现代化强国建设过程和"四个自信"的逐步生成有着深厚的历史根基。回顾历史，当我们将历史时钟倒置到 1840 年时，中国广袤的大地上正在上演着西方列强的疯狂入侵和底层老百姓艰难求生的场景。然而，面对西方列强疯狂的入侵，整日沉醉于"天朝上国"沾沾自喜地大物博的清王朝根本无法招架得住西方列强船坚炮利的攻击。这看似是西方列强对东方古老封建中国财富的垂涎和抢劫，实则是在工业文明推动下的资本主义国家在逐步走向现代化进程中的必然结果，是资本主义逐利本性对依旧停留于传统农耕文明国家的主动入侵和无底线的疯狂盘剥、压榨。两种不同文明代表着两种不同的生产力发展水平和制度文明，实质是资本主义走向现代化过程中对全球的疯狂掠夺，而尚未接触现代化的封建国家根本无力对抗进入工业文明的资本主义国家，进而沦为了资本主义国家盘剥和宰割的对象。显然，代表人类更高生产力发展水平的西方列强在这场战争中大获全胜，进而打破了大清帝国的宁静与狭隘，也彻底打碎了大清帝国的傲慢和自信。西方船坚炮利攻击之后不仅是对中国财富的疯狂抢劫，而且是一系列不平等条约的签订，腐朽的清王朝只能任人宰割。进而形成了鲜明的对比，一面是西方列强的强大攻击，另一面是封建的大清帝国自身的腐朽与衰落。从深层来看，整个鲜明的对比展现的是西方列强捷足先登工业革命以来的现代化快车后，对依旧停留于僵化封闭的中国封建王朝的疯狂盘剥和抢劫。面对这种内在的冲突和对抗，中国人对当时腐朽的清王朝的封建道路、封建理论、封建制度、封建文化开始反思和批判，一部分先进的中国人开始积极自我调整、

---

① 韩美群：《习近平关于"四个自信"重要论述的原创性贡献》，载于《马克思主义研究》2023 年第 6 期。
② 严文波、沈卓群：《中国式现代化彰显"四个自信"》，人民网，2022 年 11 月 15 日；季洪材：《中国式现代化彰显"四个自信"》，人民网，2023 年 5 月 11 日。

自我革新，试图挽救垂死的大清帝国，对当时清王朝的军事、政治、文化等方面都进行了积极改良。面对军事实力方面的巨大差距，一些中国人开始学习西方的"器物"文明，旨在通过学习和引进西方的军事和科学技术来实现国家富强，然而，随着"甲午中日战争"大清帝国的惨败，宣告了学习西方"器物"文明的失败。与此同时，一些中国人旨在通过学习西方制度乃至文化来实现民族自强，但终究以失败告终。

显然，曾经自我陶醉于"天朝上国"而沾沾自喜、狂妄傲慢、夜郎自大的大清王朝，被西方列强的船坚炮利打碎的不仅仅是傲慢与尊严，更是内在的自信。面对西方列强各方面的显著优势，当时的封建王朝不得不开始反思自己的道路、理论、制度、文化，并以一种谦卑的低姿态的方式开始学习西方的道路、理论、制度乃至文化，但这种"头疼医头，脚疼医脚"的小修小补的改良方式终究挽救不了已经病入膏肓的大清帝国，各种改良终以失败告终。就其实质而言，这是因为代表一种人类更高生产力发展水平的资本主义制度更符合人类发展潮流，资本主义国家开始陆续加速推进现代化建设，而代表封建主义的清王朝，无论如何改良，若不变革自身的生产关系使之彻底适应当时整个世界的生产力发展的大势，必然会走向失败。可见，在当时的环境下，哪个国家若先进行乃至完成现代化建设，那么它就能赢得未来，显然，裹足不前的大清帝国不可能真正进行现代化建设，只能在这场战争中被西方列强瓜分。面对这种情况，越来越多的中国人开始一度丧失自信，甚至很多社会名流一度提出了"全盘西化"的思想，这种对西方盲目的"崇拜"，实则是对当时中国自己道路、理论、制度、文化的一种极度自卑和极其失望。与此同时，在反抗西方列强的殖民掠夺中，中国人经历了千难万阻，但幸运的是，1917年十月革命的胜利，给中国人民送来了马克思列宁主义，至此在黑暗中摸索的中国人民找到了光明的出路，一条全新的道路开始被中国人所接纳，这就为中国此后的现代化奠定了基础，至此，中国人民迎来了新的曙光。

然而，先进的中国人在将马克思列宁主义引入中国后，曾一度经历了一个艰难的吸收和适应阶段，甚至中国共产党党内高级干部中也出现了一些人教条地、本本地照搬马克思列宁主义的做法，革命之初没有能够将马克思主义基本原理与中国实际有效结合，在战略上机械地模仿苏联革命的城市暴动论，最终以失败告终。而在红军反"围剿"的过程中，王明、博古等机械照搬苏联革命模式，进而在军事进攻中犯了"左"倾冒险主义错误，在防御时犯了保守主义错误，在战略转移中又犯了逃跑主义错误。导致这些错误的因素是多方面的，但最根本的是不能将马克思列宁主义立足于中国实际进行灵活运用，而是本本地、僵化地理解和运用马克思列宁主义，进而给中国革命造成了巨大损失。但正是在这种教训和损失的基础上，中国共产党人不断进行自我反思、自我矫正、自我革命，成功地将马克思主义理论与中国的具体实际情况科学结合，创立了毛泽东思想，实现了马克思主义在中国的第一次伟大飞跃，并指导中国人民实现了民族独立和人民解放。在毛泽东思想的指导下，中国共产党带领中国人民探索出了一条完全适合自身国情的道路，并建立了人民民主专政的社会主义国家，进而从深层影响和改变了中国社会的组织结构、文化方式，中国人对自鸦片战争以来自己道路、理论、制度、文化的自卑开始不断走向了自觉和自信。这种自觉和自信归根到底是对马克思主义的信仰，是对中国共产党的信任，是对中国共产党领导下的中国未来发展前景的满怀信心。

二、"富起来"：现代化建设的加快与"四个自信"的明确

新中国的成立为社会主义现代化强国建设奠定了坚实基础。然而，无数革命先烈和前辈在用鲜血换来了中华民族"站起来"的同时，却面临着这样一个残酷的现实，即新生的中华人民共和国在经历了无数战乱后正处在千疮百孔、一穷二白的境地。进一步而言，新中国的成立宣告了中华民族"站起来"了，但却面临着要急需解决吃饱穿暖等最基本的生存和发展问题，这是当时中国共产党面临的最急迫的困难，对当时的中国共产党执政构成了重大挑战。面对这些困难，以毛泽东同志为主要代表的中国共产党人带领中国人民直面现实困境，在勇往直前和不懈奋斗中克服了千难万险，实现了从新民主主义向社会主义的成功转变，在此基础上成功走出了一条适合中国国情的社会主义改造道路，从根本上掌握了政权，带领中国人民确立了社会主义基本制度，至此中国的现代化建设事业拉开了崭新的序幕。实质上，社会主义基本制度的确立，极大地提高了人民群众的积极性、创造性和归属感，有效促进了中国社会生产力的显著发展，着实推进了中国的现代化建设，并"为当代中国一切发展进步奠定了根本政治前提和制度基础，实现了中华民族由近代不断衰落到根本扭转命运、持续走向繁荣富强的伟大飞跃"①。此后，历代中国共产党人继承和发展了毛泽东思想，并站在革命前辈奠定的扎实基础上，不断致力于推进中国的现代化建设，切实促进了中国经济社会的更加快速和稳健的发展。

党的十一届三中全会后，以邓小平同志为主要代表的中国共产党人，实行改革开放，开创了中国特色社会主义道路，围绕什么是社会主义、怎样建设社会主义这一根本问题，借鉴世界社会主义历史经验，创立了邓小平理论，进一步推进了中国的现代化建设，并在党的十三大比较系统地提出了社会主义初级阶段理

---

① 《习近平著作选读》第二卷，人民出版社 2023 年版，第 12 页。

论，明确了"一个中心、两个基本点"的基本路线，有效推进了中国社会主义现代化的快速发展。在邓小平理论的科学指导下，中国特色社会主义现代化建设取得了举世瞩目的成就，促使中国人民更加坚定了"四个自信"。世纪交替之际，以江泽民同志为主要代表的中国共产党人，形成了"三个代表"重要思想，围绕"建设一个什么样的党，怎样建设党"这一关键任务，不断推进中国式现代化强国建设事业取得了伟大进步。进入21世纪，以胡锦涛同志为主要代表的中国共产党人，紧紧抓住我国发展的重要战略机遇期，形成了科学发展观，紧紧围绕"实现怎么样的发展，如何发展"这个核心问题，带领中国人民成功应对了各种挑战，形成了中国特色社会主义理论体系。正是在这一理论体系的指引下，我国取得了中国式现代化强国建设的高水平发展，切实增强了中国人民对中国式现代化道路自信、理论自信、制度自信、文化自信的信念。

社会存在决定社会意识，中国共产党领导中国人民接力奋进、不断开拓进取，取得了一个又一个伟大成就，中国人民不仅摆脱了列强到处欺压凌辱的时代，而且告别了以往挨饿受冻的时代。当前，"我们实现了第一个百年奋斗目标，在中华大地上全面建成了小康社会，历史性地解决了绝对贫困问题，正在意气风发向着全面建成社会主义现代化强国的第二个百年奋斗目标迈进。"[①] 中国共产党人在带领中国人民推进现代化建设中取得了无数伟大成就，这些都是最真实的社会现实，每一位中国人民都能切身体会到这种巨大变化和来之不易的成就，进而对"四个自信"牢牢内化于心。当前，中国在世界舞台上的地位愈发重要，中国人在全球的影响力越来越大，越来越多的中国人开始不再盲目崇拜西方，而是以理性的头脑看到了中国的显著优势和西方很多方面的不足，进而对中国的未来充满了信心，对中国共产党更加信任，对"四个自信"更加坚定。由此可见，中华民族"富起来"的发展阶段，既是一个致力于中国式现代化的快速发展期，也是一个"四个自信"的明确过程。实践和理论凝结为党和国家的制度。中国式现代化在快速发展中进一步坚定了中国人民的"四个自信"，反过来"四个自信"的明确又进一步促进了中国式现代化进程。

三、"强起来"：现代化强国建设全面展开与"四个自信"的加强

党的十八大以来，我国在经济社会各个方面发展中取得了伟大成就，有效促进了中国式现代化强国建设的快速发展，显著提高了中国人民的生活水平，着实

---

① 《习近平著作选读》第二卷，人民出版社2023年版，第476页。

提升了中国的综合国力。自信是一种人的内在心理活动，归根到底要受制于现实社会生活的制约，党的十八大以来中国式现代化强国建设取得的伟大成就，就是最真实、最广泛、最易被人民群众所能触及的社会存在，进而极大地增强了全党全国各族人民的"四个自信"，有效凝聚了全党全国各族人民致力于全面建成社会主义现代化强国和实现中国梦的磅礴伟力。

伴随中国特色社会主义进入新时代，"我国社会生产力水平总体上显著提高，社会生产能力在很多方面进入世界前列"①，建成中国式现代化强国开始进入更高水平的发展阶段。"多方面的显著优势展现系统优势"②，显然，新时代以来中国社会的深刻变化，不仅显著改变了中国实际状况，而且对世界也产生了深刻影响，越来越多的国家开始对中国刮目相看，开始加大了与中国的合作力度。新时代以来中国式现代化强国建设的成功实践，也成为世界上广大发展中国家的成功标杆，为广大想通过和平路径步入现代化的发展中国家提供了有效参考，中国的国际地位空前提高，中国式现代化强国建设道路、理论、制度、文化在世界舞台产生更为深刻和深远的影响。

党的十八大以来，以习近平同志为核心的党中央带领中国人民不仅对内取得了举世瞩目的成就，而且对外对世界产生了前所未有的深刻影响，极大地提升了中国的国际地位，拓展了发展中国家走向现代化的途径。中国在世界舞台上愈发重要的地位和更为瞩目的成就成为每一位中华儿女为之自豪的资本，进而促使中国人民对中国式现代化强国建设道路、理论、制度、文化更加自信。与此同时，以习近平同志为核心的党中央立足高远、放眼未来，"就新时代坚持和发展什么样的中国特色社会主义、怎样坚持和发展中国特色社会主义，建设什么样的社会主义现代化强国、怎样建设社会主义现代化强国，建设什么样的长期执政的马克思主义政党、怎样建设长期执政的马克思主义政党等重大时代课题，提出一系列原创性的治国理政新理念新思想新战略"③，指引着中国特色社会主义现代化建设事业不断前进。党的十九大提出全面建设社会主义现代化国家"分两个阶段"的安排，即"第一个阶段，从二〇二〇年到二〇三五年，在全面建成小康社会的基础上，再奋斗十五年，基本实现社会主义现代化。""第二个阶段，从二〇三五年到本世纪中叶，在基本实现现代化的基础上，再奋斗十五年，把我国建成富强民主文明和谐美丽的社会主义现代化强国。"④ 党的二十大在新时代新征程作出

---

① 《习近平著作选读》第二卷，人民出版社 2023 年版，第 10 页。
② 颜晓峰：《"中国之治"与坚定"四个自信"》，载于《思想理论教育》2020 年第 1 期。
③ 《中共中央关于党的百年奋斗重大成就和历史经验的决议》，载于《人民日报》2021 年 11 月 17 日。
④ 《习近平著作选读》第二卷，人民出版社 2023 年版，第 23～24 页。

"分两步走"的"总的战略安排"①，为全面建成社会主义现代化强国规划了蓝图、指明了方向、提供了保障，极大地增强了每一位中国人的民族自豪感和自信心，切实推进了"四个自信"的稳固发展。不断走向富强的中国人民彻底摆脱了曾经被西方列强随意宰割的时代，并不断成为世界各国为之羡慕乃至时刻学习的对象，中国人也彻底走出了曾经的自卑和失落，"中华民族迎来了从站起来、富起来到强起来的伟大飞跃，实现中华民族伟大复兴进入了不可逆转的历史进程!"② 中华民族走向"强起来"的历史发展阶段，不仅是一个社会主义现代化强国建设的全面发展阶段和快速发展期，而且是"四个自信"的稳固发展阶段，二者在同步发展中共同促进着中华民族伟大复兴。

总之，"'三个起来'是针对落后、贫穷、不强三大问题提出的。邓小平开辟的新中国改革开放时代是'富起来'开启与实现的时代。党的十八大以来习近平已开启'强起来'的时代。实现'强起来'是'将来时'，新时代走向'强起来'是'进行时'。站起来是为了富强，只有富起来才能站直，只有强起来才能站稳，而站直、站稳是为了更富更强。""'三个起来'的深刻逻辑关联还在于，自信地站起来、富起来、强起来，是对中国道路、中国理论、中国制度、中国文化'四个自信'的最有力的确证。"③

第二节 新时代中国式现代化"四个自信"的提出过程

党的十八大首次提出"三个自信"，强调全党要坚定中国特色社会主义道路自信、理论自信、制度自信。④ "四个自信"在此基础上发展而来，同时，深入问题实质，会发现党的十八大并不是没有提"四个自信"中的"文化自信"，而是提到"扎实推进社会主义文化强国建设"，其实质是内含了"文化自信"。因此，如果从清晰的时间线索来看，我们可以认为党的十八大完整提出的"三个自信"已经是"四个自信"较早的雏形。此后，习近平在不断开拓进取中促进理论创新，在 2014 年 2 月 24 日的中央政治局十三次集体学习中，习近平提出要"增强文化自信和价值观自信"⑤，在 2014 年 3 月 7 日的"两会"期间，习近平

---

① 《习近平著作选读》第一卷，人民出版社 2023 年版，第 20 页。
② 《习近平著作选读》第二卷，人民出版社 2023 年版，第 479～480 页。
③ 汪青松：《"三个起来"与新中国 70 年的发展逻辑》，载于《安徽师范大学学报（人文社会科学版）》2019 年第 6 期。
④ 胡锦涛：《在中国共产党第十八次全国代表大会上的报告》，载于《人民日报》2012 年 11 月 18 日。
⑤ 《习近平谈治国理政》，外文出版社 2014 年版，第 164 页。

总书记在听取贵州代表团工作汇报时，提出："我们要坚定理论自信、道路自信、制度自信，最根本的还有一个文化自信。"① 这是习近平总书记对"四个自信"比较完整的较早论述，在此之后的文艺工作座谈会、哲学社会科学工作座谈会、"七一"重要讲话等会议和讲话中，习近平总书记反复完整地论述了"四个自信"。在此基础上，党的十九大也明确强调："全党要更加自觉地增强道路自信、理论自信、制度自信、文化自信，既不走封闭僵化的老路，也不走改旗易帜的邪路，保持政治定力，坚持实干兴邦，始终坚持和发展中国特色社会主义。"② 由此，完整的"四个自信"写入了党的重要文献。

进一步从详细的时间线索来看，"四个自信"的形成与发展是一个伴随中国式现代化强国建设伟大实践稳定推进的过程。中国现代化的不断推进过程，逐步绘就了中国式现代化的壮丽画卷，进而集中彰显了"四个自信"。因此，"四个自信"思想的形成历史，与中国式现代化强国建设的发展是一个同频共振的过程，"充分体现了中国梦的历史逻辑，即近代寻梦、现代筑梦、当代圆梦"③。

1921年中国共产党成立，中国历史进入了崭新的时期。在中国共产党的领导下，中国人民坚持马克思主义的指导，在1949年取得了新民主主义革命的胜利，建立了中华人民共和国。新中国的成立，社会主义制度的确立，为全面开启中国式现代化强国建设奠定了坚实基础。

1978年，党的十一届三中全会召开，重新确立解放思想、实事求是的思想路线，全面纠正"文化大革命"的"左"倾错误，确定了改革开放的大政方针。1981年6月党的十一届六中全会，对适合这一中国国情的社会主义道路进行了初步的理论概括，提出了根据新的实践发展马克思主义的新任务。显然，改革开放的到来，极大地推进了中国现代化进程，至此，中国的现代化建设进入了高速发展期。

1982年9月召开的党的十二大，正式提出了"建设有中国特色的社会主义"科学概念。走中国式现代化道路开始在全党达成共识；1984年党的十二届三中全会提出了社会主义"有计划商品经济"论；1987年党的十三大正式提出了社会主义初级阶段论，并从12个方面进一步明确了建设有中国特色的社会主义现代化道路的主要内容。

在建设有中国特色的社会主义的"道路"形成后，1992年党的十四大提出

① 李斌、霍小光：《"改革的集结号已经吹响"——习近平总书记同人大代表、政协委员共商国是纪实》，载于《人民日报》2014年3月13日。
② 《习近平著作选读》第二卷，人民出版社2023年版，第14页。
③ 汪青松：《论中国梦的历史逻辑——兼论"四个自信"与中国梦的实现》，载于《社会主义研究》2017年第3期。

了"邓小平同志建设有中国特色社会主义理论"的概念；党的十四大报告指出，我们党"逐步形成和发展了建设有中国特色社会主义的理论"①，"它是马克思列宁主义基本原理与当代中国实际和时代特征相结合的产物，是毛泽东思想的继承和发展"②。报告从社会主义的发展道路、发展阶段、根本任务、发展动力等方面概括了这一理论的主要内容。党的十五大首次正式用"邓小平理论"这一概念代替"邓小平同志建设有中国特色社会主义理论"，并把它写入了党章。至此，有中国特色社会主义的"道路"和"理论"两位一体的格局清晰展现。中国的现代化建设事业走向了更加清晰和科学的境地，中国人民进行现代化建设的热情空前高涨，中国式现代化强国建设事业迎来了一个更加快速的发展阶段。

1989 年党的十三届四中全会以来，以江泽民为主要代表的中国共产党人坚持党的政治路线不动摇，坚持改革开放，进一步发展了中国特色社会主义，形成"三个代表"重要思想，将中国特色社会主义成功推向了 21 世纪。中国的现代化建设事业稳步推进，中国人民对未来充满了更加美好的期待。

2002 年 11 月召开的党的十六大，第一次概括总结了中国特色社会主义现代化建设的基本经验，指出"十一届三中全会以来，我们党找到建设中国特色社会主义的正确道路，赋予民族复兴新的强大生机"③，并强调我们党对这条道路"充满信心"，这是我们党的代表大会文件对"道路自信"的最早表述。与此同时，中国的现代化建设早已深入人心，中国的现代化建设也更加稳步地推进着。

2007 年 10 月召开的党的十七大，首次将改革开放以来我们取得的伟大成就归功为"开辟了中国特色社会主义道路，形成了中国特色社会主义理论体系"④，并强调全党要保持"对马克思主义、对中国特色社会主义、对实现中华民族伟大复兴的坚定信念"⑤，保持对完成党的各项目标任务"充满信心"。这是我们党的代表大会文件对"道路自信"和"理论自信"的初步表达。

2011 年 7 月 1 日，胡锦涛在中国共产党成立 90 周年大会上的讲话中指出："经过九十年的奋斗、创造、积累，党和人民必须倍加珍惜、长期坚持、不断发展的成就是：开辟了中国特色社会主义道路，形成了中国特色社会主义理论体系，确立了中国特色社会主义制度。"⑥ 至此，中国特色社会主义道路、理论、制度"三位一体"格局正式形成，中国特色社会主义现代化建设事业取得了巨大

---

① 《十四大以来重要文献选编》（上），人民出版社 1996 年版，第 10 页。
② 《十四大以来重要文献选编》（上），人民出版社 1996 年版，第 13 页。
③ 《十六大以来重要文献选编》（上），中央文献出版社 2005 年版，第 43 页。
④ 《十七大以来重要文献选编》（上），中央文献出版社 2009 年版，第 9 页。
⑤ 《十七大以来重要文献选编》（上），中央文献出版社 2009 年版，第 43 页。
⑥ 《十七大以来重要文献选编》（下），中央文献出版社 2013 年版，第 435 页。

成就。"中国式现代化超越了资本主义现代化，创造了人类文明新形态。"①

2012 年 11 月召开的党的十八大，第一次把党和人民 90 多年取得的根本成就概括为开辟了"中国特色社会主义道路，中国特色社会主义理论体系，中国特色社会主义制度"，并强调"全党要坚定这样的道路自信、理论自信、制度自信"。② 这是党的代表大会第一次提出"三个自信"。党的十八大报告是中国特色社会主义从"三位一体"走向"三个自信"的重要文献，具有标志性意义。2014 年 2 月 24 日，习近平主持十八届中央政治局第十三次集体学习时指出，要"增强文化自信和价值观自信"③。2014 年 10 月 15 日上午，在文艺座谈会的讲话中又提到，"增强文化自觉和文化自信，是坚定道路自信、理论自信、制度自信的题中应有之义。"④ 在这里习近平是将文化自信作为"三个自信"的内涵提出的，认为文化自信是其他三个自信的题中应有之义。

2016 年 5 月 17 日，在哲学社会科学工作座谈会上的讲话中，习近平从文化自信的本质内涵出发，指出坚定道路自信、理论自信、制度自信"三个自信"，说到底是要坚定文化自信⑤。2016 年 6 月 28 日下午，中共中央政治局举行第三十三次集体学习，习近平在讲话中首次将"文化自信"与"三个自信"并列提出，要求党员尤其是领导干部筑牢信仰之基、补足精神之钙、把稳思想之舵，坚定中国特色社会主义道路自信、理论自信、制度自信、文化自信。⑥ 2016 年 7 月 1 日，在庆祝中国共产党成立 95 周年大会上的讲话中，习近平第一次向全党明确提出"坚持不忘初心、继续前进，就要坚持中国特色社会主义道路自信、理论自信、制度自信、文化自信"，同时指出"文化自信，是更基础、更广泛、更深厚的自信"⑦。这是我们党第一次把"四个自信"作为一个完整的思想体系提出来，标志着包括"文化自信"在内的"四个自信"正式形成。

2017 年 10 月党的十九大报告阐述的新时代中国特色社会主义思想"八个明确"的第三个明确，"强调坚定道路自信、理论自信、制度自信、文化自信"⑧。2021 年 11 月党的十九届六中全会通过的《中共中央关于党的百年奋斗重大成就和历史经验的决议》把习近平新时代中国特色社会主义思想内容从"八个明确"

---

① 王水兴：《中国式现代化新道路与人类文明新形态》，载于《学术界》2021 年第 10 期。

② 《十八大以来重要文献选编》（上），中央文献出版社 2014 年版，第 46 页。

③ 《习近平谈治国理政》第一卷，外文出版社 2018 年版，第 164 页。

④ 习近平：《在文艺工作座谈会上的讲话》，人民出版社 2015 年版，第 25 页。

⑤ 《习近平谈治国理政》第二卷，外文出版社 2017 年版，第 339 页。

⑥ 《习近平在中共中央政治局第三十三次集体学习时强调：严肃党内政治生活净化党内政治生态为全面从严治党打下重要政治基础》，载于《人民日报》2016 年 6 月 30 日。

⑦ 《习近平著作选读》第一卷，人民出版社 2023 年版，第 536 页。

⑧ 《习近平著作选读》第二卷，人民出版社 2023 年版，第 16 页。

拓展为"十个明确",其中第一个明确要求"全党必须增强'四个意识'、坚定'四个自信'、做到'两个维护'"①。这样,"四个自信"被确定为习近平新时代中国特色社会主义思想的重要内容。2022 年 7 月习近平在省部级主要领导干部"学习习近平总书记重要讲话精神,迎接党的二十大"专题研讨班上强调,在全面建设社会主义现代化国家、向第二个百年奋斗目标进军的新征程上,全党必须……坚定中国特色社会主义道路自信、理论自信、制度自信、文化自信,坚定不移推进中华民族伟大复兴历史进程。② 2022 年 10 月党的二十大报告在阐述习近平新时代中国特色社会主义思想"六个必须"的立场观点方法时,提出"必须坚持自信自立","坚定道路自信、理论自信、制度自信、文化自信"的"四个自信"。③ 2023 年 6 月 2 日习近平在文化传承发展座谈会上在阐明深刻理解"两个结合"的重大意义时再提"四个自信",指出:"开辟和发展中国特色社会主义,把马克思主义基本原理同中国具体实际、同中华优秀传统文化相结合是必由之路。""'第二个结合'让中国特色社会主义道路有了更加宏阔深远的历史纵深,拓展了中国特色社会主义道路的文化根基。中国式现代化是强国建设、民族复兴的康庄大道。中国式现代化赋予中华文明以现代力量,中华文明赋予中国式现代化以深厚底蕴。""'第二个结合'让我们掌握了思想和文化主动,并有力地作用于道路、理论和制度。""新时代我们在道路自信、理论自信、制度自信的基础上增加了文化自信。文化自信就来自我们的文化主体性。""创立新时代中国特色社会主义思想就是这一文化主体性的最有力体现。有了文化主体性,就有了文化意义上坚定的自我,文化自信就有了根本依托,中国共产党就有了引领时代的强大文化力量,中华民族和中国人民就有了国家认同的坚实文化基础"。④ 这就深刻阐明了"四个自信"是中国式现代化的学理依据。

① 《中共中央关于党的百年奋斗重大成就和历史经验的决议》,载于《人民日报》2021 年 11 月 17 日。
② 《习近平在省部级主要领导干部"学习习近平总书记重要讲话精神,迎接党的二十大"专题研讨班上发表重要讲话强调:高举中国特色社会主义伟大旗帜,奋力谱写全面建设社会主义现代化国家崭新篇章》,载于《人民日报》2022 年 7 月 28 日。
③ 《习近平著作选读》第一卷,人民出版社 2023 年版,第 16 页。
④ 习近平:《在文化传承发展座谈会上的讲话》,载于《求是》2023 年第 17 期。

第十章

新时代中国式现代化"四个自信"的理论逻辑

新时代中国式现代化有着自身的理论逻辑,对这一理论逻辑的剖析,实质是回答为什么能"四个自信"地建设社会主义现代化强国的问题,而要清晰回答这一问题,必须要深入社会主义现代化强国建设的必由之路、科学指南、根本保障和精神动力的深层逻辑。

第一节 中国式现代化强国建设的必由之路

中国特色社会主义进入新时代,世界正经历百年未有之大变局,中华民族也进入了伟大复兴的关键时期。新时代的中国加快推进社会主义现代化强国建设,必须要坚定不移地走中国特色社会主义道路,要在坚定中国特色社会主义道路自信中推进社会主义现代化强国建设。

一、中国特色社会主义道路是新时代中国式现代化的必由之路

中国共产党百年奋斗的一条重要历史经验是"坚持中国道路"。《中共中央关于党的百年奋斗重大成就和历史经验的决议》指出:"党在百年奋斗中始终坚持从我国国情出发,探索并形成符合中国实际的正确道路。中国特色社会主义道路是创造人民美好生活、实现中华民族伟大复兴的康庄大道。脚踏中华大地,传

承中华文明，走符合中国国情的正确道路，党和人民就具有无比广阔的舞台，具有无比深厚的历史底蕴，具有无比强大的前进定力。"① 新时代中国式现代化强国建设"道路自信"，就是在中国特色社会主义新时代，中国人民在社会主义现代化强国建设中充满道路信心。立足当前中国实际，坚定社会主义现代化强国建设"道路自信"，就是要全党和全国各族人民坚定"中国特色社会主义道路是实现社会主义现代化的必由之路，是创造人民美好生活的必由之路"② 的信念，坚定中国特色社会主义道路是唯一能够成就中华民族走向伟大复兴的信念。

改革开放以来开辟的中国道路是中国特色社会主义道路。中国特色社会主义道路的内涵包括路向、路标、路径三个方面。对"什么是社会主义、怎样建设社会主义"的回答，阐明的是中国特色社会主义道路的"路向"问题；在道路的方向即"路向"上，中国特色社会主义道路以建设富强民主文明和谐美丽的社会主义现代化强国为目标。对"建设什么样的党、怎样建设党"的回答，阐明的是中国特色社会主义道路的"路标"问题；在道路的引导即"路标"上，中国特色社会主义道路在中国共产党领导下，立足基本国情，从社会主义初级阶段的实际出发。对"实现什么样的发展、怎样发展"的回答，阐明的是中国特色社会主义道路的"路径"问题；在道路的途径即"路径"上，中国特色社会主义道路包括党的基本路线和基本纲领。③ 坚定中国式现代化强国建设的道路自信，必须把握中国特色社会主义道路的内涵，认识到中国特色社会主义道路是全面建成社会主义现代化强国的必由之路。

首先，中国共产党是中国特色社会主义道路的领导者，是中国式现代化强国建设的政治保证。党的十九届六中全会指出："中国特色社会主义最本质的特征是中国共产党领导，中国特色社会主义制度的最大优势是中国共产党领导，中国共产党是最高政治领导力量。"④ 道路的开辟、前进、完善和发展过程必须要有优秀的领导者，否则人们在这条道路的行进中容易迷失方向、步入歧途，从而走向误区甚至深陷泥潭难以走出。中国特色社会主义道路不是理论的预设，而是中国共产党结合中国具体实际，并带领中国人民在伟大的实践中开辟的一条适合自己国情的道路。从这条道路的开辟和行进，到这条道路的不断完善和发展，无处不渗透着中国共产党的正确领导。归根到底，这是由中国共产党的先进性和为民性决定的，中国共产党是马克思主义政党，"要始终成为中国先进社会生产力的发

---

① ④ 《中共中央关于党的百年奋斗重大成就和历史经验的决议》，载于《人民日报》2021年11月17日。

② 《习近平谈治国理政》第二卷，外文出版社2017年版，第36页。

③ 汪青松：《马克思主义中国化与中国特色社会主义道路》，载于《当代世界与社会主义》2007年第6期。

展要求、中国先进文化的前进方向、中国最广大人民的根本利益的忠实代表。"①
中国共产党的这种本质属性决定了其是一支从诞生开始就始终代表人民根本利益
的政党，这是中国共产党先进性的最集中体现，也是中国人民对其充分信任并始
终拥护的根本原因。正是基于这一原因，中国共产党才始终保持着自身的先进
性，并不断创造着一个又一个辉煌，为中国的发展作出了巨大贡献，为中华民族
谋得了未来，为中国人民谋得了幸福。中国共产党的先进性决定了其作为中国特
色社会主义道路的开辟者和领导者，始终体现着为民性、科学性和发展性，始终
以人民的根本利益为出发点和落脚地。中国特色社会主义道路的这种先进性构成
了中国特色社会主义"道路自信"的基本内涵之一，进而不断坚定了中国人民对
这条光明大道的信心，构成了社会主义现代化强国建设的主体保证。

其次，"一个中心、两个基本点"是中国特色社会主义道路的基本原则，是
中国式现代化强国建设的方向保障。中国特色社会主义道路是中国共产党领导的
康庄大道，坚持的是以经济建设为中心，坚持四项基本原则，坚持改革开放，解
放和发展社会生产力。"以经济建设为中心"，符合中国特色社会主义初级阶段的
实际情况，即只有把经济发展起来，中国人民的基本生活需要才能得到根本满
足，中国才能进入更高的社会阶段；"坚持四项基本原则"，则从根本上确保了中
国特色社会主义道路的制度属性、前进方向，杜绝了走"改旗易帜的邪路"和
"封闭僵化的老路"的问题；"坚持改革开放"，则从战略层面推动中国特色社会
主义迎合了时代发展潮流，积极推动中国有效融入全球化发展，激活中国经济社
会发展的活力，加速推进社会主义现代化。初心不改、方向不变，则民心所向无
敌，道路将会越走越辉煌。

最后，"五位一体"是中国特色社会主义道路的主要建设内容，是中国式现
代化强国建设的内容保障。中国特色社会主义道路集中体现在"五位一体"总体
布局方面。实质上，"中国特色社会主义文明，是人类文明新形态的创举"②，中
国特色社会主义所蕴含的经济建设、政治建设、文化建设、社会建设、生态文明
建设是一个有机整体，在相互作用、相互推进中共同构成了中国特色社会主义总
体布局，进而合力推进着中国特色社会主义现代化的不断前进。中国特色社会主
义道路内含了"五位一体"总体布局，同时，"五位一体"总体布局不断促进中
国特色社会主义道路的繁荣发展。以"五位一体"总体布局为主要内容的中国特
色社会主义道路，构成了"道路自信"的重要内容。中国人民正是在对这条康庄
大道所蕴含的"五位一体"总体布局的充分认可和认同中，对中国特色社会主义

---

① 《十五大以来重要文献选编》（中），人民出版社 2001 年版，第 1257 页。
② 颜晓峰：《创造社会主义现代化的文明新形态》，载于《马克思主义研究》2021 年第 7 期。

系统观视阈的新时代中国式现代化

道路充满自信、满怀厚望，进而有效促进社会主义现代化强国建设。

二、新时代现代化强国建设坚定道路自信的依据

中国式现代化强国建设道路是一条正确的道路、先进的道路、为民的道路、科学的道路，这条道路展现的正确性、先进性、为民性、科学性，促进着新时代中国式现代化的高速发展，成为中国人民对其充满自信、满怀厚望的重要依据，进而不断增强着中国人民对这条道路的充分自信。

第一，新时代中国式现代化坚定道路自信源自时间的经久考验。中国式现代化强国建设道路并非理论的抽象，而是立足中国具体实践不断生成的，是中国人民在创造中国历史中实践而出的道路，因为这条道路有着深厚的历史根基，是中华儿女在实践中奋斗出来的，这条道路流淌着华夏儿女的心血，渗透着华夏文明的基因。正是这条道路艰辛和漫长的积淀，才铸就了新时代的富强繁荣，更为社会主义现代化强国建设的实现奠定了坚实基础。具体而言，40多年改革开放取得的伟大成就、新中国成立70多年来中国现代化进程中突飞猛进的发展、近代以来180多年中华民族不断走向复兴、5000多年中华民族在当代再次走向伟大复兴。时间是检验道路优劣的最好试金石，成就是展现道路是否优越的最好裁判，在长久的实践进程中，中华民族取得的伟大成就，尤其是改革开放以来中国取得的举世瞩目的成就，以最可靠、最直观的方式向全球证明了中国式现代化强国建设道路的正确性和优越性，也更加坚定了中国人民在社会主义现代化强国建设进程中的"道路自信"。因此，行走于这条道路，我们要对其充满自信，要在具体实践中不断对其坚持和完善，从而更好地推进社会主义现代化强国建设，更好地服务于中国人民的美好生活需要。

第二，新时代中国式现代化坚定道路自信源自全球视野的鲜明对比。哪条道路好，哪条道路劣，不是依靠抽象的理论能够证明的，而是在现实的实践中通过比较展现出来的，更是从现实生活中的人民群众的真切感知评判出来的。立足全球比较视野，西方资本主义道路的出发点、落脚点都是为了资本家的根本利益，普通民众自始至终是资本攫取剩余价值的工具，对这条资本主义道路，人民群众始终是被剥削者、被压迫者，是不可能从内心认同的。与西方资本主义道路不同，中国式现代化强国建设道路始终立足于人民的根本利益。进入新时代，中国式现代化强国建设步入全面攻坚阶段，经济稳中推进、政治更加民主、文化繁荣发展、党内反腐倡廉力度空前、生态文明建设效果显著……中国的现代化建设在新时代取得了更高水平的发展，中国人民的生活更加富足安康。因此，中国式现代化强国建设取得的举世瞩目的成就，在新时代不仅向全球有力地证明了中国人

所选道路的正确性，而且这条道路的正确性和优势性也成为中国人民为之自豪和自信的依据，进而更加坚定了进入新时代，中国人民对中国特色社会主义道路更加自信。

第三，新时代中国式现代化坚定道路自信源自民心的众望所归。历史是由人民群众创造的，一条道路，若不以人民群众利益为本，那么这条道路迟早都会被人民群众所抛弃。反之，若一条道路是为民之道，那么人民群众会真心拥护这条道路的开创者和领导者，人民群众也会投入更多的精力和心血来建设这条道路，这条道路也会越走越宽、越走越远。中国共产党"始终把人民立场作为根本立场，把为人民谋幸福作为根本使命，坚持全心全意为人民服务的根本宗旨，贯彻群众路线，尊重人民主体地位和首创精神，始终保持同人民群众的血肉联系"①。这就决定了中国式现代化强国建设道路是一条为民谋利益、为民求福利、为民谋发展的康庄大道。这条道路的本质和具体实践给了人民群众充足的实惠、根本的利益、充分的自由，深得人民群众的满意和拥护。因而，中国式现代化强国建设道路始终坚持着"以人民为中心"的理念，始终服务于人民群众的根本利益。进入新时代以来，中国共产党更加注重人民切身利益，实施了诸如"精准扶贫"等一系列惠民政策，尤其面对 2020 年的新冠疫情，与西方政党不同的是，中国共产党以确保人民生命健康为第一要务，不惜以经济损失为代价，确保人民群众的生命健康，赢得了"抗疫战争"，最大限度保障了人民群众的生命健康。显然，正是这条道路体现的民本性，赢得了民心，成了人民群众众望所归之路，进而切实坚定了人民群众的"道路自信"，最终更加有效地促进了新时代中国式现代化强国建设事业的快速发展。

三、新时代现代化强国建设坚定道路自信的意义

新时代致力于社会主义现代化强国建设进程中坚定"道路自信"，是对中国式现代化强国建设道路自身力量的坚定确信和满怀希望，也是对中国人民选择这条道路的始终确信和未来发展前途的积极看好，对在新时代推进社会主义现代化强国建设意义重大。

第一，新时代坚定中国式现代化强国建设道路自信能更加有效推进社会主义现代化强国建设。道路连接着原点和终点，是通向目的、实现人们梦想的根本途径，因而，任何人要想实现自己的梦想，必须要走适合自己的道路，若选择的道路错了，必然会将人们带向歧途，给民族带来灾难。道路选择对了，才能将人们

① 《习近平著作选读》第二卷，人民出版社 2023 年版，第 162 页。

送达正确的地点，从而给国家带来富强，给民族带来振兴，给人民带来幸福。中国式现代化强国建设道路是一条科学道路、为民道路，坚定中国式现代化强国建设道路自信，能够更加坚定全党全国各族人民的信心，才能有效凝聚中华儿女力量，进而不断推进中国社会和平稳定和又好又快地发展，最终有利于中国式现代化事业的健康有序发展。这是因为，只有人们对自我所选道路充满坚定的自信，才能坚定不移地大踏步行走在这条大道上，整个社会才能拧成一股绳，并在一种积极向上的环境中朝着更加光明的前景迈进，整个国家才能有强大的民心凝聚力。社会主义现代化强国建设是一个漫长的过程，尤其在新时代的全面现代化强国建设进程中，中国社会正在发生翻天覆地的变化，要应对各种艰难险阻，就必须要把稳道路方向，牢守道路不被颠覆，如此，社会主义现代化强国建设事业才能朝着既定目标不断前进。

第二，新时代坚定中国式现代化强国建设道路自信能在促进社会主义现代化强国建设中有效满足人民日益增长的美好生活需要。新时代全面建成社会主义现代化强国，最重要的一点就是要始终坚持"以人民为中心"的理念，切实满足人民群众的热切期盼，而人民群众最大的期盼就是过上美好生活。美好生活是一个复杂的范畴，但具体到现实生活中，无外乎是人民群众最关心的民生生活，人民群众渴望优越的教育、公正的社会环境、美好的生态环境、较低的房价、便宜的医疗、健康的食品、健全的法制……这些涉及社会生活的方方面面，是与民生直接相关的现实生活，是人民群众最渴望的美好生活。解决好这些问题，必须依靠中国共产党领导中国人民接力奋斗于现代化建设中，而正确的道路是实现现代化并通向美好生活的必然途径。中国式现代化强国建设道路是一条康庄大道，行走在这条道路上的中国人民，才能促使中国走向现代化，才能最终满足人民群众更加美好的生活。因此，在新时代坚定"道路自信"，才能凝聚民心更好地促进社会主义现代化国家建设，才能更好地带领中国人民最终实现更加美好的生活。

第三，新时代坚定中国式现代化强国建设道路自信能更加有效建成社会主义现代化强国并实现中国梦。致力于全面建成社会主义现代化强国是每一位中国人在新时代的梦想，是中国走出发展中国家，走向发达国家最终实现共产主义的必然要求，是中国共产党带领中国人民过上更加美好生活的现实要求。因此，全面建成社会主义现代化强国是中国梦的重要部分，而"实现中国梦必须走中国道路。这就是中国特色社会主义道路"①。的确如此，中国式现代化强国建设道路是无数中国人民付出生命和鲜血探索出的一条道路，这条道路是完全适合中国人民自身发展的一条科学道路，这条道路直达全面建成社会主义现代化强国，最终

---

① 《习近平著作选读》第一卷，人民出版社 2023 年版，第 97 页。

带领中华民族实现国家富强、民族振兴和人民幸福，是一条伟大的民族复兴道路。中国梦的实现过程，就是社会主义现代化强国的建设过程，就是中国式现代化强国建设道路不断行进的过程。这条道路来之不易，是无数中国人民付出生命和鲜血换取而来的，是中国人民在具体的实践过程中探索而来的，作为后代的我们，必须要沿着先辈们的足迹行进在这条道路上，要始终坚持和完善这条道路，使之通向国家富强、民族振兴、人民幸福，从而真正体现出社会主义的优越性。因此，在任何时候，我们都不能脱离这条道路，若脱离这条道路，必将会偏离社会主义方向、脱轨中华民族伟大复兴道路，必然会葬送中国人民的幸福、中华民族的未来，这是人民不愿看到的，更是人民所不答应的。

第二节　中国式现代化强国建设的科学指南

实践需要科学理论的指导，中国式现代化强国建设进程，是在马克思主义科学理论指导下进行的过程，这一过程是中国共产党不断推进马克思主义中国化的过程，并用中国化的马克思主义理论指导中国特色社会主义现代化强国建设的过程，从而实现了马克思主义中国化的三次飞跃，形成了毛泽东思想、中国特色社会主义理论体系、习近平新时代中国特色社会主义思想，构成了中国化马克思主义理论，为社会主义现代化强国建设提供了科学理论指南，更加坚定了中国人民的理论自信，成为"理论自信"的根本内容，指引社会主义现代化强国建设朝着更加辉煌的前景迈进。

一、理论自信是新时代中国式现代化的科学指南

新时代中国式现代化理论自信构成了社会主义现代化强国建设的科学指南，具体而言，新时代中国式现代化理论自信是指在新时代的现代化强国建设进程中，对中国化马克思主义理论成果的充分自信，即进入新时代以来，在致力于社会主义现代化强国建设进程中，中国人民对中国化马克思主义理论的科学性、真理性、正确性的充分自信和高度认同。中国化马克思主义理论是一脉相承的，主要来源于中国革命、建设、改革的伟大实践，主要包括毛泽东思想、中国特色社会主义理论体系、习近平新时代中国特色社会主义思想。

第一，毛泽东思想指引中国人民为社会主义现代化强国建设创造了根本社会条件。在新民主主义革命中，中国共产党将马克思主义基本原理同中国具体实际

相结合，创立了毛泽东思想，在毛泽东思想的科学指导下，中华民族实现了民族独立和人民解放，取得了社会主义革命和建设的成功实践，为社会主义现代化强国建设奠定了根本政治前提和制度基础。毛泽东思想是中国共产党人对马克思主义中国化的成功推进，是被实践证明了的科学理论，是马克思主义中国化的第一次历史性飞跃，为社会主义现代化强国建设提供了行动指南。新时代，全面推进社会主义现代化强国建设，就必须始终坚持毛泽东思想，并将其内在精华不断运用于中国特色社会主义伟大实践中，从而用毛泽东思想科学指南更好地指引社会主义现代化强国建设。

第二，中国特色社会主义理论体系指引中国人民为社会主义现代化强国建设创造了更高条件。党的十一届三中全会以后，以邓小平同志为主要代表的中国共产党人，勇于破旧立新，大刀阔斧进行改革开放，开辟了中国特色社会主义道路，创立了邓小平理论。任何理论都来源于伟大的实践，同样，邓小平理论来源于中国特色社会主义的伟大实践。十年"文化大革命"，给中国造成了巨大损失，面对中国走向何处这一根本问题，中国共产党进行了深入思考。是延续"文化大革命"时期的阶级斗争为纲呢？还是重新改变发展策略呢？迷茫之际，党的十一届三中全会召开，以邓小平为主要代表的中国共产党人果断停止了以阶级斗争为纲的发展思路，开始大刀阔斧地拨乱反正和推动改革开放，中国特色社会主义伟大实践开始迅速向前发展。当时中国社会伟大实践紧紧围绕一个主题，即"什么是社会主义、怎样建设社会主义"，围绕这一主题形成了社会主义初级阶段理论、"三步走"战略、社会主义本质论、社会主义市场经济理论等科学理论，进而构成了邓小平理论。在邓小平理论的科学指导下，中国特色社会主义现代化强国建设取得了翻天覆地的变化，我国生产力取得了快速发展，综合国力大幅度提升，人民生活水平迅速提高。正是邓小平理论指导中国取得的显著成就，在人民心中奠定了不可磨灭的地位，中国人民对邓小平理论也更加自信。邓小平理论的力量是无穷的，是一种巨大的理论财富，在新时代依旧发挥着科学指南的作用，指引着新时代中国人民的现代化建设事业的顺利发展。正因为如此，无论过去，还是在新时代，中国人民对邓小平理论始终充满自信。

世纪之交，伴随东欧剧变、苏联解体，世界社会主义一度陷入了低迷发展期，东欧剧变的一个重要原因是苏共自身出了问题。在这种背景下，以江泽民同志为主要代表的中国共产党人，开始对中国共产党和中国的发展提出了更为长远的思考，对此，江泽民指出："在实行改革开放和发展社会主义市场经济的条件下，'建设一个什么样的党、怎样建设党'，是一个重大的现实问题，直接关系到我们党和国家的前途命运。"① 围绕这一问题，建立社会主义市场经济体制、全面建设小康社会、建设社会主义政治文明、推进党的建设等实践举措，进而又反过来不断丰富和发展着"三个代表"重要思想，指引着中国特色社会主义现代化强国建设更好更快的发展。在"三个代表"重要思想的指导下，以江泽民同志为主要代表的中国共产党人始终坚持社会主义道路，始终坚持马克思主义，将社会主义现代化强国建设事业推向了新的更高阶段，进一步丰富和发展了中国化马克思主义理论，进而为新时代全面建设社会主义现代化国家奠定了坚实基础，更加坚定了中国人民对"三个代表"重要思想的自信。

进入 21 世纪，面对日新月异的时代发展，以胡锦涛同志为主要代表的中国共产党人紧紧抓住战略机遇期，紧紧围绕"实现什么样的发展、怎样发展"这个关键问题，勇于创新，不断奋进，形成了科学发展观。"科学发展观是马克思主义同当代中国实际和时代特征相结合的产物，是马克思主义关于发展的世界观和方法论的集中体现"②，有效指导着中国特色社会主义现代化强国建设。作为中国化马克思主义理论的重要组成部分，科学发展观是方法论，指导中国人民进行着更好的发展，推动中国特色社会主义现代化强国建设取得了一个又一个可喜成就。在科学发展观指导下，中国特色社会主义经济发展方式实现了有效转变，中国特色社会主义民主政治得到了显著发展，社会主义文化强国建设得到了扎实推进，社会主义和谐社会不断得到建构，社会主义生态文明建设成效显著，党的建设科学化水平得到不断提高。整个社会发展取得的重大成就不仅为新时代中国的高速发展奠定了坚实基础，而且以铁的事实反复证明了科学发展观的科学性，促使中国人对科学发展更加自信。

总之，"中国特色社会主义理论体系，实现了马克思主义中国化新的飞跃"③，指引中国特色社会主义现代化强国建设取得了显著成效，构成了中国特色社会主义"四个自信"的重要内容。新时代我们在加速推进全面建成社会主义现代化强国新征程中，始终要以中国特色社会主义理论体系为指导。

第三，习近平新时代中国特色社会主义思想指引中国人民开启了全面建成社会主义现代化强国新征程。党的十八大以来，以习近平同志为核心的党中央始终坚持马克思主义，高举社会主义旗帜，不断开拓创新，形成了习近平新时代中国特色社会主义思想，丰富和发展了马克思主义。"习近平新时代中国特色社会主义思想是当代中国马克思主义、二十一世纪马克思主义，是中华文化和中国精神

---

① 江泽民：《论"三个代表"》，中央文献出版社 2001 年版，第 32 页。

② 胡锦涛：《坚定不移沿着中国特色社会主义道路前进为全面建成小康社会而奋斗》，载于《人民日报》2012 年 11 月 9 日。

③ 《中共中央关于党的百年奋斗重大成就和历史经验的决议》，载于《人民日报》2021 年 11 月 17 日。

系统观视阈的新时代中国式现代化

的时代精华，实现了马克思主义中国化新的飞跃。"① 这一思想涵盖政治、经济、社会、文化、生态、党建、科技、国防安全和军队建设等方方面面，有效指导中国特色社会主义现代化强国建设不断向前发展，构成了中国特色社会主义理论体系的最新成果，是指引中国人民实现中华民族伟大复兴的行动指南，有效凝聚着中国力量，开启了全面建成社会主义现代化强国新征程，不断增强了人们的理论自信。尤其面对 2020 年席卷全球的新冠疫情，中国在以习近平同志为核心的党中央领导下，始终坚持以人民的生命健康为第一要务，不惜以牺牲经济发展为代价，取得了抗击新冠疫情的显著成效，不仅赢得了中国人民对中国共产党的尊重，而且赢得了世界上越来越多国家的赞许。中国人民也在新冠疫情的现实考验中更加坚定了对习近平新时代中国特色社会主义思想的充分自信。

二、新时代中国式现代化坚定理论自信的依据

"理论自信是对马克思主义及其中国化理论成果的真理性、人民性、实践性所抱持的源自内心的坚定信仰和自觉遵从。"② 理论自信的底气既源自理论本身的真理性，又源自中国化马克思主义理论一脉相承中所展现的稳固性，还源自中国化马克思主义理论指引中国人民在社会主义现代化强国建设进程中所表现出的有效性。

第一，新时代中国式现代化坚定理论自信源自其正确性。毛泽东思想、中国特色社会主义理论体系、习近平新时代中国特色社会主义思想，是中国化的马克思主义，是中国共产党人带领中国人民在中国革命、建设、改革中发展和提炼出来的，是中国人民集体智慧的结晶，是在建设社会主义现代化强国的伟大实践中凝练出来的正确思想。因此，毛泽东思想、中国特色社会主义理论体系、习近平新时代中国特色社会主义思想的一个显著特征是科学性和正确性，正是这一特征，使得毛泽东思想、中国特色社会主义理论体系、习近平新时代中国特色社会主义思想始终贯穿着科学本质，并绽放着真理光辉。具体而言，一方面，中国共产党人带领中国人民在实践探索中，将成功实践总结为理论，并成功实现了马克思主义的三次飞跃。同时，实践永无止境，中国人民在永无止境的中国特色社会主义现代化强国建设的伟大实践中，将实践所得不断上升为理论，进而不断丰富和发展着中国化的马克思主义理论。另一方面，理论反作用于实践，人们在进行实践时，总是要借助于一定理论的力量来推进。同样，中国式现代化强国建设需

---

① 《中共中央关于党的百年奋斗重大成就和历史经验的决议》，载于《人民日报》2021 年 11 月 17 日。

② 黄海：《新时代坚定理论自信的理性审思》，载于《马克思主义研究》2021 年第 9 期。

要科学理论的指引，如此才能实现更好更快地发展。实践与理论不是割裂的，而是在相得益彰中相互促进、相互发展着，进而不断充实和发展着中国化马克思主义理论，这一理论始终以其反映的实践的科学性和正确性而更好地指引着实践。正是中国化马克思主义理论蕴含的这种科学性和正确性，从而更好地指导着新时代中国的现代化建设，成为在新时代中国人民坚定中国特色社会主义理论自信的重要依据和底气。

第二，新时代中国式现代化坚定理论自信源自中国化马克思主义理论的一脉相承性。理论的根基在于实践，理论生成于现实生活。中国化马克思主义理论不是在书斋中想象而出的，是通过中国具体的伟大实践而生的，在这一发展过程中，中国化马克思主义理论彰显了与时俱进的显著特征，并呈现着一脉相承性。具体而言，中国化马克思主义理论贯穿着马克思主义的基本原理、基本方法，是在继承马克思主义的基础上发展而来的。毛泽东思想是对马克思列宁主义的继承、创新和发展，指引中国人民实现了民族独立和人民解放；邓小平理论指引中国人民找到中国特色社会主义的道路，开辟了社会主义现代化建设的新时期；"三个代表"重要思想、科学发展观推进中国特色社会主义迈进了新的阶段。习近平新时代中国特色社会主义思想是当代中国的马克思主义、21世纪马克思主义。总体而言，中国化马克思主义理论根源于马克思列宁主义，并形成了一个严密的理论发展逻辑，呈现着一脉相承性。正是中国化马克思主义理论所展现的这种一脉相承性，从而在新时代更好地指导着中国式现代化强国建设事业的顺利发展、有序前进，成为新时代中国人民为之自信的重要依据和厚重底气。

第三，新时代中国式现代化坚定理论自信源自中国化马克思主义理论指引现实的有效性。中国化马克思主义理论来源于现实中社会主义现代化的伟大实践，又反过来成为社会主义现代化强国建设伟大实践的行动指南。因此，从根源而言，理论自信的根基在于中国式现代化强国建设取得的伟大成就。同时，"理论自信"来自中国化马克思主义理论指引社会主义现代化强国建设的有效性。具体而言，正是在中国化马克思主义理论的指导下，中国人民在现代化强国建设中取得了一个又一个举世瞩目的成就，成为世界各国为之研究和借鉴的理论。中国化马克思主义理论所散发的这种真理性、科学性指引着社会主义现代化强国建设不断向着更加美好的未来发展，更加有效地展现着科学理论指引实践的正确性、有效性，并在新时代更加坚定了人民群众的"理论自信"。

三、新时代中国式现代化坚定理论自信的意义

在新时代的社会主义现代化强国建设中坚定"理论自信"，对推进新时代中

国式现代化强国建设具有重大的现实意义，不仅丰富和发展了马克思主义，而且能在凝聚中国力量中更好地指导中国式现代化强国建设伟大实践，最终有效促进了新时代中国式现代化强国建设的发展。

第一，新时代中国式现代化坚定理论自信有利于丰富和发展马克思主义。理论来源于实践，实践的发展不断促进着理论的发展，中国化马克思主义理论并非断根的枯木，也非无水的沙漠之舟，而是有着深厚的现实根基，始终贯穿着马克思主义的基本原理、根本方法和立场，并在中国式现代化强国建设的具体实践中形成，是对马克思主义的丰富和发展。坚定"理论自信"，归根到底就是坚定对马克思主义的自信，这种自信蕴含着强大的精神力量，能更加坚定人们对马克思主义的继承与发展。同时，这种自信也能更加坚定人们对于中国化马克思主义理论与时俱进的不断需要，进而促使中国共产党带领中国人民在致力于中华民族伟大复兴中不断创新和推进中国特色社会主义理论，从而不断丰富和发展着马克思主义，促使马克思主义在社会主义现代化强国建设进程中永远焕发出新的光辉，促使中国化马克思主义理论更好地指导着新时代中国式现代化强国建设。

第二，新时代中国式现代化坚定理论自信有利于为社会主义现代化强国建设凝聚中国力量。中国化马克思主义理论是中国人民的精神旗帜，旗帜是方向，事关党的路线。中国化马克思主义理论在凝聚全党全国各族人民达成共识中形成了中国力量，从而不断促进着社会主义现代化强国建设。中国化马克思主义理论成果博大精深，思想极其丰富，这一理论体系涵盖着中国现代化建设的方方面面，将政治、经济、生态、国防、文化、社会、民生等方方面面都囊括其中，大到民族的未来、国家的前途，小到老百姓的吃穿住行、生老病死，中国化马克思主义理论成果都全面涉及，进而指导着中国式现代化强国建设的科学发展。中国化马克思主义理论一脉相承，始终贯彻"以人民为中心"理念，将中国社会的过去、现在、未来连在一起，以最精准、最科学的方式指引着中国式现代化强国建设的快速发展，中国化马克思主义理论以强大的解释力和创造力，激励全党全国各族人民朝着共同的目标团结奋进，不断创造新辉煌，从而有效促进着新时代中国特色社会主义现代化强国的建设，切实推进着中华民族伟大复兴，进一步增强着人民群众的"理论自信"。

第三，新时代中国式现代化坚定理论自信有利于更好地指导中国综合国力建设。"理论自信具有增强战略定力、提高发展自信和执政自信、为中华民族伟大复兴中国梦提供战略支撑等巨大功能。"[①] 中国化马克思主义理论是党和国家长期坚持的指导思想，指引着中国经济建设、社会建设、政治建设、文化建设、生

---

① 韩喜平：《论中国特色社会主义理论自信的生成逻辑》，载于《学术论坛》2019 年第 4 期。

态文明建设等更好更快地发展。中国化马克思主义理论成果是中国共产党带领中国人民在中国革命、建设、改革的实践中形成的集体智慧的结晶，体现着党和国家的意志，能有效指引党和国家更好地发展。同时，中国化马克思主义理论是治国理政的根本遵循，以科学的理论、前瞻的规划、正确的政策，成为中国共产党治国理政的基本遵循，指引着中国社会的科学发展。中国化马克思主义理论还是一个在与时俱进中不断丰富和发展的理论，是一个根据中国式现代化强国建设的伟大实践具体的发展而不断充实和发展着的理论。同时，这一理论又不断指导着实践，即丰富和发展了的理论反过来将这种最新、最前沿的理论运用于中国式现代化强国建设的伟大实践，从而在新时代更好地指引着社会主义现代化强国建设更好更快地发展，成为新时代指引中国人民实现民族复兴的精准"指南针"。

第三节 中国式现代化强国建设的根本保障

新时代中国式现代化的根本保障在于制度建设，这是因为制度带有全局性、根本性、稳定性、长期性和规范性的特征，从而以一种更为稳固和硬性的力量规范和保障着人们的具体实践行为。中国特色社会主义制度是中国式现代化强国建设的坚实保障，在约束和规范人们的具体行为中促进着中国式现代化强国建设的顺利发展。在新时代了解中国式现代化强国建设的"制度自信"，首先要立足新时代对中国特色社会主义制度有详细的把握，在此基础上，充分了解社会主义现代化强国建设"制度自信"的依据和意义，才能对建设社会主义现代化强国的"制度自信"有充分而全面的把握。

一、制度自信是新时代中国式现代化的根本保障

党的十九届四中全会指出："制度稳则国家稳。"[①] 构成了社会主义现代化强国建设的坚实保障，在约束和规范人们的具体行为中促进着中国经济社会的快速发展，致力于社会主义现代化强国建设，离不开中国特色社会主义制度的保驾护航。

新时代中国式现代化制度自信就是在新时代的社会主义现代化强国建设进程中，对中国特色社会主义制度的充分自信，即坚信中国特色社会主义制度是当代中国发展进步的根本保障，是致力于中国式现代化强国建设的唯一正确道路。国

---

① 《习近平谈治国理政》第三卷，外文出版社 2020 年版，第 119 页。

家制度和治理体系是一个国家生存和发展的制度基础和治理基石，是一个国家兴衰成败的决定性因素。中国特色社会主义制度是中国共产党领导中国人民共同制定的规则。中国特色社会主义制度是根据具体实际制定的，因而涉及方方面面，可以从大的方面划分为根本制度、基本制度和重要制度三个层面。因此，在新时代的社会主义现代化强国建设进程中，对现代化制度自信的理解，可以从根本制度自信、基本制度自信和重要制度自信几个方面进行分析。

第一，中国特色社会主义根本制度是新时代中国式现代化的根本保障。所谓中国特色社会主义根本制度，"就是在中国特色社会主义制度中起顶层决定性、全域覆盖性、全局指导性作用的制度"①。如果将中国特色社会主义制度体系比喻为一棵参天大树的话，那么中国特色社会主义根本制度就是这棵大树的根，为中国特色社会主义制度体系吸收着养分、提供着营养，支撑着整个中国特色社会主义制度体系的繁荣发展，为社会主义现代化强国建设发挥着根本性的保驾护航的作用。因此，可以毫不夸张地说，中国特色社会主义根本制度在整个中国特色社会主义制度体系中发挥着最深沉、最坚实、最重要的作用，其他基本制度、重要制度，都是立足根本制度而建立的。可见，根本制度是所有制度中起着根本性、决定性作用的制度，根本制度决定着其他一系列制度的制定和执行。作为中国特色社会主义根基性的制度，"覆盖我们党'五位一体'总体布局、'四个全面'战略布局，覆盖改革发展稳定、内政外交国防、治党治国治军等一切方面、所有领域的。其中，党的集中统一领导制度和全面领导制度是我们党和国家的根本领导制度；人民代表大会制度是我国的根本政治制度；马克思主义在意识形态领域指导地位的制度是我国的根本文化制度；共建共治共享是我国的根本社会治理制度；党对人民军队的绝对领导是我国的根本军事制度。"② 因此，中国特色社会主义根本制度主要包括党的领导根本领导制度、人民代表大会根本政治制度、马克思主义在意识形态领域指导地位根本文化制度、共建共治共享根本社会治理制度、党对人民军队的绝对领导根本军事制度。以人民代表大会制度这一根本政治制度为例，其不仅是国家政权的有效组织形式，而且是人民当家作主的根本体现。人民代表大会制度通过人民代表行使着人民群众的权利，人民代表大会代表由人民选举产生，从而有效确保了人民群众的根本权利和义务。从现实来看，作为一个 14 亿多人口的大国，人民代表大会制度有效体现了民主集中制，充分保障了 14 亿多人的基本权利，促进了中国特色社会主义政治民主进程。显

---

① 《〈中共中央关于坚持和完善中国特色社会主义制度、推进国家治理体系和治理能力现代化若干重大问题的决定〉辅导读本》，人民出版社 2019 年版，第 175 页。

② 《〈中共中央关于坚持和完善中国特色社会主义制度、推进国家治理体系和治理能力现代化若干重大问题的决定〉辅导读本》，人民出版社 2019 年版，第 176 页。

然，中国特色社会主义根本制度如同定海神针一样，牢牢巩固和规范着中国方方面面的建设发展，为全面现代化建设发挥着重要作用，构成了我们为之自信的坚实制度根基，致力于社会主义现代化强国建设，必须要对其充满自信。

第二，中国特色社会主义基本制度是新时代中国式现代化的基本保障。中国特色社会主义基本制度是从根本制度派生而来的，涉及方方面面，但最主要的是政治和经济领域，并构成了中国特色社会主义基本政治制度和基本经济制度。党的十九届六中全会指出："改革开放以后，……党从国内外政治发展成败得失中深刻认识到，坚定中国特色社会主义制度自信首先要坚定对中国特色社会主义政治制度的自信。"① 政治领域的基本制度贯通了从上到下的治理，确保了党的领导和多党合作，尊重了民族地区的实际情况，兼顾了基层民众的主体性。经济领域的基本制度主要从生产资料、分配方式、资源配置三个方面着手，共同在相互配合、相互作用中促进着中国梦的实现。中国特色社会主义基本制度的显著优势，构成了中国人民对其自信的基础，成为社会主义现代化强国建设和实现中华民族伟大复兴的重要制度推力。中国特色社会主义基本制度，"就是通过贯彻和体现国家政治生活、经济生活的基本原则、对国家经济社会发展等发挥重大影响的制度。基本制度也是覆盖和体现在各领域各方面的。"② 因此，坚定中国特色社会主义基本制度自信，应主要立足于基本政治制度、基本经济制度两个层面来把握。中国特色社会主义基本政治制度主要包括多党合作和政治协商制度、民族区域自治制度、基层群众自治制度。这三个层面的制度共同构成了中国特色社会主义基本层面的制度，且在相互协同、相互作用中促进着中国特色社会主义民主制度的有效落实和发展。具体而言，多党合作和政治协商制度是在中国共产党的领导下进行的，发挥着参政议政的作用；民族区域自治制度充分照顾和保障了少数民族群众的基本权利，充分体现了维护各民族平等、团结、繁荣的原则；基层群众自治制度有效扩大了基层民主，充分发挥了人民群众的积极性和主动性，构成了中国特色社会主义基本制度的基础。显然，上述中国特色社会主义基本制度是根据中国具体国情和实际情况制定的，是经过长期的历史和实践检验的完全符合中国实际的科学制度，有效促进了中国特色社会主义政治制度建设，成为促进中国特色社会主义政治民主的重要方式。正是这些基本制度所体现的科学性和优越性，从而在保障中国人民基本权利中更加坚定了中国人民在现代化建设进程中的"制度自信"。中国特色社会主义基本经济制度主要体现在三个方面：就生产资料所有制而言，是公有制为主体、多种所有制共同发展；就分配方式而言，实

① 《中共中央关于党的百年奋斗重大成就和历史经验的决议》，载于《人民日报》2021年11月17日。
② 《〈中共中央关于坚持和完善中国特色社会主义制度、推进国家治理体系和治理能力现代化若干重大问题的决定〉辅导读本》，人民出版社2019年版，第176页。

行按劳分配为主体、多种分配方式并存；就资源配置方式而言，实行社会主义市场经济体制。"公有制为主"，有效实现了对我国公有制这一根本特征的有效保护，有力发挥了公有制在国民经济中的关键作用，充分确保了社会主义的根本属性和社会主义国家的制度属性。同时，允许"多种所有制共同发展"，有效激发了社会各方活力，使整个社会都积极参与到了社会主义现代化建设事业中，着力推动了中国梦的早日实现。而在具体的分配领域，"按劳分配为主体"充分尊重了劳动者的主体性和劳动付出，进而有效激活了劳动者的劳动积极性。"多种分配方式并存"，又很好地将土地、资源、投入等其他方式都考虑其中，进而充分尊重了劳动者的劳动要素，有效激活了社会各种要素参与到社会主义现代化建设中。再到资源配置方式层面，"实行社会主义市场经济体制"，将全部资源最大化推向市场，彻底激活了资源的流动性和交易性，从而有效适应了商品经济社会的发展，对全面推进社会主义现代化强国建设发挥着重要作用。因此，作为中国特色社会主义基本制度的重要组成部分，中国特色社会主义基本经济制度从生产资料、分配方式、资源配置三个方面，共同在相互配合、相互作用中促进着社会主义现代化强国建设。

第三，中国特色社会主义重要制度是新时代中国式现代化的重要保障。中国特色社会主义重要制度，"具体讲就是建立在根本制度、基本制度之上的关于法律法治、行政管理、文化建设、民生保障、社会治理、生态文明、'一国两制'、对外事务、党和国家监督等方面的主体性制度。"[①] 实质上，中国特色社会主义重要制度是根本制度和基本制度层面派生而来的，主要由中国特色社会主义法治重要制度、政府治理重要制度、文化重要制度、民生保障重要制度、社会治理重要制度、生态文明重要制度、"一国两制"重要制度、外事工作重要制度、党和国家监督重要制度构成，为社会主义现代化强国建设发挥着重要保障作用，构成了中国特色社会主义制度体系的重要方面。对照现实，中国特色社会主义重要制度有效推进着中国特色社会主义经济、政治、文化、社会、生态、外交、国防等的健康运行、有序发展，促进着中国式现代化强国建设的不断前进。中国特色社会主义重要制度以其显著的超强针对性而有效落实着中国特色社会主义根本制度和基本制度的相关要求，共同促进着中国特色社会主义的发展。中国特色社会主义重要制度的显著优势构成了中国人民为之自信的资本，并与其他制度一并融入了中国特色社会主义制度自信。同时，中国特色社会主义重要制度更具细化性和针对性，也是日常生活中人民群众接触比较多的，从而有效确保了人民群众的基本权利。因此，中国特色社会主义重要制度在有效确保了人民群众基本权利的同

---

① 何毅亭：《坚持和完善中国特色社会主义重要制度》，载于《学习时报》2020 年 12 月 6 日。

时，也进一步坚定了人民群众致力于社会主义现代化强国建设进程中对中国特色社会主义重要制度的自信。全面推进社会主义现代化强国建设，就必须要坚定中国特色社会主义重要制度自信，并不断坚持和完善这一重要制度，从而更好地服务于中华民族伟大复兴早日实现。

二、新时代中国式现代化坚定制度自信的依据

邓小平指出："领导制度、组织制度问题更带有根本性、全局性、稳定性和长期性"，"制度好可以使坏人无法任意横行，制度不好可以使好人无法充分做好事，甚至会走向反面"。[①] 的确如此，制度关系根本性、全局性，制度优劣将直接关系着民族的未来、国家的兴衰、人民权益的保障。在新时代的中国特色社会主义现代化强国建设进程中，坚定制度自信的厚重底气并非来源于抽象理论的灌输，也不是来源于口号式的宣传，而是来自中国特色社会主义制度在新时代的现实层面被证明的自身所蕴含的科学性、为民性、优越性。

第一，新时代中国式现代化坚定制度自信源自中国特色社会主义制度体系本身的科学性。中国特色社会主义制度是中国共产党带领中国人民在浴血奋战中得来的，这一制度是将马克思主义基本原理与中国具体实际相结合、同中华优秀传统文化相结合过程中制定的，同时对西方制度中的科学成分进行了积极吸收，是在"以苏为鉴"基础上形成的。中国特色社会主义制度是在不断地自我更新、自我完善、自我发展中健全起来的，因而有效体现了制度的稳固性和与时俱进性，有效推进着中国特色社会主义现代化强国建设。中国特色社会主义制度是一个完整的相互配合的科学制度，将根本制度、基本制度与重要制度协调统一，相互结合，共同服务于社会主义现代化强国建设，进而有效保障了中国社会的稳定，着力推动了中国经济社会的快速发展，有效体现了中国特色社会主义制度的科学性，从根本上保障了新时代人民群众的基本权利，这些都构成了中国人民在新时代社会主义现代化强国建设进程中坚定制度自信的重要依据和底气。

第二，新时代中国式现代化坚定制度自信源自中国特色社会主义制度体系本身的为民性。"江山就是人民、人民就是江山，打江山、守江山，守的是人民的心。"[②] 我们说中国特色社会主义制度自信，归根到底是人民对这一制度发自内心的认可、认同并充满自豪和自信。那么问题来了，人民群众凭什么会对一个制度认可、认同且热爱和自信呢？这一问题的本质归根到底是制度是为谁而设，是

---

① 《邓小平文选》第二卷，人民出版社 1994 年版，第 333 页。
② 《习近平著作选读》第二卷，人民出版社 2023 年版，第 482 页。

为谁服务的问题。中国特色社会主义制度是中国共产党领导中国人民制定的服务于人民的制度，充分体现了人民立场，始终贯穿着为人民服务的宗旨，切实保障了人民群众的根本利益。从根本上体现了"以人民为中心"的理念和原则，是真真切切为了保障和维护最广大人民的根本权益，这就决定了人民群众是发自内心对其认可和拥护的，也充分证明了中国特色社会主义制度是人民的制度，是确保人民群众实现美好生活的坚实保障。同时，中国特色社会主义制度在具体运行中所体现出的真实有效地服务于人民群众的现实兑现，成为人民群众认可、认同、支持、拥护以及自豪和自信的中国特色社会主义制度的内在依据。因此，从内在本质而言，一个制度人民群众认可不认可、自信不自信，归根到底是这个制度是否真心实意服务于人民群众。

第三，新时代中国式现代化坚定制度自信源自中国式现代化制度体系本身的优越性。"制度自信的坚定程度取决于制度优势转化为国家治理效能的实现程度。"[1] 立足中国现实，我们制度的优越性是显著的，集中体现在以下几个方面：一是具有超强的维护社会稳定性和和谐性的功能。稳定是发展的前提，也是构建和谐社会的基础，一个社会若处在不稳定状态，成天战火纷飞动乱四起，那么这个社会的发展必然会受阻，社会和谐也无从谈起，人民的基本生活和生存保障也无法落实。中国特色社会主义制度的显著优势之一就是能够以健全的制度维护社会稳定，从而促进了经济社会的快速发展、人民生活水平的不断提升。二是集中力量办大事的显著优势。"只要坚定道路自信、理论自信、制度自信、文化自信，坚持集中力量办大事的制度优势，我们就一定能够使全党全国各族人民紧密团结起来，发挥出攻坚克难、推动事业发展的强大能量。"[2] 如 2008 年的汶川大地震、2020 年的新冠疫情等，都充分体现了中国特色社会主义制度的显著优势，这种优势的实质是集中力量办大事，是世界上其他任何国家在目前都不会有的，充分体现了中国特色社会主义应对全球风险的显著优势。三是民主集中的制度优势。西方所谓的普选和公投民主，不止一次暴露了显著弊端，其实质是资本掌握下的民主，有钱有权者可以借助广告、电视、电影、媒体等大肆宣传，从而获取选票，普通民众要想获得曝光度和影响力，没有资金支持几乎不可能被人所知。西方所谓的民主实则是金钱民主、资本民主。中国特色社会主义制度充分发挥了民主集中制原则，既有民主，又有集中，不仅有效防止了少数人对民主的操控，而且也防止了民粹主义非理性的选举。当然，中国特色社会主义制度的优势还有其他很多方面，但最主要的集中表现在上述几个方面。显然，中国特色社会主

---

① 齐卫平：《推进国家治理现代化的中国特色社会主义制度自信》，载于《思想理论教育》2020 年第 1 期。

② 《习近平谈治国理政》第三卷，外文出版社 2022 年版，第 393 页。

制度的显著优势有效保障了新时代中国特色社会主义现代化强国建设的健康运行，有效保障了人民群众的根本利益，构成了人民群众在新时代坚定"制度自信"的坚实依据和厚重底气。

三、新时代中国式现代化坚定制度自信的意义

制度具有根本性、全局性和稳定性的作用。新时代致力于全面建成中国式现代化强国，要切实依托制度的约束力来有序推进。

第一，新时代中国式现代化坚定制度自信是维护人民群众根本利益的有力保障。保障人民群众的根本利益是一个复杂的工程，但最关键的是要有好的制度，通过制度约束和规范，才能有效将各项好的政策、规章、举措落实到位。中国特色社会主义制度的出发点和落脚点都是致力于维护人民群众的根本利益，都是切实为了满足人民日益增长的美好生活需要。因此，坚定"制度自信"，最根本的就是坚信我国制度能够切实维护人民群众根本利益，能够有效满足人民日益增长的美好生活需要。这就要求我们一方面要切实在与时俱进中不断发展和完善中国特色社会主义制度，以更加完善的制度来维护最广大人民的根本利益；另一方面要确保制度的制定权、领导权牢牢掌握在党和人民手中，任何时候都不能旁落。如此，中国特色社会主义制度才能是为人民服务的制度，才能是为民谋利的制度，才能得到人民群众的拥护。

第二，坚定制度自信是实现新时代中国式现代化强国建设伟大事业繁荣发展的有力保障。中国特色社会主义制度是确保中国式现代化建设事业稳定前行的基础，脱离这一制度的有效规范和约束，中国式现代化建设事业将无章法可循、无规制可依，中国式现代化建设事业也将走向混乱不堪，中华民族伟大复兴也将无从谈起。因此，要切实维护和发展中国特色社会主义制度，用铁的制度来推进中国式现代化建设事业的不断前进。基于此，坚定"制度自信"，才能更好地推进中国式现代化建设事业走向稳定繁荣。一方面，中国特色社会主义制度通过发挥其规范力和约束力能有效维护社会稳定运行，从而有效推进中国经济社会的稳定发展。另一方面，中国特色社会主义制度通过促进社会结构的不断发展，从而有效促进中国式现代化建设事业的繁荣发展。因此，坚定"制度自信"，不仅是现代文明的必然要求，而且是中国发展的实际诉求，能够有效促进中国式现代化建设事业不断走向稳定繁荣。

第三，新时代中国式现代化强国建设坚定制度自信是确保中国式现代化的有力保障。党的十九大明确提出了社会主义现代化强国建设战略目标，致力于这一目标的实现，必须要依托中国特色社会主义制度，借助制度强有力的规范力和约

束力才能有效推进中国式现代化。因此，这就需要全党全国各族人民切实坚定中国特色社会主义制度自信，将制度现代化提上日程，将推进制度现代化与中国式现代化强国紧密联系起来，用最新、最健全、最完善的制度来维护和促进中国特色社会主义现代化强国建设。这是一个漫长的过程，需要全党全国各族人民齐心协力共同促进，在坚定中国特色社会主义制度自信中切实推进中国式现代化强国的建设进程。

第四节　中国式现代化强国建设的精神动力

党的十九届六中全会指出："文化自信是更基础、更广泛、更深厚的自信，是一个国家、一个民族发展中最基本、最深沉、最持久的力量，没有高度文化自信、没有文化繁荣兴盛就没有中华民族伟大复兴。"[①] 的确，文化自信是一个民族、国家和政党对自身文化历史、价值、实践的高度认同，本质就是在中国式现代化强国建设进程中对中国特色社会主义文化的自信，在新时代坚信中国特色社会主义文化自信是实现中国式现代化的精神动力。

一、文化自信是新时代中国式现代化的精神动力

何谓新时代中国式现代化的"文化自信"呢？对于这一问题的回答，可以从党的十九大的论述中得到比较深刻的理解。党的十九大明确指出："中国特色社会主义文化，源自中华民族五千多年文明历史所孕育的中华优秀传统文化，熔铸于党领导人民在革命、建设、改革中创造的革命文化和社会主义先进文化，植根于中国特色社会主义伟大实践。"[②] 可见，中华优秀传统文化、革命文化和社会主义先进文化共同构成了中国特色社会主义文化，坚定新时代中国式现代化"文化自信"，既要立足传统，也要直面现实和展望未来。

因此，新时代中国式现代化的"文化自信"可以理解为新时代的现代化强国建设进程中对中华优秀传统文化、革命文化、社会主义先进文化的充分认同和坚定自信。第一，中华优秀传统文化为新时代中国式现代化提供了丰厚营养。文化并非是僵死固化的，而是有生命的，这个生命的主体就是人，因而文化可以通过

---

① 《中共中央关于党的百年奋斗重大成就和历史经验的决议》，载于《人民日报》2021 年 11 月 17 日。
② 《习近平著作选读》第二卷，人民出版社 2023 年版，第 34 页。

一代代人传承和弘扬下来。中华民族五千多年的历史长河孕育了五千多年璀璨夺目的文化，以文学作品为例，"从诗经、楚辞、汉赋，到唐诗、宋词、元曲、明清小说等，共同铸就了灿烂的中国文艺历史星河。中华民族文艺创造力是如此强大、创造的成就是如此辉煌，中华民族素有文化自信的气度，我们应该为此感到无比自豪，也应该为此感到无比自信。"① 显然，回顾历史，中华民族五千多年的历史长河孕育着灿烂辉煌的中国优秀传统文化，坚定文化自信，就是要坚定中国优秀传统文化的自信。若对自我民族文化抛弃，则这个民族必将被历史所淘汰。毕竟文化是一种更深沉、更持久的力量，文化连接一代代人的寄托和嘱咐，成为民族的记忆、国家性格的标识。一个对自我传统文化都随意抛弃的民族，必然是一个忘本的民族、没有记忆的民族、没有沉淀的民族，这样的民族，国人记忆不可能有集体的共识、国人性格不可能有闪亮的标识。这样的民族，也不会有民族骨气和民族气节，一旦遇到外敌入侵，这样的民族往往会在没有民族凝聚力中以失败告终。因此，我们要为老祖宗留下的灿烂文化而自豪和自信，并积极传承和弘扬中国优秀传统文化，加速推进中华优秀传统文化的创造性转化和创新性发展，从而更加坚定中国式现代化"文化自信"。

第二，中国红色革命文化为新时代中国式现代化提供了充足动力。一部中国共产党领导中国人民求得民族独立和人民解放的历史，就是一部中国红色文化的发展史。在建党初期，形成了"伟大建党精神"，在井冈山时期，形成了井冈山精神，伴随中国革命的不断推进，相继出现了红岩精神、长征精神、延安精神，等等。以长征精神为例，2016年10月，习近平在纪念红军长征胜利80周年大会上的讲话高度评价了长征精神，认为长征精神"是以爱国主义为核心的民族精神的最高体现"。② 长征精神是中国红色革命文化的重要组成部分，是老一辈无产阶级革命家留给我们的一种无比宝贵的精神财富，需要我们继承和弘扬。因此，我们可以坚定不移地对中国革命文化充满敬畏、自豪和自信，中国革命文化是有力的武器，对中国革命发挥着至关重要的作用，正如毛泽东所说："革命文化，对于人民大众，是革命的有力武器。革命文化，在革命前，是革命的思想准备；在革命中，是革命总战线中的一条必要和重要的战线。……可见革命的文化运动对于革命的实践运动具有何等的重要性。"③ 而在和平年代，我们仍然需要进一步继承和弘扬中国革命文化，因为革命文化依旧在和平年代发挥着它的育人作用，革命文化所蕴含的革命精神在和平年代仍然发挥着缅怀革命先烈、传承革命文化、凝聚社会共识、教育社会大众的积极作用，从而构成了"文化自信"的重

① 《习近平著作选读》第一卷，人民出版社2023年版，第537页。
② 《习近平谈治国理政》第二卷，外文出版社2017年版，第47页。
③ 《毛泽东选集》第二卷，人民出版社1991年版，第708页。

要内容。因此，无论何时何地，我们必须要坚定中国革命文化的自信。

第三，中国特色社会主义先进文化为新时代中国式现代化提供了科学指南。近代以来，中国革命的两大历史任务决定了中国人民肩负着两大历史重任，即求得民族独立和人民解放、实现国家的繁荣富强和人民的共同富裕。在完成第一大历史任务的过程中，中国共产党带领中国人民浴血奋战，在革命战争中凝聚了革命文化，创立了毛泽东思想，实现了马克思主义中国化的第一次飞跃，切实改变了中华民族和中国人民的命运。在完成第二大历史任务的过程中，中国共产党带领中国人民砥砺前行，大刀阔斧进行改革和建设，继续推进了马克思主义中国化向前发展，形成了中国特色社会主义先进文化。中国特色社会主义先进文化是一个标杆、一面旗帜，凝聚全党全国各族人民不断进行社会主义改革和建设，取得了一个又一个举世瞩目的伟大成就，更加坚定了中国人民对中国特色社会主义先进文化的自豪和自信。中国特色社会主义先进文化也构成了中国特色社会主义文化的重要组成部分，成为我们坚定中国特色社会主义文化自信的重要方面，不断激励着中国人民奋勇前进。尤其在新时代，全党全国各族人民在加速推进中国式现代化的奋斗目标中，更应该将中国特色社会主义先进文化自信放在突出地位，切实为中华民族伟大复兴积极贡献力量。

二、新时代中国式现代化强国建设坚定文化自信的依据

坚定新时代中国式现代化"文化自信"，有着深厚的历史与现实依据，进而构成了社会主义现代化建设进程中支撑中国人民坚定"文化自信"的底气。深入历史和现实，不难发现中国人民在现代化强国建设进程中坚定"文化自信"的有力依据和厚重底气来自中国丰富的文化资源、优秀的文化主体、强大的文化影响力。

第一，新时代中国式现代化坚定文化自信源自中国文化资源的丰富性。中国有着丰富的文化资源，从时间线索来看，五千多年的中国历史积淀下了无数辉煌灿烂的文化，"中国传统文化博大精深，学习和掌握其中的各种思想精华，对树立正确的世界观、人生观、价值观很有益处。"[①] 博大精深的中华传统文化资源，成为中国人民为之坚定中国特色社会主义文化自信的重要依据。从内容方面来看，有文学文艺、有歌舞音乐、有绘画动漫、有电影电视，等等。从载体形式来看，有诸如长城故宫等物质载体形式承载的文化、有以网络为载体形式承载的虚拟文化、有现场实体性表演的文化，等等。丰富的文化资源，既源于悠久的历

---

① 《习近平谈治国理政》，外文出版社 2014 年版，第 405 页。

史，又源于广阔的地域，还源于多民族的交汇互动，更源于中国人民勤劳的创作。正是这些丰富的文化资源，为中国文化的灿烂辉煌提供了优越的条件，成为中国人民坚定"文化自信"的厚重底气。因此，新时代的中国，必须要在昂首阔步中更加坚定不移地充实和利用各种丰富的文化资源，为新时代中国特色社会主义文化更高水平的发展创造坚实基础。

第二，新时代中国式现代化强国建设坚定文化自信源自中国文化创造主体的优秀性。文化的主体是人，只有人才能创造出各种各样的文化，人们在日常的实践活动中，就是不断创造文化的过程。中国特色社会主义文化的主体是全体中国人民，中国人民自古以来勤劳奋进、善于创新，在不断开发自然界的过程中，创造了无数炫目多彩的文化。尤其是改革开放以来，伴随中国各方面政策的落实，中国人民的积极性被彻底激活了，不仅创造了大量的物质财富，而且精神文化也被大量创造出来，中国特色社会主义文化得到了前所未有的快速发展。作为文化生产的主体，中国人民是在中国共产党领导下不断创造文化的，中国共产党代表着先进文化的前进方向，在中国共产党的领导下，中国人民创造的同样是先进文化。这就构成了中国特色社会主义文化的先进性，也进一步成为中国人民在新时代坚定"文化自信"的有力依据和厚重底气。

第三，新时代中国式现代化强国建设坚定文化自信源自中国文化影响力的强大性。伴随中国式现代化的不断发展，中国的经济社会发展取得了举世瞩目的成就，中国站在了世界历史舞台的中央，在全球发挥的影响力越来越大。而这一过程同样体现在中国特色社会主义文化方面，因为文化从来不是独立的，必然要受制于现实经济、政治、社会环境等方面因素的影响，伴随中国生产力水平的显著提高，中国特色社会主义文化也得到了显著发展，中国文化在全球的影响力空前提高。中国文化走出去的过程，必然是一个中国形象、中国价值、中国精神走出国门影响全世界的过程，也是中国影响力在全球不断飙升的过程。因此，近年来伴随中国不断走向世界历史舞台中央，中国文化在全球的影响力越来越大，这就成为中国人民坚定"文化自信"的重要依据。这实质是中国综合国力的不断提升在全球影响力作用下的结果，而文化在受制于经济、政治、社会环境等影响的同时，归根到底是受制于中国综合国力的影响，中国综合国力在不断影响全球的过程，也是中国特色社会主义文化影响全球的过程，进而构成了中国人民在新时代坚定中国特色社会主义文化自信的有力依据和厚重底气。

三、新时代中国式现代化坚定文化自信的意义

十年树木，百年树人，千年兴文化。文化是一个民族记忆的延续和独特的标

识，一个民族、一个国家的性格，都可以从这个民族、国家悠久的历史文化中寻找到根源。文化对一个民族、一个国家的影响是持久的、深沉的。中国特色社会主义文化是先进文化的代表，新时代社会主义现代化强国建设进程中坚定"文化自信"具有重大的现实意义。

第一，新时代中国式现代化坚定文化自信为中华民族精神独立性提供了重要保证。习近平总书记指出："坚定文化自信，是事关国运兴衰、事关文化安全、事关民族精神独立性的大问题。"① 的确如此，一个对自我民族自卑的民族、自弃的民族，不可能有民族气节和民族独立性可言，这样的民族，在面对外敌入侵时，根本不堪一击，会得"软骨病"，整个民族会丧失精神支柱，容易沦为他国的"精神奴隶"。这样的国家，很难形成统一而强大的精神力量来凝聚国家力量，文化安全问题也就无从谈起，整个国家容易陷入文化安全危机和意识形态危机。而一旦出现这些问题，文化所发挥的"软实力"效应必然会渗透到经济、政治、社会、生态文明等方方面面，必然会对这个民族的未来、国家的前途构成严重危机，这个民族、这个国家，必然会面临由文化危机带来的其他方面的各种危机。因此，在新时代社会主义现代化强国建设进程中坚定"文化自信"，不仅是新时代传承和弘扬中华优秀传统文化、中国红色革命文化、中国特色社会主义先进文化的必然使命，更是新时代维护国家文化安全和确保中华民族精神独立性的必然要求。因此，新时代致力于社会主义现代化强国建设，只有坚定"文化自信"，中国人才能站得更高，中华民族才能发展得更加兴旺。

第二，新时代中国式现代化坚定文化自信为社会主义现代化强国建设提供了强大的精神动力。中国特色社会主义文化植根于五千年的中华优秀传统文化，而"中华民族在长期实践中培育和形成了独特的思想理念和道德规范，有崇仁爱、重民本、守诚信、讲辩证、尚和合、求大同等思想，有自强不息、敬业乐群、扶正扬善、扶危济困、见义勇为、孝老爱亲等传统美德。中华优秀传统文化中很多思想理念和道德规范，不论过去还是现在，都有其永不褪色的价值"② 。中华文化博大精深，无论是中华优秀传统文化蕴含的精深灿烂的文化，还是中国红色革命蕴含的不屈不挠的精神，更或是中国特色社会主义先进文化的时代展现，都为中国式现代化事业提供了强大的智力支持，指引着中华民族更好更快地发展。同时，中国特色社会主义文化所发挥的凝聚力作用，将十四亿多中国人牢牢地凝聚在了一起，从而为社会主义现代化强国建设提供了强大的精神动力。因此，致力于新时代社会主义现代化强国建设，只有坚定"文化自信"，才能有主心骨，才

---

① 《习近平著作选读》第二卷，人民出版社 2023 年版，第 536 页。
② 习近平：《在文艺工作座谈会上的讲话》，载于《人民日报》2015 年 10 月 15 日。

能有坚实的毅力和心灵的寄托，才能有稳健的步伐，如此才能更好地促进新时代中国式现代化事业的顺利前进。

第三，新时代中国式现代化坚定文化自信为实现中华民族伟大复兴汇聚了源源不断的蓬勃伟力。"文化自信是实现中华民族伟大复兴的精神动力，是培育和践行社会主义核心价值观的稳固基石。"① 从根本层面而言，中国梦就是实现中华民族伟大复兴，那么，实现中国梦，除了物质文化的支持外，还需要什么呢？对于这一问题，习近平总书记有过明确指示："是物质文明和精神文明均衡发展、相互促进的结果。没有文明的继承和发展，没有文化的弘扬和繁荣，就没有中国梦的实现。"② 的确如此，中华民族伟大复兴的中国梦的实现，不仅要依托强大的物质文化，而且要借助强大的精神文明的支撑。物质文化能给人们提供坚实的物质基础，这是人们生存和发展的前提，也是一个民族、一个国家生存、发展和强大的基础，但无论个人，还是民族和国家，仅有物质文化是不够的，否则就容易得"虚胖病"和"精神空虚"病。因此，新时代我们致力于实现中华民族伟大复兴，一定要高度重视文化的积极作用，要切实坚定"文化自信"，充分发挥文化智力支持、价值引领、凝聚共识、汇聚力量的蓬勃伟力，从而在新时代更好地推进中华民族伟大复兴中国梦的实现。这就需要我们在新时代高度重视中国的文化建设，要充分坚定"文化自信"，如此才能在新时代真正发挥好中国特色社会主义文化对促进中华民族伟大复兴中国梦实现的价值功效。

第五节　中国式现代化"四个自信"的内在关联

党的十八大报告从中国特色社会主义道路、理论、制度三个维度阐发中国特色社会主义内涵，指出中国特色社会主义道路，中国特色社会主义理论体系，中国特色社会主义制度，是党和人民九十多年奋斗、创造、积累的根本成就。党的十九大报告进一步指出，中国特色社会主义道路是改革开放以来党的全部理论和实践的主题，是党和人民历尽千辛万苦、付出巨大代价取得的根本成就。③ 习近平不仅把中国特色社会主义道路、理论、制度"三位一体"拓展为道路、理论、制度、文化"四位一体"，而且在此基础上阐明了道路、理论、制度、文化"四

---

① 曲青山：《关于文化自信的几个问题》，载于《中共党史研究》2016 年第 9 期。
② 习近平：《出席第三届核安全峰会并访问欧洲四国和联合国教科文组织总部、欧盟总部时的演讲》，人民出版社 2014 年版，第 16～17 页。
③ 《习近平著作选读》第二卷，人民出版社 2023 年版，第 14 页。

位一体"要素特色、深层逻辑与现代化强国建设"四个自信"的内在关联。

一是阐明了中国特色社会主义道路、理论、制度、文化"四位一体"的要素特色。中国特色社会主义道路的特色在于既坚持以经济建设为中心又全面推进经济建设、政治建设、文化建设、社会建设、生态文明建设，既坚持四项基本原则又坚持改革开放，既不断解放和发展社会生产力又逐步实现全体人民共同富裕、促进人的全面发展。中国特色社会主义理论的特色在于深化和丰富对共产党执政规律、社会主义建设规律、人类社会发展规律的认识，是一个科学的理论体系。中国特色社会主义制度的特色在于把根本政治制度、基本政治制度同基本经济制度以及各方面体制机制等具体制度结合起来，把国家层面民主制度同基层民主制度结合起来，把党的领导、人民当家作主、依法治国结合起来。中国特色社会主义文化是党和人民在伟大斗争中孕育的革命文化和社会主义先进文化，其特色在于包含着中华民族最根本的精神基因，代表着中华民族独特的精神标识。

二是揭示了中国特色社会主义道路、理论、制度、文化"四位一体"的深层逻辑。中国特色社会主义伟大事业首先是探索中国特色社会主义道路的实践，中国特色社会主义道路探索的实践概括和提升为中国特色社会主义理论体系，中国特色社会主义理论与中国特色社会主义实践凝结固化为中国特色社会主义制度成果。中国特色社会主义文化为中国特色社会主义道路、理论、制度奠定最持久、最深层的基础，"中国特色社会主义的道路探索、理论提升、制度凝结都是在中国特色社会主义文化基础上展开的"[1]。

三是从道路、理论、制度、文化的"四个正确"的视角论证中国式现代化的"四个自信"。中国共产党成立以来领导中国人民取得新民主主义革命胜利建立新中国，为实现中华民族伟大复兴创造根本社会条件；社会主义革命和建设，为实现中华民族伟大复兴奠定根本政治前提和制度基础；改革开放和社会主义现代化建设，为实现中华民族伟大复兴提供充满新的活力的体制保证和快速发展的物质条件；进入新时代以来，实现第一个百年奋斗目标，开启实现第二个百年奋斗目标新征程，中国式现代化朝着实现中华民族伟大复兴的宏伟目标继续前进。"实践充分说明，只要道路正确、理论正确、制度正确、文化正确，只要坚定不移、坚韧不拔、坚持不懈、艰苦奋斗，朝着伟大目标持之以恒前进，风雨如磐不动摇，我们的目标就能够达到，我们的目标也一定能够达到！"[2] 中国共产党和中国人民之所以具有道路自信、理论自信、制度自信、文化自信，其依据是实践已

---

[1] 汪青松：《习近平治国理政思想开创中国特色社会主义理论新境界》，载于《思想理论教育导刊》2017 年第 4 期。

[2] 习近平：《在纪念孙中山先生诞辰 150 周年大会上的讲话》，载于《人民日报》2016 年 11 月 12 日。

证明并将不断证明道路正确、理论正确、制度正确、文化正确。道路决定命运，理论指引方向，制度提供保障，文化涵养力量。[1] 只要坚持中国式现代化道路、理论、制度、文化的"四个正确"和坚定"四个自信"，就一定能建成中国式现代化强国。

① 刘水静：《道路、理论体系、制度、文化的有机统一：新时代中国特色社会主义的科学内涵》，载于《思想理论教育导刊》2018 年第 10 期。

第十一章

新时代中国式现代化"四个自信"的实践逻辑

建设社会主义现代化强国"四个自信"的实践逻辑，实则是指怎样坚定四个自信地建设社会主义现代化强国的问题，究其实质而言，对这一问题的科学回答，必须要深入对新时代中国式现代化"四个自信"的逐层推进、旨归一致、创新高度的探讨。

第一节　新时代中国式现代化"四个自信"的逐层推进

当我们立足新时代将研究视野进一步深入社会主义现代化强国建设"四个自信"的内在关系层面时，会发现中国式现代化"四个自信"不仅是一个辩证统一的整体，而且是一个层次推进的整体，集中体现在以下几个方面。

一、新时代中国式现代化"四个自信"是一个历时性的层次推进整体

从时间角度来看，社会主义现代化强国建设"四个自信"是一个历时性的层次推进的过程。实质上，"四个自信"并不是一起形成的，而是经历了一个有先有后的生成过程，它们如同一株花上的不同花蕾，虽然都同根同源，但绽放却经历了一个相互联系的顺序过程。因而，"从历史经验来看，'四个自信'并不是

共时性生成的，而有一个层层递进、逐步确立的历时性生成逻辑"①。总结起来，这种历时性生成逻辑是沿着社会主义现代化强国建设进程的时间线索展现的。中国式现代化事业首先是伟大的实践，也就是中国特色社会主义道路的探索。以毛泽东同志为主要代表的中国共产党人，领导中国人民取得新民主主义革命的胜利，建立了新中国，取得社会主义革命的胜利，建立了社会主义制度，为中国特色社会主义道路的探索奠定了坚实的基础。党的十一届三中全会以后，以邓小平同志为主要代表的中国共产党人带领中国人民拉开了改革开放的序幕。以胡锦涛同志和江泽民同志为主要代表的中国共产党人接力不断推进了"富起来"的步伐，推进中国特色社会主义道路走上了更加辉煌的阶段。党的十八大以来，以习近平同志为核心的党中央带领中国人民致力于加速实现中华民族伟大复兴，不断完善和发展了中国特色社会主义道路，推进中国特色社会主义走向了"强起来"，开启了全面建设社会主义现代化国家新征程。显然，中国共产党带领中国人民进行伟大探索的实践过程，就是一部历时性展现中国特色社会主义道路、理论、制度、文化不断走向现代化的过程，进而渗透于中国特色社会主义伟大实践，有效推进着中国式现代化，进而从深层进一步揭示了现代化建设进程中坚定"四个自信"的现实意义。因此，"四个自信"是一个历时性的层次推进整体，它们在相互联系、相互作用中以历时性的层次顺序展现着，并构成了一个整体。"'四个自信'形成的历史，也是中国特色社会主义在探索中从道路、理论、制度和文化逐步展开的历史。"②

二、新时代中国式现代化"四个自信"是一个相互作用的层次推进整体

正是在中国共产党带领中国人民不断探索、完善和发展中国特色社会主义道路的过程中，形成了毛泽东思想和中国特色社会主义理论体系。理论来源于实践，又对实践发挥着指导作用。因此，伴随中国特色社会主义道路的不断繁荣发展，中国人民对中国特色社会主义理论体系的正确性和优越性更加明晰，对"理论自信"也更加坚定。伴随中国特色社会主义理论的不断发展，中国特色社会主义制度也得到了更加完善的发展。制度的制定和实施不仅要顺应道路发展的要求，而且要遵循正确理论的指导，否则很难制定出科学的制度。从发生学角度而言，中国特色社会主义道路、理论的形成过程，也是一个伴随着中国特色社会主

① 郝娜、黄明理：《中国特色社会主义"四个自信"之间的逻辑关系》，载于《南通大学学报（社会科学版）》2020年第1期。

② 田心铭：《论"四个自信"》，载于《学习论坛》2017年第9期。

义制度不断确立的过程。然而，从更为细化的量化角度来看，制度自信在道路自信和理论自信之后，这是因为"制度自信"的根据不仅在于制度本身，更在于道路的正确性、理论的优越性，因此，"制度自信"的底气归根到底来源于"道路自信"和"理论自信"。"文化自信"是更基本、更深沉、更持久的力量。文化来源于人的实践活动，但文化又有精华和糟粕之分，我们为之自信的是精华文化。中国特色社会主义文化虽然植根于五千多年的中华历史，并在历史上绽放了绚丽多姿的辉煌，但伴随近代以来西方列强的入侵，中国人曾一度走向了对自我文化的反思与批判，开始用辩证的眼光来看待中华传统文化。因此，当前我们为之坚定的"文化自信"的底色虽然有对中华民族五千多年优秀传统文化的继承，但更多的是来自中国革命、建设、改革年代所形成的辉煌灿烂的文化。因此，在新时代的社会主义现代化强国建设进程中，从文化自信与其他"三个自信"的相互作用角度来看，文化自信虽然贯穿于其他"三个自信"始终，但其的底色来自中国特色社会主义道路、理论、制度的正确性、优越性和科学性。显然，现代化强国建设"四个自信"不仅是一个辩证统一的整体，而且从时间角度和相互作用过程来看，新时代中国式现代化的"四个自信"也是一个伴随中国式现代化事业不断发展的层次推进的整体。

第二节　新时代中国式现代化"四个自信"的旨归一致

进入新时代以来，社会主义现代化强国建设步入了高速发展阶段，立足现实，不难发现社会主义现代化强国建设"四个自信"在相互联系、相互支撑、相互作用中合力推进着新时代中国式现代化事业的快速发展，成为中国式现代化自信体系的重要内容和显著体现。而当我们立足新时代将研究视野进一步立足于中国式现代化伟大实践时，会发现新时代中国式现代化"四个自信"的整体性还充分体现在旨归的一致性方面。

一、新时代中国式现代化"四个自信"旨在致力于社会主义现代化建设

中国特色社会主义的优越性集中体现在中国特色社会主义道路、理论、制度、文化方面。在新时代中国式现代化中，我们之所以坚定"四个自信"，不仅在于我们的道路、理论、制度、文化的正确性、科学性、优越性和先进性，而且

在于我们的道路、理论、制度、文化的出发点和落脚点都是一致的，集中体现在都是在新时代中致力于社会主义现代化强国建设，进而构成了一个根源与旨归一致的有机整体。

立足新时代，从中国式现代化视域而言，"四个自信"都是一个紧紧围绕新时代中国式现代化事业不断发力的过程，有效体现着"四个自信"在根源与旨归方面的一致性。具体而言，"中国特色社会主义道路是实现社会主义现代化、创造人民美好生活的必由之路，中国特色社会主义理论体系是指导党和人民实现中华民族伟大复兴的正确理论，中国特色社会主义制度是当代中国发展进步的根本制度保障，中国特色社会主义文化是激励全党全国各族人民奋勇前进的强大精神力量。"① 由此可见，"四个自信"的根源与旨归是一致的，这种一致性首先体现在都是为了推进中国特色社会主义现代化强国建设，都是为了实现中华民族伟大复兴，只是各自发挥的要素功效不同而已。中国特色社会主义道路发挥着桥梁作用，社会主义现代化强国建设必须要行走在这条大道上，若放弃这一道路，偏离这一道路指引的地点，社会主义现代化强国建设事业终将一场空，"只要我们既不走封闭僵化的老路，也不走改旗易帜的邪路，坚定不移走中国特色社会主义道路，就一定能够把我国建设成为富强民主文明和谐美丽的社会主义现代化强国。"② 中国特色社会主义理论是行动指南，在这一理论的指引下，社会主义现代化强国建设事业更加顺畅；中国特色社会主义制度是坚实保障，约束和规范着整个社会的秩序，促进着新时代社会主义现代化强国建设事业的有序进行；中国特色社会主义文化是思想动力，凝聚着全社会力量积极参与到新时代中国式现代化事业中。虽然现代化"四个自信"的作用有别、功效各异，但都在新时代中国式现代化中发挥着积极作用，进而在根源与旨归层面构成了统一促进新时代中国式现代化的整体。

二、新时代中国式现代化"四个自信"旨在服务于人民美好生活需要

立足新时代深入现代化强国建设"四个自信"的现实逻辑，不难发现在新时代中国式现代化进程中，"四个自信"的根源与旨归的一致性还体现在为民性方面，即"四个自信"都是在新时代致力于满足人民群众的美好生活需要。我们都知道，中国式现代化伟大实践是在中国共产党领导下进行的，中国共产党始终代

---

① 《习近平著作选读》第三卷，人民出版社 2023 年版，第 14 页。
② 《中共中央关于党的百年奋斗重大成就和历史经验的决议》，载于《人民日报》2021 年 11 月 17 日。

表着中国最广大人民的根本利益，这就从根本上确保了中国特色社会主义道路"既不走封闭僵化的老路，也不走改旗易帜的邪路"[①]；中国特色社会主义理论是中国共产党人集体智慧的结晶，始终坚持和发展着马克思主义；中国特色社会主义制度是中国共产党在中国特色社会主义理论指导下，结合中国特色社会主义道路和文化的具体实际而制定的，是确保中国特色社会主义实践顺利进行的有力保障；中国特色社会主义文化深深植根于五千多年的中华文明，孕育于中国革命、建设、改革的伟大实践。因此，立足新时代，从整体来看，中国特色社会主义道路、理论、制度、文化是一个根源与旨归一致的整体，在现实层面"四个自信"的根源与旨归不仅都是致力于新时代社会主义的更好发展，而且都是为了促使人民群众在新时代能够实现美好生活。

因此，新时代的现代化建设进程中坚定"四个自信"，很重要的一个方面在于我们始终对中国式现代化"四个自信"的根源与旨归充满自信。具体到细化的现实层面，这种自信就是中国人民始终相信只要坚定不移推进中国特色社会主义现代化强国建设伟大实践，就一定能够在新时代实现社会主义更好的发展，能够更好地满足人民美好生活需要。因此，从人民美好生活需要的视角出发，会非常直观地体会到"四个自信"的根源与旨归的一致性和整体性，也才能更好地推动人民群众在新时代的社会主义现代化强国建设进程中更加坚定"四个自信"。

三、新时代中国式现代化"四个自信"旨在致力于中华民族伟大复兴

习近平在庆祝中国共产党成立 100 周年大会上指出："一百年来，中国共产党团结带领中国人民进行的一切奋斗、一切牺牲、一切创造，归结起来就是一个主题：实现中华民族伟大复兴。"[②] 历史和现实反复告诉我们，中华民族伟大复兴关系着我们每一个人的前途命脉，一个民族、一个国家落后就要挨打，人民就要受到其他国家和民族的揉捏，鸦片战争以来的中国近现代史就是一本鲜活的教材。因此，我们每个人的前途命脉与中华民族的前途命脉紧紧地联系在一起，国家好，人民才能好。因此，在新时代致力于中华民族伟大复兴，是每一位中华儿女的夙愿。而在实现这一目标的过程中，现代化强国建设"四个自信"的目标是一致的，在相互推动中共同促进着中华民族伟大复兴。

具体而言，坚定中国特色社会主义道路自信，就是行走于直通中华民族伟大

---

① 《习近平著作选读》第二卷，人民出版社 2023 年版，第 14 页。
② 《习近平著作选读》第二卷，人民出版社 2023 年版，第 477 页。

复兴的康庄大道，就是在坚定不移地迈向中华民族伟大复兴；坚定中国特色社会主义理论自信，就是按照这一理论体系的指导，以理论为行动指南，不断朝着中华民族伟大复兴迈进；坚定中国特色社会主义制度自信，就是遵循这一制度的规定，确保中华民族伟大复兴能够顺利实现；坚定中国特色社会主义文化自信，就是发挥文化的软性力量，不断凝聚社会共识和汇聚中国力量中奔向中华民族伟大复兴。因此，从实现中华民族伟大复兴的视域而言，虽然现代化强国建设"四个自信"在致力于中华民族伟大复兴过程中发挥的功效不同，但其根源与旨归是一致的，都是为了能够早日实现中华民族伟大复兴。因此，从这一角度而言，"四个自信"是一个根源与旨归一致的整体，四者在相互联系、相互支撑、相互作用中形成了一股合力，进而有效推进着中华民族伟大复兴。

新时代中国式现代化强国建设"四个自信"是一个相互联系、相互作用的整体。道路自信是源、理论自信是魂、制度自信是本、文化自信是根，四者在相互联系、相互作用中构成了一个辩证统一的整体；现代化强国建设"四个自信"又是一个层次推进的整体，不仅在时间序列中呈现着先后顺序，而且在相互作用中也展现着一定的有序性；中国式现代化强国建设"四个自信"还是一个根源与旨归一致的整体，在相互作用中协同致力于社会主义现代化强国建设、人民美好生活的实现、中华民族的伟大复兴。

第三节　新时代中国式现代化"四个自信"的创新高度

坚定"四个自信"促进中国式现代化，中国式现代化进程又不断提升"四个自信"。在新时代，中国式现代化对"四个自信"高度提升效应集中体现在以下几个方面。

一、新时代中国式现代化进一步增强道路自信

沿着社会主义道路，集中力量进行社会主义现代化，是新时代我国社会经济各方面建设的根本任务。从历史逻辑来看，1949 年新中国成立之后，我国开启了社会主义工业化和现代化进程。1992 年邓小平南方谈话后，我国开始更加集中力量进行社会主义现代化建设。党的二十大报告提出："从二〇三五年到本世纪中

叶把我国建成富强民主文明和谐美丽的社会主义现代化强国。"① 科学且清晰的规划和坚实的步伐，是中国特色社会主义道路的显著优势，这是一条康庄大道，沿着这条道路不断前行，中华民族伟大复兴必然会实现。在这条康庄大道的不断前进中，我们取得了一个又一个举世瞩目的成就，促使中华民族从"站起来"到"富起来"再到"强起来"，迎来了伟大复兴的光明前景，成为越来越多国家羡慕和学习的对象，不仅有效增强了中国人民的道路自信，而且"拓展了发展中国家走向现代化的途径，给世界上那些既希望加快发展又希望保持自身独立性的国家和民族提供了全新选择"②。显然，在全国人民拧成一股绳，齐力推进新时代中国式现代化的进程中，中国特色社会主义道路所展现的优越性有效促进了中国的高质量发展，在世界历史舞台发挥的作用也愈发强大，因而，可以说新时代的现代化强国建设进一步增强了中国特色社会主义道路自信。

二、新时代中国式现代化强国建设进一步增强理论自信

中国式现代化强国建设不是一个盲目跟风的过程，而是一个有着科学理论指导的进程。党的十八大以来，在习近平新时代中国特色社会主义思想的指导下，我国开启了全面建成社会主义现代化强国新征程。理论的力量是巨大的，理论对实践的指导作用是非常显著的，中国特色社会主义理论指引我国现代化强国建设取得的成就是空前的，不断促进着中国经济社会的高速发展。显然，"理论自信"的作用是显著的，同时，中国式现代化是一个不断推进实践向前发展的进程，进而不断丰富和发展了中国特色社会主义理论，并反过来增强了人们的"理论自信"，"挺起精神上的主心骨，不断增强做中国人的志气、骨气、底气③。在这一过程中，中国特色社会主义理论与实践紧密结合在一起，科学指导着中国式现代化，为中国在新时代中国式现代化提供了科学指南和思想保障。而中国式现代化在新时代的不断发展，为中国经济、政治、文化、社会、生态等方面在新时代的又好又快发展提供了坚实基础，每一位生活在新时代的中国人都能切身体会到中国式现代化取得的显著成效，进而不断增强了"理论自信"。

三、新时代中国式现代化进一步增强制度自信

中国的现代化进程又是一个不断制定和执行制度的过程，毕竟制度是为了更

---

① 《习近平著作选读》第一卷，人民出版社 2023 年版，第 20 页。
② 《习近平著作选读》第三卷，人民出版社 2023 年版，第 9 页。
③ 焦扬：《以理论自信挺起中国人精神上的主心骨》，载于《红旗文稿》2021 年第 15 期。

好地服务于实践而设置的，但制度又具有滞后性，必须要伴随实践的发展而及时调整和完善。新中国成立之后，以毛泽东同志为主要代表的中国共产党人领导中国人民实现了从新民主主义到社会主义的转变，确立了社会主义基本制度。党的十一届三中全会以后，面对十年"文化大革命"对社会主义制度的重创，以邓小平同志为主要代表的中国共产党人，拨乱反正、重整制度，不断推进中国特色社会主义制度重新走向了正轨。20 世纪 90 年代，以江泽民同志为主要代表的中国共产党人，不断深化改革，紧抓发展这一执政兴国的第一要务，建立社会主义市场经济体制，切实进行社会主义政治制度建设，有效推进了中国特色社会主义制度建设。进入 21 世纪，以胡锦涛同志为主要代表的中国共产党人，不断总结我国改革开放和现代化建设的成功经验，不断制定、完善和发展了一系列制度，有效解决了当时我国面临的一系列复杂问题，推进了中国特色社会主义制度的健全发展。党的十八大以来，以习近平同志为核心的党中央高度重视制度建设，坚持全面深化改革，紧紧围绕致力于中华民族伟大复兴建立健全了系列制度体系，着实丰富和发展了中国特色社会主义制度。可见，中国式现代化强国建设也是一个制度不断完善和发展的进程，其实质是一个制度不断现代化的进程。在这一进程中，中国特色社会主义制度得到了丰富和发展，同时，制度的发展又反过来有效保障了中国式现代化强国的发展。在这种相互促进的过程中，尤其是进入新时代以来，中国经济社会的发展取得了举世瞩目的成就，也进一步彰显了中国特色社会主义制度在新时代所展现的显著优势，进而在新时代切实增强了中国人民的"制度自信"。

四、新时代中国式现代化进一步增强文化自信

社会主义现代化强国建设进程不可避免的是一个中国文化发展的过程，即二者有着千丝万缕的关系，是在一个相互作用中协同发展的过程。中国特色社会主义文化先进性的体现，归根到底来源于中国式现代化取得的伟大成就，正是这种伟大成就支撑着中国特色社会主义文化的先进性。因此，从深层角度而言，中国式现代化进程既是一个不断产生和发展新的文化的过程，也是一个不断增强中国特色社会主义文化自信的过程。具体而言，这种文化的产生过程，就是具体的中国式现代化进程的实践过程，因为文化是人类实践的产物，而在细化的层面，中国式现代化必然包含着文化现代化的发展，这就进一步创造和发展了系列文化，从而推动了中国特色社会主义文化在新时代的繁荣发展。新时代中国特色社会主义文化强国建设，有效促进了中国文化的繁荣发展，从而在新时代进一步增强了中国人的"文化自信"。

总之，坚定新时代"四个自信"的中国式现代化，需要从广义和狭义两个层面把握中国特色社会主义"四个自信"与中国式现代化"四个自信"的关系。广义上的"四个自信"是中国特色社会主义道路正确性、理论科学性、制度优越性、文化先进性的"四个自信"；狭义上的"四个自信"是中国式现代化具有的道路正确、理论科学、制度优越、文化先进的"四个自信"。中国式现代化以中国特色社会主义"四个自信"为前提，中国式现代化道路、理论、制度、文化是中国特色社会主义道路、理论、制度、文化在现代化领域的赋予和体现，唯有坚定中国特色社会主义"四个自信"，才能开辟和推进新时代"四个自信"的中国式现代化伟业。新时代中国式现代化以"四个自信"为内在要求，新时代中国式现代化独立自主的道路自信、与时俱进的理论自信、守正创新的制度自信、赓续传承的文化自信，强有力证明新时代中国特色社会主义的道路正确性、理论科学性、制度优越性、文化先进性。彰显"四个自信"的中国式现代化极大促进和增强了中国特色社会主义"四个自信"的坚定。新征程上，我们要不忘初心、牢记使命，坚定历史自信、把握历史主动，把中国式现代化宏伟事业不断推向前进。[①]

---

① 习近平：《在纪念毛泽东同志诞辰 130 周年座谈会上的讲话》，载于《人民日报》2023 年 12 月 27 日。

第四篇

把握"四个大势"的中国式现代化

推进中国式现代化必须从人类发展大潮流、世界变化大格局、中国发展大历史中把握我国现代化发展的时空场景与历史坐标，顺应人类现代化发展的大势、谋划中国式现代化的大局、做好新时代中国式现代化的大事。当今世界正处于大发展大变革大调整时期，当代中国正处在实现中华民族伟大复兴中国梦的关键期，世界百年未有之大变局与中华民族伟大复兴的战略全局的同步交织、相互激荡，构成了一幅风云变幻、波澜壮阔的时代画卷，也开启了中国与世界交融发展的新画卷。

面对"建设一个什么样的世界、怎样建设这个世界？"这一世界之问，中国共产党人的回答是，把握"四个大势"，即世界多极化加速推进的大势、经济全球化持续发展的大势、国际环境总体稳定的大势、各种文明交流互鉴的大势[1]，以新时代中国式现代化引领经济全球化、世界多极化、社会信息化、文化多样化，给世界上那些既希望加快发展又希望保持自身独立性的国家和民族提供了全新选择。[2]

《中共中央关于党的百年奋斗重大成就和历史经验的决议》指出："党始

---

[1] 《习近平著作选读》第二卷，人民出版社2023年版，第178页。

[2] 《习近平谈治国理政》第三卷，外文出版社2020年版，第8~9页。

终以世界眼光关注人类前途命运，从人类发展大潮流、世界变化大格局、中国发展大历史正确认识和处理同外部世界的关系。"①坚持胸怀天下，是马克思主义国际主义视野和人类解放情怀同中华优秀传统文化"大道之行，天下为公"的"天下观"相结合在中国共产党人身上的典型体现，旨在以开放姿态、合作诚意、共赢目标，推动中国和世界共同繁荣发展，彰显出中国共产党的宏大格局和世界担当。 新时代新征程上推进顺应"四个大势"的中国式现代化，必须倡导平等有序的世界多极化和普惠包容的经济全球化，塑造我国和世界关系新格局，把我国国际影响力、感召力、塑造力提升到新高度，为强国建设、民族复兴营造更有利的国际环境并提供更坚实的战略支撑。②

① 《中共中央关于党的百年奋斗重大成就和历史经验的决议》，载于《人民日报》2021 年 11 月 17 日。
② 《中央外事工作会议在北京举行》，载于《人民日报》2023 年 12 月 29 日。

第十二章

经济全球化背景下双循环现代化经济强国建设

经济全球化作为生产要素在全球流动配置,是当代世界的第一大势。经济全球化深入发展既为各国带来重大机遇, 也带来重大挑战, 尤其是贸易保护主义盛行、区域一体化受阻、贸易摩擦凸显等逆全球化动向, 但经济全球化仍是不可抗拒的历史趋势与不可阻挡的时代潮流。习近平从辩证法角度分析经济全球化发展态势, 强调不能简单把当前世界发展矛盾与困境完全归咎于经济全球化本身, 要客观分析新自由主义全球化所带来的世界发展失衡问题, 强调要推动建设一个开放、包容、普惠、平衡、共赢的经济全球化, 实现经济全球化再平衡, 要让经济全球化的正面效应充分释放, 消解经济全球化的负面影响。当今中国作为全球第二大经济体, 其发展得益于参与和融入全球化进程, 同时中国的快速发展也推动着全球化发展进程。

改革开放以来, 特别是加入 WTO 后, 我国积极融入国际大循环, 市场与资源 "两头在外" 形成的 "世界工厂", 对我国快速提升经济实力、改善民生发挥了重要作用。近几年, 随着全球政治经济环境变化, 逆全球化趋势加剧, 少数国家大搞单边主义、保护主义, 传统国际循环明显弱化。在这种情况下, 习近平强调必须把发展立足点放在国内, 中国是全球最大与最有潜力的消费市场, 更多依靠14 亿多人口且人均 GDP 超过 1 万美元的国内大市场来实现内外联动。习近平指出: "新发展格局决不是封闭的国内循环, 而是开放的国内国际双循环。"[1]

---

[1] 习近平:《关于〈中共中央关于制定国民经济和社会发展第十四个五年规划和二〇三五年远景目标的建议〉的说明》, 载于《人民日报》2020 年 11 月 4 日。

当前构建新发展格局，应坚持扩大内需这个战略基点，打通经济循环堵点，提升产业链、供应链的完整性，使经济发展四个环节更多依托国内市场，形成大国经济的良性循环，建设现代化经济体系，开创社会主义现代化强国建设的新征程与新境界。

第一节　经济全球化发展的新态势

习近平指出："综合研判世界发展大势，经济全球化是不可逆转的时代潮流。"[①] 面对当前逆全球化思潮的兴起与蔓延，以及单边主义行动与保护主义行为，必须看到，全球化是历史潮流与时代大势，其依然是当今世界经济稳定发展与可持续增长的重要条件，有力推动国际交往、贸易繁荣、投资便利和科技进步等，这不以人的意志为转移，中国高举全球化发展大旗，坚定参与并积极推动经济全球化进程。虽然经济全球化也确实带来了一些负面影响，但不能以逆全球化将这种负面影响不断放大或夸大，不能以此为推行贸易保护主义寻找借口。习近平指出："经济全球化确实带来了新问题，但我们不能就此把经济全球化一棍子打死，而是要适应和引导好经济全球化。"[②]

一、经济全球化发展的基本趋势

党的十八大以来，习近平从经济全球化的"三个趋势"进行综合研判，即科学把握经济全球化的大趋势、总趋势与新趋势，强调全球化虽然局部受阻，但整体仍在发展，这是人类发展规律，它符合人类根本利益与长远利益，是人类发展前行的基本方向和历史趋势。

一是把握经济全球化发展的大趋势。习近平指出："经济全球化符合生产力发展要求，符合各方利益，是大势所趋。"[③] 经济全球化是历史走向世界历史的必然结果，是适应更高生产力与国际普遍交往的发展而出现的结果，是不可抗拒的历史趋势与时代潮流。经济全球化极大地促进了资本和要素在全球范围内的流动，推动了生产全球化社会化，为参与各方带来了巨大利益，为资本增值创造了巨大空间。习近平强调："经济全球化是历史大势，促成了贸易大繁荣、投资大

① 习近平：《论坚持推动构建人类命运共同体》，中央文献出版社 2018 年版，第 525 页。
② 习近平：《论坚持推动构建人类命运共同体》，中央文献出版社 2018 年版，第 402 页。
③ 习近平：《面向未来开拓进取　促进亚太发展繁荣》，载于《人民日报》2016 年 11 月 22 日。

便利、人员大流动、技术大发展。"① 进入 21 世纪以来，在发达国家主导经济全球化进程中，发展中国家也顺势而为，抢抓发展机遇，全球资本、技术、人才、信息、资源等要素实现有效共享互通，每个国家都是全球产业链的重要组成，世界经济实现了持续快速增长，彼此依赖愈发紧密，互联互通空前加深。

二是把握经济全球化发展的总趋势。2008 年全球金融危机爆发后，全球化迅猛发展势头受挫，世界经济高速增长势头戛然而止，国际贸易与投资增幅趋缓，贸易保护主义不断抬头，孤立主义、单边主义高涨，霸凌主义不断兴风作浪，逆全球化思潮甚嚣尘上，人们对经济全球化发展前景议论纷纷，有人认为全球化势头依然强劲，也有人认为全球化浪潮即将消退。习近平坚持辩证思维进行总体分析，多次强调经济全球化并非一帆风顺与一路凯歌，危与机并存，但从总体看，机遇大于挑战，益处多于弊端，经济全球化不存在根本性颠覆与重大转向，经济全球化仍是不可逆转的历史大势。习近平强调："经济全球化是不可逆转的历史大势。"② 全球化并非完美无缺，但也不是一无是处，当下经济全球化在艰难中深入推进。习近平强调："要充分估计世界经济调整的曲折性，更要看到经济全球化进程不会改变。"③

三是把握经济全球化发展的新趋势。经济全球化不仅具有机遇与挑战的两面性，也有生产力提升与生产关系调整的双重性。当下经济全球化既在艰难中推进，也在深入中调整。习近平强调要准确把握当前经济全球化在生产力与生产关系这两个方面呈现的新趋势。从生产力看，科技进步是经济全球化的重要推动力，当下经济全球化既关注资本积累的原始动力，更关心科技进步的原创动力，科技不断进步缩短全球时空距离，加速要素全球流动。习近平指出："新一轮科技和产业革命正孕育兴起，国际分工体系加速演变，全球价值链深度重塑，这些都给经济全球化赋予新的内涵。"④ 从生产关系看，毋庸置疑，一直以来经济全球化是在资本主义生产关系主导下进行的，由西方发达国家引导的，全球经济增长动力单一，发展中国家以互补性为抓手，不断融入、参与全球化，日益成为促进全球经济增长的重要引擎，不断推动全球经济朝着更加均衡协同的方向发展。

二、经济全球化发展的基本问题

21 世纪以来全球化浪潮仍是发展潮流，趋势不可逆转。但由于受全球金融

---

① 习近平：《论坚持推动构建人类命运共同体》，中央文献出版社 2018 年版，第 420 页。
② 《习近平著作选读》第二卷，人民出版社 2023 年版，第 212 页。
③ 习近平：《论坚持推动构建人类命运共同体》，中央文献出版社 2018 年版，第 199 页。
④ 习近平：《论坚持推动构建人类命运共同体》，中央文献出版社 2018 年版，第 393 页。

危机阴云不散的影响，西方主要大国普遍陷入严重经济衰退，为了刺激经济复苏，从而转向保护主义措施，欧美发达国家也不同程度出现逆全球化的声音，将世界发展失衡、全球利益分配不均、贫富分化加剧等现象错误地扣在经济全球化身上，保护主义与单边主义并存、孤立主义与民粹主义交织，诸如"反全球化""去全球化""逆全球化"等思潮甚嚣尘上。这种所谓逆全球化思潮以及发展动向，既是西方某些国家刻意回避与无视全球化发展存在不公平不公正的现实失衡问题，也将全球化某些负面影响无限夸大，以唱衰全球化为自身实施贸易保护主义制造借口。

1. 逆全球化是对全球化负面问题的夸大与歪曲

随着逆全球化动向愈演愈烈，国际合作和全球治理面对诸多障碍。当前在世界经济增长乏力、全球需求不旺、国际市场震荡、国际贸易与投资下滑的背景下，这股逆全球化势头深刻影响全球贸易自由化与投资便利化。当下这股逆全球化现象之所以引人关注，主要原因有三：一是逆全球化不同于反全球化。反全球化运动并不是主张放弃全球化，而是希望调整全球化。"从某种意义而言，'反全球化'实际上是'另一种全球化'。"[1] 二是这股逆全球化发动者是曾经力推与倡导全球化的西方发达国家，这与当初他们推崇国际贸易自由相违背，他们从全球化的领头羊转变为反全球化的急先锋。三是世界经济发展困难重重。2008年爆发国际金融危机，原本需要加强国际合作，共克时艰。但贸易保护主义抬头，给世界经济带来"雪上加霜"和"火上浇油"。

近年来这种逆全球化突显在三个方面：第一，贸易保护主义盛行。一些国家为了扭转贸易逆差，通过实施贸易保护达到所谓贸易平衡。例如，美国推行"美国优先"的贸易保护措施，违反WTO规则，损害多边贸易体制，严重干扰全球产业链，加剧各国宏观政策协调的难度。第二，区域一体化受阻。贸易自由化和区域一体化紧密相连，贸易保护主义抬头，区域一体化进程必然受挫。其中，最为引人关注的就是"英国脱欧""美国退出跨太平洋伙伴关系协定（TPP）"。第三，贸易摩擦凸显。贸易保护主义盛行必然带来严重的贸易摩擦和激烈的贸易战争，搅乱全球经贸态势。2017年美国新一届政府采取加征高额关税等手段，热衷挑起和多国的经贸摩擦，以加征关税等措施挑起中美经贸摩擦。

逆全球化动向的出现并非偶然，这与全球化性质相关，与西方主导全球化进程相关。目前学界对全球化性质有三种表述：第一，一种性质论。有学者认为在

---

[1] 刘志礼、魏晓文：《经济全球化主体结构变革与全球治理创新》，载于《当代世界与社会主义》2017年第4期。

资本主义主导的世界，有且仅有资本主义全球化。[①] 第二，两种性质论。有学者强调全球化起源于资本主义但前景是反资本主义。[②] 第三，三种性质论。有学者从时间角度提出历史的全球化是资本主义主导且单一的、现实的全球化是不同制度文明竞争的、未来的全球化是由社会主义引航的。[③]

从历史与现实看，经济全球化确实从总体上促进了世界财富的增长，但也带来利益分配的失衡，并非所有国家都能从全球化发展中公平获益。伴随着资本主义的扩张和垄断，尤其是新自由主义全球化造成全球利益分配的失衡，西方国家牢牢占据全球化的中心地位，通过主导制定国际规则，垄断全球市场资源，控制国际经济组织，以跨国公司获取资本的高额垄断利润，南北国家获益极不平衡。2008 年全球金融危机爆发以来，全球化进程受阻，西方国家不能像从前那样从中获取利益最大化，出于私利考虑，大搞贸易保护主义。有学者强调"逆全球化"在本质上是有些国家在面对"自身失利"进程中采取"退而求其次"策略，不是全面反对全球化。[④]

随着全球化进程不断推进，反全球化浪潮也此起彼伏，以英国开启"脱欧"进程和"特朗普主义"高涨为标志的西方反全球化运动发展到"逆全球化或去全球化"的新阶段，其从民间社会思潮蔓延为政府政治决策，某些国家从标榜推动全球化的旗手转变为唱衰全球化的主角，对世界和平、全球发展和国际秩序产生严重冲击。当下中美贸易摩擦不断升级，这股逆全球化的"明流"既偏离人类文明发展进程，也干扰中国改革开放和社会主义现代化发展进程。这意味着新时代我们要变"主动适应全球化潮流"为"主动引领全球化进程"，不仅要搭上全球化的快车，还要反哺全球化的滋养，以更加开放、包容、普惠、平衡、共赢的全球思维超越西方全球化思维的资本逻辑和线性方式。这种全球思维既为有效解决全球性问题和正确引领全球化发展方向贡献了中国智慧与中国方案，也树立了中国作为推动世界贸易和投资自由化、便利化"旗手"的良好形象，更加强化中国始终做人类进步事业的参与者、世界和平的建设者、全球发展的贡献者、国际秩序的维护者的坚强决心与坚定意志。

2. 不公平不公正是经济全球化发展的突出问题

当今全球化的最大问题就是公平公正的不足与失衡。经济全球化是在"做蛋糕与分蛋糕"，全球化主要的问题症结在后者。实际上，资本逻辑的经济全球化有其深层困境，应对逆全球化挑战，重点在于解决全球化的公平问题，在"做大

---

① 肖枫：《世界经济的"全球化"与中国应采取的战略》，载于《国际问题研究》2000 年第 2 期。
② 梁树发：《全球化：世界社会形态的形成与发展》，载于《北京行政学院学报》2000 年第 2 期。
③ 徐艳玲：《全球化本质的动态透视》，载于《山东社会科学》2004 年第 3 期。
④ 詹建兴：《"一带一路"下全球化与"逆全球化"研究》，载于《河南社会科学》2017 年第 10 期。

蛋糕"的前提下注重"分好蛋糕",让不同国家、民族、区域、阶层、群体共享经济全球化的好处,推动经济全球化朝着更加健康持续的方向发展。

当前经济全球化不公平不公正的问题,突出表现在以下三个方面。

一是全球财富分配不均衡。从深层次看,当今全球化仍是资本主导的全球化,全球化困境的根源在于资本追逐高额利润,并在全球范围奔走,资本逐利驱动和推动全球化不断前行,全球化大部分收益归少数资本所有者占有,全球财富分配不均的马太效应明显,贫富差距悬殊。习近平指出:"全球仍然有七亿多人口生活在极端贫困之中。"① 美国"占领华尔街运动"就是典型例证。

二是发达国家与发展中国家的发展失衡。以往全球化是西方资本主义国家主导和推动的经济全球化,他们迷信和鼓吹新自由主义全球化,以国家面貌为资本尤其是垄断资本获取高额利润服务。西方发达国家凭借先发优势在全球化进程中占据中心和强势地位,广大发展中国家则处于非中心的外围和弱势的边缘,南北发展鸿沟扩大。

三是发达国家与新兴经济体国家之间的矛盾。21世纪以来,金融危机使西方国家遭到重创,实力呈现相对衰退,与新兴国家上升势头形成鲜明对比。金融危机并没有使西方检视新自由主义全球化带来的严重问题,反而认为新兴国家的崛起是对其全球化主导地位、西式霸权和全球利益的挑战,当其在全球化进程中难以实现自身利益最大化之时,他们认为很多利益被新兴国家"窃取",将不满情绪和问题矛头直接指向新兴国家,企图通过改变国际规则、升级贸易保护版本来维护自身利益和霸权,从高举全球化大旗沦为唱衰全球化主角,全球化负面影响被其无限夸大,保护主义的逆全球化思潮甚嚣尘上也就不足为奇了。

在全球经济复苏乏力和持续低迷的状态下,逆全球化对全球化发展来说无疑是雪上加霜。处于十字路口的经济全球化,在客观上需要转型和重塑,需要注入新鲜血液。中国作为世界第二大经济体和负责任大国,在推动经济全球化进程中不断发声,为全球化发展注入了新活力。习近平强调:"旗帜鲜明反对保护主义。"② 面对当今逆全球化思潮的兴风作浪,中国积极倡导开放、包容、普惠、平衡、共赢的基本理念,提出构建人类命运共同体倡议和共建"一带一路"倡议的中国方案,为引领全球化健康发展贡献了中国智慧,展现出中国大国担当和人类胸怀。

---

① 习近平:《论坚持推动构建人类命运共同体》,中央文献出版社2018年版,第404页。
② 习近平:《齐心开创共建"一带一路"美好未来——在第二届"一带一路"国际合作高峰论坛开幕式上的主旨演讲》,载于《人民日报》2019年4月27日。

第二节 双循环发展格局下现代经济体系建设

在逆全球化思潮高涨、贸易保护主义抬头、国际市场需求萎缩的新形势下，突如其来的新冠疫情使得世界经济雪上加霜，当前全球经济形势仍然严峻复杂，不稳定性不确定性凸显。面对前所未有的复杂形势，我们统筹中华民族伟大复兴战略全局和世界百年未有之大变局，深刻认识错综复杂的国际形势带来的新矛盾新挑战，不断增强机遇意识和风险意识，保持战略定力，办好自己的事，加快形成以国内大循环为主体、国内国际双循环相互促进的新发展格局，建设现代化经济体系。这种双循环发展格局是深刻把握当前中国与世界深度融合的客观事实，依托强大国内市场，打破行业垄断和地方保护，形成国民经济良性循环。同时，立足国内大循环，发挥比较优势，协同推进庞大国内市场和贸易强国建设，以国内大循环吸引全球高端要素与优质资源，实现两个市场、两种资源与两种规则的互联互通。

党的十九大报告指出，贯彻新发展理念建设现代化经济体系。双循环发展格局作为新发展理念尤其是开放发展理念的集中体现，我们必须在双循环发展格局下加快现代经济体系建设。国内国际双循环是内外相互交融，以国内大循环为主体，绝不是关起门来封闭运行，而是通过发挥内需潜力，牢牢把握国内大循环这个"主体"，以我为主，使国内市场与国际市场更好联通，更好利用两个市场和两种资源，增强我国参与国际合作与竞争的新优势。双循环发展格局为加快现代经济体系建设提供了方法指引和实践路径，必将激励我们迎难而上、化危为机，牢牢把握发展主动权。习近平指出："我们要按照建设社会主义现代化强国的要求，加快建设现代化经济体系。"[①] 当前在双循环发展格局中，既要从内容上完善现代化经济体系，又要通过路径上推动现代化经济体系。

一、建设现代化经济体系的基本内容

习近平指出："现代化经济体系，是由社会经济活动各个环节、各个层面、

[①] 习近平：《深刻认识建设现代化经济体系重要性 推动我国经济发展焕发新活力迈上新台阶》，载于《人民日报》2018 年 2 月 1 日。

各个领域的相互关系和内在联系构成的一个有机整体。"① 双循环发展格局下建设现代化经济体系要把握其整体性。2018 年习近平在中央政治局就建设现代化经济体系进行第三次集体学习时强调，要从产业体系、市场体系、分配体系、城乡区域发展体系、绿色发展体系、全面开放体系、经济体制七个方面对现代化经济体系进行谋篇布局，② 这七个部分相互联系，是有机的统一整体，集中回答了"什么是现代化经济体系、如何建设现代化经济体系"这一重大问题，是新时代中国经济现代化发展的基本遵循，对推动双循环发展格局具有重要指导意义。

一是建设创新引领、协同发展的产业体系。产业体系是现代化经济体系建设的物质基础和重要支撑，是经济体系的生产环节，体现产业优化升级和经济结构转型的发展趋势。党的十九大报告指出："着力加快建设实体经济、科技创新、现代金融、人力资源协同发展的产业体系。"③ 实体经济是重要主体、科技创新是基本动力、现代金融是运行血脉、人力资源是基础资源，要适应经济新常态和双循环发展格局，做到四者协同的产业体系。四大要素紧密联系、相互促进，是一个有机统一整体，任何方面出现短板，都会影响整个现代化产业体系建设的水平和进度。党的十九大报告强调建设现代化经济体系必须把发展经济着力点放在实体经济上，把提高供给体系质量作为主攻方向，显著增强我国经济质量优势。④ 实体经济是国家发展之基，是财富创造的根本源泉，是国家强盛的重要支柱，通过发展实体经济的固本强基，筑牢现代化经济体系的坚实基础，反对和克服任何"脱实向虚"的不良倾向。党的十九届五中全会提出坚持把发展经济着力点放在实体经济上，推进产业基础高级化、产业链现代化，提高经济质量效益和核心竞争力。⑤

二是建设统一开放、竞争有序的市场体系。市场体系是现代化经济体系的运行机制和配置资源的实现方式，市场体系是经济体制的重要组成，是其有效运转的微观基础。党的十九大报告中提出："实现产权有效激励、要素自由流动、价格反应灵活、竞争公平有序、企业优胜劣汰。"⑥ 建设统一开放、竞争有序的市场体系，要实现市场准入畅通、市场开放有序、市场竞争充分、市场秩序规范，加快公平竞争、自主消费、自由流动、平等交换的现代市场体系。党的十九届五中全会提出建设高标准市场体系，健全市场体系基础制度，坚持平等准入、公正

①② 习近平：《深刻认识建设现代化经济体系重要性 推动我国经济发展焕发新活力迈上新台阶》，载于《人民日报》2018 年 2 月 1 日。
③④ 《习近平谈治国理政》第三卷，外文出版社 2020 年版，第 24 页。
⑤ 《十九大以来重要文献选编》（中），中央文献出版社 2021 年版，第 795 页。
⑥ 《习近平谈治国理政》第三卷，外文出版社 2020 年版，第 26 页。

监管、开放有序、诚信守法，形成高效规范、公平竞争的国内统一市场。

三是建设体现效率、促进公平的收入分配体系。收入关乎人民切身利益，分配体系是现代化经济体系建设的动力激励和平衡调节机制。建设体现效率、促进公平的收入分配体系，是坚持以人民为中心的发展思想和共享发展理念的具体体现。建设收入分配体系要以共享发展理念为指导，不断满足人民对美好生活的需要，实现发展成果由人民共享，使全体人民在经济发展中有更多获得感和幸福感。党的十九届五中全会强调提高劳动报酬在初次分配中的比重，健全工资合理增长机制，着力提高低收入群体收入，扩大中等收入群体。

四是建设彰显优势、协调联动的城乡区域发展体系。城乡区域发展体系是优化空间布局，是新发展理念之协调理念的重要彰显，重点体现在城乡协调与区域协调。城乡区域不平衡发展是世界发展的普遍难题。由于城乡区域存在资源禀赋、地理位置、基础条件、政治政策等方面差异，我国城乡区域发展不协调也较为明显。建设现代化经济体系要求城乡区域协调可持续发展，实现城乡融合和区域协同化。党的十九大报告明确提出要实施"乡村振兴战略"与"区域协调发展战略"来推动建设现代化经济体系，实现区域良性互动与城乡融合发展的空间新格局与新布局。①

五是建设资源节约、环境友好的绿色发展体系。绿色发展体系是现代化经济体系的必要条件与环境基础。绿色发展是高效发展、持续发展、和谐发展的交集发展，建设绿色发展体系，形成人与自然和谐发展现代化建设新格局，实现绿色循环低碳发展，实现资源节约与环境友好，努力走向社会主义生态文明新时代。党的十九届五中全会提出构建国土空间开发保护新格局②，有利于推动生产生活方式的绿色转型、资源配置更加合理、能源利用效率大幅提高、主要污染物排放总量持续减少、生态环境持续改善、生态安全屏障更加牢固、城乡人居环境明显改善。

六是建设多元平衡、安全高效的全面开放体系。党的十九大报告指出："开放带来进步，封闭必然落后。"③ 现代经济是开放经济，全面开放体系是国内体系与外部市场的联系机制，是深度融入全球产业链和世界分工体系并立足自身实现良性循环的经济体系，是高层次开放型经济，利用全球资源和市场推动国内经济结构优化并拓展深度，提高发展质量和国际竞争力。习近平指出："过去四十年中国经济发展是在开放条件下取得的，未来中国经济实现高质量发展也必须在

① 《习近平谈治国理政》第三卷，外文出版社 2020 年版，第 25～26 页。
② 《十九大以来重要文献选编》（中），中央文献出版社 2021 年版，第 803 页。
③ 《习近平谈治国理政》第三卷，外文出版社 2020 年版，第 27 页。

更加开放条件下进行。"① 新时代要形成陆海内外联动、东西双向互济的开放格局，建设高水平和开放型的现代经济体系。习近平说："'一带一路'建设是我国在新的历史条件下实行全方位对外开放的重大举措、推行互利共赢的重要平台。"②

七是充分发挥市场作用、更好发挥政府作用的经济体制。党的十九大报告提出："着力构建市场机制有效、微观主体有活力、宏观调控有度的经济体制。"③建设现代化经济体系需要完善的现代化市场经济体制作为保障条件，需要在正确处理政府与市场关系的基础上完善经济体制，准确界定政府与市场的边界，发挥各自优势，使市场在资源配置中起决定性作用，更好发挥政府作用，合理运用"看不见的手"和"看得见的手"，推动有效市场与有为政府更好结合，推动经济高质量发展。

二、新型工业化、信息化、城镇化、农业现代化推动建成现代化经济体系

2014 年习近平在两院院士大会上指出，我国进入了新型工业化、信息化、城镇化、农业现代化同步发展、并联发展、叠加发展的关键时期，给自主创新带来了广阔发展空间、提供了前所未有的强劲动力。④ 党的十九届五中全会提出到2035 年基本实现社会主义现代化远景目标之一，就是基本实现新型工业化、信息化、城镇化、农业现代化，建成现代化经济体系。⑤ 党的十八大以来，以习近平同志为核心的党中央也提出新型工业化、信息化、城镇化、农业现代化同步发展。推动"四化"深度融合、良性互动与相互协调，是新时代建设社会主义现代化强国的重要任务，是建成现代化经济体系的路径选择。

新时代以习近平同志为核心的党中央站在新的历史起点上，对治国理政之现代化建设规律进行深刻认识和把握，推动"四化"深度融合、良性互动和相互协调是新时代中国式现代化发展的重要格局，也是习近平对现代化经济体系谋篇布局的重要篇章。习近平指出："没有信息化就没有现代化。"⑥ 随着信息技术日新月

---

① 习近平：《论坚持推动构建人类命运共同体》，中央文献出版社 2018 年版，第 525 页。

② 习近平：《论坚持推动构建人类命运共同体》，中央文献出版社 2018 年版，第 338 页。

③ 《习近平谈治国理政》第三卷，外文出版社 2020 年版，第 24 页。

④ 习近平：《在中国科学院第十七次院士大会、中国工程院第十二次院士大会上的讲话》，载于《人民日报》2014 年 6 月 10 日。

⑤ 《十九大以来重要文献选编》（中），中央文献出版社 2021 年版，第 789 页。

⑥ 习近平：《敏锐抓住信息化发展历史机遇　自主创新推进网络强国建设》，载于《人民日报》2018 年 4 月 22 日。

异并迅猛发展，在"四化"协同融合发展进程中，习近平强调信息化至关重要，要以信息化驱动、带动和引领现代化，把信息化上升到现代化的制高点层面，为推动新时代我国现代化的融合发展、协调发展和跨越发展指明了方向，推动建成现代化经济体系。当前在"四化"同步协调发展中，信息化是新型工业化、新型城镇化、农业现代化的重要引擎，是实现科学发展和推动现代化发展的有力支点，要坚持其重要引领作用。

1. 信息化推动新型工业化

习近平指出，要推动信息化与工业化深入融合，必须在信息化方面多动脑筋、多用实招。① 何为新型工业化道路？新型工业化道路是有别于传统工业化的新发展道路。即坚持以信息化带动工业化，以工业化促进信息化，从而达到科技含量高、经济效益好、资源消耗低、环境污染少、人力资源优势能充分发挥的道路。这是从中国实际出发所具有的中国特色，在汲取各国工业化的有益经验和惨痛教训后，紧抓当今全球经济发展和科技变革的大趋势，充分发挥比较优势和后发优势的新型工业化道路。新型工业化道路所追求的工业化，是科技信息、产值效益、生态品质都得到充分发挥的工业化。工业化是信息化的物质基础和需求之源，信息化是工业化的拓展和引擎，工业化培育了信息化，信息化助推工业化。

信息化是新型工业化的题中应有之义，新型工业化的实质内容是工业化与信息化的融合。新型工业化之"新"的重要特点之一就在于坚持信息化引领工业化，信息化是工业化的引擎，可以加速与变革工业化的进程。新型工业化与信息化均以信息技术为主要支撑，新型工业化离不开信息化的技术支撑、信息驱动与信息服务，信息化是新型工业化的必要前提，信息化与工业化的相互融合是具有中国特色现代化的跨越式发展之路。信息化是方式方法，是工业化的借力得力，是提升工业化的驱动力，信息化是加速工业化发展的重要支撑和强大动力。以信息技术、设备、产品、管理、服务等全面深入融合到工业化进程中，发挥其"助推器""倍增器""催化剂"的功能，促进两化协同融合发展。新时代新型工业化必须在信息化的框架内进行，以信息化为主导方向和基本思路，贯穿于、融合于新型工业化的始终，是新型工业化道路的核心要义和关键所在。这就必须找到适当的切入点，这就是以信息技术、信息管理、信息服务，提升与改造工业生产模式、管理模式和营销模式。只有这样，我们才真正抓住新型工业化的要领，才能实现现代化的跨越式发展。

2. 信息化推动新型城镇化

推进以人为核心的新型城镇化是现代化的重要任务。城镇化是指人口向城镇

---

① 《看清形势适应趋势发挥优势　善于运用辩证思维谋划发展》，载于《人民日报》2015年6月19日。

集中的过程，是我国现代化建设的历史任务。新型城镇化有别于传统城镇化、城市化、市民化，是以城乡统筹一体、产业互动联动、生产节约集约、生态宜居和谐为基本特征的城镇化，是大中小城市、小城镇、新型农村社区协调发展、互促共进的城镇化。新型城镇化开启了新时代我国新型城镇化建设的步伐。习近平指出："积极稳妥推进城镇化，合理调节各类城市人口规模，提高中小城市对人口的吸引能力，始终节约用地，保护生态环境。"① 当今世界，信息化快速发展正在全面改变着人类社会生产和生活方式，也改变了聚集方式与发展格局。信息化与城镇化的融合发展是时代发展要求和必然趋势。信息化不仅是新型城镇化发展的重要内容，也是提升新型城镇化发展质量和水平的新引擎，是城市产业升级和功能提升的新动力。信息化对新型城镇化的引领作用在于信息化背景下的新型城镇化之"新"在于功能提升和布局优化，从内部看，信息化发展有利于提升城镇化发展水平；从外部看，信息化发展有利于优化城镇化空间布局。

一方面，从内部看，信息化深入发展有利于提升新型城镇化发展水平。当今城镇化发展水平在很大程度上取决于信息化发展程度和水平，信息技术广泛与深入运用，使城镇发展向数字化、网络化、智能化方向推进，其已成为衡量城镇现代化水平的重要标志。城镇作为信息集散集中地，全面推广与广泛应用现代信息技术、优化以知识和技术为核心的资源配置，通过信息产业化和产业信息化优化城镇产业结构，强化城镇化进程中的制度创新，促进城市部门信息共享，减少资源浪费和功能重叠，不断优化资源配置，从而推进城镇现代化进程。

另一方面，从外部看，信息化深入发展有利于优化城镇化空间布局。从现代化发展空间布局看，城镇化发展不仅要处理好城与镇的内在关系，还要优化城与乡的相互关系，打破非城即镇固化，形成特色鲜明、互促互补、整合优化、共存共荣、协同一体布局，体现一盘棋思维。信息化对于促进城镇与城乡空间合理布局至关重要，离开信息化，城镇与城乡则略显"孤立与封闭"，信息化发展使城镇协同化和城乡融合发展，实现城镇协调发展和城乡共同繁荣，使城镇空间呈现扩散化和集聚化效应。

3. 信息化推动农业现代化

习近平指出："没有农业农村现代化，就没有整个国家现代化。"② 我国是个农业大国，"三农"是国民经济与社会发展的重大问题，农业现代化是国家现代化的基础，全面建成小康社会、基本实现社会主义现代化与全面建成社会主义现代化强国的重点和难点在农业、农村和农民。当前推进农业现代化至关重要，关

---

① 《中共中央召开党外人士座谈会》，载于《人民日报》2013年7月31日。
② 习近平：《把乡村振兴战略作为新时代"三农"工作总抓手》，载于《求是》2019年第11期。

系到开启全面建设社会主义现代化国家新征程。农业现代化是传统农业向现代农业转化的发展过程，在这一进程中，如何处理信息化与农业现代化的融合关系，在一定程度上决定着现代化的成败。随着信息时代的到来，信息化作为一种新型生产力形态，农业现代化与信息化融合发展是必然要求，农业信息化是农村与农民农业现代化的重要标志。信息技术、信息资源和信息管理成为经济社会发展的核心资源之一，是农业现代化的关键要素之一，是农业现代化的必备条件。农业现代化建设也离不开信息化地带动和引领，信息化对农业现代化的发展起到了带动和加速作用，是推进农业现代化快速发展的引擎。信息化引领支撑现代农业发展、转型、升级的基本方向，为其带来新型生产管理思路和市场经营方式。新时代现代化充分认识到信息化引领农业现代化的重要性，同时充分认识到传统农业生产管理粗放、市场定位不准、主体素质不强，强调现代农业要做到农业发展的技术支撑、市场运作和人员素质提升，通过信息化发展提升农业科技含量、信息含量、知识含量，以信息化发展高效农业、订单农业和特色农业，促进农业现代化。

第三节　新时代中国式现代化坚定不移引领经济全球化进程

新时代中国式现代化作为对美好梦想的追求与实践，在性质上体现人类文明的发展与进步，在本质上是一种文明观。每个国家和民族都有自己的现代化，尽管内涵不尽相同，但本质上都是实践活动，体现文明的交汇相通。汤因比认为，文明应该是研究人类历史的基本单位，要把历史现象放到更大文明范围内加以审视。习近平说："没有文明的继承和发展，没有文化的弘扬和繁荣，就没有中国梦的实现。"[①] 从发展历程看，新时代中国式现代化高扬经济全球化大旗，在本质上是对人类进步事业与人类文明发展的一种贡献，主要体现在文明内涵的扩展、文明层次的提升以及文明方式的彰显。

首先，新时代中国式现代化的文明层次彰显文明的纵向提升。中国梦蕴含五大文明齐头并进，五大文明的全面提升是西方工业文明所无法容纳的，西方工业文明是人类文明的高级形态，但当今人类文明不再满足于清一色的工业文明，不再是对物质追求的崇拜和精神发展的茫然。当今中国发展没有步入西方国家工业化的后尘，既吸收西方工业文明成果，又超越西方工业文明模式，摆脱对物的过分依赖而形成一种新型现代化文明形态。习近平强调："实现中国梦，是物质文

---

① 习近平：《论坚持推动构建人类命运共同体》，中央文献出版社 2018 年版，第 82 页。

明和精神文明均衡发展、相互促进的结果。"① 现代化小康梦和现代化强国梦作为人类文明进步的体现，使得西方工业文明的单一模式走下了神坛，代表了人类文明前进的方向，符合人类社会发展的基本趋势。"'中国梦'的实现必然会开创一种新的人类文明，这是由实现'中国梦'的道路必然与西方式的现代化道路不相同所决定的。"② 毋庸讳言，资本主义现代化是人类现代化先发模式，但其并非是人类现代化发展的唯一且最佳的模式。新时代中国式现代化道路，既吸取以往现代化发展的文明成果，又克服传统现代化的基本弊端，是人类现代化发展样式的升级版。

其次，新时代中国式现代化倡导人类文明道路。西方工业文明或资本文明，超过其之前任何一种文明形态，但这种文明充满浓烈斗争和对抗的火药味，是"用血与火载入编年史"的文明。一方面，从人与人的关系看，资本主义文明是西方国家对自己国家和民族的文明，是对其他国家和民族的野蛮，西方现代化道路以侵略、扩张、掠夺为标志，对自己是福音，对世界是噩耗，对自身是美梦，对他人是噩梦，这种噩梦不是分享共享，而是私享独享，这种噩梦排斥和扼杀其他梦想，这种工业文明和现代化道路是实现少数人发家致富和少数国家崛起的梦想，给资产阶级与资本主义国家梦带来无上荣光，是所谓少数人或国家的幸福，多数人或国家的不幸。另一方面，从人与自然的关系看，西方现代化道路以征服和高碳为标志，高耗能高排放的西方现代化老路子，导致人与自然关系的高度紧张和严重失衡，引发人与人关系的扭曲。与西方工业文明和现代化道路不同，中国梦不仅具有文明的理念，也具有文明的方式。新时代中国式现代化摒弃剥削与殖民、不搞对抗与霸权、靠实干与靠改革开放、走和谐与共生的现代化小康梦和现代化强国梦。

最后，新时代中国式现代化是当今世界发展的时代产物。时代潮流是世界发展的主旋律和主基调，人类现代化发展要始终倾听时代呼声，这种时代潮流就是中国梦的时代眼光。"我们必须加强团结，践行相互尊重、合作共赢的国际关系理念。"③ 党的十八大以来，习近平在不同场合多次提及和平、发展、合作、共赢的时代潮流。习近平指出："这个世界，和平、发展、合作、共赢成为时代潮流。"④ 习近平强调："和平、发展、合作、共赢的时代潮流更加强劲。"⑤ 新时代习近平强调要顺应时代潮流，高举和平、发展、合作、共赢的旗帜，掌握发展主

① 习近平：《论坚持推动构建人类命运共同体》，中央文献出版社 2018 年版，第 82 页。

② 陈学明：《中国梦与人类新文明》，载于《苏州大学学报（哲学社会科学版）》2015 年第 3 期。

③ 习近平：《坚定信心 共克时艰 共建更加美好的世界——在第七十六届联合国大会一般性辩论上的讲话》，人民出版社 2021 年版，第 5 页。

④ 习近平：《论坚持推动构建人类命运共同体》，中央文献出版社 2018 年版，第 5 页。

⑤ 习近平：《论坚持推动构建人类命运共同体》，中央文献出版社 2018 年版，第 415 页。

动权，以负责任大国的姿态，倡导和平非战争、发展非停滞、合作非对抗、共赢非独占。新时代中国式现代化反映"和平、发展、共赢、共享"的时代主题，中国梦邂逅各国梦不仅不妨碍各国现代化的实现，反而会促进、支持和推动各国现代化的实现。中国不仅致力于自身现代化发展，也强调其对人类现代化的责任和贡献。党的十八大以来，习近平在不同场合反复强调新时代中国式现代化贡献人类现代化发展的正向外溢。习近平指出："我们要坚定不移引领经济全球化进程，引领经济全球化向更加包容普惠的方向发展，反对一切形式的保护主义。"①

一、促进共同发展的中国式现代化

如果说没有和平的现代化是幻想，那么没有发展的现代化是空梦。习近平指出："没有发展，中国和世界也不可能有持久和平。"② 和平关乎人类能否生存，发展则关系人类能否进步。现代化是人类发展和文明进步的历史进程。如果说和平是现代化硬任务，那么发展就是现代化发展的硬道理。习近平强调："贫瘠的土地长不成和平的大树。"③ 世界各国虽国情、阶段、任务不同，但谋发展、求繁荣是各国现代化发展的共同愿望。但这种现代化发展道路不是建立在对他国侵略扩张和殖民掠夺的基础上，而是通过自身实干、改革、创新来实现的，通过相互促进和相互联动来推动。新时代现代化道路不仅强调发展的眼光与逻辑，以发展来解决现代化进程中的一切困难和问题，而且其更加强调共同发展的思维和理念，认为一起发展才是真发展，共同发展才是好发展。

习近平强调："发展是第一要务，适用于各国。"④ 习近平认为发展是中国现代化第一要务，也是世界各国现代化关注的中心议题，他高度认同邓小平提出的应当把发展问题提到全人类高度来认识，要从这个高度去观察问题和解决问题。⑤ 习近平强调现代化的发展眼光主要体现在发展方法上。他指出："发展是解决一切问题的总钥匙。"⑥ 发展是解决一切现代化问题的关键，解决人类各种问题最根本、最有效的出路还是发展。习近平强调："面对重重挑战和道道难关，我们必须攥紧发展这把钥匙。"⑦ 党的十八大以来，面对全球发展赤字的严重挑战，

① 《习近平出席亚太经合组织第二十四次领导人非正式会议并发表重要讲话》，载于《人民日报》2016 年 11 月 22 日。
② 习近平：《论坚持推动构建人类命运共同体》，中央文献出版社 2018 年版，第 2 页。
③ 习近平：《论坚持推动构建人类命运共同体》，中央文献出版社 2018 年版，第 114 页。
④ 习近平：《论坚持推动构建人类命运共同体》，中央文献出版社 2018 年版，第 420 页。
⑤ 习近平：《在纪念邓小平同志诞辰 110 周年座谈会上的讲话》，人民出版社 2014 年版，第 18 页。
⑥ 习近平：《论坚持推动构建人类命运共同体》，中央文献出版社 2018 年版，第 435 页。
⑦ 习近平：《论坚持推动构建人类命运共同体》，中央文献出版社 2018 年版，第 247~248 页。

习近平深刻把握人类前途命运以及中国和世界现代化发展大势，提出构建人类命运共同体倡议和共建"一带一路"倡议，抓住发展这一解决人类现代化问题的总钥匙。习近平指出："发展是解决一切问题的总钥匙。推进'一带一路'建设，要聚焦发展这个根本性问题。"①

习近平指出："既把自己发展好，也帮助其他国家发展好。"② 没有和平，人类现代化无法推进，没有发展，人类现代化无法提升。人类现代化进程离不开发展之源，发展是和平的基础，共同发展就是最大的和平，抓住共同发展，就抓住了人类现代化发展的核心。当今世界，各国休戚与共、唇齿相依，人类命运共同体的真正意蕴强调共同发展，进入新时代，习近平多次强调中国促进共同发展的决心不会改变。习近平认为大家发展才能发展大家③，他强调："大家一起发展才是真发展，可持续发展才是好发展。"④ 经济全球化给世界整体发展带来了福祉，但也会导致全球发展的不平衡。当前全球发展处于失衡状态，各国现代化发展动力不足、发展空间受限、发展不够平衡、发展难以持续，这些成为国际社会面临的最突出问题。新时代，中国提出构建人类命运共同体倡议与共建"一带一路"倡议，坚持创新协同发展、开放包容发展、公平普惠发展、绿色和谐发展，是破解当前全球发展赤字的"金钥匙"。

二、推动国际合作的现代化

合则强，孤则弱。"我们必须加强团结，践行相互尊重、合作共赢的国际关系理念。"⑤ 当今世界，任何国家谋求现代化发展，既需要和平安全的国际环境，也需要相互交流的国际合作。国际合作既可以为各国现代化发展提供资源、市场、技术、资本等发展所需的基本要素，也形成优势互补、互通有无，更为各国现代化发展减少阻力、增添动力。在全球化背景下，新时代现代化开展国际合作，可以从全球化发展所形成的利益链以及其引发全球问题这两个方面来审视，前者是从增进正面利益角度来强化国际合作的全球思维，后者是从解决负面问题角度凸显国际合作的全球思维。2008 年全球金融危机爆发以来，各国利益实现和全球问题解决越来越依赖于国际合作，全球化时代，各国需要"携手拉手"而

① 习近平：《论坚持推动构建人类命运共同体》，中央文献出版社 2018 年版，第 435 页。
② 习近平：《论坚持推动构建人类命运共同体》，中央文献出版社 2018 年版，第 371 页。
③ 习近平：《论坚持推动构建人类命运共同体》，中央文献出版社 2018 年版，第 132 页。
④ 习近平：《论坚持推动构建人类命运共同体》，中央文献出版社 2018 年版，第 255 页。
⑤ 习近平：《坚定信心 共克时艰 共建更加美好的世界——在第七十六届联合国大会一般性辩论上的讲话》，人民出版社 2021 年版，第 5 页。

系统观视阈的新时代中国式现代化

不是"松手撒手"。

一方面，从全球化发展形成的利益链来看国际合作。当今世界，各国相互依存、相互依赖，生产要素和资源在全球范围内优化配置，各国通过参与国际分工连接世界市场，成为相互关联的整体，各国相互依存、经济高度融合，共同形成整体性的全球产业链、供应链和价值链，这三大链条既存在垂直上下游之间的相互关联，也存在水平各环节之间的相互影响，形成相互制约的结构体系和相互交织的利益链条，呈现产品供给与需要链、商品生产与流通链、价值形成与分配链、空间活动与分布链，这些凸显全球一体化的重要特征。由于全球产业链、价值链和供应链进入新一轮重塑期，国际分工体系与合作格局也将迎来重大调整，各国围绕国际分工、产业布局和价值分配展开协作。

另一方面，从全球化发展引发的全球问题来看国际合作。经济全球化并非完美无缺，其负面效应也会引发众多全球问题，给人类社会带来重大挑战，国际社会需要秉持开放包容、普惠平衡和合作共赢的全球思维加以解决。全球化发展所引发的全球问题，既包括全球化发展本身产生的问题，例如，发展失衡、赤字、鸿沟等问题，也包括全球化所导致的风险全球扩散的问题，例如，新冠疫情在全球肆虐与蔓延、气候环境变化等问题。习近平强调："从'本国优先'的角度看，世界是狭小拥挤的，时时都是'激烈竞争'。从命运与共的角度看，世界是宽广博大的，处处都有合作机遇。"[1] 面对"国内问题国际化"的全球问题，任何国家都无法置身事外，各国"自扫门前雪"注定成为历史。任何国家都不可能独善其身或是大包大揽，仅凭一己之力也无法解决这些共同挑战，需要各国同舟共济、携手共进、合作共赢。

三、谋求互利共赢的现代化

习近平指出："无论前途是晴是雨，携手合作、互利共赢是唯一正确选择。"[2] 没有合作则无法共赢，同样没有共赢也就无法合作，共赢是合作的目标，合作是共赢的手段。通过互利共赢推动有效合作，通过有效合作实现互利共赢。习近平强调"一带一路"追求的是百花齐放的大利，是对共建"一带一路"倡导共赢共享发展理念的形象比喻。中国提出共赢理念，超越西方传统现代化发展的零和博弈、赢者通吃的旧思维，在寻求自身发展时兼顾他国发展，倡导共谋发

---

① 习近平：《加强政党合作　共谋人民幸福——在中国共产党与世界政党领导人峰会上的主旨讲话》，载于《人民日报》2021 年 7 月 7 日。

② 习近平：《登高望远，牢牢把握世界经济正确方向——在二十国集团领导人峰会第一阶段会议上的发言》，载于《人民日报》2018 年 12 月 1 日。

展、互利互惠的新思路。在全球化深入发展的今天，中国主张树立共赢眼光，就是主张既要让自己过得好，也要让别人过得好，用共赢共享取代独占垄断，把自身现代化发展同人类现代化潮流结合起来，寻求和扩大利益交汇点与汇合面，最终实现互惠共赢与共同发展。新时代现代化倡导构建人类命运共同体倡议和共建"一带一路"倡议，并非通过殖民掠夺和侵略扩张方式来实现自身现代化，而是以和平发展、合作共赢的时代眼光审视共同发展的现代化。习近平指出："中国将继续奉行互利共赢的开放战略，欢迎各国搭乘中国发展的'顺风车'。"①

一方面，打造共赢链。习近平指出："中国追求的是共同发展。我们既要让自己过得好，也要让别人过得好。"② 随着全球化和信息化纵深发展，各国发展的外溢效应日益明显，波及和影响其他国家的发展和利益，各国只有为他国发展提供机遇和空间，才能赢得自身发展的机遇和空间。人类命运共同体越来越呈现共同利益链和共赢链，各国在推进现代化进程中必须树立共赢理念，以共赢发展维护共同利益，共同打造全球发展的共赢链。习近平指出："中国方案是：构建人类命运共同体，实现共赢共享。……我提出'一带一路'倡议，就是要实现共赢共享发展。"③

另一方面，反对零和思维。树立双赢、多赢、共赢的现代化新思维就是要彻底摒弃"你少我多、你输我赢、你死我活、你争我夺"的旧思维，这也是区别传统现代化发展中长期信奉的零和思维，消除"你之所得即我之所失"的狭隘理念。"中华民族历来秉持'亲仁善邻'的理念。"④ 面对当前全球贸易保护主义抬头及贸易摩擦严重，中国始终秉持互利共赢的发展理念，开展有理有利有节的斗争，认为"一国优先"和"一己私利"的利益最大化不符合合作共赢的时代潮流，对外采取单边主义与动辄使用关税大棒，不符合现代市场经济的基本规则与当代国家和谐相处之道，在全球贸易中采取霸凌主义不利于全球经济走出衰退的困境。习近平指出："如果奉行你输我赢、赢者通吃的老一套逻辑，如果采取尔虞我诈、以邻为壑的老一套办法，结果必然是封上了别人的门，也堵上了自己的路，侵蚀的是自己发展的根基，损害的是全人类的未来。"⑤

共赢共享现代化超越了零和博弈的极端思维方式，零和博弈是二元对立的极端思维方式，在关系上强调"非此即彼、非黑即白与非友即敌"，在结果上追求"你赢我输、你得我失、你多我少"。零和博弈思维已经完全不适合和平发展的时

---

① 习近平：《论坚持推动构建人类命运共同体》，中央文献出版社 2018 年版，第 423 页。
② 习近平：《论坚持推动构建人类命运共同体》，中央文献出版社 2018 年版，第 120 ~ 121 页。
③ 习近平：《论坚持推动构建人类命运共同体》，中央文献出版社 2018 年版，第 416 ~ 424 页。
④ 习近平：《在纪念中国人民志愿军抗美援朝出国作战 70 周年大会上的讲话》，载于《人民日报》2020 年 10 月 24 日。
⑤ 习近平：《论坚持推动构建人类命运共同体》，中央文献出版社 2018 年版，第 511 页。

代主题和合作共赢的现代化时代潮流，不利于国际社会的共同发展，成为人类现代化发展的重大阻碍。这种西式现代化道路，是以不惜牺牲他国利益和人类整体利益将个体利益推向最大化的极致，不仅造成中小国家的贫困落后与动荡不安，也极大威胁着自身的繁荣稳定。人类命运共同体的共赢共享与西方现代化道路的侵略扩展和独霸独享有着本质的区别，其倡导通过对话协商和合作共赢来化解利益分歧、实现共同安全、共享发展成果。随着经济全球化进入 3.0 时代，共赢共享是人类现代化唯一的出路，将国家民族共同体与人类命运共同体紧密相连，将本国发展机遇与世界发展机遇有效结合，寻求国家发展与人类发展的两个最大公约数，最终实现共享共赢。习近平指出："我提出'一带一路'倡议，就是要以互联互通为着力点，促进生产要素自由便利流动，打造多元合作平台，实现共赢和共享发展。"①

---

① 习近平：《论坚持推动构建人类命运共同体》，中央文献出版社 2018 年版，第 393 页。

第十三章

世界多极化背景下国家治理体系和治理能力现代化

20^{16 年 7 月习近平在会见时任联合国秘书长潘基文时指出："建立反映世界多极化现实、更加强调以规则制度来协调的国际关系。"①} 当今世界面临百年未有之大变局之一就是世界多极化深入发展，这是当今世界格局呈现的主要态势，是关注国际形势变化的重要基点，也是新时代党中央治国理政和推动现代化发展的时代背景与现实场景。冷战结束之前，世界格局多极化已初露端倪，20世纪 90 年代初，随着苏联解体与冷战结束，两极格局不复存在，美国成为唯一超级大国，世界格局进入了重大的调整时期，呈现"一超多强"的复杂局面，世界多极化进程方兴未艾，这是中国对冷战后国际形势的基本判断。世界多极化作为一种静态的客观存在与动态的发展趋势，是在一定时期内世界主要力量或力量中心通过相互联系、相互作用而形成相对稳定的力量结构和变化态势，对国际关系和世界形势具有决定性影响。从静态上它反映了多极世界与国际格局，主要取决于具有不同程度影响世界力量或力量中心的对比状态，它是一定历史时期内世界多种力量的集中概括与风貌展示。从动态上它反映大国之间互动与博弈呈现出多点、多样、多元的新态势，是指世界主要大国、强国或国家集团在一定历史时期内力量对比的发展态势与趋势。尽管世界多极化历程会历经曲折，但其趋势不可阻挡且不以人的意志为转移。

习近平指出："随着国际力量对比消长变化和全球性挑战日益增多，加强全

---

① 《习近平会见联合国秘书长潘基文》，载于《人民日报》2016 年 7 月 8 日。

球治理、推动全球治理体系变革是大势所趋。"① 全球治理关系关乎人类社会发展的前途命运，推进全球治理体系改革和建设关系到未来世界政治经济发展的基本格局。面对全球治理赤字居高不下的问题，如何消除全球治理的民主赤字、参与赤字和责任赤字，成为摆在人类面前的严峻挑战，已成为全球治理所面临的重大难题。习近平指出："世界上很多有识之士都认为，随着世界不断发展变化，人类面临的重大跨国性和全球性挑战日益增多，有必要紧跟时代步伐，对全球治理体制机制进行相应的调整改革。"② 世界多极化深入发展需要改变传统全球治理模式，针对全球性问题的治理失能所导致的发展失衡和世界失序的现实状况，由中国提出与倡导的共商共建共享的新型全球治理观，是全球化 3.0 时代的全球治理观，是冷战结束后尤其是进入 21 世纪全球发展真正相互融合、相互依存的全球治理观，是构建人类命运共同体对全球治理的重塑。习近平站在实现世界梦与构建人类命运共同体的高度，立足全球治理严重赤字的国际形势，提出秉持共商共建共享的全球治理观，主张积极参与全球治理体系改革和建设，不断贡献中国智慧和中国方案。习近平在庆祝中国共产党成立 95 周年大会上指出："中国将积极参与全球治理体系建设，努力为完善全球治理体系贡献中国智慧。"③ 党的十九大报告中明确提出："中国秉持共商共建共享的全球治理观，……中国将继续发挥负责任大国作用，积极参与全球治理体系改革和建设，不断贡献中国智慧和力量。"④ 这表明中国对于如何参与全球治理体系改革和建设的思路愈发明确清晰，受到国际社会普遍关注与广泛赞誉。进入新时代，中国不断加快参与全球治理体系改革与建设的步伐，秉持共商共建共享的全球治理观，究其深层次原因，在于当今全球治理体制变革正处在历史转折点上，共商共建共享的全球治理观深刻阐明了全球治理体制变革的历史必然性。

习近平强调："全球治理格局取决于国际力量对比，全球治理体系变革源于国际力量对比变化。"⑤ 自 2008 年国际金融危机爆发以来，西方国家经济衰退严重，以金砖国家为代表的新兴市场国家迅速崛起，尤其是新兴大国群体性崛起，对世界经济的贡献越来越大，在国际事务中的作用也在不断增强，当今国际力量对比正在发生显著变化，正在深刻改变世界格局和全球治理的基本走向。习近平指出："新兴市场国家和发展中国家对全球经济增长的贡献率已经达到百分之八十。过去数十年，国际经济力量对比深刻演变，而全球治理体系未能反映新格

① 习近平：《论坚持推动构建人类命运共同体》，中央文献出版社 2018 年版，第 383 页。
② 《习近平接受〈华尔街日报〉采访：坚持构建中美新型大国关系正确方向　促进亚太地区和世界和平稳定发展》，载于《人民日报》2015 年 9 月 23 日。
③ 《习近平谈治国理政》第二卷，外文出版社 2017 年版，第 41 页。
④ 《习近平谈治国理政》第三卷，外文出版社 2020 年版，第 47 页。
⑤ 习近平：《论坚持推动构建人类命运共同体》，中央文献出版社 2018 年版，第 384 页。

局，代表性和包容性很不够。"① 作为全球化进程的"后来者"，发展中国家一改过去的"沉默的大多数"，发挥各自优势、加强国际联合，在国际事务中共同发声，要求改变全球治理不公平不合理的因素。习近平强调："努力使全球治理体制更加平衡地反映大多数国家意愿和利益。"② 现有全球治理机制存在对发展中国家利益和意愿重视不足的问题，很多发展中国家处于边缘地带，全球治理的"参与赤字"严重。增加广大发展中国家的代表性和话语权，是全球治理改革的重点环节，能够增强全球治理与国际组织的代表性和包容性。

党的十八大以来，习近平在国际场合多次向世界传递这样的理念——世界好中国才能好，中国好世界才更好。③ "世界好"的世界梦需要全球治理，"中国好"的中国梦需要国家治理。在全球化时代，如果割裂推进国家治理和参与全球治理，以单一、区隔的思路寻找实现中国梦与世界梦的实现路径，几乎是不可能的。新时代，习近平在治国理政过程中始终以全球思维统筹国内国际两个大局，把握推进国家治理与参与全球治理相连的对象互化、功能互补和理念互融的三大维度，从两大治理密切相连的全球视野来提升国家治理现代化和参与全球治理有效性。"'国家治理'目标与'全球治理'追求绝不是彼此孤立的，国家治理与全球治理沟通渠道的畅通有助于将参与全球治理的经验内化到国家治理的建构中，并可使国家治理的成果体现到全球治理的进程中。"④ 新时代中国日益走近世界舞台中央，中国的前途命运日益紧密地同世界的前途命运紧紧联系在一起，习近平高瞻远瞩，深刻认识当今世界正面临百年未有之大变局，通过综合研判世界多极化发展新态势新走向，统筹国内国际两个大局，以全球思维审视国家治理与全球治理的有效互动，坚持将推进国家治理和参与全球治理紧密相连，在两大治理互动框架中，把握推动国家治理体系与治理能力现代化，积极有效参与全球治理体系改革和建设，实现"治国"与"平天下"的有机统一。

第一节　世界多极化发展的新走向

世界多极化又称世界格局多极化，是指一定历史时期具有不同程度影响全球的世界主要力量，通过相互联系、相互作用而形成相对稳定的力量结构和战略态

---

① 习近平：《论坚持推动构建人类命运共同体》，中央文献出版社 2018 年版，第 404 页。
② 习近平：《论坚持推动构建人类命运共同体》，中央文献出版社 2018 年版，第 261 页。
③ 习近平：《论坚持推动构建人类命运共同体》，中央文献出版社 2018 年版，第 422 页。
④ 刘雪莲、姚璐：《国家治理的全球治理意义》，载于《中国社会科学》2016 年第 6 期。

势，既是力量对比的静态反映，也是力量发展的动态过程。当今世界格局呈现各大国综合国力的此消彼长以及各种力量的分化组合。冷战结束后，美苏争霸落幕，第二次世界大战后延续多年的两极格局终结，世界多极化方兴日盛，呈现以美国这一超级大国和中国、俄罗斯等"一超多强"的多极化格局。当今世界正经历百年未有之大变局，主要大国之间力量对比发生深刻演变，彼此关系更多呈现为新兴大国与西方大国之间的集群、竞合、博弈，大国关系竞合异常激烈，对抗性也显著上升。作为一种历史趋势与客观存在，当今世界格局在大变革大调整时期，主要力量重新分化组合，多边主义和国际关系民主化成为历史潮流，世界多极化方兴未艾。

一、世界大国的发展态势

当今世界格局进入"百年未有之大变局"，尽管总体上仍未超出"一超多强"的基本定位，但美国实力相对衰落，中国、印度、巴西等新兴国家群体性崛起，超级大国、主要大国与新兴大国呈现的"三国"发展新态势引人注目。

一是超级大国的发展态势。冷战时期，世界是美苏争霸的两极格局。苏联解体后，美国成为全球唯一超级大国，其凭借所拥有的超强综合国力，极力企图建立主宰世界的单极格局。随着全球化的加速发展，美国实力相对下降的趋势比较明显，"一枝独秀"的局面有所变化。美国无论是绝对衰落还是相对衰落，当今世界多极化在很大程度上都体现在美国实力的变化。21世纪以来，受金融危机的冲击和"9·11"恐怖主义的袭击，美国实力有所下降。从经济上看，第二次世界大战后初期，美国GDP占世界一半左右，21世纪以来其保持在20%左右的水平。美国实力相对下降，使得它对世界总体控制力和影响力减弱。美国通过调整内外政策、实施全球战略收缩、寻求盟国支持、加强大国合作，以维持其相对优势的地位。

2008年金融危机爆发后，美国领导全球、改变世界以及为国际社会提供公共产品的能力和意愿均在下降。2017年美国总统特朗普上台后，奉行"美国优先"原则，签署一系列"退群毁约"协议。例如，退出协定方面有《跨太平洋伙伴关系协定》（TPP）、《巴黎气候协定》、《中导条约》、《移民问题全球契约》等，退出组织方面有联合国教科文组织、世界卫生组织、联合国人权理事会等，美国大搞霸凌主义、单边主义、保守主义、孤立主义。同时，尽管美国经济在金融危机中遭到重创，但其仍是世界上最强大的国家，是世界上唯一的超级大国，其综合实力遥遥领先，很多国家都望尘莫及。当前美国仍然拥有世界庞大市场、先进技术、强大创新能力，具有短期之内难以撼动的美元霸权地位和超强的军事防卫能力，美国的全球主导地位并未发生根本性改变。可以预见，今后美国仍将是世界上综合国力最强、影响力最大的大国之一，全球影响不容忽视，超强国际地位短期难以撼动。

二是主要大国的发展态势。在当今世界格局中，除了美国这一超级大国之外，还有一系列大国存在，既有传统大国，也有新兴大国，既有全球性大国，也有地区性大国。今天我们可以从综合和单一影响这两个层次来划分大国。从综合国力角度看，一国综合性指标是指能够对国际秩序和战略格局产生重大影响，在制定和维护国际规则时有较大话语权，对全球或地区事务产生重要影响的国家，可分为全球大国和地区大国。从单一国力角度看，某些国家在某一方面所具有的超大型实体，这类国家在某些领域十分突出或走在世界前列。例如，经济大国、军事大国、能源大国、地缘大国、人口大国，等等。当今大国在全球治理中扮演了重要角色，在全球治理体系变革中负有特殊责任，发挥了关键性作用。有学者强调大国之大在于其国际威信、世界贡献和特殊责任，而非辽阔的疆土和强大的经济。[1]

尽管国际格局与国际力量对比并未发生根本性变革，但大国间竞争加剧与分化加速，国际体系进入第二次世界大战结束以来最为深刻调整的时期，大国力量发生鲜明对比，西方传统大国实力有所下降，新兴大国实力呈现整体上升。长期以来全球治理主要由西方大国主导和操纵，逐渐形成以美国为首的西方七国集团（G7）的全球治理机制与"富国俱乐部"，七国集团由美国、日本、德国、英国、法国、意大利和加拿大七个发达国家组成，其间俄罗斯曾象征性加入，而后又被无情抛弃。2008年全球金融危机后，全球治理仅由少数几个西方大国主导，全球治理显得越来越力不从心，其有效性、代表性和合法性备受广泛质疑。随着新兴大国的快速崛起，全球治理体系和世界格局正在经历重大变革，其中最显著的就是二十国集团（G20）机制的形成，在某种程度上是取代西方七国集团逐渐成为全球治理最重要的机制之一，成为全球治理的"关键少数"，也是世界多极化的主要力量。

G20全球治理机制是世界大国应对危机与相互博弈的结果，是世界多极化深入发展的产物。G20包括中国、美国、日本、德国、法国、英国、意大利、加拿大、俄罗斯、澳大利亚、南非、阿根廷、巴西、印度、印度尼西亚、墨西哥、沙特阿拉伯、土耳其、韩国共19个国家和欧盟共同组成，成员构成兼顾了发达国家与发展中国家以及不同地域间的大国平衡，人口占全球的2/3，国土面积占全球的60%，GDP占全球的90%，贸易额占全球的80%，是世界主要力量围绕建

① 郭树勇：《论和平发展进程中的中国大国形象》，载于《毛泽东邓小平理论研究》2005年第11期。

立国际新秩序长期激烈较量的必然结果，是传统大国与新兴大国相互作用的产物，也是世界多极化加速发展的重要体现。

三是新兴大国的发展态势。习近平指出："世界多极化进一步发展，新兴市场国家和发展中国家崛起已经成为不可阻挡的历史潮流。"① 尽管当今国际力量格局并未从根本上得以改变，但是进入 21 世纪以来，尤其是 2008 年金融危机以后，新兴经济体和新兴大国群体崛起，世界经济增长需要新兴大国的重要推动，全球治理需要新兴大国的贡献，国际合作需要新兴大国的参与，新兴大国在全球治理中扮演了重要角色。当今 G20 的影响力盖过 G7，足以表明当今世界所有重大国际问题的有效解决，都离不开新兴大国的有效参与，凸显新兴大国的全球地位与世界意义，表明新兴大国从舞台边缘走向舞台中央，将对现有世界秩序产生深刻影响，推动世界格局发生深层次变化，加速世界多极化与国际关系民主化进程。2017 年《金砖国家领导人厦门宣言》呼吁："我们决心构建一个更加高效、反映当前世界经济版图的全球经济治理架构，增加新兴市场和发展中国家的发言权和代表性。"②

习近平指出："国际力量对比发生深刻变化，新兴市场国家和一大批发展中国家快速发展，国际影响力不断增强，是近代以来国际力量对比中最具革命性的变化。"③ 当下金砖国家（BRIGS）作为新兴市场国家与发展中大国的典型代表，包括中国、俄罗斯、印度、巴西、南非五个新兴大国，是基于地缘、实力与影响力的全球重要参与者。尽管从单个国家看，其实力与影响力有限，但从整体上看，金砖国家共同发声、团结协作，对维护世界和平与稳定、推动全球经济增长、加强多边主义、提升发展中国家的整体话语权具有重要意义，极大地加速了多极化发展进程。习近平在金砖国家领导人会晤时强调："不管全球治理体系如何变革，我们都要积极参与，发挥建设性作用，推动国际秩序朝着更加公正合理的方向发展，为世界和平稳定提供制度保障。"④ 有学者指出，从经济实力来看，七国集团（G7）与新兴经济体七国（E7：中国、印度、巴西、俄罗斯、印度尼西亚、墨西哥和土耳其），按市场汇率计算，E7 的 GDP 总量将在 2030 年超过 G7。⑤

① 习近平：《论坚持推动构建人类命运共同体》，中央文献出版社 2018 年版，第 253 页。
② 《金砖国家领导人厦门宣言》，载于《人民日报》2017 年 9 月 5 日。
③ 习近平：《论坚持推动构建人类命运共同体》，中央文献出版社 2018 年版，第 259 页。
④ 习近平：《论坚持推动构建人类命运共同体》，中央文献出版社 2018 年版，第 23 页。
⑤ 余丽：《美国霸权正在衰落吗？》，载于《红旗文稿》2014 年第 8 期。

二、国际关系民主化的基本主张

党的十九大报告指出："倡导国际关系民主化"。① 世界多极化深入发展直接反映了国际关系民主化进程，世界多极化是推动国际关系民主化的重要因素，是实现国际关系民主化的前提和基础。在霸权治理下，国际权力呈等级态势，国际关系是支配与被支配关系，国际事务由少数几个大国操纵，极力排斥发展中国家在全球治理中的参与权和话语权。冷战后国际战略格局经过深刻调整，多极化是世界发展潮流的一个重要趋势，形成了多种力量或多个力量中心，这种力量发展态势需要倡导一种新的国际关系行为准则，改变极少数大国或大国集团垄断世界事务、支配其他国家命运，抵制强权力量的横行霸道和霸权霸凌。国际事务中应体现自由、平等、民主的原则，体现国际关系民主化，这种国际关系民主化符合多极化的客观规律和基本趋势，有利于体现出世界人民的共同意愿和整体利益。习近平指出："我们应该共同推动国际关系民主化。世界的命运必须由各国人民共同掌握，世界上的事情应该由各国政府和人民共同商量来办。垄断国际事务的想法是落后于时代的，垄断国际事务的行动也肯定是不能成功的。"②

进入 21 世纪，世界多极化加速发展，新兴市场国家和发展中国家崛起已经成为不可阻挡的世界大势，少数国家独霸天下力不从心，以金砖国家为代表的新兴市场国家和新兴大国群体性崛起，国际力量对比变化显著，对世界经济的贡献越来越大，对全球事务的影响也越来越强，越来越多的发展中国家参与到国际事务之中，要求平等协商解决国际事务，主张各国共商共建共享，实现国际关系民主化已成为世界普遍的呼声，要求改变西方大国主导全球治理、长期把控国际组织，抵制少数国家谋求霸权和干涉他国内政，改变全球治理赤字居高不下，消除其民主赤字、参与赤字和责任赤字，增加发展中国家的代表性和话语权，努力使全球治理体制更加平衡地反映大多数国家的意愿和利益，推动国际关系民主化。多极化推动国际关系民主化是大趋势，各国人民在追求民主的同时，也必将推动国际关系走向民主化。在世界多极化发展进程中，以习近平同志为核心的党中央不断适应时代发展和国际关系现实的深刻变化，历来主张在推进国际关系民主化，大中小国家都要在权利平等的基础上参与解决国际问题，各国事情由各国人民作主，国际事情由各国协商解决。江泽民在"中非合作论坛——北京 2000 年部长级会议"发表题为《中非携手合作共迎新世纪》，首次明确提出"国际关系

---

① 《习近平谈治国理政》第三卷，外文出版社 2020 年版，第 47 页。
② 习近平：《论坚持推动构建人类命运共同体》，中央文献出版社 2018 年版，第 133 页。

民主化"概念，我们党一直强调推进国际关系民主化的基本主张，这契合世界多极化发展趋势和世界各国人民的共同愿望，是一种新型国际关系价值追求，为丰富和发展国际关系理论创新与开创民主化进程作出巨大贡献。

习近平指出："我们要继续致力于推动国际关系民主化。"① 基于新时代发展潮流和国际关系的客观现实，在继承中国共产党人国际战略思想的基础上，习近平提出了许多推进国际关系民主化的新思想新观点，形成了一系列内涵丰富的关于国际关系民主化的重要论述。新时代中国从互尊、平等、协商、反霸这四个方面倡导推进国际关系民主化，强调互尊是前提、平等是基础、协商是方式、反霸是任务。

第一，互尊是推动国际关系民主化的前提。当今世界是多元多彩的世界，各国发展存在较大差异性和特殊性。作为国情不同的国家，其世界观与价值观的不同、认识论与方法论的差异均难以改变，在某些领域强制统一认识和强化认同的难度极大。但各国之间必须坚持起码的尊重，不把自己的意志和模式强加给对方，不能干预、插手对方内部事务。和谐相处始于彼此尊重，相互尊重是人类生存与发展的基本条件和基本保障，是各国相处共处之道，是发展新型国际关系和推动国际关系民主化的前提。马克思主义经典作家十分强调在无产阶级夺得国家政权后要尊重各民族的差异性，各民族要独立自主地寻求本民族获得解放的路径，不能干涉和强迫其他民族寻求幸福的道路和权力。恩格斯指出："胜利了的无产阶级不能强迫他国人民接受任何替他们造福的办法，否则就会断送自己的胜利"。② 新中国成立后，我们党特别强调"相互尊重"在国际关系中的作用，提出了以相互尊重主权和领土完整为首要原则的和平共处五项原则，主张国家不分大小、强弱、贫富，都是国际社会平等的一员，应相互尊重，平等相待，真诚互助。彼此尊重、以诚相待是大国相处之道，是各国关系保持健康稳定和推进国际关系民主化的前提。当今作为负责任的全球大国，中国强调大国之间彼此尊重，主张平等相待而不唯我独尊，这是构建新型大国关系的前提，大国之间更要相互尊重对方的大国地位、对方对国际秩序的看法、对方的核心利益以及对方的重大合理关切。

第二，平等是推动国际关系民主化的基础。党的十九大报告中指出："倡导国际关系民主化，坚持国家不分大小、强弱、贫富一律平等。"③ 如果说尊重是国际关系民主化的前提，那么平等就是国际关系民主化的基础。尊重首先是尊重各国地位和参与的平等，民主意味着平等，民主也需要平等，没有平等也就无所

---

① 习近平：《论坚持推动构建人类命运共同体》，中央文献出版社 2018 年版，第 225 页。
② 《马克思恩格斯选集》第四卷，人民出版社 2012 年版，第 548～549 页。
③ 《习近平谈治国理政》第三卷，外文出版社 2020 年版，第 47 页。

谓民主,当今国家仍然是国际社会的主体,主权平等原则仍是国际社会的基石。主权原则是国际法的根本原则,也是国际关系民主化的重要基础和首要内容,国际关系民主化首先是国家之间的地位平等和参与平等,各国都是国际社会平等参与的一员,即主权国家不论大小、强弱、贫富,在国际上一律平等,都是国际社会的平等成员,各国有权平等参与国际事务的磋商与解决,享有同等参与国际事务的权利和履行国际义务的责任。平等不仅是推动国际关系民主化的基础,也是构建新型国际关系的一般性原则和基本规范,是人类共同的价值。新型国际关系是相对于西方主导的传统国际关系而言的,传统国际关系是承认主权平等但又奉行霸权争夺的国际关系,是主权形式与强权色彩的国际关系。

第三,协商是推动国际关系民主化的方式。习近平指出:"世界上的事情只能由各国政府和人民共同商量来办。这是处理国际事务的民主原则,国际社会应该共同遵守。"[1] 协商是共同商量来办事,这是推动国际关系民主化的基本方式和基本内容。协商是民主的代名词,既有民主协商形式,又有协商民主内容。国际关系民主化的实质是国家关系的协商化,是有事多商量、遇事多商量、做事多商量。习近平指出:"涉及大家的事情要由各国共同商量来办。"[2] 倡导国际关系民主化,以民主协商协调国际事务、以平等协商解决国际争端、以多元协商增强国际共识、以自愿协商形成国际合作。协商重在出办法、出共识、出感情、出团结,协商要求各国就关心的自身问题和共同问题进行对话磋商、沟通交流、交换看法,形成较优的完善方案,摆脱赢者通吃与零和博弈,消除利益排斥和分歧扩大。协商在于充分考虑各方面意见和利益共享,有利于协调国家关系,减少、化解矛盾冲突、扩大国际共识、形成利益交集,寻求最大公约数。当前以协商推动国际关系民主化,主要体现在多边与双边两个方面,全球问题需要各国协商解决,相互问题需要相互对话协商化解。一方面,全球问题的协商。习近平指出:"涉及大家的事情要由各国共同商量来办。"[3] 另一方面,相互问题的对话协商。习近平指出:"对待国家间存在的分歧和争端,要坚持通过对话协商以和平方式解决,以对话增互信,以对话解纷争,以对话促安全。"[4]

第四,反霸是推动国际关系民主化的任务。国际关系民主化作为不可逆转的发展趋势和时代潮流,但其进程也充满诸多障碍和阻力。其中,霸权主义和强权政治是国际关系民主化的最大障碍,尤其是当前少数西方大国所表现出来的霸凌主义和单边主义,是赤裸裸霸权行径。霸权主义是反民主的,强权政治也是反自由的,国际关系民主化与霸权主义、强权政治相互对立,格格不入,推进国际关

---

① 习近平:《论坚持推动构建人类命运共同体》,中央文献出版社2018年版,第7页。

②③ 习近平:《论坚持推动构建人类命运共同体》,中央文献出版社2018年版,第206页。

④ 习近平:《论坚持推动构建人类命运共同体》,中央文献出版社2018年版,第131页。

系民主化必然要反对霸权主义和强权政治，反霸的高涨意味着霸权主义式微和强权政治衰微。

第二节　国家治理体系和治理能力现代化建设

习近平指出："我们要把自己的事情做好，这本身就是对构建人类命运共同体的贡献。"[1] 打铁还需自身硬。任何国家积极参与全球治理体系变革和建设，归根到底要靠自身的实力和能力，而这一实力和能力的承载基础就是推进国家治理体系和治理能力的现代化。国家治理现代化在一定程度上制约国家参与全球治理的程度，是决定国家参与全球治理水平的根本变量和深层因素，影响国家在全球治理体系中的发言权和话语权。尽管当前全球治理遇到这样或那样的问题，但最基础的层面问题，恐怕还是各国治理的整体状况和现代化水平还远不尽如人意。因此，在参与全球治理进程中，提升国家治理能力极其重要。新时代我们提出推进国家治理体系和治理能力现代化，以全球思维谋划推进国家治理现代化，以推进国家治理现代化来带动参与全球治理的能力、领域、进程和影响，立足和依托实现国家治理现代化，为有效参与全球治理奠定了坚实的基础。

20世纪60年代以来，随着全球化突飞猛进，国际国内问题相互渗透、相互交织，治理成为公共事务关注的焦点。"治理"一词一直受到学术界广泛关注，被应用于政治、经济、社会等诸多研究领域，国家治理和全球治理也成为人类公共事务治理的两大宏观领域。20世纪90年代中国学术界开始热议治理，结合中国现实阐释治理意义、内涵和方式，关注治理对推进社会主义现代化建设、提升党执政能力的价值和意义。2013年党的十八届三中全会首次提出将"完善和发展中国特色社会主义制度，推进国家治理体系和治理能力现代化"作为全面深化改革的总目标。国家治理概念和议题进入党和国家的政治话语体系，分别写入党和政府的重要文献，成为新时代治国理政和推动现代化发展的战略考量。

纵观社会主义发展历史进程，怎样治理社会主义国家这种全新社会，在以往实践中并没有得到很好的解决。马克思和恩格斯没有经历全面治理社会主义国家的实践，他们只是对未来美好社会治理原理，提出很多科学性的预测。列宁在俄国十月革命后领导苏俄几年后就过早离开人世，没有来得及深入探索这个问题。后来苏联在这个问题上进行了探索，取得了实践经验也犯了严重错误。对中国共

---

① 习近平：《论坚持推动构建人类命运共同体》，中央文献出版社2018年版，第514页。

产党而言，虽然治理和国家治理作为政治性名词的提出时间较短，但在领导中国革命的进程中，我们党就在不断思考未来建立一个什么样的国家以及如何治理这个国家的问题。我们党在全国执掌政权，在学习借鉴苏联等社会主义国家治理经验教训的基础上，不断探索这个问题，虽然经历了严重曲折，但在国家治理体系和治理能力方面也积累了较多经验并取得很多成果。改革开放以来，我们党开始以全新视角思考国家治理体系问题，强调领导制度、组织制度更带有根本性、全局性、稳定性和长期性，逐步形成了具有中国特色的国家治理体系。21 世纪以来我们党更加重视推进国家治理现代化，"治理"一词频率较高地出现，党领导人民治理国家的基本理念、依法治国的基本方略，保证党领导人民有效治理国家。进入新时代我们党更加注重发挥法治在国家治理和社会管理中的重要作用。新时代我们党高度重视新时代的国家治理，不断推进国家治理体系和治理能力现代化。党的十八届三中全会首次提出国家治理现代化的重大命题，国家治理能力现代化首次进入官方话语并成为国家治理关注的新方向。[1] 党的十九大报告再次强调推进国家治理体系和治理能力现代化是习近平新时代中国特色社会主义思想的八个明确之一。[2] 党的十九届四中全会提出推进国家治理体系和治理能力现代化的总体目标。[3]

有国家就存在国家治理，涉及为何治理、谁来治理、怎样治理这三个基本问题，其本质是通过国家属性及职能的发挥，协调和缓解社会的冲突与矛盾，以维持特定社会秩序的稳定。但现代意义上的国家治理不同于传统意义上的国家治理，是国家按照某种既定目标，通过共商、共建、共享的基本原则，进行有计划的规范引导、组织协调，形成全面、多元、民主、法治的治理活动，不断提升国家软实力、实现国家现代化。新时代以习近平同志为核心的党中央提出的国家治理，在本质上既区别于中国传统国家治理，又不同于西方国家治理，既聚焦国家治理的现代化又凸显国家治理的中国化。新时代国家治理具有明确的目标、清晰的内容和基本的原则，把我国制度优势更好地转化为国家治理效能，为实现中国梦提供有力的治理保证。

一、推进国家治理现代化的目标定位

马克思指出："理论在一个国家实现的程度，总是取决于理论满足这个国家

---

①③　《中共十八届三中全会在京举行》，载于《人民日报》2013 年 11 月 13 日。
②　《习近平谈治国理政》第三卷，外文出版社 2020 年版，第 15 页。

的需要的程度。"① 新时代国家治理不能就治理谈治理，需要"有的放矢"推进国家治理，如果方向不对，可能事倍功半、劳而无功、南辕北辙。新时代国家治理的目标就是坚持和完善中国特色社会主义制度，这也是推进国家治理体系和治理能力现代化的出发点和落脚点。"治理国家，制度是起根本性、全局性长远性作用的。"② 现代化包括物质层面、制度层面、文化层面的现代化，在三个现代化中，制度现代化是物质现代化、文化现代化的重要保障，而治理现代化主要关注制度层面的现代化。"推进国家治理现代化的实质是实现制度现代化。"③ 党的十八届三中全会是党第一次完整将"完善和发展中国特色社会主义制度"的治理目标与"国家治理体系和治理能力现代化"的治理内容一并提出④，前者是后者的目标和方向。2014 年 2 月习近平在省部级主要领导干部学习贯彻党的十八届三中全会精神全面深化改革专题研讨班开班式上强调："总目标是两句话组成的一个整体：前一句，规定了根本方向，这个方向就是中国特色社会主义道路，而不是其他什么道路；后一句，规定了在根本方向指引下完善和发展中国特色社会主义制度的鲜明方向。两句话都讲，才是完整的。"⑤

党的十九届四中全会用"坚持和完善中国特色社会主义制度"取代"完善和发展中国特色社会主义制度"⑥，尽管文字表述有所变化，但丝毫不影响新时代国家治理战略目标定位的"制度现代化"。习近平指出："今天，摆在我们面前的一项重大历史任务，就是推动中国特色社会主义制度更加成熟更加定型，为党和国家事业发展、人民幸福安康、社会和谐稳定、国家长治久安提供一整套更完备、更稳定、更管用的制度体系。"⑦ 党的十九届四中全会在强调国家治理目标时，分别使用到我们党成立一百年时"在各方面制度更加成熟更加定型上取得明显成效"、到二〇三五年"各方面制度更加完善，基本实现国家治理体系和治理能力现代化"、到新中国成立一百年时"全面实现国家治理体系和治理能力现代化，使中国特色社会主义制度更加巩固、优越性充分展现"的明确表述。⑧

---

① 《马克思恩格斯选集》第一卷，人民出版社 2012 年版，第 11 页。

② 《习近平关于全面深化改革论述摘编》，中央文献出版社 2014 年版，第 28 页。

③ 包心鉴：《国家治理现代化与中国特色社会主义新发展》，载于《中共福建省委党校学报》2015 年第 2 期。

④ 《中共十八届三中全会在京举行》，载于《人民日报》2013 年 11 月 13 日。

⑤ 《习近平总书记系列重要讲话读本》，学习出版社、人民出版社 2016 年版，第 71 页。

⑥⑧ 《中共十九届四中全会在京举行》，载于《人民日报》2019 年 11 月 1 日。

⑦ 《习近平总书记系列重要讲话读本》，学习出版社、人民出版社 2016 年版，第 74 页。

二、推进国家治理现代化的两大内容

马克思指出："需要是同满足需要的手段一同发展的，并且是依靠这些手段发展的。"① 国家治理现代化包含国家治理体系现代化和国家治理能力的现代化，两者是辩证统一体，彼此支撑，共同构成国家治理的"骨架"和"血肉"。没有很强的治理能力，再好的制度无法彰显；没有健全的治理体系，再强的治理能力也无从施展。习近平指出："国家治理体系和治理能力是一个国家的制度和制度执行能力的集中体现，两者相辅相成，单靠哪一个治理国家都不行。……正是考虑到这一点，我们才把国家治理体系和治理能力现代化结合在一起提。"② 国家治理体系和治理能力是整体的"成套设备"，不可偏废，是国家治理一个过程的两个方面，要形成总体效应。

习近平指出："有了好的国家治理体系才能提高治理能力。"③ 国家治理体系现代化强调要形成成熟定型的制度体系，才能更好地发挥制度效能，奠定治理能力提升的制度优势。制度不是万能的，国家治理仅有制度体系安排远远不够，没有制度的执行，没有高素质的主体和有效的组织协调，再完善和定型的制度也难以落地落实。国家治理能力的实质在制度和人的关系，更着重彰显治理体系发挥的效能，真正将制度优势转化为治理效能。习近平指出："国家治理能力则是运用国家制度管理社会各方面事务的能力。"④ 新时代国家治理能力重点要提升党统筹推进"五位一体"总体布局、协调推进"四个全面"战略布局的能力，构建新发展格局的能力，提高党把方向、谋大局、定政策、促改革的能力和定力，全面增强党的十九大报告提出的增强学习、政治领导、改革创新、科学发展、依法执政、群众工作、狠抓落实、驾驭风险的八大执政本领，彰显政治过硬与本领高强。

三、推进国家治理现代化的三大原则

习近平指出："推进国家治理体系和治理能力现代化，必须有主张、有定力。"⑤ 这个主张和定力就是坚持党的领导、人民当家作主与依法治国的有机统

---

① 《马克思恩格斯选集》第二卷，人民出版社 2012 年版，第 239 页。
② 《习近平关于全面深化改革论述摘编》，中央文献出版社 2014 年版，第 27～28 页。
③④ 《习近平关于全面深化改革论述摘编》，中央文献出版社 2014 年版，第 24 页。
⑤ 《习近平总书记系列重要讲话读本》，学习出版社、人民出版社 2016 年版，第 75 页。

一，坚持"三者有机统一"是新时代国家治理的制胜法宝和黄金法则，党的领导是根本保证、人民当家作主是本质特征、依法治国是基本方式，三者各有侧重又彼此联系。现代国家治理不同于传统国家管理，注重组织、民主和法治。简单地说，新时代中国国家治理就是党领导人民依法治理国家。"中国共产党领导人民科学、民主、依法和有效地治国理政。"① 习近平在第十三届全国人大一次会议上强调我们要以更大的力度、更实的措施发展社会主义民主，坚持党的领导、人民当家作主、依法治国有机统一。② 坚持三大原则是中国实现国家治理现代化的根本原则。

一是坚持党的领导。中国共产党是国家最高政治领导力量，也是实现国家治理现代化的根本保证。习近平强调，"我们治国理政的本根，就是中国共产党的领导和社会主义制度。我国思想上必须十分明确，推进国家治理体系和治理能力现代化，绝不是西方化、资本主义化！"③ 现代国家治理既不能一盘散沙，也不能唱对台戏。推进国家治理现代化的关键是坚持党对一切工作的领导，发挥党始终总揽全局、协调各方的领导核心作用。中国国家治理显著优势千条万条，根本一条就在于坚持党的集中、统一、全面、高效领导，党是国家治理的主心骨，国家治理要通过党建的现代化提升党领导国家治理的现代化，这是当代中国国家治理的基本逻辑。习近平形象地指出这是"众星捧月"，这个"月"就是中国共产党。④ 在国家治理大棋局中，党中央是坐镇中军帐的"帅"。

二是坚持人民民主。马克思说："民主制是国家制度一切形式的猜破了的哑谜。"⑤ 人民当家作主是社会主义民主政治的本质特征，国家治理又称民主治理，民主也是国家治理能力现代化的本质特征，社会主义国家治理要尊重人民主体地位、发挥人民首创精神，党的领导就是引导和支持人民当家作主，国家治理最根本的目的是实现党的领导下的人民当家作主，人民民主是中国国家治理的核心议题和关键要义，人民民主重在坚持人民主体地位和保证人民民主权益。习近平指出："人民当家做主必须具体地、现实地体现到中国共产党执政和国家治理上来。"⑥

三是坚持依法治国。小智治事，中智治人，大智立法。法令行则国治，法

① 王浦劬：《国家治理、政府治理和社会治理的含义及其相互关系》，载于《国家行政学院学报》2014 年第 3 期。

② 《习近平在第十三届全国人民代表大会第一次会议上的讲话》，载于《人民日报》2018 年 3 月 21 日。

③ 《习近平关于社会主义政治建设论述摘编》，中央文献出版社 2017 年版，第 8 页。

④ 习近平：《中国共产党领导是中国特色社会主义最本质的特征》，载于《求是》2020 年第 14 期。

⑤ 《马克思恩格斯全集》第一卷，人民出版社 1956 年版，第 281 页。

⑥ 习近平：《在庆祝中国人民政治协商会议成立 65 周年大会上的讲话》，载于《人民日报》2014 年 9 月 22 日。

令弛则国乱。法治是现代政治文明的基本标志,法治能力和水平体现国家治理能力和水平。习近平指出:"推进国家治理体系和治理能力现代化,必须坚持依法治国。"① 法治是治国理政基本方式,发挥法治在国家治理中的突出作用,共同推进依法治国、依法执政、依法行政,一体建设法治国家、法治政府、法治社会,形成科学立法、严格执法、公正司法、全民守法,推进国家治理现代化。

四、推动国家治理现代化的三大理念

在历史上,无论是东方孔子、孟子提出"仁政王道"的基本理念和描绘"天下大同"的社会理想,还是西方柏拉图、亚里士多德提出的"城邦至善"与勾勒"最大幸福"的社会理想,都体现出人类社会探索善治理想的不懈追求和价值取向。毫无疑问,现代治理的本质特征就在于它是公共生活的多元、合作、民主的活动,追求公共利益最大化的过程,达至善治目标的治理。善治就是良好的治理,是治理的衡量标准和价值取向,是一种达成和优化某种目标的现代建构过程和实现方式,追求善治被视为国家治理和全球治理的共同目标和基本理念,希望有更稳的秩序、更高的效率、更低的成本、更优的服务和更多的认可。推进国家治理都不能脱离善治的基本内涵和精神实质,现代治理体现善治的本质和意图,破除公共事务管理的垄断和管制,转向多元、自主、合作、互补的行为模式和实现过程,以实现社会公共利益最大化。不可否认,有序、有效和有为的善治是治理现代化的共同理念,有效实现公共利益最大化。其中,有序是治理的首要理念,有效是治理的核心理念,有为是治理的价值理念。"国家治理的三重维度包括国家治理有序性、国家治理有效性和国家治理人民性。"②

第一,国家治理的有序性。基辛格说:"如果一种选择是正义和无序,另一种选择是秩序和非正义,我始终都会选择后者。"③ 在人类历史上,任何组织形式和治理方式,有序性是最基本和首要的价值,它是治理有效性和有为性的前提和保证,没有治理的有序性,一切治理都无从谈起。治理有序性是治理过程中表现出来的稳定性、规则性和预期性的因果关联。以防社会不稳定性、不规则性和不可预测性成为常态,减少社会活动的突出性和随机性的出现,实现社会主体各行其是、各行其道。任何治理都是基于有序性价值为前提的治理,避免无序冲突

---

① 《习近平关于社会主义政治建设论述摘编》,中央文献出版社 2017 年版,第 85 页。
② 缪文卿:《国家治理的三重维度及其实践意蕴》,载于《求索》2017 年第 12 期。
③ 《基辛格对世界秩序的观察》,载于《文摘报》2015 年 2 月 3 日。

造成社会解体和动荡不安，实现国家长治久安与世界和平稳定。

第二，国家治理的有效性。有效性是指行为活动达到预想结果的程度，治理有效性是指治理功能在治理体系发挥其应有的正向效用，在客观上有利于促进公平与效率的提升。人类历史表明，治理结果是不是有效的，关系到治理绩效，关系到国家发展和人类进步，是实现国泰民安和世界繁荣稳定的根本要求。"有效治理就是使公共利益最大化的社会管理过程。"① 全球化时代，国家治理有效性集中体现在公平与效率的功能发挥。一方面，治理有效性要体现关系的公平。现代治理是以多元主体、共同参与、平等协商为基础的治理模式，是多元、民主、协同的共治体系。多元共治的核心问题在于重构主体之间的民主关系。民主作为现代文明的基本价值，强调主体之间的平等，有效治理是民主协商的治理，体现公平、公正、公开的主体关系。另一方面，治理有效性要体现效率的提升。现代治理不仅调节和平衡关系，也注重和强化效率提升，通过优化、整合和调控治理主体的关系，以市场竞争与合作共赢的制度性安排实现资源优化配置。

第三，国家治理的有为性。这里的治理有为性不是治理有效的作为，而是治理目标的价值取向性。即治理"为什么人"的问题，毛泽东指出："为什么人的问题，是一个根本的问题，原则的问题。"② 任何治理都是在特定价值支配下的活动，都存在"为谁而治理"的价值立场，国家治理和全球治理也不例外，都存在特定价值取向的"最大公约数"，都存在"为谁而治"的道德制高点。国家治理是按照客观历史条件和主观价值取向，对治理发展规律进行理性认识，既要遵循客体尺度的逻辑建构，又要遵循主体尺度的价值建构。其中，价值尺度是以整体论和共同论为价值导向，即国家治理的"人民名义"和全球治理的"人类道义"。尽管人民作为政治概念，国家治理在形式上表现为"为民、靠民和民享"的"人民名义"。古代民生与民本，现代民权与民主，基于唯物史观看，国家性质与制度不同，国家治理也有差别。但尽管如此，各国治理在形式上也尽量争取获得民众的认可和支持，如果长期缺乏民意支持、偏离民意诉求，这种国家治理难以为继。"只有符合人民性的治理，即以实现最为广大人民利益的治理，才是正义的事业，才具有正当性。"③ 中国作为社会主义国家，国家治理坚持党的领导，通过依法治国体现人民当家作主的本质要求，实现人民对美好生活的向往。

---

① 文史哲编辑部：《国家与社会：构建怎样的公域秩序》，商务印书馆 2010 年版，第 284 页。
② 《毛泽东选集》第三卷，人民出版社 1991 年版，第 857 页。
③ 梁宇：《马克思的国家治理思想探析》，载于《哲学研究》2015 年第 5 期。

第十四章

文化多样化背景下中国式现代化文化强国建设

习近平指出："世界是在人类各种文明交流交融中成为今天这个样子的。推进人类各种文明交流交融、互学互鉴，是让世界变得更加美丽、各国人民生活得更加美好的必由之路。"[①] 文明是文化的基本精髓和内在精华，文化是文明的基本形态和外在表现，是人类实践的文明本质显现。人类在改造自然的同时也改造着自身，在创造有形物质的同时也创造无形文化。广义文化包括文明，文化的结果比文明的成果更加广泛和多样。人类社会发展史就是一部不同文化文明相互包容共存、开放交流、互学互鉴的历史。在世界历史形成之前，人类文化并非完全隔绝或"老死不相往来"，只是缓慢交流交往与有限开放融合。随着人类社会进入工业文明之后，在大工业进程和资本扩张的基础上，文化打破国家民族的封闭疆界、出现全球层面的普遍交往，各民族文化相互碰撞、借鉴和融合的机会大大增多，文化多样化成为历史发展的基本趋势。

当下经济全球化与社会信息化将世界联结成相互依存且不可分割的有机整体，这不仅为各民族文化交流提供巨大的空间场域，也为各国文化交往消除了时空障碍，使世界各民族文化联系空前增强，不同文化在全球范围内展开全方位的互联互通，文化交流日益密切、广泛和频繁，文化交流得以在更大范围和更高层次上相互借鉴、取长补短，这种"全球文化广场"加速文化多样化深入发展，文化多样化的百花齐放、争奇斗艳构成全球化的绚丽斑斓。

---

① 习近平：《在纪念孔子诞辰 2565 周年国际学术研讨会暨国际儒学联合会第五届会员大会开幕会上的讲话》，载于《人民日报》2014 年 9 月 25 日。

习近平指出："人类文明多样性赋予这个世界姹紫嫣红的色彩，多样带来交流，交流孕育融合，融合产生进步。"① 面对文化多样化深入发展，各国都应以开放包容的心态对待其他国家的文化，相互交流、相互借鉴、相互融合，推动文化共同繁荣和人类文明发展进步。中国特色社会主义新时代，习近平以高度的文化自信、文化自觉和文化担当，围绕建设社会主义文化强国这一重要战略，从国家文化软实力、人民文化需求性、民族文化贡献度的多角度阐释建设社会主义文化强国的重大意义，紧紧抓住中华优秀传统文化是建设文化强国之根，马克思主义是建设文化强国之魂，社会主义核心价值观是建设文化强国之基，始终做到坚定文化自信、推动文化创新、发展文化产业、加强文化互鉴，以文化强国引领教育强国、人才强国、体育强国、健康中国建设的全面发展，推动新时代社会主义文化繁荣兴盛，为中华文明持续发展与贡献人类文明进步作出巨大中国贡献。

第一节 文化多样化发展的新形态

全球化时代的文化多样化不是文化独尊、文化孤立和文化复古，而应当是文化包容、文化交流和文化互鉴。习近平强调要尊重世界文明多样性，以文明交流超越文明隔阂、文明互鉴超越文明冲突、文明共存超越文明优越。② 倡导文明因多样而交流，因交流而互鉴，因互鉴而发展，坚持文化包容共存，反对文化互斥与霸权；坚持文化开放交流，反对文化趋同与孤立；坚持文化互学互鉴，反对文化保守与自大，推动人类文化大发展大繁荣。

一、倡导文化包容共存，反对文化互斥与文化霸权

习近平指出："每个国家、每个民族不分强弱、不分大小，其思想文化都应该得到承认和尊重。"③ 文化多样化的前提是文化多样性，文化多样化的关键是文化包容共存。著名作家王蒙曾这样形容文化多元，西方有圣诞节，中国有春节；西方注重英语的牛津音，中国提倡汉语的普通话；西方演奏小夜曲，中国高唱信天游。文化多样化首先要承认差异，每一种文化都有其特色，不相互排斥，

---

① 习近平：《论坚持推动构建人类命运共同体》，中央文献出版社 2018 年版，第 256 页。
② 《习近平谈治国理政》第三卷，外文出版社 2020 年版，第 46 页。
③ 习近平：《在纪念孔子诞辰 2565 周年国际学术研讨会暨国际儒学联合会第五届会员大会开幕会上的讲话》，载于《人民日报》2014 年 9 月 25 日。

反对强制同化。全球化过程中，坚持文化包容共存，反对相互排斥和文化霸权主义，倡导各种文化要各美其美，美人之美，美美与共，天下大同。一花独放不是春，百花盛开春满园。文化多样性犹如生物多样性，其所展示的是人类的姹紫嫣红与独具魅力的人文风景。文化包容共存是指各种文化都有平等的生存权利和发展空间，互相之间应该彼此尊重、和平共处、共存共荣。全球化时代的文化多样化不是文化独尊、文化孤立、文化复古，而应当是文化包容、文化交流、文化互鉴。

习近平强调只有在多样中相互尊重、彼此借鉴、和谐共存，这个世界才能丰富多彩、欣欣向荣。[①] 多样性是任何事物发生发展的基本条件，文化产生与发展也不例外。联合国教科文组织《世界文化多样性宣言》指出，文化多样性对人类之必要犹如生物多样性对自然界一样。没有文化多样性，就没有世界多彩性和人类发展多元性，文化从其产生及其本质上看应是多元并存的。习近平指出："文明多样性是人类社会的基本特征。"[②] 随着全球化与信息化强势推进，文化多样性引人关注，成为当今人类现代化发展样态的重要课题，这是因为全球化并非是消除而是展现文化多样性，信息化不是减少而是呈现文化差异性。文化是人类的与世界的，但首先是民族的与区域的，文化具有共性但其存在个性之中。每一种文化都扎根于自己的生存土壤，凝聚着非凡的民族智慧和特殊的精神追求，内含民族特有的认知理念、价值观念、行为方式的长久积淀，都有其相对的优长和优势。愈是经济全球化与社会信息化深入发展，愈显文化多样性存在的合理性与重要性，这种文化多样性是以不同地域空间、不同民族主体、不同时代发展为基本依据的。由于文化是不同民族在不同地域空间和不同历史进程中发展起来的，因而表现出不同的特征、风格和样式，文化多样性源于地域性、民族性和发展性差异。

中国特色社会主义进入新时代，习近平多次引用了《礼记·中庸》中的"万物并育而不相害，道并行而不相悖"，[③] 强调人类文化与文明发展的包容共存。当今世界的经济全球化与社会信息化深入发展，极大地推动了各民族文化在全球这一巨大舞台广场上交流与交往，既增加了多元文化之间的互学互鉴，也增添了多样文化之间的碰撞交锋，同时也不可避免地产生所谓的"强势文化"和"弱势文化"，出现了文化互斥和文化霸权两种负面现象。针对这两股逆流，必须倡导文化包容共存，充分尊重不同文化的存在和价值，以交流交融消解排斥对抗，驳斥排斥一切外来文化的狭隘心理，反对大搞西方中心论为基础的文化霸权。

---

① 习近平：《论坚持推动构建人类命运共同体》，中央文献出版社 2018 年版，第 256 页。

② 习近平：《弘扬和平共处五项原则　建设合作共赢美好世界——在和平共处五项原则发表 60 周年纪念大会上的讲话》，载于《人民日报》2014 年 6 月 29 日。

③ 习近平：《论坚持推动构建人类命运共同体》，中央文献出版社 2018 年版，第 512 页。

二、倡导文化开放交流，反对文化趋同与文化孤立

习近平指出："通过文化交流，沟通心灵，开阔眼界，增进共识，让人们在持续的以文化人中提升素养，让文化为人类进步助力。"[①] 全球化时代，尊重文化多样性是坚持文化多样化发展的前提，促进文化开放交流是坚持文化多样化发展的关键。随着经济全球化与社会信息化的双重驱动，文化相对封闭的状态被打破，文化开放交流成为常态。增进文化了解、消去文化误解，各国既了解异域文化的特点，也扩大了自身文化的影响。习近平指出："任何一种文明，不管它产生于哪个国家、哪个民族的社会土壤之中，都是流动的、开放的。这是文明传播和发展的一条重要规律。"[②] 全球化时代，通过文化开放交流与对话沟通，既有利于消除民族误解、增强国际共识、促进人类发展、解决全球问题，同时也有利于驳斥文化趋同论和文化孤立论等错误论调。

习近平指出："现在，大量外国优秀文化产品进入中国，许多中国优秀文化产品走向世界。"[③] 当今人类社会发展史是一部不同文化交流融合的历史，文化交流融合推动着人类社会的发展与进步。在经济全球化与社会信息化双重驱动下，文化交往突破封闭疆界，不同文化在全球层面争奇斗艳，文化开放越发广阔、文化交流越发密切、文化交往越发频繁，通过交流开放与对话沟通，消除了民族误解、增强了国际共识、促进了人类发展、解决了全球问题，推动人类文化共同繁荣与人类文明进步。

当今全球化与信息化深入发展为不同文化之间的交流交融提供了新机遇、新场域、新动力，各民族文化交流交往更加广泛、更加频繁，文化多样性与互补性更加突出。不可否认，当下文化开放交流是不可阻挡的历史潮流和基本趋势，但同时文化同质趋同论、文化封闭孤立论等错位论调也沉渣泛起，必须坚决予以批驳与驳斥。倡导文化多样化既要坚持文化大开放大交流，也要反对文化趋同论和文化孤立主义，促进文化交流互鉴。

三、倡导文化互学互鉴，反对文化保守与文化独尊

习近平指出："各国各民族都应该虚心学习、积极借鉴别国别民族思想文化

---

① 习近平：《论坚持推动构建人类命运共同体》，中央文献出版社 2018 年版，第 82 页。
② 习近平：《在纪念孔子诞辰 2565 周年国际学术研讨会暨国际儒学联合会第五届会员大会开幕会上的讲话》，载于《人民日报》2014 年 9 月 25 日。
③ 习近平：《在亚洲文明对话大会开幕式上的主旨演讲》，载于《人民日报》2019 年 5 月 16 日。

的长处和精华，这是增强本国本民族思想文化自尊、自信、自立的重要条件。"①他山之石，可以攻玉。文化多样性和差异性是互学互鉴的基本前提，文化交流开放是互学互鉴的基本条件，文化包容共存与开放交流，为文化互学互鉴提供了有利条件，文化互学互鉴是文化发展的实现路径。习近平指出："交流互鉴是文明发展的本质要求。只有同其他文明交流互鉴、取长补短，才能保持旺盛生命活力。"② 随着全球化与信息化深入发展，文化交流也越发频繁，各民族在文化互学互鉴中，通过吸收其他文化优秀成果与有益养分，不仅推动自身个体文化创新性发展与创造性转化，也因其自身是人类整体文化的重要组成，文化互学互鉴也促进了人类文化的整体提升，互学互鉴促进文化发展的双赢与共赢。任何民族文化都存在相对的优势与特定的不足，倡导文化互学互鉴，必须反对文化保守与文化独尊。

习近平指出："我们既要让本国文明充满勃勃生机，又要为他国文明发展创造条件，让世界文明百花园群芳竞艳。"③ 多样性和差异性为文化互学互鉴提供了可能，交流开放为文化互学互鉴创造了可行。在全球化背景下，世界上各种不同文化要彼此尊重，在开放交流与互学互鉴中取长补短、扬长避短，在求同存异中共同发展。不同文化通过学习、借鉴和吸收其他民族文化的长处，不仅丰富和发展自身文化，也在推动世界文化的共同繁荣。即互学互鉴不仅推进个体文化大发展，也在促进人类文化整体提升。文化互学互鉴并非导致文化同化、取代、削弱甚至消失，相反，在互学互鉴中，文化因汲取外来有益内容和优秀精华而更有朝气。

习近平指出："历史与现实都表明，傲慢与偏见是文明交流互鉴的最大障碍。"④ 任何民族文化都存在相对的优劣，各有所长，也各有所短。在全球化时代，世界各种文化都要彼此尊重、取长补短、共同发展。任何民族如果不能审视自身文化长短，一味自我陶醉与拒绝学习，一味强调唯我独尊与自我优越，拒绝文化创新性发展与创造性转化，就无法为本民族现代化进程提供精神动力。各国要坚持从本民族文化实际出发，认清自我优势与不足，择其善者而从之，其不善者而改之。倡导文化互学互鉴要反对文化保守，不能孤芳自赏、唯我独尊，不能抱残守缺、自我优越，需要在互学互鉴中不断求新求变。

---

① 习近平：《在纪念孔子诞辰 2565 周年国际学术研讨会暨国际儒学联合会第五届会员大会开幕会上的讲话》，载于《人民日报》2014 年 9 月 25 日。

②③ 习近平：《在亚洲文明对话大会开幕式上的主旨演讲》，载于《人民日报》2019 年 5 月 16 日。

④ 习近平：《在联合国教科文组织总部的演讲》，载于《人民日报》2014 年 3 月 28 日。

第二节　推进社会主义文化强国建设

文化兴国运兴，文化强民族强。习近平强调没有高度的文化自信，就没有文化的繁荣兴盛，就没有中华民族伟大复兴。自党的十七届六中全会提出文化强国战略以来，面对文化多样化深入发展，新时代以习近平同志为核心的党中央坚定文化自信并做到文化自觉，围绕建设社会主义文化强国的战略目标，坚持中国特色社会主义文化发展道路，以创造性转化与创新性发展推动文化大发展大繁荣，努力建设社会主义文化强国。习近平指出："激发全民族文化创新创造活力，建设社会主义文化强国。"① 新时代基于文化多样化发展的特点和建设现代化强国的迫切要求，围绕建设文化强国的宏伟目标，习近平对文化强国建设提出一系列新思想、新理念、新论断。

一、新时代文化强国建设的重大意义

新时代是决胜全面建成小康社会和全面建成社会主义现代化强国的时代，是奋力实现中华民族伟大复兴的中国梦、日益走近世界舞台中央、不断为人类作出更大贡献的时代。新时代面对文化多样化的深入发展，以习近平同志为核心的党中央以高度文化自信从国家文化软实力、人民文化需求性和民族文化贡献度上阐释文化强国的重大意义。

一是建设文化强国提升国家文化软实力。习近平指出："提高国家文化软实力，关系'两个一百年'奋斗目标和中华民族伟大复兴中国梦的实现。"② 当今世界，文化在综合国力、国际影响力和国际竞争力中的地位与作用更加凸显，文化不仅彰显民族魅力、人民风貌和国家形象，还体现出国家创造力、民族凝聚力和人民向心力。文化作为国家软实力的最重要、最根本的体现，建设文化强国涵养民族生命力、凝结国家向心力、激发人民创新力，更好以国家软实力倍增国家硬实力。当今国际竞争愈发激烈，国际竞争也由传统的军事、经济、科技等硬实力竞争逐渐转移到文化、制度等软实力竞争。建设文化强国是提高国家文化软实力的战略部署，彰显中华民族突出与独特优势，展现最深厚的文化软实力。习近平

---

① 《习近平谈治国理政》第三卷，外文出版社 2020 年版，第 32 页。
② 习近平：《建设社会主义文化强国　着力提高国家文化软实力》，载于《人民日报》2014 年 1 月 1 日。

指出："中华优秀传统文化是我们最深厚的文化软实力，也是中国特色社会主义植根的文化沃土。"①

二是建设文化强国满足人民对美好生活的向往。党的十九届五中全会指出："促进满足人民文化需求和增强人民精神力量相统一，推进社会主义文化强国建设。"② 建设文化强国以满足人民精神文化需求为出发点和落脚点，要坚持以人民为中心的发展思想，繁荣发展社会主义文艺，推动文化事业和文化产业发展，让人民既过上殷实富足的物质生活，又能享有健康丰富的文化生活，使其文化获得感、幸福感更加充实。党的十九大报告指出："满足人民过上美好生活的新期待，必须提供丰富的精神食粮。"③

三是建设文化强国为人类作出更大贡献。新时代是实现中华民族伟大复兴中国梦的时代，也是中国不断为人类作出更大贡献的时代。建设社会主义文化强国不仅对中国发展具有极其重要意义，对人类发展也具有重大意义。5000多年来，中华民族以独善其身、兼济天下、天下己任的多重性贡献，为人类文明和世界文化作出了不可磨灭的贡献，产生了不可估量的影响。中华民族作为对世界历史、世界人民高度负责任的伟大民族，是推动世界和平发展的负责任大国，也以文化强国建设为人类文明进步不断作出更大贡献。新时代建设文化强国是以中国精神、中国价值、中国力量、中国方案为人类作出自己应有的贡献，为世界文明增光添彩。习近平指出："世界上一些有识之士认为，包括儒家思想在内的中国优秀传统文化中蕴藏着解决当代人类面临的难题的重要启示。"④

二、新时代文化强国建设的基本内核

新时代面对文化多样化的深入发展，以习近平同志为核心的党中央遵循文化建设、发展和创新的基本规律，抓住新时代文化强国建设的三大基本内核，即中华优秀传统文化是建设社会主义文化强国之根、马克思主义是建设社会主义文化强国之魂、社会主义核心价值观是建设社会主义文化强国之基，以此推动社会主义文化繁荣兴盛，不断铸就中华文化新辉煌。

---

① 习近平：《牢记历史经验历史教训历史警示　为国家治理能力现代化提供有益借鉴》，载于《人民日报》2014 年 10 月 14 日。

② 《中共中央关于制定国民经济和社会发展第十四个五年规划和二〇三五年远景目标的建议》，载于《人民日报》2020 年 11 月 4 日。

③ 《习近平谈治国理政》第三卷，外文出版社 2020 年版，第 34 页。

④ 习近平：《在纪念孔子诞辰 2565 周年国际学术研讨会暨国际儒学联合会第五届会员大会开幕会上的讲话》，载于《人民日报》2014 年 9 月 25 日。

一是建设文化强国要抓住中华优秀传统文化的"根脉"。习近平指出："中华优秀传统文化是中华民族的精神命脉。"① 中华文化历久弥新，是新时代建设文化强国的深层底蕴和文化滋养。中国共产党人始终是中华优秀文化的忠实继承者和坚定弘扬者，在实现中国梦与推动世界梦征程中非常重视撷取文化的优秀基因，深入发掘和阐释其时代价值，以文化自觉自信推动文化创造性转化和创新性发展。中华文化反映中华民族最深沉的精神追求，包含最根本的精神基因和精神命脉，代表最独特的精神标识，是最深厚的文化软实力，体现出中国人丰富的哲学智慧和独特的思维方式，为当代中国进步和当今世界发展提供了深厚的文化滋养。习近平指出："中华优秀传统文化已经成为中华民族的基因，植根在中国人内心，潜移默化地影响着中国人的思想方式和行为方式。"②

二是建设文化强国要抓住马克思主义这一"灵魂"。习近平指出："马克思主义就是我们共产党人的'真经'，'真经'没念好，总想着'西天取经'，就要贻误大事！"③ 发展中国特色社会主义文化，建设社会主义文化强国要以马克思主义为指导，究其根本原因在于马克思主义为文化强国建设提供了科学立场、观点和方法。第一，科学立场。坚守人民立场是马克思主义的根本立场。建设文化强国要坚持为人民服务、为社会主义服务，始终把社会效益放在首位。第二，科学观点。建设文化强国发展面向现代化、面向世界、面向未来的文化，民族的科学的大众的文化，坚持百花齐放、百家争鸣，坚持创造性转化、创新性发展。第三，科学方法。不忘本来才能开辟未来，善于继承才能更好创新，要学会辩证扬弃，取其精华、去其糟粕、薪火相传、推陈出新、古为今用、洋为中用。

三是建设文化强国要抓住社会主义核心价值观这一"基础"。党的十九大报告指出："社会主义核心价值观是当代中国精神的集中体现，凝结着全体人民共同的价值追求。"④ 价值观是文化的内核，是文化强国建设的依托，没有核心价值观，文化强国建设就失去了基础。习近平强调，对一个民族、一个国家来说，最持久、最深层的力量是全社会共同认可的核心价值观。⑤ 建设文化强国要牢牢把握社会主义核心价值观这个基石和关键，将其融入社会发展各方面，转化为人们的情感认同和作为行为，不断增强文化的辐射力和影响力。

---

① 习近平：《坚持以人民为中心的创作导向　创作更多无愧于时代的优秀作品》，载于《人民日报》2014 年 10 月 16 日。
② 《习近平谈治国理政》第一卷，外文出版社 2018 年版，第 170 页。
③ 习近平：《在全国党校工作会议上的讲话》，载于《求是》2016 年第 9 期。
④ 习近平：《习近平谈治国理政》第三卷，外文出版社 2020 年版，第 33 页。
⑤ 《习近平关于社会主义精神文明建设论述摘编》，中央文献出版社 2022 年版，第 103 页。

三、新时代文化强国建设的基本要求

新时代面对文化多样化的深入发展，以习近平同志为核心的党中央紧紧抓住建设社会主义文化强国这一重要战略目标，始终做到坚定文化自信、推动文化创新、发展文化产业、加强文化互鉴，推动新时代文化大发展大繁荣，为现代化提供精神动力和智力支持。

一是建设文化强国要坚定文化自信。文化是一个国家和民族的血脉和灵魂，国家强盛和民族兴盛总是以一定的文化繁荣为支撑依托。习近平强调文化自信是国家与民族发展中更基本、更深沉、更持久的力量，建设文化强国要保持文化自信。文化自信之源在于中国特色社会主义文化的三大组成，中国特色社会主义文化源自中华民族五千多年文明历史所孕育的中华优秀传统文化，熔铸于党领导人民在革命、建设、改革中创造的革命文化和社会主义先进文化。"中华优秀传统文化、革命文化和社会主义先进文化构成我们文化自信的三大源泉。"[1]

二是建设文化强国要进行文化创新。创新是文化建设的动力，也是文化强国建设的内在要求和源头活水，成为新时代文化繁荣兴盛的力量源泉。习近平指出要坚持创造性转化与创新性发展，不断铸就中华文化新辉煌。[2] 新时代我们坚持文化交流开放与互学互鉴，不断进行文化创造性转化与创新性发展，在弘扬与开放中不断求新求变，创造性转化重在基于时代发展特点与要求，赋予优秀传统文化崭新的时代内涵和不同的话语方式，激活活力并焕发生机。

三是建设文化强国要进行文化互鉴。习近平指出："让文明交流互鉴成为增进各国人民友谊的桥梁、推动人类社会进步的动力、维护世界和平的纽带。"[3]任何民族文化都存在相对的长短，都要根据自身文化实际需要，互学互鉴，择其善者而从之，取长补短，共同进步。中华文化便是在不同思想的碰撞与交融中不断积淀升华。春秋战国时期，百家竞相绽放，呈现百家争鸣、百花齐放的繁荣局面，不同学派取长补短，交相辉映，各放异彩。中华文化博大精深，不仅在于百家学说的内在包容，也以开放的胸怀海纳百川。

四是建设文化强国要发展文化产业。习近平指出："推动文化事业全面繁荣和文化产业快速发展、建设社会主义文化强国。"[4] 文化产业是将文化软实力转

---

① 张晓光：《文化自信的三大源泉》，载于《前线》2016 年第 12 期。

② 《习近平谈治国理政》第三卷，外文出版社 2020 年版，第 32 页。

③ 习近平：《在联合国教科文组织总部的演讲》，载于《人民日报》2014 年 3 月 28 日。

④ 《胸怀大局把握大势着眼大事，努力把宣传思想工作做得更好》，载于《人民日报》2013 年 8 月 21 日。

化为文化硬实力的产业形态，是文化软实力转化、激发、倍增文化硬实力的集中体现，是文化强国建设的关注重点与焦点，是当前衡量文化兴盛与繁荣的重要标准。不断实现文化产业自身增值增效，并为其他产业提供文化附加值，不断满足人民美好文化需求与实现人民更好文化权益，这是社会主义文化发展的基本任务，也是建设文化强国的必然要求。

四、新时代文化强国建设的全面拓展

党的十九届五中全会指出："建成文化强国、教育强国、人才强国、体育强国、健康中国，国民素质和社会文明程度达到新高度，国家文化软实力显著增强。"[①] 新时代文化强国建设要从狭义文化拓展到广义文化，要以文化强国引领教育强国、人才强国、体育强国、健康中国建设的全面发展，不断拓展文化强国建设的广度与宽度。

一是建设教育强国。党的十九大报告指出："建设教育强国是中华民族伟大复兴的基础工程。"[②] 百年大计，教育为本。教育是国之大计、党之大计。教育兴则国家兴，教育强则国家强。习近平高度重视教育工作，把教育摆在优先发展战略地位，对建设教育强国提出了一系列新理念新思想新观点，形成习近平总书记关于建设教育强国的重要论述，为推进新时代教育改革发展和社会主义现代化提供了强大思想武器。

二是实施人才强国战略。国家兴盛，人才为本。人才是发展第一宝贵资源，是实现国家富强和民族振兴、赢得国际竞争主动和优势的战略资源，是创新根基和核心要素。国际竞争的根本是人才竞争，人才资源是开启全面建设社会主义现代化国家的重要保障。习近平围绕建设人才强国多次强调人才是第一资源[③]，新时代中国要增强国际竞争力，必须推进人才强国战略、推进人才结构重大调整、加强优秀人才培养造就、营造人才创新氛围等，从培养人才、使用人才、引进人才、尊重人才上努力推进我国由人力资源大国向人才强国转变，以人才强国建设实现国家强盛。

三是加快推进体育强国建设。增强人民体质是体育工作的根本任务，习近平从中华民族伟大复兴的战略高度认识中国体育强国建设，中国体育事业健康发展

---

① 《中共中央关于制定国民经济和社会发展第十四个五年规划和二〇三五年远景目标的建议》，载于《人民日报》2020 年 11 月 4 日。

② 《习近平谈治国理政》第三卷，外文出版社 2020 年版，第 35～36 页。

③ 《习近平李克强栗战书汪洋王沪宁赵乐际韩正分别参加全国人大会议一些代表团审议》，载于《人民日报》2018 年 3 月 8 日。

255

要以体育强国为目标，以增强人民体质、促进人的全面发展为目的，推动群众体育、竞技体育、体育产业协调发展，加快建设体育强国。近年来我国体育改革全面深化，体育公共服务水平不断提升，全民健身蓬勃发展，竞技体育成绩显著，体育产业日益壮大，体育事业改革发展等取得明显成效。但我国体育发展不平衡不充分的问题依然突出，地域间、城乡间、行业间、群体间、项目间、类型间等体育发展不平衡，不能满足人民群众多元化、多层次的体育需求。面对新形势新要求，习近平着眼于满足人民群众对美好生活向往的需求，站在全面建成小康社会、全面建成社会主义现代化强国和实现中国梦的高度来谋划体育强国建设，把体育事业摆在更加突出位置，科学规划与总体布局体育强国建设。

四是实施健康中国战略。党的十九大报告指出："实施健康中国战略。人民健康是民族昌盛和国家富强的重要标志。"[①] 健康是促进人的全面发展的必然要求，是经济社会发展的基础条件。新时代坚持推进健康中国建设，是全面建成小康社会、基本实现社会主义现代化的重要基础，是全面提升中华民族健康素质、实现人民健康和经济社会协调发展的国家战略。新时代以习近平同志为核心的党中央坚持以人民为中心的发展思想，牢固树立和贯彻落实新发展理念，坚持正确卫生与健康工作方针，以提高人民健康水平为核心，以体制机制改革创新为动力，以普及健康生活、优化健康服务、完善健康保障、建设健康环境、发展健康产业为重点，把健康融入所有政策，加快转变健康领域发展方式，为实现中国梦提供坚实健康基础。

---

① 《习近平谈治国理政》第三卷，外文出版社 2020 年版，第 38 页。

第十五章

社会信息化背景下中国式现代化网络强国建设

习近平指出："没有信息化就没有现代化。"① 人类现代化进程从形态上出现工业化与信息化的阶段性演变，信息化与现代化紧密相连。社会信息化是当今世界不可阻挡的潮流，当今人类社会已经进入信息化时代，信息产业在国民经济中逐渐处于引导地位，通过信息技术支撑、信息产业发展与信息资源优化，不断加速现代化发展的进程，现代化正朝着信息化方向大步前进。当今信息化与现代化高度融合，同向同行，信息化在现代化发展进程中的集成与驱动效应明显，推进信息化是实现现代化的重要内容和主要途径。进入 21 世纪以来，科技日新月异，把社会信息化推向新的更高的水平，信息化全面融入人类生产、生活和生态，深刻改变全球经济格局、利益格局和安全格局。信息技术与信息产业迅猛发展使人类现代化进程迈入信息社会，现代化进程中信息化特征越发明显，深刻改变了人们生产、生活、生态与思维方式。

新时代以习近平同志为核心的党中央在治国理政过程中，顺应信息化深入发展的大势，准确把握新时代信息化与现代化强国的关系定位，强调以信息化驱动现代化，以信息化发展的新技术、新动能、新业态、新联通来加快现代化发展速度与质量，在信息化中加强科技强国网络强国建设，开创新时代社会主义现代化发展新局面。习近平强调："面对信息化潮流，只有积极抢占制高点，才能赢得

---

① 习近平:《总体布局统筹各方创新发展　努力把我国建设成为网络强国》，载于《人民日报》2014年 2 月 28 日。

发展先机。"① 当前，人类正在经历信息革命，谁掌握了互联网，谁就把握住了时代主动权。新时代面对千载难逢的发展机遇，习近平紧密结合我国网信事业发展现实，就网络安全和信息化作出一系列重大决策部署，形成习近平总书记关于网络强国的重要思想。习近平指出："要从国际国内大势出发，总体布局，统筹各方，创新发展，努力把我国建设成为网络强国。"② 新时代推进科技强国网络强国建设，这是信息化发展与全球思维的战略谋划。建设科技强国网络强国体现了我国互联网发展的基本趋势，是抢占全球竞争制高点的战略谋划。

第一节　社会信息化发展的新趋势

习近平指出："当今时代，以信息技术为核心的新一轮科技革命正在孕育兴起，互联网日益成为创新驱动发展的先导力量，深刻改变着人们的生产生活，有力推动着社会发展。"③ 信息化是当今现代化的主要特征和重要目标，代表着一种新的生产力与生产形态，是人类现代化发展的推动力量。作为生产力，其从劳动者（信息素养）、劳动资料（信息技术）、劳动对象（信息活动）三个层面丰富生产力要素、变革生产力系统，以自动化、智能化、网络化、数字化影响和改变着人类生存、生产、生活、生态方式，极大地促进生产力的发展，创造现代化发展的社会生产力形态。新时代以习近平同志为核心的党中央面对当前以云计算、大数据、移动互联网、物联网、人工智能等新兴信息技术的广泛应用，从信息化发展的新技术支撑、新动能驱动、新业态创新三个方面加速现代化发展速度，引领和带动不同产业、行业、企业的创新与创造，正以前所未有的速度和规模加速社会主义现代化发展进程。

一、社会信息化发展带来新技术

习近平指出："信息革命则增强了人类脑力，带来生产力又一次质的飞跃。"④ 信息化使传统社会生产力发生了根本变革，产生质变和飞跃，正在形成

---

① 《看清形势适应趋势发挥优势　善于运用辩证思维谋划发展》，载于《人民日报》2015 年 6 月 19 日。
② 习近平：《总体布局统筹各方创新发展　努力把我国建设成为网络强国》，载于《人民日报》2014 年 2 月 28 日。
③ 《习近平向首届世界互联网大会致贺词》，载于《人民日报》2014 年 11 月 20 日。
④ 习近平：《在网络安全和信息化工作座谈会上的讲话》，载于《人民日报》2016 年 4 月 26 日。

新型信息生产力。信息革命是以信息技术为显著标志，以互联网技术、计算机技术和通信技术为代表的信息技术，是当代先进生产工具，体现当今最新生产力水平。当前以互联网为代表的信息技术日新月异，以人工智能、物联网、云计算、大数据和移动互联网为代表的新一代信息技术，催生了一大批新业态、新模式和新产业。信息化代表先进生产力的发展方向，对人类现代化进程产生广泛而深刻的影响，把信息革命推向新的更高的水平，创造出崭新的生产力。信息技术的广泛使用和加速融合，使劳动生产率和社会生产力水平得到普遍提高。

习近平指出："信息技术和产业发展程度决定着信息化发展水平。"[①] 信息时代，技术是重中之重，谁掌握了关键核心技术，谁就掌握了互联网的主导权。习近平强调建设网络强国，要有自己的技术，有过硬的技术。[②] 当前，以大数据与云计算为支撑的互联网高速发展，释放出巨大能量，引发全球信息革命浪潮，正以前所未有的规模和速度推动人类现代化步伐，人类社会呈现出日益信息化的趋势。人类社会现代化发展俨然已经进入了信息化、自动化、数字化、智能化和网络化时代。新时代技术装备能力是信息化发展的重要标志，在推进信息化的过程中，为各行各业信息化建设提供技术装备和支持。当今各国产业结构优化升级，主要通过发展信息化尤其是促进信息技术产业化来实现。当前信息技术具有超强结合力与驱动力，凸显现代生产力典型特征。

二、社会信息化发展培育新动能

习近平强调："以信息化培育新动能，用新动能推动新发展。"[③] 当今经济发展不再仅仅以物质和能源的多寡来衡量，而更多的是以丰富信息和强大技术为重要标志，信息生产和服务成为驱动经济发展的新引擎。社会信息化是以信息的生产、传播和汇聚为主要特征的信息革命，促进全要素生产率提升，为推动创新发展、跨越发展、协同发展发挥积极作用，实现经济结构的转型升级。目前，信息技术已成为推动世界经济增长的重要载体，使信息成为重要的生产要素与战略资源，促进人类生产生活向智能化迈进。知识经济时代，信息已成为重要的社会资源。

---

①② 习近平：《总体布局统筹各方创新发展　努力把我国建设成为网络强国》，载于《人民日报》2014年2月28日。

③ 习近平：《加快推进网络信息技术自主创新朝着建设网络强国目标不懈努力》，载于《人民日报》2016年10月10日。

习近平指出："世界正在进入以信息产业为主导的新经济发展时期。"① 信息化是信息产业化与产业信息化，信息资源越来越成为整个经济活动的显性资源，推动以能源物质投入为主向以知识信息投入为主的经济形态转变，从原来依赖材料能源消耗转向智能智力转变。当今人们已普遍认识到信息在多元共享时代，智源智力智能已成为比能源材料更为重要的资源，它对国民经济增长起着倍增效应，可以充分利用信息大大节约能源耗费。信息化使经济增长方式发生了根本变革，从工业化的劳动、资本、能源密集型转向信息、知识、技术、智力密集型，发挥智源智力智能的作用。

三、社会信息化发展催生新业态

习近平指出："互联网发展给各行各业创新带来历史机遇。"② 新业态是指基于不同产业、行业、企业间的组合、分化、融合、跨界的组织形态。目前很多已经出现或正在出现的新业态，是在信息应用中形成和发展起来的，信息技术与第一、第二产业以及其他服务的融合催生了许多新业态。随着互联网快速发展，互联网与实体经济全面融合发展，成为国家经济发展的助推器和新引擎。信息技术与制造业的融合互动，强化产业链不同环节以及不同产业链的互动关系，这种关系网络催生众多新业态。"互联网＋"正深刻影响各行各业，不仅促进自身发展，也带动相关产业发展，改变当今产业发展的基本走向。

习近平指出："推动互联网和实体经济深度融合，加快传统产业数字化、智能化，做大做强数字经济，拓展经济发展新空间。"③ 互联网时代，各行各业都应更好地发挥网络助推器的作用，实现创新经济的线上发展与云端发展。"互联网＋"正深刻改变与调整全球产业与经济布局，给各行各业创新带来巨大机遇，充分激发社会创新活力，各种新兴产业如雨后春笋般出现，各领域都在更好地发挥"互联网＋"的助推器作用，加快提升传统产业，做大做强新兴产业。当前要加快推动数字产业化与发展数字中国，依靠信息技术创新驱动新兴产业，也对传统产业进行全方位改造升级，激发全要素生产率，释放数字驱动的放大、叠加、倍增功效，加快各行各业数字化、网络化、智能化。

---

① 习近平：《让工程科技造福人类、创造未来：在 2014 年国际工程科技大会上的主旨演讲》，载于《人民日报》2014 年 6 月 4 日。

② 习近平：《要用好互联网带来的重大机遇　深入实施创新驱动发展战略》，载于《人民日报》2015 年 12 月 17 日。

③ 习近平：《加快推进网络信息技术自主创新朝着建设网络强国目标不懈努力》，载于《人民日报》2016 年 10 月 10 日。

四、社会信息化发展创造新联通

习近平指出："网络的本质在于互联，信息的价值在于互通。"[1] 社会信息化是以互联网技术为代表的全球互联互通的历史过程，网络正以前所未有广度和深度加强全球互通互联，加速驱动世界经济发展和人类社会进步，成为经济转型发展的新动力与人类生产生活的新方式。习近平指出："当今时代，以信息技术为核心的新一轮科技革命正在孕育兴起，互联网日益成为创新驱动发展的先导力量，深刻改变着人们的生产生活，有力推动着社会发展。"[2] 当前以大数据、云计算、人工智能为代表的信息技术蓬勃发展，互联网融入人类发展的深度和广度都是前所未有的，几乎呈现"无网不在、无网不胜与无网不能"。习近平所言："互联网已经融入社会生活的方方面面，深刻改变了人们的生活方式。我国正处在这个大潮之中，受到的影响越来越深。"[3] 这表明以互联网技术为代表的信息化深入发展，从广度和深度上影响全球互联互通，对人类现代化发展具有全方位、立体化的影响，互联网技术渗透人类生产生活的各个领域，对其各层面产生革命性的影响，世界因网络而全面联通、深入互动、即时共享，人类社会已经进入了互联互通的信息时代。

第二节　推进科技强国网络强国建设

习近平指出："互联网作为 20 世纪最伟大的发明之一，把世界变成了'地球村'，深刻改变着人们的生产生活，有力推动着社会发展，具有高度全球化的特性。"[4] 党的十八大以来，基于全球信息化浪潮和我国信息化现实，以习近平同志为核心的党中央提出努力把我国建设成为科技强国网络强国，这是从"高度全球化的特性"看待社会信息化深入发展对我国现代化进程的深刻影响，信息化深入发展加强了全球互联互通、加剧了国际竞争、加强了网络治理，把握了治国理

---

[1]　习近平：《在第二届世界互联网大会开幕式上的讲话》，载于《人民日报》2015 年 12 月 17 日。

[2]　《习近平向首届世界互联网大会致贺词》，载于《人民日报》2014 年 11 月 20 日。

[3]　习近平：《总体布局统筹各方创新发展　努力把我国建设成为网络强国》，载于《人民日报》2014 年 2 月 28 日。

[4]　《习近平接受〈华尔街日报〉采访：坚持构建中美新型大国关系正确方向　促进亚太地区和世界和平稳定发展》，载于《人民日报》2015 年 9 月 23 日。

政的内在规律和现代化强国的发展路径。

一、科技强国网络强国建设的重大意义

习近平指出："当今世界，科技进步日新月异，互联网、云计算、大数据等现代信息技术深刻改变着人类的思维、生产、生活、学习方式，深刻展示了世界发展的前景。"[①] 新时代以习近平同志为核心的党中央立足信息化深入发展的新形势、新趋势，提出建设科技强国与网络强国的重大战略，具有重要现实意义。

一是建设科技强国网络强国有利于维护国家网络主权。马克思说："在我们这个时代，每一种事物好像都包含有自己的反面。"[②] 互联网技术发展是"双刃剑"，互联网发展对国家主权、安全、发展利益提出新的挑战。针对西方国家利用自身科技优势搞网络霸权和网络攻势，对发展中国家进行网络渗透和侵袭，习近平提出推进全球互联网治理体系变革应该坚持尊重网络主权原则。习近平指出："虽然互联网具有高度全球化的特征，但每一个国家在信息领域的主权权益都不应受到侵犯，互联网技术再发展也不能侵犯他国的信息主权。"[③] 维护国家网络主权是建设科技强国网络强国的基本前提，建设科技强国网络强国要坚决维护国家主权、安全、发展利益，从领土、领空、领海等传统领域拓展到"领网"的信息领域。尊重与维护网络主权是建设科技强国网络强国建设的基本原则，为信息化发展提供底线要求。

二是建设科技强国网络强国有利于提升国际竞争力。信息化时代的信息力强弱成为衡量国家现代化水平和综合国力的重要指标，成为决定国力强弱、国运兴衰的关键因素。网络技术与信息作为一种资源，已经成为国家发展实力与竞争力的重要标志，网络空间已成为世界各国谋求竞争优势的新舞台。互联网日益成为创新驱动发展的先导力量，成为国家竞争的核心要素，深刻改变全球发展格局、利益格局、安全格局。信息化深入发展改变了国家竞争的态势和关注点，信息化发展和创新已成为各国竞争的新赛场，谁把握住信息化时代的大势，谁就能赢得竞争的先机和主动，世界各国纷纷推进信息化发展，中国提出建设科技强国网络强国就是加紧谋划信息化战略，抢占信息化发展制高点，明确把发展数字经济作为谋求国际竞争的战略方向、战略资源、战略产业，不断从网络大国迈向网络强国。

① 《习近平致信祝贺国际教育信息化大会开幕》，载于《人民日报》2015 年 5 月 24 日。
② 《马克思恩格斯选集》第一卷，人民出版社 2012 年版，第 776 页。
③ 《习近平在巴西国会发表重要演讲》，载于《人民日报》2014 年 7 月 18 日。

三是建设科技强国网络强国有利于推动经济发展。习近平指出："我们必须敏锐抓住信息化发展的历史机遇，发挥信息化对经济社会发展的引领作用。"[1]当前，互联网成为创新驱动发展的先导力量，成为提高生产力和增强综合国力的核心支撑之一。中国处在经济新常态后，数字经济成为高质量发展的重要内容，互联网成为质量变革、效率变革、动力变革的重要力量，数字经济成为新的经济增长点。信息已经同能源、材料一样成为基本的生产要素，并且成为现代化经济体系的核心因素和关键要素。当前发展数字经济应该将数据信息资源作为生产力发展和创新驱动要素，激活各行各业的创新能力。我国经济发展进入新常态，要求培育促进经济发展的新动力、新动能。党的十九届五中全会强调发展数字经济，推进数字产业化和产业数字化，推动数字经济与实体经济深度融合，打造具有国际竞争力的数字产业集群。习近平指出："以信息流带动技术流、资金流、人才流、物资流，促进资源配置优化，促进全要素生产率提升，为推动创新发展、转变经济发展方式、调整经济结构发挥积极作用。"[2]

二、科技强国网络强国建设的战略谋划

新时代以习近平同志为核心的党中央准确把握信息化发展趋势，科学分析我国信息化发展现状，立足科技大国与网络大国的基本现实，抢抓信息化发展的重要机遇，加速建设科技强国网络强国。基于网络安全和信息化的发展，以及中国互联网发展"大而不强"的现状，习近平提出建设网络强国"一体两翼"的战略谋划。习近平指出："网络安全和信息化是一体之两翼、驱动之双轮，必须统一谋划、统一部署、统一推进、统一实施。"[3]"一体"是指建设网络强国这一目标，事关现代化中国梦的实现，"两翼"是指网络安全和信息化，是指网络强国战略的两大支柱、两大依托，网络安全与信息化是事关国家安全发展、事关广大人民幸福生活的重大战略问题。"一体两翼、双轮驱动"是新时代关于网络强国建设的新论断。

人类社会经历了农业革命、工业革命以及当下信息革命，我国古代曾是世界经济强国，但在工业革命关键期丧失与世界同步的重要机遇，逐渐落伍落后甚至出现被动挨打的处境。当前信息化成为不可回避、不可阻挡的时代潮流，以互联网为代表的信息技术成为引领创新、驱动经济转型的先导力量，中国不能坐以待

---

① 习近平：《敏锐抓住信息化发展历史机遇　自主创新推进网络强国建设》，载于《人民日报》2018年4月22日。

② 习近平：《在网络安全和信息化工作座谈会上的讲话》，载于《人民日报》2016年4月26日。

③ 《习近平谈治国理政》第一卷，外文出版社2018年版，第197～198页。

毙、失之交臂，当下必须以时不我待的紧迫感紧紧抓住信息化变革这一千载难逢的历史机遇，加快建设科技强国网络强国，实现赶超跨越，为实现中华民族伟大复兴的中国梦与现代化强国梦提供重要推力。习近平强调建设网络强国要与"两个一百年"奋斗目标同步推进，朝着网络基础设施基本普及、自主创新能力显著增强、信息经济全面发展、网络安全保障有力的四大目标不断前进。① 当前我国是不折不扣的网络大国，但还不是名副其实的网络强国，在尖端装备、核心技术、创新能力、基础设施、资源共享、数字经济等方面与世界先进水平具有一定差距，正在由网络大国向网络强国迈进。

习近平指出："没有网络安全就没有国家安全，就没有经济社会稳定运行，广大人民群众利益也难以得到保障。"② 互联网是把"双刃剑"，其开放和共享的特性将全球化推向新高度，既给人类发展带来前所未有的机遇，也给全球安全带来前所未有的挑战。其中，网络安全防不胜防且备受关注，网络安全这一非传统安全，成为社会安全、国家安全和全球安全关注的焦点。当前网络技术突飞猛进，但网络安全隐患令人担忧，社会安全、国家安全和全球安全不断受到来自网络问题的困扰。网络安全早已超出技术安全与信息安全的范畴，从单一安全上升到综合安全，从社会安全上升到国家安全乃至全球安全的高度。面对严峻复杂的网络安全形势，习近平强调：要树立正确的网络安全观，加快构建关键信息基础设施安全保障体系，全天候全方位感知网络安全态势，增强网络安全防御能力和威慑能力。③

习近平指出："我国已成为网络大国。同时也要看到，我们在自主创新方面还相对落后，区域和城乡差异比较明显，特别是人均带宽与国际先进水平差距较大，国内互联网发展瓶颈仍然较为突出。"④ 从我国互联网发展态势看，中国互联网从无到有、从小到大，在网络建设方面取得了长足发展，已经是全球网络大国，而非网络强国。中国作为全面崛起的新兴网络大国，距离实现网络强国的目标还有很长的路要走，要提高信息化水平、加强信息化建设。习近平提出建设网络强国五大任务：一是要有自己且过硬的技术；二是要有丰富全面的信息服务与繁荣发展的网络文化；三是要有良好信息基础设施与形成实力雄厚的信息经济；四是要有高素质人才队伍；五是要积极开展双边多边的互联网国际合作。⑤

---

① ④ ⑤ 习近平：《总体布局统筹各方创新发展努力把我国建设成为网络强国》，载于《人民日报》2014 年 2 月 28 日。

② 习近平：《敏锐抓住信息化发展历史机遇 自主创新推进网络强国建设》，载于《人民日报》2018 年 4 月 22 日。

③ 《习近平主持召开网络安全和信息化工作座谈会》，载于《人民日报》2016 年 4 月 20 日。

三、科技强国网络强国建设的三大攻坚

新时代在以习近平同志为核心的党中央坚强领导下，中国围绕掌握核心技术、推动网络治理、加强国际合作，奋力推进科技强国网络强国建设。

一是掌握核心技术。"互联网核心技术是我们最大的'命门'，核心技术受制于人是我们最大的隐患。"[①] 当前我国在技术学习能力、信息资源共享能力、互联网融合发展能力上取得重大发展，但与发达强国也存在不小差距，最为关键在于核心技术的掌握与创新。关键核心技术是国之重器，"缺芯少魂"会严重影响发展主动权与维护国家安全。习近平指出："如果核心元器件严重依赖外国，供应链的'命门'掌握在别人手里，那就好比在别人的墙基上砌房子，再大再漂亮也可能经不起风雨。"[②] 加强科技强国网络强国建设必须依靠技术支撑与技术创新，习近平反复强调要有自己过硬的技术、核心技术与关键技术，坚持自主创新与开放创新相结合，借鉴先进、攻克难关，尽快在核心技术上取得重大突破。

二是加强网络治理。当前社会信息化深入发展所引发的重大挑战之一就是加大了网络空间治理的难度。当下网络治理成为新时代党中央治国理政思想高频词。网络空间已成为人类活动的全新场域，它不同于传统的自然物理空间，具有无国界、无边界、高度全球化的特征，成为人类活动的新世界。网络治理成为科技强国网络强国的新领域和新议题，当今全球治理形成陆、海、空、天、网的"五位一体"。习近平强调："加强互联网内容建设，建立网络综合治理体系，营造清朗的网络空间。"[③] 基于网络强国发展的基本规律，习近平提出网络空间是国家发展的新疆域，必须主动参与网络空间国际治理，他指出："这块'新疆域'不是'法外之地'，同样要讲法治，同样要维护国家主权、安全、发展利益。"[④]

三是加强国际合作。习近平指出："互联网真正让世界变成了地球村，让国际社会越来越成为你中有我、我中有你的命运共同体。"[⑤] 如何顺应世界互联网发展大势，在全球网络治理中发出中国声音、提供中国方案、贡献中国智慧，既是中国现代化发展与推进科技强国网络强国建设的基本要求，也是中国主动参与

---

①② 习近平：《在网络安全和信息化工作座谈会上的讲话》，载于《人民日报》2016 年 4 月 26 日。

③ 习近平：《习近平谈治国理政》第三卷，外文出版社 2020 年版，第 33 页。

④ 《习近平接受〈华尔街日报〉采访：坚持构建中美新型大国关系正确方向 促进亚太地区和世界和平稳定发展》，载于《人民日报》2015 年 9 月 23 日。

⑤ 《习近平向首届世界互联网大会致贺词》，载于《人民日报》2014 年 11 月 20 日。

全球网络治理进程，发挥负责任大国的使命担当。习近平指出："让我们携起手来，共同推动网络空间互联互通、共享共治。"① 习近平不仅提出共同构建网络空间命运共同体的重大主张，还提出了互联互通、共享共治的核心要义，这是全球网络治理的中国方案。习近平指出："各国应该加强沟通、扩大共识、深化合作，共同构建网络空间命运共同体。"②

---

①② 习近平：《在第二届世界互联网大会开幕式上的讲话》，载于《人民日报》2015 年 12 月 17 日。

第十六章

把握"四个大势"的中国式现代化强国建设

习近平指出:"认识世界发展大势,跟上时代潮流,是一个极为重要并且常做常新的课题。中国要发展,必须顺应世界发展潮流。"[1] 眼界影响境界,格局影响结局。党的十八大以来,党中央谋全局观大势、明时局谋大势,把社会主义现代化事业放到历史长河和全球视野中来谋划,顺势而为,不断增强统筹中华民族伟大复兴战略全局和世界百年未有之大变局的能力。

2018 年 9 月习近平在中非合作论坛北京峰会开幕式上指出:"当今世界正在经历百年未有之大变局。世界多极化、经济全球化、社会信息化、文化多样化深入发展,……世界各国人民的命运从未像今天这样紧紧相连。"[2] 百年未有之大变局是世界经济、政治、社会、文化格局的全面深刻的历史之变,是世界多极化、经济全球化、社会信息化与文化多样化(以下简称"全球'四化'")深入发展引发的国际力量对比与全球治理结构的大变局。把握"四个大势",顺应世界百年未有之大变局的时代潮流,建设社会主义现代化强国,必须高举全球"四化"旗帜,推动构建人类命运共同体。

---

① 习近平:《论坚持推动构建人类命运共同体》,中央文献出版社 2018 年版,第 199 页。
② 《习近平在 2018 年中非合作论坛北京峰会开幕式上的主旨讲话》,载于《人民日报》2018 年 9 月 4 日。

第一节 高举全球"四化"旗帜的中国式现代化

一、推动世界多极化深入发展

尽管全球力量结构并没有根本性改变，但国际力量与大国力量对比发生深刻复杂变化是不争的事实，多极化向着更加均衡的方向发展，分析这两大变化有助于认清当今世界多极化发展，认识到这是当今世界百年未有之大变局的核心内容。这是近代以来国际力量对比中最具革命性的、历史性的重大变化。一方面，国际力量对比。21世纪以来一大批新兴市场国家和发展中国家快速发展，世界多极化加速发展，国际格局日趋均衡，国际潮流大势不可逆转。当今多极化发展新格局的一个重要事实，就是新兴市场国家和发展中国家的整体崛起，发展中国家实力不断增强，逐渐打破原有世界力量结构。习近平指出："新兴市场国家和发展中国家群体性崛起势不可当，将使全球发展的版图更加全面均衡，使世界和平的基础更为坚实稳固。"① 另一方面，大国力量对比。大国是国际力量与多极化发展的关键，是世界百年未有之大变局最为关键的变量。世界多极化格局在于世界上主要大国之间的力量对比状态。在当今多极化格局中，美国依然是超级大国，但世界大国的数量呈现由少到多的发展态势。以二十国集团和金砖国家为例，以中国、俄罗斯、印度、巴西、南非为主要代表的一大批新兴市场国家顺应经济全球化的发展趋势，逐渐成为世界经济增长的主引擎，改变大国力量对比关系。当今中国是世界百年未有之大变局的最大变量，既是自变量，又是因变量。

针对当今世界面临的重大问题重大挑战，我们就是要坚持大小国家一律平等，反对霸权主义和强权政治，切实推进国际关系民主化；共同恪守联合国宪章宗旨和原则，共同坚持普遍认同的国际关系基本准则，践行真正的多边主义，倡导平等有序的世界多极化，塑造我国和世界关系新格局，把我国国际影响力、感召力、塑造力提升到新高度，确保多极化进程总体稳定并具有建设性。

---

① 《习近平谈治国理政》第三卷，外文出版社2020年版，第445页。

二、推动经济全球化深入发展

作为历史走向世界历史的客观结果，经济全球化是当代世界发展的基本趋势和历史潮流，成为不可抗拒的历史趋势和不可逆转的时代潮流。当今世界，生产要素和经济资源跨国流动、全球配置，各国通过参与国际分工连接世界市场，各国相互依存、经济高度融合，世界成为相互关联的整体。任何国家与民族都需要从全球化的"互联互通"这一角度思考自身的行为作为。习近平指出："各国人民是一个休戚与共的命运共同体，市场、资金、资源、信息、人才等等都是高度全球化的。"① 经济全球化的深入发展使得各国利益交织面与交汇点不断扩大，全球产业链、价值链、供应链、利益链日益紧密，各国发展的外溢效应日益明显。由于新一轮科技革命与产业变革正在孕育，全球产业链、价值链和供应链进入新一轮重塑期，各国围绕国际分工、产业布局和价值分配展开协作。党的十八大以来，中国高举合作共赢的大旗，以更加开放姿态融入全球化，推动经济全球化朝着更加开放、包容、普惠、平衡、共赢的方向发展，秉持共商共建共享的全球治理观，抓住互联互通的时代特征，提出构建人类命运共同体倡议和共建"一带一路"倡议的中国方案，为引领全球化健康发展贡献了中国智慧，展现出中国负责任大国的担当与胸怀。习近平指出："共建'一带一路'，顺应经济全球化的历史潮流。"②

三、推动社会信息化深入发展

习近平指出："信息化和经济全球化相互促进，互联网已经融入社会生活方方面面，深刻改变了人们的生产和生活方式。"③ 当前经济全球化深入发展离不开社会信息化的物质基础和技术支撑，其把经济全球化推向新的更高的水平。进入 21 世纪以来，社会信息化全面融入社会生产生活，深刻改变全球经济格局、利益格局、安全格局。信息技术迅猛发展，使全球迅速迈入超越时空化的信息社会，全球化特征越发明显。

---

① 习近平：《论坚持推动构建人类命运共同体》，中央文献出版社 2018 年版，第 192 页。

② 习近平：《在第二届"一带一路"国际合作高峰论坛开幕式上的主旨演讲》，载于《人民日报》2019 年 4 月 27 日。

③ 习近平：《总体布局统筹各方创新发展努力把我国建设成为网络强国》，载于《人民日报》2014 年 2 月 28 日。

四、推动文化多样化深入发展

当今世界正处于百年未有之大变局，这种大变局不仅是政治大变局、经济大变局、科技信息大变局，也是文化交流互鉴与相互激荡的大变局。文化是人类实践的本质显现，人类在改造自然的同时也改造着自身，在创造有形物质的同时也创造无形文化。在世界历史形成之前，人类文化并非相互隔绝、"老死不相往来"，只是缓慢交流、有限交往。随着人类社会进入工业文明后，在大工业进程与国际交往的基础上，各民族文化相互碰撞、借鉴、融合的机会大大增多，尤其是当下经济全球化与社会信息化将世界联结成一个相互联系、不可分割的有机整体，不仅为各民族文化交流提供巨大的空间场域，也为各国文化交往消除了时空障碍，使世界各民族文化联系空前增强，文化交流日益密切、广泛、频繁，各国既要把握各种文明交流互鉴的大势，又要重视不同思想文化相互激荡的现实。文化交流得以在更大范围和更高层次上相互借鉴、取长补短，这种"全球文化广场"促进了世界文化的发展。文化多样化的百花齐放、百家争鸣构成了全球化时代所具有的绚丽斑斓的独特景观。

第二节　推动构建人类命运共同体的中国式现代化

马克思说："每个问题只要已成为现实的问题，就能得到答案。"[1] 中国特色社会主义进入新时代，以习近平同志为核心的党中央直面世界多极化、经济全球化、社会信息化与文化多样化深入发展的四大发展趋势，以"世界怎么了"与"我们怎么办"为逻辑思路，坚持问题导向、强化问题意识、探究问题根源，提出构建人类命运共同体的中国方案。2017 年 1 月习近平在联合国日内瓦总部演讲时指出："中国方案是：构建人类命运共同体，实现共赢共享。"[2] 构建人类命运共同体的中国方案是以习近平同志为核心的党中央深刻思考人类前途命运以及中国和世界发展大势，为促进人类现代化发展与全球共同繁荣所提出的宏伟构想和中国方案。人类命运共同体倡议是站在人类高度，倡导自愿协作、共赢共享的发展理念，消除全球发展不平衡与两极化，实现全人类的整体利益和各国均衡发

---

[1] 《马克思恩格斯全集》第一卷，人民出版社 1995 年版，第 203 页。
[2] 习近平：《论坚持推动构建人类命运共同体》，中央文献出版社 2018 年版，第 416 页。

展，是人类现代化发展必然走向。"我们要倾听人民心声，顺应时代潮流，推动各国加强协调和合作，把本国人民利益同世界各国人民利益统一起来，朝着构建人类命运共同体的方向前行。"① 党的十八大以来，以习近平同志为核心的党中央基于共赢共享的伟大目标与全球挑战的重大问题进行顶层设计与深入探究，创造性提出构建人类命运共同体倡议，既围绕人类现代化伟大目标进行长远谋划，又针对现实问题有效施策，为实现人类持久和平与共同繁荣的世界梦、推动全球治理体系改革与建设、构建新型国际关系提供了中国方案。

共同体是人类存在的联合形式，也是人类现代化发展的必要形式。马克思指出："只有在共同体中，个人才能获得全面发展其才能的手段，也就是说，只有在共同体中才可能有个人自由。"② 全球化在世界范围内优化了资本、信息、技术、劳动、管理等生产要素的配置，人类交往的世界性比过去任何时候都更深入、更广泛，各国相互联系和彼此依存比过去任何时候都更频繁、更紧密。随着世界多极化、经济全球化、社会信息化、文化多样化深入发展，各国正日益形成利益交融、安危与共的利益共同体、责任共同体、命运共同体。人类越来越成为你中有我、我中有你的命运共同体。进入新时代，国家主席习近平 2013 年在莫斯科国际关系学院首次提出构建人类命运共同体理念；2015 年在第七十届联大一般性辩论上提出"五位一体"人类命运共同体总体框架；2017 年在联合国日内瓦总部提出建设"五个世界"的总目标，人类命运共同体理念的思想内涵不断深化拓展。③ 构建人类命运共同体倡议就是把世界各国凝聚为"同呼吸共命运"的共同体，实现世界各国的共同发展与共同繁荣。

面对当今世界相互依存的客观事实，我们要从追求共同目标、维护共同安全、实现共同利益、承担共同责任、凝聚共同价值的"五个共同"，提出推动构建人类命运共同体的现代化这一中国方案。习近平指出："坚持求同存异……为实现构建人类命运共同体这一宏伟目标发挥正能量。"④ 当前人类社会呈现利益交融、兴衰相伴、安危与共的命运共同体。共同凸显人类命运共同体现代化的本色与底色，其以共同目标为指引、共同安全为前提、共同利益为基础、共同责任

---

① 《习近平著作选读》第二卷，人民出版社 2023 年版，第 492 页。

② 《马克思恩格斯文集》第一卷，人民出版社 2009 年版，第 571 页。

③ "五位一体"总体框架：建立平等相待、互商互谅的伙伴关系，营造公道正义、共建共享的安全格局，谋求开放创新、包容互惠的发展前景，促进和而不同、兼收并蓄的文明交流，构筑尊崇自然、绿色发展的生态体系。建设"五个世界"的总目标：坚持对话协商，建设一个持久和平的世界；坚持共建共享，建设一个普遍安全的世界；坚持合作共赢，建设一个共同繁荣的世界；坚持交流互鉴，建设一个开放包容的世界；坚持绿色低碳，建设一个清洁美丽的世界。《〈携手构建人类命运共同体：中国的倡议与行动〉白皮书》，载于《人民日报》2023 年 9 月 26 日。

④ 《习近平会见出席"2019 从都国际论坛"外方嘉宾》，载于《人民日报》2019 年 12 月 4 日。

为关键、以共同价值为支撑。当前国际社会对新冠疫情进行联防联控，成为构建人类命运共同体这一现代化的生动践行与真实写照。

一是追求共同目标。构建人类命运共同体是主张各国共同享受尊严、发展成果与安全保障。习近平指出："让各国人民更好共享发展成果，这也是中方倡议共建人类命运共同体的重要目标。"① 近代以来资本主义在全球扩张，以不惜牺牲他国正当利益来谋求自身利益最大化。共赢共享是以合作互惠、协作互利方式超越"你赢我输、你得我失"的零和博弈。习近平指出："不赞同你输我赢、零和博弈的思维。"②

二是维护共同安全。全球化时代，一国动乱战乱，大批难民就会涌向周边国家，一国生态恶化，环境污染就会扩散至周边国家。各国人民命运与共，唇齿相依，唇亡齿寒。新冠疫情威胁各国人民生命安全和身体健康，病毒无国界，疫情是人类共同敌人，国际社会需要联防联控来寻求共同安全。

三是实现共同利益。"各国是相互依存、彼此融合的利益共同体。"③ 当前各国成为全球产业链与供应链的重要环节，共同利益链将各国串联成利益攸关方。习近平指出："要更好统筹国内国际两个大局，坚持改革开放的发展、合作的发展、共赢的发展，通过争取和平国际环境发展自己，又以自身发展维护和促进世界和平。"④ 这就抓住了共同利益这一主线，实现以开放发展扩大共同利益、以合作发展增进共同利益、以共赢发展维护共同利益。

四是履行共同责任。构建人类命运共同体不能包办包揽，也不能平摊平分，更不能推脱推责。当前少数西方大国对国际规则采取"合则用不合则弃"，"退群毁约"接连不断。中国为推动构建人类命运共同体走深走实，提出共建"一带一路"倡议。习近平指出："我国是'一带一路'的倡导者和推动者，但建设'一带一路'不是我们一家的事。"⑤

五是凝聚共同价值。马克思指出："正是这些人又按照自己的社会关系创造了相应的原理、观念和范畴。"⑥ 人类共同价值呈现类意识、类规范、类原则，这是构建人类命运共同体的价值基础。当前迫切需要凝聚起共同价值观，为构建人类命运共同体提供精神纽带。习近平指出："和平、发展、公平、正义、民主、

---

① 习近平：《在"一带一路"国际合作高峰论坛圆桌峰会上的闭幕辞》，载于《人民日报》2017 年 5 月 16 日。

② 《习近平会见出席"2019 从都国际论坛"外方嘉宾》，载于《人民日报》2019 年 12 月 4 日。

③ 习近平：《在新兴市场国家与发展中国家对话会上的发言》，载于《人民日报》2017 年 9 月 6 日。

④ 习近平：《论坚持推动构建人类命运共同体》，中央文献出版社 2018 年版，第 1 页。

⑤ 习近平：《论坚持推动构建人类命运共同体》，中央文献出版社 2018 年版，第 339 页。

⑥ 《马克思恩格斯选集》第一卷，人民出版社 2012 年版，第 222 页。

自由，是全人类的共同价值。"① 这是习近平站在人类立场的高度，思考人类优先论、整体论和共同论所形成的共同价值观，超越西方以资本逻辑武装与伪装的普世价值观。

第三节　促进建设人类美好世界的中国式现代化

"坚持胸怀天下"是中国共产党百年奋斗的宝贵历史经验。习近平指出："大时代需要大格局，大格局呼唤大胸怀。从'本国优先'的角度看，世界是狭小拥挤的，时时都是'激烈竞争'。从命运与共的角度看，世界是宽广博大的，处处都有合作机遇。"② 中国共产党秉持"胸怀天下"、把握"四个大势"推进的中国式现代化，既基于自身国情，又借鉴各国经验，既造福中国人民，又促进世界共同发展，既全面推进强国建设和民族复兴伟业，又携手建设世界现代化。

一、中国式现代化顺应"四个大势"与建设美好世界

世界大变局在加速演进中进入新的动荡变革期，但人类发展进步的大方向不会改变，世界历史曲折前进的大逻辑不会改变，国际社会命运与共的大趋势不会改变。中国式现代化顺应"四个大势"构建人类命运共同体，以建设持久和平、普遍安全、共同繁荣、开放包容、清洁美丽的世界为努力目标，以推动共商共建共享的全球治理为实现路径，以践行全人类共同价值为普遍遵循，以推动构建新型国际关系为基本支撑，以落实全球发展倡议、全球安全倡议、全球文明倡议为战略引领，以高质量共建"一带一路"为实践平台，推动各国携手应对挑战、实现共同繁荣，推动世界走向和平、安全、繁荣、进步的光明前景。③

首先，顺应经济全球化持续发展的大势，弘扬与践行发展价值，建设共同繁荣的美好世界。合作共赢是实现共同繁荣、互利互惠的发展之路，也是人类实现世界梦的共赢之路。中国作为全球发展的贡献者，在全球积极推动抗"疫"防控

---

① 习近平：《论坚持推动构建人类命运共同体》，中央文献出版社 2018 年版，第 253 页。
② 《习近平著作选读》第二卷，人民出版社 2023 年版，第 491～492 页。
③ 《中央外事工作会议在北京举行》，载于《人民日报》2023 年 12 月 29 日。

国际合作、推进"一带一路"倡议、促进国际减贫国际合作、引导应对气候变化国际合作，以中国智慧打造国际合作新平台。

其次，顺应世界多极化加速推进的大势，弘扬与践行和平价值，建设持久和平的美好世界。世界的和平与多极化发展离不开中国，中国的和平崛起之路促进世界多极化深入发展。中国作为世界和平的建设者，反对霸权主义、强权政治，统筹应对传统与非传统安全因素的威胁。

再次，顺应国际环境总体稳定的大势，倡导公平与正义价值，建设普遍安全的美好世界。为坚持多边主义且在世界范围内增进互信，建立良好国际秩序，中国倡导并践行公平与正义价值，坚持国家不分大小、强弱、贫富一律平等，尊重各国人民自主选择发展道路的权利，要多边不要单边、要互信不要误判，共同解决全球即有矛盾与摩擦，维护国际公平正义。

最后，顺应各种文明交流互鉴的大势，践行民主与自由价值，建设开放包容的美好世界。文明具有多样性，只有在多样中相互尊重、彼此借鉴、和谐共存，这个世界才能丰富多彩、欣欣向荣。中国要交流不要隔绝、要对话不要对抗，争取更多的对话、交流与合作，促进和而不同、兼收并蓄的文明交流。

二、中国式现代化与世界现代化同行

中国共产党志存高远、敢于担当，着眼本国和世界，广泛搭建国际合作交流平台，派出维和部队参与维护地区安全稳定，中国基建等中国制造驰援世界，积极参与全球环境与气候治理，特别是高质量共建"一带一路"，推动构建人类命运共同体。2021年、2022年、2023年中国相继提出全球发展倡议、全球安全倡议、全球文明倡议三大全球性重要倡议，从发展、安全、文明三个维度指明人类社会前进方向，为当前人类面临的难题提供了综合性解决方案，为推动构建人类命运共同体提供了坚实支撑。[①]

中国秉承"大道不孤、天下一家"的理念，始终做世界和平的建设者、全球发展的贡献者、国际秩序的维护者，不断为人类文明进步贡献中国智慧、中国方案、中国力量。2023年10月18日习近平在第三届"一带一路"国际合作高峰论坛开幕式主旨演讲中指出：我们追求的不是中国独善其身的现代化，而是期待同广大发展中国家在内的各国一道，共同实现现代化。世界现代化应该是和平发

---

① 刘建超：《深刻把握构建人类命运共同体理念和"三大全球倡议"的内在关系》，载于《人民日报》2023年8月8日。

展的现代化、互利合作的现代化、共同繁荣的现代化。① 唯有坚持胸怀天下的理念，顺应全人类的共同期待，才能准确把握人类进步的"四个大势"，在不懈奋斗中成功推进中国式现代化，谱写社会主义现代化强国建设和民族复兴、促进建设人类美好世界的新篇章。

---

① 习近平：《建设开放包容、互联互通、共同发展的世界——在第三届"一带一路"国际合作高峰论坛开幕式主旨演讲》，载于《人民日报》2023 年 10 月 19 日。

第五篇

统筹推进"五位一体"的中国式现代化

2022 年 10 月习近平在主持二十届中央政治局第一次集体学习时指出:"党的二十大报告从 12 个方面对各领域各方面工作作出部署。这是根据'五位一体'总体布局、'四个全面'战略布局确定的,是一个有机整体,必须全面学习领会和全面贯彻落实。"①这就再次强调了新时代中国式现代化是统筹推进"五位一体"的现代化。

新时代统筹推进"五位一体"总体布局,需要深刻领会其丰富内涵和精神实质。人类社会是由经济、政治、文化、社会、生态文明等多种要素所组成的巨大系统。新时代"五位一体"总体布局的理论依据在于社会是有机整体,新时代中国式现代化强国也必然是一个包括经济现代化强国、政治现代化强国、文化现代化强国、社会现代化强国和生态文明现代化强国等诸多要素在内的整体性系统。

作为战略总体布局的"五位一体"对应的是现代化强国建设这一总目标,由此决定了"五位一体"与现代化强国建设之间存在着必然的内在关联。"五位一体"中的"五位"有其特殊作用和功能,每"位"之间密切相关,相互支撑,化为"一体",不仅把实现中华民

① 习近平:《在二十届中央政治局第一次集体学习时的讲话》,载于《求是》2023 年第 2 期。

族的伟大复兴定格在伟大梦想的崇高愿景之上，而且定格在中国特色社会主义伟大事业的奋斗目标之中。为全面建成中国式现代化强国，需要从经济建设、政治建设、文化建设、社会建设、生态文明建设等方面，加强对新时代中国式现代化强国如何建设以及要建设哪些方面的整体性把握。

从新时代"五位一体"总体布局协调发展的视角把握中国式现代化的特征，能够更加明确以人民为中心的价值目标是统筹推进中国式现代化强国建设新战略的出发点与落脚点。为全面建成中国式现代化强国，需要从人口规模、共同富裕、物质文明和精神文明相协调、人与自然和谐共生、和平发展道路的视角，加深对中国式现代化的基本特征与价值目标的理解。

以新时代"五位一体"总体布局宏伟蓝图为指引，统筹推进中国式现代化强国建设，就能实现人口规模巨大的现代化、全体人民共同富裕的现代化、物质文明和精神文明相协调的现代化、人与自然和谐共生的现代化、走和平发展道路的现代化。

第十七章

中国式现代化"五位一体"总体布局的纵向展开

新时代"五位一体"总体布局，是立足中华民族伟大复兴的战略全局和世界百年未有之大变局，抢抓历史机遇并应对风险挑战，实现"两个一百年"奋斗目标的重大战略。习近平新时代中国特色社会主义思想深刻阐明了统筹推进"五位一体"总体布局的目标方向和战略部署，为我们深化研究新时代统筹"五位一体"现代化新思想奠定了理论基础。

新时代"五位一体"现代化的生成具有内在的逻辑架构，既各有侧重又相互支撑。随着改革开放的不断深入、经济社会不断进步和人民生活不断改善，现代化建设总体设计从"两个文明一起抓"到"三位一体""四位一体"再到新时代"五位一体"总体布局有一个历史演进的过程。

"五位一体"总体布局以中国式现代化强国建设为目标，"是问题导向下现代化建设任务的纵向展开"①，是党总揽全局、协调各方、运筹帷幄、高瞻远瞩的新理念新思想新战略，为全面建成社会主义现代化强国提供了行动纲领。

第一节　中国式现代化"五位一体"总体布局的逻辑起点

建设中国式现代化强国、实现中华民族伟大复兴，是近代以来中华民族和中

---

① 朱文琦：《以人民为中心发展思想：一个系统思维的视角》，载于《社会主义研究》2020 年第 5 期。

国人民所追求的最伟大梦想。"五位一体"总体布局，起源于改革开放总设计师邓小平在改革开放之初提出的"一手抓物质文明，一手抓精神文明，两手都要硬"的"两手论"，之后随着改革开放的深化和经济社会的发展，逐步形成"五位一体"总体布局。"五位一体"总体布局的形成过程与我国改革开放与发展的实践和中国式现代化事业的不断拓展紧密相连，是对"建设什么样的社会主义"的实践回答。①

一、党的十二届六中全会首次提出"现代化建设的总体布局"概念

1986 年 9 月党的十二届六中全会指出，"我国社会主义现代化建设的总体布局是：以经济建设为中心，坚定不移地进行经济体制改革，坚定不移地进行政治体制改革，坚定不移地加强精神文明建设，并且使这几个方面相互配合，互相促进。"② 同时还明确提出了一系列"两手抓"的战略方针。伴随时代的进步、国情的发展，党对"现代化建设的总体布局"的把握越来越准确深入。2005 年 2 月，在省部级主要领导干部提高构建社会主义和谐社会能力专题研讨班上，胡锦涛首次提出"中国特色社会主义事业总体布局"。这是依托"总体布局"发展而来，是中国共产党从社会主义现代化建设事业全局出发，对影响社会发展的重要的方面及相互关系的总体性认识和由此作出的宏观的、多位一体的战略性全面部署。

党的十八大概括了中国特色社会主义道路的丰富内涵。指出中国特色社会主义道路是在中国共产党领导下，立足基本国情，以经济建设为中心，坚持四项基本原则，坚持改革开放，解放和发展社会生产力，建设社会主义市场经济、社会主义民主政治、社会主义先进文化、社会主义和谐社会、社会主义生态文明，促进人的全面发展，逐步实现全体人民共同富裕，建设富强民主文明和谐的社会主义现代化国家。相比党的十七大的概括，这次概括更加全面，不仅明确了中国特色社会主义总体布局是"五位一体"，把生态文明建设摆在了更加突出的位置，还第一次把人的全面发展和实现共同富裕作为道路的有机组成部分。

"五位一体"总体布局是一个有机整体，其中经济建设是根本，政治建设是保证，文化建设是灵魂，社会建设是条件，生态文明建设是基础。只有坚持"五位一体"全面推进、协调发展，才能形成经济富裕、政治民主、文化繁荣、社会

---

① 许光建：《从"两手论"到"五位一体"总体布局思想》，载于《人民论坛》2018 年第 33 期。
② 中央文献研究室：《十二大以来重要文献选编》，人民出版社 1988 年版，第 1173～1174 页。

公平、生态良好的发展格局，从而把我国建设成为富强民主文明和谐美丽的社会主义现代化强国。

二、从目标论视角把握"五位一体"总体布局的逻辑起点

党的十八大从战略的高度，以创新的视野，概括提出了中国式现代化"五位一体"总体布局，这是一个重大的理论和政治实践问题，较长时期特别是党的十八大以来，国内学者高度关注这个课题的研究。"作为习近平新时代中国特色社会主义思想的重要组成部分，'五位一体'总体布局对中国特色社会主义建设事业进行了总体把握和战略部署，不仅创新了社会主义理论体系，而且拓展了社会主义现代化建设视野"。[1] 坚持和发展中国特色社会主义不仅是我们党全部理论和实践的主题，而且是"五位一体"总体布局的逻辑起点。对此，可以从以下方面来准确理解和把握。

第一，从基本国情来看，我国是在生产力发展水平不高、商品经济不发达的条件下建设中国特色社会主义的。党的十二大指出，"我国的社会主义社会现在还处在初级发展阶段"[2]。党的十三大从我国逐步发展过程、人口结构、工业发展水平、地区发展状况、科学教育文化五个方面概括出初级阶段的"脱贫、变富、立制"三条基本特征，系统论述了初级阶段的主要含义、基本特征、主要矛盾，标志着社会主义初级阶段理论的形成。党的十四大强调我国社会主义初级阶段是一个至少上百年的很长的历史阶段，制定一切方针政策都必须以这个基本国情为依据，任何时期都不能离开这个实际、超越阶段。党的十五大更加全面地从现代化发展的水平、产业结构状况、经济运行方式等九个方面对社会主义初级阶段的特征作出新的理论概括，全面拓展了社会主义初级阶段理论，深刻表明了我们党对建设中国特色社会主义历史任务的复杂性、长期性、艰巨性、紧迫性的全面认识，达到了前所未有的新高度新境界。同时为全面构建中国特色社会主义的总体布局提供了"奠基性"的重要依据。党的十六大强调，"必须看到，我国正处于并将长期处于社会主义初级阶段，现在达到的小康还是低水平的、不全面的、发展很不平衡的小康"[3]。党的十七大分析和概括了我国发展表现出的新的阶段性特征，强调我国仍处于并将长期处于社会主义初级阶段的基本国情没有变，人民日益增长的物质文化需要同落后的社会生产之间的矛盾没有变。我们党

---

① 孙馨月：《马克思需要理论视域下"五位一体"总体布局的多维解读》，载于《高教学刊》2021年第2期。
② 《十二大以来重要文献选编》上，人民出版社1986年版，第26页。
③ 《江泽民文选》第三卷，人民出版社2006年版，第526页。

对我国社会主要矛盾的认识表明了我们党对我国社会全面发展的主流和方向作出了科学准确的判断，大大丰富和深化了建设中国特色社会主义的科学内涵，更加坚信和坚定了中国特色社会主义道路、理论的认同感和自觉性，为科学构建中国特色社会主义事业的总体布局向前迈出了实质重要的一大步。党的十八大强调："我们必须清醒认识到，我国仍处于并将长期处于社会主义初级阶段的基本国情没有变"，要"全面落实经济建设、政治建设、文化建设、社会建设、生态文明建设'五位一体'总体布局，促进现代化建设各方面相协调，促进生产关系与生产力、上层建筑与经济基础相协调，不断开拓生产发展、生活富裕、生态良好的文明发展道路"①。

第二，从主要矛盾新变化来看，在党的十八大以前，从党的十二大正式提出"建设有中国特色的社会主义"的新命题开始，经过党的十三大到党的十七大，我国经济、政治、文化都取得了显著成绩，同时随着改革开放步伐的加快，全面发展的社会结构涌现出诸多深层次矛盾，在矛盾和问题面前，我们党没有畏葸不前，而是变压力为动力，深刻洞察和科学判断问题的根源和症结所在，始终以立足解决社会主要矛盾为抓手，牢牢扭住"大力解放和发展生产力"这个社会主义现代化建设的"牛鼻子"，党的十四大提出了"建立和完善社会主义市场经济体制"的目标，这个目标的提出，顺应了当时的国际环境和国内条件。同时指出，为了加速改革开放，推动经济发展和社会全面进步，必须努力完成十个方面关系全局的主要任务，涵盖了经济、政治、文化、社会和环境五个方面。党的十五大第一次系统地、完整地论述了我国社会主义初级阶段的基本纲领。党的十六大提出，"我们要在21世纪头20年，集中力量，全面建设惠及十几亿人口的更高水平的小康社会，使经济更加发展、民主更加健全、科教更加进步、文化更加繁荣、社会更加和谐、人民生活更加殷实"②。同时指出"全面建设小康社会，最根本的是坚持以经济建设为中心，不断解放和发展生产力"。党的十七大对中国特色社会主义道路作出明确界定，即在中国共产党领导下，立足基本国情，以经济建设为中心，坚持四项基本原则，坚持改革开放，解放和发展社会生产力，巩固和完善社会主义制度，建设社会主义市场经济、社会主义民主政治、社会主义先进文化、社会主义和谐社会，建设富强民主文明和谐的社会主义现代化国家。这个界定涵盖了中国特色社会主义事业"四位一体"的总体布局，提出了我国发展的战略目标。同时，提出了实现全面建设小康社会奋斗目标的新要求。党的十八大以习近平同志为核心的党中央立足我国社会主要矛盾，适应和把握我国经济

---

① 《十八大以来重要文献选编》（上），中央文献出版社2014年版，第7、12页。
② 《十六大以来重要文献选编》（上），中央文献出版社2005年版，第329～330页。

发展进入新常态的趋势性特征，着眼提供更多优质生态产品以满足人民日益增长的优美生态环境需要，高瞻远瞩、总揽全局，把生态文明建设纳入"五位一体"总体布局，顶层设计、系统决策、统筹推进。

第三，从总任务来看，党的十三大在科学阐述社会主义初级阶段理论的同时，正式提出了党在社会主义初级阶段的基本路线。党的十七大通过的党章把"和谐"与"富强民主文明"一起写入基本路线。充分表明经过多年的实践和探索，我们党对奋斗目标的认识逐渐深化，实现了中国特色社会主义事业总体布局与奋斗目标的有机统一。党的十八大提出的"五位一体"总体布局的科学性和实践性，集中渗透和运用于建设中国特色社会主义总任务之中，总布局是实现总任务的载体和抓手，总任务是总布局的目标和价值，离开总任务谋划总布局是纸上谈兵，离开总体布局描画总任务是空中楼阁，二者是过程与结果、功能与价值的关系。只有撸起袖子加油干，才能真正为"五位一体"总体布局开好头、起好步，才能真正"实现社会主义现代化和中华民族伟大复兴，在全面建成小康社会的基础上，分两步走在本世纪中叶建成富强民主文明和谐美丽的社会主义现代化强国"① 的总任务。只有总布局总任务都搞好，中国特色社会主义才能建设好发展好，"五位一体"总体布局的逻辑起点和落脚点才会为坚持和发展中国特色社会主义总任务的实现明确方向、规划目标、备足动力。

因此，党的十八大提出的"五位一体"总体布局的逻辑起点应当从目标论的视角进行科学阐释，有助于正确理解我们党在实现中国特色社会主义总任务的进程中的艰辛探索，不仅丰富和发展了马克思主义的科学发展理论，而且对坚定坚持和发展中国特色社会主义道路、理论、制度和文化自信鼓足了勇气。

第四，从新时代我国全面对外开放新格局的视角看，按照"五位一体"总体布局设计的规划图施工建设，既离不开全面深化改革，更离不开扩大对外开放。40 多年改革开放的辉煌成就和历史经验告诉我们：全方位、多层次、宽领域、网络状的立体式对外开放新格局是推进国家繁荣发展的必由之路、富国之门，也是推进国家治理体系和治理能力现代化的重要举措、强国之力。在新时代，要不断适应世界大发展、大变革、大调整，转变经济发展方式、优化经济结构、转换增长动能、大力推进全面对外开放理论和实践创新，全面确立深度开放发展新理念，强力实施"一带一路"倡议，加快建立开放型经济新体制，积极参与全球化经济治理。因此，党的十八大提出的"五位一体"总体布局的逻辑起点理应从开放论的视角进行科学阐释，才能正确理解我们党在实现中国特色社会主义的总任务进程中必须实施对外开放战略。我国对外开放战略的实施，不仅是对马克思主

---

① 《中共中央关于党的百年奋斗重大成就和历史经验的决议》，载于《人民日报》2021 年 11 月 17 日。

义对外开放理论的重大发展，而且对习近平构建人类命运共同体思想的形成和发展奠定了理论基础。

第二节　中国式现代化"五位一体"总体布局的演进

事物的发展有其产生、演化的进路。"中国的现代化发展，植根于世界现代化的发展洪流并深受影响。审视中国式现代化的战略部署、步骤谋划和空间布局的发展进程，并从中归纳提炼出演进逻辑与经验启示"。① 新时代"五位一体"总体布局的生成有一个历史演进的过程，具有内在的逻辑架构，既各有侧重又相互支撑。随着改革开放的不断深入和经济等各项体制改革的不断完善，国家和社会发展的速度和质量不断提升和进步，人民生活不断改善，现代化发展水平不断跃升，从"两个文明"建设现代化布局起步到"三位一体""四位一体"再到新时代"五位一体"总体布局的科学设计，不仅是党总揽全局、协调各方、运筹帷幄、高瞻远瞩的伟大贡献，而且是党勇于面对新挑战新机遇、不断总结和提升发展全局的新理念新思想新战略。体现了党对社会全面深度发展认识的不断深化，更对进一步全面建设社会主义现代化提供了行动指南和行动纲领。

一、中国式现代化总体布局从"两个文明"到"三位一体"

中国式现代化"五位一体"总体布局经历了从物质文明与精神文明"两手并抓"，物质文明、政治文明、精神文明"三大文明协调发展"，到经济建设、政治建设、文化建设、社会建设"四位一体"，再到经济建设、政治建设、文化建设、社会建设、生态文明建设"五位一体"的拓展过程，这是中国共产党对社会主义建设规律、执政党建设规律和人类社会发展规律认识不断深化的重要成果。

（一）"两个文明"现代化布局的形成

邓小平在改革开放初期，鲜明地提出要坚持物质文明和精神文明"两个文明"一起抓，标志着我国现代化总体布局探索的开始。

---

① 卢黎歌、郭玉杰：《中国式现代化：超越转型、演进逻辑、经验启示》，载于《北京工业大学学报（社会科学版）》2022 年第 1 期。

1. 以"四个现代化"为中心的物质文明建设

新中国成立伊始,我国各方面亟待建设,实现国家的现代化成为当时重要且紧急的任务。当时我国现代化水平与主要资本主义国家差距很大,甚至落后于一些刚刚独立的国家。毛泽东这样描述当时的状况,"现在我们能造什么?能造桌子椅子,能造茶壶茶碗,能种粮食,还能磨成面粉,还能造纸,但是,一辆汽车、一架飞机、一辆坦克、一辆拖拉机都不能造。"① 正是在当时对现代化强烈需要的情况下,促使党的领导集体把注意力完全放到经济建设上,形成了以追求现代化建设为中心的"一元"布局。周恩来在 1954 年的第一届全国人大政府工作报告中正式提出了"四个现代化",包含工业、农业、交通运输业和国防四个方面。"四个现代化"建设是基于改变我国当时贫穷落后的经济发展状况而提出的。"文化大革命"结束后又经历了两年徘徊期,党的十一届三中全会把党和国家的工作重心重新转移到经济建设上来。邓小平强调:"要加紧经济建设,就是加紧四个现代化建设。"② 此后,国民经济发展速度得以迅速提高,人民生活水平明显改善。

2. "两个文明"布局的形成过程

党的十二大报告详细阐明了精神文明建设的主要内容分为两个方面,一是教育、科学、文化的进步;二是人们思想、政治、道德水平的提高。党的十二大报告首次完整地阐述了社会主义精神文明建设,并确立了物质文明和精神文明同时进行、共同发展的战略方针。从此,我国打开了发展的新局面,进入中国特色社会主义建设的新轨道,也正式标志着"两个文明"布局的形成。

(二)"三位一体"总体布局的形成过程

党的十三大报告指出,通过深化改革,来建立和发展充满活力的经济、政治、文化体制,以实现"富强、民主、文明"③ 的社会主义现代化建设目标。此时,"三位一体"的总体布局已具雏形。

"三位一体"总体布局的正式形成。党的十三届四中全会强调民主法治建设要抓紧进行。在庆祝中国共产党成立七十周年大会上,江泽民发表讲话指出:"有中国特色社会主义的经济、政治、文化,是有机统一、不可分割的整体。加强这三方面的建设,根本的目的是为了充分调动广大人民群众的积极性、推动社会生产力的发展和社会的全面进步。"④ 党的十四大强调要进行机构改革、精兵

---

① 《毛泽东文集》第六卷,人民出版社 1999 年版,第 329 页。
② 《邓小平文选》第二卷,人民出版社 1994 年版,第 240 页。
③ 《十三大以来重要文献选编》(上),人民出版社 1991 年版,第 34 页。
④ 《江泽民文选》第一卷,人民出版社 2006 年版,第 152 页。

简政，实现社会主义民主和法制建设有更大程度进步。党的十五大报告专题阐述了政治建设，提出了依法治国的基本方略，并将其作为政治体制改革的重点。大会首次从经济、政治、文化三个方面确定了党在社会主义初级阶段的基本纲领。党的十六大从经济、政治、文化三个方面清晰地规划未来的蓝图，提出为全面建设小康社会而奋斗的目标。这标志着"三位一体"现代化总体布局正式确立。

二、"四位一体"总体布局的形成

（一）社会建设提出的时代背景

我国现代化建设实践不断发展，市场经济日益完善，文化建设和政治建设不断加强，综合国力也呈不断上升趋势，人民生活显著改善。但我国仍然处于社会主义初级阶段的基本国情，以及由此决定的社会主要矛盾并没有改变。然而在这期间，我国的社会组成结构、政治领域以及经济发展也发生了复杂而剧烈的改观，社会建设及社会管理方面也急需解决一系列新的难题。新世纪新阶段，我国在社会建设的诸多方面还存在问题，距离人民群众满意仍有一段路要走。因此，我们党加强社会建设是新形势新国情的必然要求，也是推进社会主义事业腾飞的必然选择。

（二）"四位一体"总体布局的形成过程

1. "四位一体"总体布局的发端

党的十六届四中全会报告指出，当前我国进入改革发展的新时期，我们党不仅要准确把握瞬息万变的国际形势、带领全国各族人民发展市场经济、健全民主法制、建设先进文化，而且还要处理错综复杂的社会矛盾和问题，提高"构建社会主义和谐社会的能力"[①]。2005 年 2 月胡锦涛深刻阐述了构建和谐社会同建设物质文明、政治文明、精神文明是有机统一的。四者之间相互联系、相互促进。根据社会发展的必然性和人民群众的需要，在党的十六届五中全会上，总体布局由"三位一体"进阶为"四位一体"。

2. "四位一体"总体布局的正式形成与深化

党的十七大报告从全局的战略高度，要求从经济、政治、文化、社会四个方面全面推进社会主义建设。党的十七大将"四位一体"总体布局和"富强、民

---

① 《中共中央关于加强党的执政能力建设的决定》，载于《人民日报》2004 年 9 月 27 日。

系统观视阈的新时代中国式现代化

主、文明、和谐"的现代化目标写入党章。这标志着"四位一体"总体布局的
正式形成。

2012年党的十八大报告揭示了社会建设的重要意义是维护最广大人民根本
利益，维护社会和谐稳定。报告第一次对推进社会体制改革进行了系统的阐述，
提出了不断完善社会管理体制、基本公共服务体系、现代社会组织体制和社会管
理机制等一系列要求。这是对近年来社会管理理论探索成果和改革实践经验的新
提炼，是对社会体制改革的重要发展，实现了更高水平的民生保障，是对"四位
一体"总体布局的进一步完善。

三、"五位一体"总体布局的确立

社会主义现代化建设是一个在实践中不断面对新矛盾、新问题并且不断解决
新矛盾、新问题的过程。党的十六大提出："可持续发展能力不断增强，生态环
境得到改善，资源利用效率显著提高，促进人与自然的和谐，推动整个社会走上
生产发展、生活富裕、生态良好的文明发展道路。"[1]

党的十八大报告强调把生态文明建设放在突出位置，融入经济建设、政治建
设、文化建设、社会建设各方面和全过程，努力建设美丽中国，实现中华民族永
续发展。把生态文明建设纳入建设中国特色社会主义总体布局，强调"必须更加
自觉地把全面协调可持续作为深入贯彻落实科学发展观的基本要求，全面落实经
济建设、政治建设、文化建设、社会建设、生态文明建设'五位一体'总体布
局，促进现代化建设各方面相协调，促进生产关系与生产力、上层建筑与经济基
础相协调，不断开拓生产发展、生活富裕、生态良好的文明发展道路"[2]。"五位
一体"总体布局的确立，使得我们推进中国特色社会主义事业的发展方略更加成
熟、发展目标更加明确，为我们全面建成小康社会、实现中国式现代化和中华民
族伟大复兴提供了总遵循。

第三节　中国式现代化"五位一体"总体布局的价值

中国式现代化是有鲜明价值的社会主义全面现代化。"五位一体"总体布局，

---

① 《十六大以来重要文献选编》（上），中央文献出版社2005年版，第15页。
② 《十八大以来重要文献选编》（上），中央文献出版社2014年版，第7页。

把握了新时代中国式现代化建设的基本领域和基本规律，规划了中国式现代化强国建设的宏伟蓝图，确定了中国式现代化发展方向，厘清了推进中国式现代化工作方针和奋斗目标。是一个相辅相成逻辑严谨的有机整体和科学协同的理论体系。反映了全面协调可持续的基本要求和统筹兼顾的根本方法，是科学发展和高质量发展的鲜明体现。

一、体现了党的总体布局达到更高阶段

新时代中国式现代化从"四位一体"发展到"五位一体"，体现了现代化总体布局达到更高阶段。改革开放和社会主义现代化建设新时期以来，我们党先后从不同角度对中国特色社会主义事业的布局作出了总体规划和部署。同时，随着时代条件和形势、任务的变化，这一总体布局又与时俱进，不断调整、丰富和发展，对指导中国特色社会主义各项事业的发展发挥着重要作用。

党的十二大提出了"全面开创社会主义现代化建设新局面"，同时提出了物质文明和精神文明一起抓的战略方针，党的十二届六中全会正式提出社会主义现代化建设的总体布局，并提出了"两手抓"的战略方针。党的十三大全面阐述了社会主义初级阶段理论，把"富强、民主、文明"作为建设中国式现代化的奋斗目标，充分体现了中国特色社会主义全面协调发展的要求。党的十五大制定了党在社会主义初级阶段的基本纲领，把物质文明、政治文明、精神文明协调发展和促进人的全面发展纳入总体布局。

习近平指出："我们要建设的现代化是人与自然和谐共生的现代化，既要创造更多物质财富和精神财富以满足人民日益增长的美好生活需要，也要提供更多优质生态产品以满足人民日益增长的优美生态环境需要。"① 党的十八大把生态文明建设放在突出地位，纳入中国式现代化的总体布局，从而使中国式现代化总体布局从"四位一体"拓展为"五位一体"，总体布局的内容更加全面完整，逻辑更加严密科学，对党和国家事业作出了全面部署，共同支撑着中国特色社会主义宏伟大厦，为我们全面建设社会主义现代化国家绘就了宏伟蓝图、提供了基本遵循。中国式现代化强调促进社会的全面进步和人的自由全面发展，解决关系人民切身利益的民生问题，"到本世纪中叶，我国物质文明、政治文明、精神文明、社会文明、生态文明将全面提升，实现国家治理体系和治理能力现代化，成为综合国力和国际影响力领先的国家，全体人民共同富裕基本实现，我国人民将享有

---

① 《习近平著作选读》第一卷，人民出版社 2023 年版，第 41 页。

更加幸福安康的生活，中华民族将以更加昂扬的姿态屹立于世界民族之林。"①

二、厘清了新时代现代化治国理政新思路新举措基本脉络

习近平治国理政新理念新思想新战略体现时代性、富于创造性。经过 40 多年改革开放的积淀，中国特色社会主义伟大事业欣欣向荣，经济发展在发展探索中进入"快车道"进而进入新常态，这是我国改革开放以来经济持续健康发展的新模式，在经济发展跃居世界第二的同时，环境问题成为制约经济发展、社会进步的"瓶颈"。

面对国内生态环境恶化、资源短缺的现状，党的十八大将生态文明建设纳入总体布局，描绘了建设美丽中国的宏伟蓝图，以期达成中华民族永续发展的远大目标。习近平指出："全社会都要按照党的十八大提出的建设美丽中国的要求，切实增强生态意识，切实加强生态环境保护，把我国建设成为生态良好的国家。"② 这是全面建设社会主义现代化国家的题中之义，也是顺利实现第二个百年奋斗目标的迫切要求。为此，党的十九届五中全会提出了"要加快推动绿色低碳发展，持续改善环境质量，提升生态系统质量和稳定性，全面提高资源利用效率，建设人与自然和谐共生的现代化"③ 的顶层决策，为"十四五"时期推动绿色发展，促进人与自然和谐共生做了科学布局，提升了发展质量和品位，为实现生态文明现代化建设目标作出了合理规划。

三、提升了党正确把握执政规律和科学、民主、依法执政的新自觉

实现新时代中国特色社会主义现代化，经济建设上重点是坚持和完善党领导经济社会发展的体制机制，继续深度贯彻新发展理念，主动适应和把握经济发展新常态，全面深化改革、构建高水平社会主义市场经济体制，以推动高质量发展为主题、以深化供给侧结构性改革为主线，加快构建以国内大循环为主体、国内国际双循环相互促进的新发展格局，实行高水平对外开放、开拓合作共赢新局面，积极营造良好外部环境，加快农业农村现代化、全面推进乡村振兴、推进以人为核心的新型城镇化，健全社会主义市场经济条件下新型举国体制，建立现代

① 《习近平著作选读》第二卷，人民出版社 2023 年版，第 24 页。
② 《习近平谈治国理政》第一卷，外文出版社 2018 年版，第 207 页。
③ 《中共中央关于制定国民经济和社会发展第十四个五年规划和二〇三五年远景目标的建议》，载于《人民日报》2020 年 11 月 4 日。

化经济体系；政治建设上重点推进中国特色社会主义政治制度自我完善和发展，坚持党的领导、人民当家作主、依法治国有机统一，加快转变政府职能，健全社会主义民主法治，完善国家行政体系，提升行政效率和公信力。文化建设上重点推进社会主义文化强国建设，繁荣发展文化事业和文化产业、提高国家文化软实力，健全公共文化服务体系和文化产业体系；社会建设上的重点是全面推进健康中国建设，统筹发展和安全建设更高水平的平安中国，就业以实现更加充分更高质量为目标，提高基本公共服务均等化，提升全民受教育程度，健全多层次社会保障体系；生态文明建设上重点促进经济社会全面绿色转型，推动绿色发展、促进人与自然和谐共生。

四、展现了党对人类社会发展规律的新探索

新时代中国式现代化"五位一体"总体布局，展现习近平总书记对人类社会发展规律的新探索。人类社会的变化是有其客观规律的。人类不断探索社会发展规律，以期能更好地运用规律来指导实践。总体布局的演变正是人类不断探索社会发展规律的过程。习近平指出："全面建成小康社会，是我们党向人民、向历史作出的庄严承诺，是 13 亿多中国人民的共同期盼。为实现这一目标，党的十八大以来，我们党形成并积极推进经济建设、政治建设、文化建设、社会建设、生态文明建设五位一体的总体布局，形成并积极推进全面建成小康社会、全面深化改革、全面依法治国、全面从严治党的战略布局。"① "五位一体"总体布局在人的主体性活动和地位、社会发展目标以及道路、社会有机体的内在联系和相互作用等方面深化了对人类社会发展规律的认识。从经济、政治、文化、社会、生态文明五个领域全面推动社会进步，体现了对人类社会发展规律的把握更加准确。

总之，"五位一体"总体布局的确立，不仅标志着我们党对中国特色社会主义建设规律的认识提高到了一个崭新境界，更是对人类社会如何向着更高社会形态发展演进而提出的一种世界发展范式革命的深层探索。②

---

① 《习近平谈治国理政》第二卷，外文出版社 2017 年版，第 37~38 页。
② 戚嵩：《中国特色社会主义事业"五位一体"总体布局的理论基础》，载于《理论建设》2020 年第 3 期。

第十八章

新时代中国式现代化的五大建设

新时代中国式现代化是由"五位一体"总体布局所构成的复杂系统工程，必须从经济建设、政治建设、文化建设、社会建设、生态文明建设五个方面一体推进。新时代"五位一体"总体布局体现着现代化强国建设的大格局、大方向、大构架。

新时代中国式现代化的五大建设，需要坚持"五位一体"的系统思维。在"四化同步"中推进经济现代化建设，以全过程人民民主推进政治现代化建设，在增强文化自信和文化整体实力中推进文化现代化建设，以民生建设为根本推进社会现代化建设，以"两山"理论引领推进生态文明现代化建设，实现中国式"五位"现代化发展的协同性和"一体"化。

第一节　新时代中国式现代化的经济建设

经济现代化是"五位一体"现代化的物质基础，是解决我国社会主要矛盾的兴国之要、固国之基、发展之重。"五位一体"总体布局的现代化首要是经济建设现代化，建设经济现代化体系是我国经济发展的重大目标。

一、坚持以经济建设为中心，从经济新常态到经济高质量发展

邓小平说："现代化建设的任务是多方面的……但是说到最后，还是要把经济建设当作中心。离开了经济建设这个中心，就有丧失物质基础的危险……围绕这个中心，决不能干扰它、冲击它"①。江泽民指出："坚持党的基本路线不动摇，关键是坚持以经济建设为中心不动摇。"② 习近平强调："只有牢牢扭住经济建设这个中心，毫不动摇坚持发展是硬道理、发展应该是科学发展和高质量发展的战略思想，推动经济社会持续健康发展，才能全面增强我国经济实力、科技实力、国防实力、综合国力，才能为坚持和发展中国特色社会主义、实现中华民族伟大复兴奠定雄厚物质基础。"③

发展经济是推动社会发展进步的基础和解决一切社会问题的前提。没有经济的发展，没有社会生产的发展和物质财富的增长，就谈不上其他方面的发展，就不可能有社会的全面发展和进步。解决国际国内问题，也必须以经济为后盾和依托。加快社会发展、保障国家长治久安的基础性工程很大程度上在于经济发展。对中国这样一个发展中大国来说，保持经济的快速发展，创造更加丰富的物质财富，不断增强经济实力，意义十分重大。把我国的经济搞上去，把我国的综合国力搞上去，是我们建设和发展中国特色社会主义现代化的一个长期任务。

经济建设对"五位一体"其他方面的建设影响是全面的、根本的、起决定作用的。在"五位一体"其他各方面建设中，经济建设的物质基础地位是最强大的，决定着国力的竞争。经济建设为政治建设、文化建设、社会建设和生态文明建设提供雄厚的物质基础和物质支撑，表现为物质生产和物质生活水平的提高和进步，它是整个社会文明的基础。它不仅影响着人们的政治关系、政治意识、政治行为和整个社会的政治制度等，也制约着社会的教育、科学、文化发展水平以及人们的思想道德水平。

新时代十多年经济建设历经从经济新常态到高质量发展的跃迁。新时代之初，我国经济发展进入新常态。2014年12月习近平在中央经济工作会议上首次"从9个方面的趋势性变化分析了我国经济发展进入新常态的原因，强调认识新常态、适应新常态、引领新常态是当前和今后一个时期我国经济发展的大逻

---

① 《邓小平文选》第二卷，人民出版社1994年版，第250页。
② 《江泽民文选》第三卷，人民出版社2006年版，第214页。
③ 《习近平著作选读》第二卷，人民出版社2023年版，第227页。

辑。"① 2017 年党的十九大提出建设经济现代化体系的任务，指出我国经济已由高速增长阶段转向高质量发展阶段，正处在转变发展方式、优化经济结构、转换增长动力的攻关期。② 党的二十大进一步提出："高质量发展是全面建设社会主义现代化国家的首要任务。""要坚持以推动高质量发展为主题……加快建设现代化经济体系，……推动经济实现质的有效提升和量的合理增长。"③ 高质量发展是全面建设社会主义现代化国家的基本路径，既为全面建设社会主义现代化国家提供更为坚实的物质基础，又确保现代化建设能不断满足人民对美好生活需要，是推动新时代中国式现代化建设行稳致远的重要保障。

二、坚持新时代中国式经济现代化制度

经济现代化制度是中国特色社会主义制度的重要支柱。新时代中国式经济现代化制度由公有制为主体多种所有制经济共同发展、按劳分配为主体多种分配方式并存、有效市场与有为政府相统一的社会主义市场经济体制所构成。新时代中国特色社会主义经济制度为新时代经济现代化目标的实现提供制度保障。

（一）坚持公有制经济和非公有制经济共同发展"两个毫不动摇"

公有制为主体、多种所有制经济共同发展是新时代中国特色社会主义第一大基本经济制度。没有作为主体地位的公有制经济，就不能确保我国社会的社会主义性质，就不能坚持社会主义道路，就不能巩固和发展社会主义制度；多种所有制经济在市场经济发展和完善中具有重要作用。坚持和完善基本经济制度必须坚持巩固和发展公有制经济、坚持鼓励、支持和引导非公有制经济发展"两个毫不动摇。"

公有制经济包括国有经济和集体经济以及混合所有制经济中的国有成分和集体成分，在整个国民经济中发挥着最强大、最有力、最能抵御住风险等作用，是社会主义经济的主命脉。"坚持公有制主体地位，发挥国有经济主导作用，不断增强国有经济活力、控制力、影响力。"④ 在任何时候无论经济体制如何改革，经济制度、经济机制如何完善，都不能改变社会主义公有制的主体地位和经济发展中支撑作用。

① 《习近平著作选读》第二卷，人民出版社 2023 年版，第 404 页。
② 《习近平著作选读》第一卷，人民出版社 2023 年版，第 23～24 页。
③ 《习近平著作选读》第二卷，人民出版社 2023 年版，第 24～25 页。
④ 《习近平谈治国理政》第一卷，外文出版社 2018 年版，第 78 页。

非公有制经济是社会主义市场经济的重要组成部分，在社会主义初级阶段具有历史合理性。改革开放以来，非公有制经济发展迅速，在社会主义市场经济发展中大显身手，有力地促进了我国经济的迅猛腾飞；非公有制经济发展模式使得市场主体多元化，市场导向明确、具有较强的市场兼容性，通过进一步完善政策法规，将会不断鼓励和支持个体、私营经济向高质量发展，激发非公有制经济活力和创造力。习近平指出："非公有制经济在我国经济社会发展中的地位和作用没有变，我们毫不动摇鼓励、支持、引导非公有制经济发展的方针政策没有变，我们致力于为非公有制经济发展营造良好环境和提供更多机会的方针政策没有变。"①

（二）建设体现效率和促进公平的收入分配体系

按劳分配为主体，多种分配方式并存是新时代中国特色社会主义第二大基本经济制度。社会主义实行按劳分配原则不是出于公平或伦理上的考虑，也不是出于人们道德觉悟的考虑，而是社会主义公有制基本性质决定的。在社会主义公有制条件下，绝大多数生产资料归社会占有，人们在生产资料的占有上处于平等地位，在资本主义条件下凭借对生产资料的垄断占有而获得剩余价值的情况已不复存在，按劳分配意味着在根本制度上消灭剥削的最大权利平等。

改革开放以来，随着公有制为主体、多种所有制经济共同发展的基本经济制度的确立，分配方式也呈现出多元化趋势。改变了计划经济体制下生产要素只由国家计划的配置，市场经济中劳动力、土地、资本、技术等生产要素所有者根据生产要素占有参与收入分配。党的十五大报告中第一次明确指出，"把按劳分配和按生产要素分配结合起来，允许和鼓励资本、技术等生产要素参与分配"；党的十六大报告再次指出，"确立劳动、资本、技术和管理等生产要素按贡献参与分配的原则"。党的十七大报告确立"健全劳动、资本、技术、管理等生产要素按贡献参与分配的制度"，党的十八大报告指出，"完善劳动、资本、技术、管理等要素按贡献参与分配的初次分配机制"，党的十八届三中全会提出"健全资本、知识、技术、管理等由要素市场决定的报酬机制，形成橄榄型分配格局。"② 党的十九届四中全会进一步提出："坚持按劳分配为主体，多种分配方式并存，健全劳动、资本、土地、知识、技术、管理、数据等生产要素由市场评价贡献、按贡献决定报酬的机制。"③

坚持按劳分配为主体、多种分配方式并存，建设体现效率和促进公平的收入

---

① 《习近平谈治国理政》第二卷，外文出版社 2017 年版，第 259 页。
② 《中共中央关于全面深化改革若干重大问题的决定》，载于《人民日报》2013 年 11 月 16 日。
③ 《中共中央关于坚持和完善中国特色社会主义制度　推进国家治理体系和治理能力现代化若干重大问题的决定》，载于《人民日报》2019 年 11 月 6 日。

分配体系，以实现共同富裕为目标，建构体现效率、促进公平的收入分配体系，"促进收入分配更合理、更有序，保证全体人民在共建共享发展中有更多获得感，不断促进人的全面发展、全体人民共同富裕，推动经济公正的实现"。①

（三）构建有效市场与有为政府统一的市场经济体制

社会主义市场经济体制是新时代中国特色社会主义第三大基本经济制度。党的十八大报告提出构建更加成熟、更加定型的经济制度的主要目标是，加快完善社会主义市场经济体制，完善公有制为主体、多种所有制经济共同发展的基本经济制度，完善按劳分配为主体、多种分配方式并存的分配制度，完善宏观调控体系，更大程度、更广范围发挥市场在资源配置中的基础性作用，完善开放型经济体系，推动经济更有效率、更加公平、更可持续发展。② 中国特色社会主义经济制度为中国特色社会主义经济发展提供制度保障。

党的十九届四中全会将社会主义初级阶段基本经济制度从公有制为主体、多种所有制共同发展和按劳分配为主体、多种分配方式并存的两个方面拓展为三个方面，增加了"社会主义市场经济体制"制度。这一拓展既体现了社会主义制度优越性，又与社会主义初级阶段生产力发展水平相适应，是党和人民的伟大创造。

党的十九届五中全会提出坚持和完善社会主义基本经济制度，充分发挥市场在资源配置中的决定性作用，更好发挥政府作用，推动有效市场和有为政府更好结合。市场经济体制是以市场为配置资源基本手段的经济体制，要激发各类市场主体活力，完善宏观经济治理，建立现代财税金融体制，建设高标准市场体系，加快转变政府职能。③ 社会主义市场经济体制是社会主义与市场经济的有机结合，实现全面协调可持续发展的目标，必须加强对经济社会发展的宏观管理，协调经济发展与社会发展的关系，缩小城乡发展、地区发展的差距，处理好经济社会发展与自然生态的关系，使经济结构不断地优化升级，提高发展的整体效率。深化经济体制改革，关键是要处理好政府和市场的关系，尊重市场规律，充分发挥市场这一"无形之手"的有效调节作用，同时更好发挥政府这一"有形之手"的有为调控作用。

新时代中国特色社会主义基本经济制度，是一个有机联系、相辅相成的制度整体。坚持新时代基本经济制度"四个相统一"，就是坚持公有制为主体与多种

---

① 方世南：《把握社会主义现代化强国深刻内涵的主要维度》，载于《辽宁日报》2017年11月14日。

② 《坚定不移沿着中国特色社会主义道路前进　为全面建成小康社会而奋斗》，载于《人民日报》，2012年11月18日。

③ 《中共中央关于制定国民经济和社会发展第十四个五年规划和二〇三五年远景目标的建议》，载于《人民日报》2020年11月4日。

所有制共同发展"两个毫不动摇"相统一，坚持按劳分配为主体与多种分配方式并存相统一，坚持市场决定资源配置与更好发挥政府调控作用、市场有效与政府有为相统一，坚持做大蛋糕与分好蛋糕、效率与公平相统一，为推动经济高质量发展、建设中国式现代化提供有效制度保证，发挥落实以人民为中心的发展思想的优越性。[①]

三、依托"四化同步"推进经济现代化建设

中国式现代化作为后发式现代化，其经济现代化建设是新型工业化、信息化、城镇化、农业现代化的"四化同步"。"四化同步"作为并联式"四化"是对西方国家串联式"四化"的超越。

（一）"四化同步"是经济现代化的核心内容

从中国式现代化并联式"四化"模式变迁看，新中国的"四个现代化"建立了独立的工业体系和国民经济体系，改革开放新时期以工业化、城镇化、农业现代化为重点的第一次现代化取得重要成就；21世纪初开始以信息化为重点的第二次现代化。2002年党的十六大报告提出新型工业化道路，新型工业化是以信息化带动工业化、以工业化促进信息化、科技含量高、经济效益好、资源消耗低、环境污染少、人力资源优势得到充分发挥的经济现代化过程。2012年党的十八大报告提出坚持走中国特色新型工业化、信息化、城镇化、农业现代化道路，促进工业化、信息化、城镇化和农业现代化同步发展，深入推进中国迈向知识经济时代。新时代开启两次现代化并联的同步推进"新四化"。

新型工业化、信息化、城镇化、农业现代化是新时代中国式现代化的内在要求。没有"四化同步"作依托，中国式现代化就会缺乏物质保障和雄厚基础。"四化同步"现代化是形式与内容的有机统一，体现了我国发展的"并联式"过程和叠加发展。推进"新四化"同步式现代化是实现新发展阶段现代化的战略要求，是经济现代化发展的逻辑理路和实践进路。

首先，以信息化带动工业化。工业化是实现传统社会向现代社会转变的过程，新型工业化产业迫切需要信息化，整合信息资源服务工业产业，形成高科技信息产业，使信息产业拉伸工业制造的数字化、网络化、智能化，大力发展数字经济。

---

① 汪青松：《习近平新时代人民观范畴演进及体系建构的学理性考察》，载于《当代世界与社会主义》2023年第6期。

其次，推进以人为核心的新型城镇化，城镇化不仅是经济发展结果，而且是经济发展动力。推进城镇化是解决农业、农村、农民问题的重要途径，是推动区域协调发展的有力支撑，是扩大内需和促进产业升级的重要抓手。因此城镇化是现代化的必由之路。推进以人为核心的新型城镇化，要推进农业转移人口市民化，提高城镇建设用地利用效率。

最后，农业现代化是高质量实现经济现代化的基础和命脉。我国是农业大国，农业是现代化的短板，需要在提高农业质量效益和竞争力上切实保障粮食等重要农产品安全，不断推动农业供给侧结构性改革、推动农村一二三产业融合发展；需要在实施乡村建设行动上科学推进乡村规划建设、持续提升乡村宜居水平，推进县乡村公共服务一体化，全面加强乡村人才队伍建设。实现农业现代化要走中国特色社会主义乡村振兴道路，推动农业全面升级，建设农业强国。

以信息化带动工业化、城镇化、农业现代化，以工业化、城镇化、农业现代化促进信息化。"四化同步"体现了"四化"系统是有机联结的整体，体现了系统协调发展观。

（二）"新四化"丰富中国式现代化体系

新型工业化、信息化、城镇化、农业现代化不是孤立的，需要相互融合、相互促进。推动"四化"同步发展，必须更加强调新型工业化高质量发展，把信息化作为新的科技革命和产业变革的关键支撑，更加注重城镇化以人为核心，补齐农业现代化短板，促进新型工业化、城镇化与农业现代化融合，坚持以工补农、以城带乡，加快形成工农互促、城乡互补、全面融合、共同繁荣的新型工农城乡关系。

中国式现代化"四化同步"的本质是"四化"互动，是一个整体系统。就"四化"的关系来讲，工业化创造供给，城镇化创造需求，工业化、城镇化带动农业现代化，农业现代化为工业化、城镇化提供支撑和保障，而信息化推动其他"三化"快速前进。农业是"四化同步"的短板。中国要强，农业必须强；中国要美，农村必须美；中国要富，农民必须富。工业化、信息化、城镇化、农业现代化相互关联、不可分割，统一于中国式现代化经济建设全过程。

第二节　新时代中国式现代化的政治建设

政治现代化是中国式现代化的重要内容，在"五位一体"现代化中的地位决定其不可或缺性，发挥着不容忽视的保证和方向作用。不断深化对中国特色社会主义民主政治建设规律的认识，坚定不移走中国特色社会主义政治发展道路，推进社会主义民主政治建设，促进社会全面进步是新时代政治现代化和现代化强国政治建设的必然要求。立足我国政治发展道路的特殊性，切实推进社会主义政治文明建设、坚持和完善人民代表大会根本政治制度、做好新时代人民政协工作、巩固和发展爱国统一战线、全面深化现代化法治中国建设，为经济现代化提供保驾护航、为文化现代化提供价值主导、为社会现代化净化治理环境，为生态文明现代化提升政治涵养。

一、切实推进社会主义政治文明建设

推进社会主义政治文明建设，首要战略任务是必须坚持中国特色社会主义政治发展道路，坚持党的领导、人民当家作主、依法治国有机统一。党的十九大报告指出，党的领导、人民当家作主、依法治国三统一的中国特色社会主义政治发展道路，"是近代以来中国人民长期奋斗历史逻辑、理论逻辑、实践逻辑的必然结果"。[①] 坚持中国特色社会主义政治发展道路，以保障人民当家作主为根本，以增强党和国家活力、调动人民积极性为目标，扩大社会主义民主，发展社会主义政治文明。借鉴人类政治文明的有益成果，但绝不照搬西方政治制度模式。

（一）坚持党的领导为核心

新时代推进社会主义政治文明建设，坚持中国特色社会主义政治发展道路，必须以坚持党的领导为核心，保证党领导人民有效治理国家。党的二十大报告对中国共产党领导作出"四个最"的概括："中国特色社会主义最本质的特征是中国共产党领导，中国特色社会主义制度的最大优势是中国共产党领导，中国共产党是最高政治领导力量，坚持党中央集中统一领导是最高政治原则"[②]。中国共产党是中国人民的先锋队和主心骨，党确立习近平同志党中央的核心、全党的核心地位，确立习近平新时代中国特色社会主义思想的指导地位，"两个确立"具有决定性意义。

坚持党的领导就是坚持党总揽全局、协调各方的领导核心作用，坚决维护党中央权威和集中统一领导，保证党的理论、路线、方针政策和决策部署在国家工作中得到全面贯彻和有效执行，支持和保证国家政权机关依照宪法法律积极主

---

① 《习近平著作选读》第二卷，人民出版社 2023 年版，第 29 页。
② 《习近平著作选读》第一卷，人民出版社 2023 年版，第 6 页。

动、独立负责、协调一致开展工作。

坚持党的领导要加强和改善党的领导。对于如何加强和改善党的领导，习近平多次作出"三个善于"或"四个善于"的概括：2012年12月4日在首都各界纪念现行宪法公布施行30周年大会上的讲话中指出：我们要坚持党总揽全局、协调各方的领导核心作用，"善于使党的主张通过法定程序成为国家意志，善于使党组织推荐的人选通过法定程序成为国家政权机关的领导人员，善于通过国家政权机关实施党对国家和社会的领导，维护党和国家权威、维护全党全国团结统一。"① 2014年9月5日在庆祝全国人民代表大会成立60周年大会上的讲话中指出："要不断加强和改善党的领导，善于使党的主张通过法定程序成为国家意志，善于使党组织推荐的人选通过法定程序成为国家政权机关的领导人员，善于通过国家政权机关实施党对国家和社会的领导，善于运用民主集中制原则维护党和国家权威、维护全党全国团结统一。"②

（二）坚持人民当家作主为本质特征

新时代推进社会主义政治文明建设，坚持中国特色社会主义政治发展道路，必须坚持人民当家作主。人民当家作主是社会主义民主政治的本质和核心，发展社会主义民主政治就是要体现人民意志、保障人民权益、激发人民创造活力，用制度体系保障人民当家作主。必须坚持国家一切权力属于人民的宪法理念，最广泛地动员和组织人民作为国家、社会和自己命运的主人，通过各种途径和形式管理国家和社会事务、管理经济和文化事业，共同建设、共同享有、共同发展我们的国家和社会。2014年9月习近平在庆祝全国人民代表大会成立60周年大会上讲话中，就"坚持人民当家作主"提出"八个能否""四个能够有效"和"六个切实防止"的标准和要求。

首先，习近平认为，评价一个国家政治制度是否民主有效，可看其"八个能否"：一看国家领导层能否依法有序更替；二看全体人民能否依法管理国家事务和社会事务、管理经济和文化事业；三看人民群众能否畅通表达利益要求；四看社会各方面能否有效参与国家政治生活；五看国家决策能否实现科学化、民主化；六看各方面人才能否通过公平竞争进入国家领导和管理体系；七看执政党能否依照宪法法律规定实现对国家事务的领导；八看权力运用能否得到有效制约和监督。③ 在这"八个能否"中，"全体人民能否依法管理国家事务和社会事务、

① 《习近平谈治国理政》第一卷，外文出版社2018年版，第142页。
② 习近平：《在庆祝全国人民代表大会成立60周年大会上的讲话》，载于《人民日报》2014年9月6日。
③ 《习近平著作选读》第一卷，人民出版社2023年版，第263页。

管理经济和文化事业""人民群众能否畅通表达利益要求""社会各方面能否有效参与国家政治生活""权力运用能否得到有效制约和监督",都是人民当家作主的直接体现。

其次,习近平认为有效的人民当家作主制度安排应是"四个能够有效":一是能够有效保证人民享有更加广泛、更加充实的权利和自由,保证人民广泛参加国家治理和社会治理;二是能够有效调节国家政治关系,发展充满活力的政党关系、民族关系、宗教关系、阶层关系、海内外同胞关系,增强民族凝聚力,形成安定团结的政治局面;三是能够集中力量办大事,有效促进社会生产力解放和发展,促进现代化建设各项事业,促进人民生活质量和水平不断提高;四是能够有效维护国家独立自主,有力维护国家主权、安全、发展利益,维护中国人民和中华民族的福祉。① 在这"四个能够有效"中,"能够有效保证人民享有更加广泛、更加充实的权利和自由,保证人民广泛参加国家治理和社会治理",被列为首位。

最后,习近平认为党领导人民当家作主有效治理国家应是"六个切实防止":一要提高党科学执政、民主执政、依法执政水平,保证党领导人民有效治理国家,切实防止出现群龙无首、一盘散沙的现象;二要既保证人民依法实行民主选举,也保证人民依法实行民主决策、民主管理、民主监督;切实防止出现选举时漫天许诺、选举后无人过问的现象;三要加强社会各种力量的合作协调,切实防止出现党争纷沓、相互倾轧的现象;四要促进各民族和睦相处、和衷共济、和谐发展,切实防止出现民族隔阂、民族冲突的现象;五要发展基层民主,保障人民依法直接行使民主权利,切实防止出现人民形式上有权、实际上无权的现象;六要形成治国理政的强大合力,切实防止出现相互掣肘、内耗严重的现象。② 在这"六个切实防止"中,切实防止出现群龙无首和一盘散沙、切实防止出现选举时漫天许诺而选举后无人过问、切实防止出现人民形式上有权而实际上无权等现象,都是人民当家作主的要求。

(三) 坚持全面依法治国为重要保障

新时代推进社会主义政治文明建设,坚持中国特色社会主义政治发展道路,必须走中国特色社会主义法治道路,形成完备的法律规范体系、高效的法治实施体系、严密的法治监督体系、有力的法治保障体系,坚持依法治国、依法执政、依法行政共同推进,坚持法治国家、法治政府、法治社会一体建设,实现科学立法、严格执法、公正司法、全民守法,依照宪法法律推进国家各项事业和各项工

---

① 《习近平著作选读》第一卷,人民出版社 2023 年版,第 264 页。
② 《习近平著作选读》第一卷,人民出版社 2023 年版,第 266 页。

作，实现国家各项工作法治化。

中国特色社会主义"政治发展道路的核心思想、主体内容、基本要求，都在宪法中得到了确认和体现，其精神实质是紧密联系、相互贯通、相互促进的。"[1]党的领导是人民当家作主和依法治国的根本保证，人民当家作主是社会主义民主政治的本质特征，依法治国是党领导人民治理国家的基本方式，三者统一于我国社会主义民主政治伟大实践。

二、坚持和完善人民代表大会根本政治制度

人民代表大会制度是在总结中国近现代政治发展的历程和实践基础上确立的，符合我国国情和实际、体现社会主义国家性质，是我们党领导人民在人类政治制度史上的伟大创造。人民代表大会制度是我国的根本政治制度，是坚持党的领导、人民当家作主、依法治国有机统一的根本政治制度安排，是国家治理体系和治理能力现代化的政治基础，是保证党领导人民依法有效治理国家、保障中国式现代化强国实现的好制度。

党的十八大以来，党中央从坚持和完善党的领导、巩固中国特色社会主义制度的战略高度推进人民代表大会制度理论和实践创新：一是坚持中国共产党领导；二是坚持用制度体系保障人民当家作主；三是坚持全面依法治国；四是坚持民主集中制；五是坚持中国特色社会主义政治发展道路；六是坚持推进国家治理体系和治理能力现代化。[2]

人民代表大会制度坚持国家一切权力属于人民。支持和保证人民通过人民代表大会行使国家权力，健全民主制度，丰富民主形式，拓宽民主渠道，保证人民平等参与、平等发展权利，全体人民依法实行民主选举、民主协商、民主决策、民主管理、民主监督，依法通过各种途径和形式管理国家事务，管理经济和文化事业，管理社会事务。

人民代表大会制度按照宪法确立的民主集中制原则、国家政权体制和活动准则，实行人民代表大会统一行使国家权力，实行决策权、执行权、监督权既有合理分工又有相互协调。各级人民代表大会由民主选举产生，对人民负责，受人民监督；各级国家行政机关、监察机关、审判机关、检察机关都由人民代表大会产生，对人大负责，受人大监督；实行决策权、执行权、监督权既合理分工又相互协调，保证国家机关依照法定权限和程序行使职权、履行职责；坚持在党中央集

---

① 《习近平谈治国理政》第一卷，外文出版社 2018 年版，第 138 页。
② 《习近平著作选读》第二卷，人民出版社 2023 年版，第 520~522 页。

中统一领导下，充分发挥地方主动性和积极性，保证国家统一高效组织推进各项
事业。

新时代人民代表大会制度的创新与完善为发展全过程人民民主提供制度支撑
和实践平台。2019 年 11 月 2 日习近平在上海市长宁区虹桥街道古北市民中心考
察时指出，"人民民主是一种全过程的民主，所有的重大立法决策都是依照程序、
经过民主酝酿，通过科学决策、民主决策产生的。"① 人民代表大会制度通过民
主选举、民主协商、民主决策、民主管理、民主监督各环节，让人民参与和表
达，把人民的知情权、参与权、表达权、监督权落到实处，激发人民创造活力，
是集中体现人民当家作主内涵的全过程人民民主的最高实现形式。②

党的十八大以来，人民代表大会制度全过程人民民主的民主协商、民主监督
内涵在外延上有两个重要拓展：一是设立监察委员会，对所有行使公权力的公职
人员依法实施监察；二是建立人大协商制度，开展立法工作协商和发挥人大代表
协商作用。③ 正因为人民代表大会制度具有让人民在日常政治生活中获得持续参
与权利的人大协商民主制度，所以我国人民不仅有投票的权利而且有广泛参与的
权利，不会发生西方社会那样人民只在投票时被唤醒而投票后就进入休眠状态的
现象。正因为人民代表大会制度设立监察委员会，从一府两院拓展为一府一委两
院，国家监督体系的完善使民主监督在权力监察上进一步加强。

人民代表大会制度是国家治理体系的重要组成部分。新时代人民代表大会制
度的发展与完善，不断推进社会主义民主政治制度化、规范化、程序化，就能更
好地把制度优势转化为治理效能。

三、做好新时代人民政协工作

人民政协是人民民主的重要形式。新时代做好人民政协工作，必须坚持大团
结大联合，坚持在热爱中华人民共和国、拥护中国共产党的领导、拥护社会主义
事业、共同致力于实现中华民族伟大复兴的政治基础上，最大限度调动一切积极
因素，团结一切可以团结的人，汇聚起共同伟业的强大力量。2019 年 9 月 20 日，
习近平在中央政协工作会议暨庆祝中国人民政治协商会议成立 70 周年大会上的

---

① 《习近平新时代中国特色社会主义思想专题摘编》，党建读物出版社、中央文献出版社 2023 年版，
第 245 页。
② 汪卫东，牛小侠：《习近平总书记关于坚持和完善人民代表大会制度重要思想的深刻内涵探析》，
载于《毛泽东邓小平理论研究》2023 年第 5 期。
③ 时和兴：《新时代人民代表大会制度的发展与完善》，载于《中央社会主义学院学报》2018 年
第 3 期。

讲话中指出："实现民主政治的形式是丰富多彩的，不能拘泥于刻板的模式。实践充分证明，中国式民主在中国行得通、很管用。新形势下，我们必须把人民政协制度坚持好、把人民政协事业发展好，增强开展统一战线工作的责任担当，把更多的人团结在党的周围。"[①]

新时代完善人民政协制度，要推进政治协商、民主监督和参政议政的制度化、规范化和程序化。一要发挥人民政协在重大决策协商中的作用，应该切实将协商机制引入决策的全过程，坚持在重大决策之前和决策执行过程中进行政治协商。要按照多党合作和政治协商制度的要求，进一步完善政治协商制度。二要建立健全科学系统、完整配套的参政议政制度。应当建立健全民主党派、民主人士政治参与制度，保证政协委员政治参与的制度化、规范化和程序化。三要创新民主监督长效机制，畅通民主监督的渠道。在知情、沟通、反馈和督办各个环节上建立健全制度，就民主监督的目标、范围、内容、方式和程序，制定具体可行的规定，规范各方的民主监督行为。

四、巩固和发展爱国统一战线

统一战线是中国共产党克敌制胜、执政兴国的重要法宝，是团结海内外全体中华儿女实现中华民族伟大复兴的重要法宝。习近平强调，"人心向背、力量对比是决定党和人民事业成败的关键，是最大的政治。统战工作的本质要求是大团结大联合，解决的就是人心和力量问题。关键是要坚持求同存异，发扬'团结—批评—团结'的优良传统，在尊重多样性中寻求一致性，找到最大公约数、画出最大同心圆。"[②]

立足世界百年未有之大变局与全面建设社会主义现代化国家战略全局，新时代爱国统一战线工作要准确把握新时代爱国统一战线的历史方位，高举爱国主义、社会主义伟大旗帜，做到"六个坚持"，即坚持人民至上、坚持自信自立、坚持守正创新、坚持问题导向、坚持系统观念、坚持胸怀天下。加强思想政治引领，发挥凝聚人心、汇聚力量的政治作用，把握好固守圆心和扩大共识的关系，不断增进共识，真正把不同党派、不同民族、不同阶层、不同群体、不同信仰以及生活在不同社会制度下的全体中华儿女都团结起来，促进政党关系、民族关系、宗教关系、阶层关系、海内外同胞关系和谐，促进海内外中华儿女团结奋斗，维护国家主权、安

---

① 《习近平谈治国理政》第三卷，外文出版社 2020 年版，第 294 页。
② 习近平：《完整、准确、全面贯彻落实关于做好新时代党的统一战线工作的重要思想》，载于《求是》2024 年第 2 期。

全、发展利益，为全面建成社会主义现代化强国汇聚磅礴伟力。

第三节 新时代中国式现代化的文化建设

文化兴则国运兴、文化强则民族强。新时代文化现代化和中国式现代化的文化建设是提升国家文化软实力的内在要求，是实现新时代中国式现代化强国文化建设宏伟目标的应有之义，是"五位一体"总体布局的重要环节和智力支撑。实现新时代文化现代化和文化强国战略，首要的是必须坚定文化自信、增强文化整体实力、提升国家文化软实力，推动中国特色社会主义文化繁荣兴盛。

一、在坚定文化自信自强中推进文化强国建设

全面建设社会主义现代化国家，必须坚持中国特色社会主义文化发展道路，推进文化自信自强，铸就社会主义文化新辉煌。

我们的文化发展要立足当代中国的实践，解决当代中国的问题，提出解决中国问题的方案，提出应对世界百年未有之大变局的方案，才能建设文化强国。坚持马克思主义在意识形态领域指导地位的根本制度，坚持为人民服务、为社会主义服务，坚持百花齐放、百家争鸣，发展面向现代化、面向世界、面向未来的，民族的科学的大众的社会主义文化，建设社会主义文化强国，传承中华优秀传统文化，弘扬革命文化，发展社会主义先进文化；以科学的理论武装人、以正确的舆论引导人、以高尚的精神塑造人、以优秀作品鼓舞人，自觉承担起举旗帜、聚民心、育新人、兴文化、展形象的使命任务[①]，激发全民族文化创新创造活力，使全体人民在理想信念、价值理念、道德观念上紧紧团结在一起，朝着党的二十大确定的宏伟目标前进。

二、在做大做强主流思想舆论中推进文化强国建设

坚持马克思主义在意识形态领域指导地位的根本制度，坚定马克思主义信仰，树立远大理想和崇高信念，弘扬以伟大建党精神为源头的中国共产党人精神谱系，深化爱国主义、集体主义、社会主义教育，巩固全党全国各族人民团结奋

---

① 《习近平著作选读》第二卷，人民出版社 2023 年版，第 193 页。

斗的共同思想基础。

牢牢掌握党对意识形态工作领导权，高举马克思主义、中国特色社会主义的旗帜，坚持不懈用习近平新时代中国特色社会主义思想武装全党、教育人民、指导实践工作。深入实施马克思主义理论研究和建设工程，加快构建中国特色哲学社会科学学科体系、学术体系、话语体系，建设具有强大凝聚力和引领力的社会主义意识形态。

加强全媒体传播体系建设，塑造主流舆论新格局，提高新闻舆论传播力、引导力、影响力、公信力。健全网络综合治理体系，推动形成良好网络生态，坚持营造风清气正的网络空间，形成网上网下同心圆。唱响高昂的主旋律，壮大强劲的正能量，增强实现中国式现代化和中华民族伟大复兴的精神力量。①

三、在践行社会主义核心价值观中推进文化强国建设

核心价值观承载着一个民族、一个国家的精神追求，体现着一个社会评判是非曲直的价值标准，是一个民族赖以维系的精神纽带，是一个国家共同的思想道德基础。社会主义核心价值观是全体人民共同价值追求的凝结，是当代中国精神的集中体现。深入开展社会主义核心价值观宣传教育，坚持立德树人、以文化人，培养担当民族复兴大任的时代新人。发挥社会主义核心价值观对国民教育、精神文明创建、精神文化产品创作生产传播的引领作用，融入社会发展各方面，转化为人们的情感认同和行为习惯，以高度的政治自觉推动社会主义核心价值观的培育和践行。

实施公民道德建设工程，弘扬中华传统美德，加强家庭家教家风建设，加强和改进未成年人思想道德建设，提高人民道德水准和文明素养。建设社会主义精神文明，统筹推动文明培育、文明实践、文明创建，推进城乡精神文明建设融合发展，提高全社会文明程度。

四、在增强文化整体实力中推进文化强国建设

推进文化自信自强，繁荣发展文化事业和文化产业。作为第三产业或产业链的文化，其内在骨架是"文化软实力"，这个软实力是国家综合国力的重要组成部分，虽然不像传统的"硬实力"那样有形，但是凭借其"无形的内在感染力"支撑着一个国家的综合实力，从此意义上讲，文化软实力的重要价值与传统"硬

---

① 《习近平著作选读》第一卷，人民出版社2023年版，第35页。

实力"同等重要甚至比"硬实力"更为重要。

新时代建设社会主义文化强国，必须坚持为人民服务、为社会主义服务，坚持百花齐放、百家争鸣，传承中华优秀传统文化，弘扬革命文化，发展社会主义先进文化。深化文化体制改革，完善文化经济政策，健全现代公共文化服务体系，创新实施文化惠民工程，实施重大文化产业项目带动战略。坚持社会效益第一、经济效益与社会效益相统一，推动文化事业和文化产业互促互进、协同发展，健全现代文化产业体系和市场体系，推动各类文化市场主体发展壮大，培育新型文化业态和文化消费模式，增强文化发展的整体实力，满足人民群众日益增长的精神文化生活需求。

坚守中华文化立场，提炼展示中华文明的精神标识和文化精髓，不断提升国家文化软实力和中华文化影响力。加强国际传播能力建设，全面提升国际传播效能，深化文明交流互鉴，推动中华文化更好走向世界。吸收借鉴国外优秀文化成果，积极参与世界各种文化的对话交流，增强中华文化的世界影响力。

第四节　新时代中国式现代化的社会建设

在新时代"五位一体"总体布局中，社会建设是关键着力点和加速器。社会是一个庞大的公共利益机器，每个社会成员在社会中都期望获取平等的利益，坚持公平正义的社会发展价值导向，把握好公平和效率的关系，着力推进基本公共服务均等化。[①] 中国式现代化的社会建设重点是，以民生建设为根本，以平安中国为抓手，构建社会现代化治理新格局，实现共建共治共享的创新社会治理的现代化。

一、以民生建设为根本推进社会现代化建设

民生保障和改善关乎人民衣食住行、教养医老。党的十八大提出加强社会建设，必须以保障和改善民生为重点[②]；党的十九大报告提出幼有所育、学有所教、劳有所得、病有所医、老有所养、住有所居、弱有所扶，即民生"七有"[③]，党

---

① 刘志昌：《中国社会建设的发展历程、经验与展望》，载于《新疆社会科学》2021 年第 4 期。
② 《十八大以来重要文献选编》（上），中央文献出版社 2014 年版，第 27 页。
③ 《习近平著作选读》第二卷，人民出版社 2023 年版，第 19 页。

的二十大强调采取惠民生、暖民心举措，"着力解决好人民群众急难愁盼问题"①。新时代新征程高质量发展要求民生从"有没有"转向"好不好"，"七有"迈向幼有善育、学有优教、劳有厚得、病有良医、老有颐养、住有宜居、弱有众扶的民生"七优"②，才能增进民生福祉，提高人民生活品质。

（一）从幼有所育、学有所教转到幼有善育、学有优教

从幼有所育到幼有善育，必须贯彻《国务院办公厅关于促进3岁以下婴幼儿照护服务发展的指导意见》和《中共中央 国务院关于学前教育深化改革规范发展的若干意见》，解决从出生到入园阶段的照护问题和"入园难""入园贵""入园烦"的问题，使全年龄段的孩子都能得到有效服务。③ 首先要建立生育支持政策体系，建立生育与养育成本的社会补偿机制，适度减轻家庭的育儿负担。其次要构建幼有所育公共服务体系，将普惠托育服务纳入公共服务体系和政府民生实事，努力形成多层次托幼体系；最后要扩大优质学前教育资源，把学前教育作为幼有善育的途径纳入基本公共教育服务体系。

从学有所教到学有优教，必须抓好促进公平、提高质量两件大事，办好人民满意的教育，让学生都"有学上"和"上好学"。一方面，加大教育领域资源投入，扩大教育用地，投资新建、改扩建学校，新增中小学学位供给，坚持城乡义务教育一体化发展，以保证学生"有学上"，让每个孩子都能享有公平而有质量的教育；另一方面，实施"名校＋""名校长＋"工程，强力打造优质师资力量，建立灵活的教师总量动态调整机制，推广集团化办学模式；实施"课堂革命"工程，让学生学会学习、合作学习、深度学习、终身学习，构建"新素质教育"的育人模式，以保证学生"上好学"。

（二）从业有所就、劳有所得转到业有厚就、劳有丰得

从业有所就到业有厚就，必须坚持以就业为民生之基，实施就业优先战略。一要建立健全经济发展、产业结构调整与扩大就业良性互动的长效机制，完善重点群体就业支持体系，促进高质量充分就业；二要健全终身职业技能培训制度，推动解决结构性就业矛盾；三要完善促进创业带动就业的保障制度，建立多渠道灵活就业机制，支持和规范发展新就业形态。

---

① 《习近平著作选读》第一卷，人民出版社2023年版，第18页。
② 唐任伍：《新时代民生建设：理论发展与实践成就》，载于《人民论坛》2022年第19期。
③ 辛向阳：《以成熟定型的制度满足人民对美好生活的向往》，载于《思想理论教育导刊》2020年第6期。

从劳有所得到劳有丰得，必须在全社会弘扬劳动精神，坚持多劳多得，鼓励勤劳致富；消除影响平等就业的不合理限制和就业歧视，使人人都有通过勤奋劳动实现自身发展的机会。坚持按劳分配为主体、多种分配方式并存，提高劳动报酬在初次分配中的比重，完善按要素分配政策制度，促进机会公平，增加低收入者收入，扩大中等收入群体，探索多种渠道增加中低收入群众要素收入。

（三）从老有所养、住有所居转到老有颐养、住有宜居

从老有所养到老有颐养，必须完善基本养老保险全国统筹制度，发展多层次、多支柱养老保险体系。实施积极应对人口老龄化国家战略，发展养老事业和养老产业，推动实现全体老年人享有基本养老服务。"引导餐饮企业、养老机构等开展老年助餐服务。拓展居家助老服务，发展社区便民服务，引导老年日用产品实体店合理布局，发展社区嵌入式服务设施。优化老年健康服务，加强综合医院、中医医院老年医学科建设，推进医养结合。加大养老机构建设和改造力度，提升失能老年人照护服务能力。丰富老年文体服务，组织开展各类适合老年人的体育赛事活动。提升农村养老服务。"① 完善养老机构服务资源合理布局。推进养老服务基础设施建设，推行嵌入式、小规模、多功能、专业化的社区养老机构，推进区域性养老服务中心、城市街道综合性养老服务中心、镇村居家养老服务中心（站）建设，积极开展基本养老服务提升行动，以提供"身边、床边、周边"居家社区养老服务为重点，探索设置家庭照护床位，提高服务的可及性和多样化。提供短期托养、长期照料等多种养老服务。随着公立医院改革的深化，推广医养融合的新模式，促进医养康养结合，持续提升基层医疗卫生机构服务水平，探索建立医养结合体制机制，争取实现老人"养老不离村，看病不离社区"的目标。加强养老服务人员队伍建设。整合教育资源，打造护理员培训实操基地。打造社区养老服务信息管理平台，整合辖区养老服务信息，集成养老数据展示分析、养老机构管理、养老福利人脸识别核验、长者食堂就餐结算等功能；引入智能管理系统，集成业务管理、健康监护、电子围栏、紧急呼叫等功能。通过完善提升养老助老服务，使老年人老有颐养、老有所安、老有所乐。

从住有所居到住有宜居，必须坚持房子是用来住的、不是用来炒的定位，加快建立多主体供给、多渠道保障、租购并举的住房制度。在多主体供给上，建立市场配置和政府保障相结合的住房制度，加强保障性住房建设和管理，完善保障房供应体系建设，建立制度化资金保障机制，提升保障性住房管理水平，满足群众合理的住房需求。一切办法筹集房源，通过城市更新、棚户区改造、合作开发

---

① 《国办印发关于发展银发经济增进老年人福祉的意见》，载于《人民日报》2024 年 1 月 16 日。

等形式，提供保障性住房和人才房。在多渠道保障上，保障性住房供应优先满足城镇低保、特困和低收入住房困难家庭需求，加快完善以公租房、保障性租赁住房、经济适用住房为主体的住房保障体系。打造安全有序、干净整洁、生活方便、管理规范、和谐文明的宜居住区。

（四）从病有所医、弱有所扶转到病有良医、弱有众扶

从病有所医到病有良医，必须深化医药卫生体制改革，促进医保、医疗、医药协调发展和治理。推进公立医院改革，医改重点转向居民健康管理，组建家庭医生服务团队，为签约居民提供慢病管理、用药指导、预防保健等服务，让家庭医生成为"健康守门人"。加快医疗机构一体化管理，从"以治病为中心"向"以人民健康为中心"转变，为群众提供全方位、全生命周期的健康服务。建强社区健康中心，配备先进检查设备，提供多种药品，通过专家坐诊、派驻全科医生等方式提高医疗水平，建成 15 分钟医疗圈，使群众在家门口就可享受到优质的医疗服务。

从弱有所扶到弱有众扶，必须健全多层次社会保障体系，健全分层分类的社会救助体系。把维护困难群众基本权益作为社会救助工作的根本出发点和落脚点，关爱困境儿童、流浪乞讨人员、残疾人等各类困难群体，强化社会救助基础设施建设。建立常态化动态监测机制，探索"互联网 + 救助"建设，实现社会救助事项网上受理。畅通困难群众求助渠道，以便做到发现及时、救助精准。推进特困供养制度、服务、资源集成创新，构建特困人员亲情化日常关爱照料服务体系，提升特困人员集中照护能力，使中国式现代化建设不让一个人掉队。

二、以平安中国为抓手推进社会现代化建设

第一，完善和落实安全生产责任和管理制度。公共安全隐患和安全预防控制是健全公共安全体制机制必须考量的两个基本要素。实践中要完善和落实安全生产责任和管理制度，完善安全生产法律法规、政策标准、技术服务，提高安全生产的安全控制水平和科技支撑能力。坚持谁主管谁负责的原则，落实党政齐抓共管责任制和责任追究制，严格落实企业安全生产主体责任和政府安全生产监管责任，制定综合监管与行业监管责任清单。

第二，坚持以人为本。哪里风险易发多发，哪里就作为重点防控区点，注重动员组织社会力量共同参与，发动全社会一起来做好维护社会稳定工作。要建立统分结合、职责清晰、协调有力、运转高效的应急管理运行机制和专业化、规范化、正规化的安全生产监管执法队伍体系，法规标准健全、科技深度应用、社会

广泛参与、政策保障有力的支撑保障体系，全面提升应急管理能力和水平。健全和完善指挥、协调、管理、负责等自然灾害应急管理体系。

第三，增强风险防范意识。一是加强安全意识教育。要提高全社会成员共同防控风险的自觉性，必须教育社会成员树立生命至上、安全第一的生活意识。把安全文化教育纳入国民教育和精神文明建设体系的始终，采取以案说法、现身说法、从业人员宣传等方式，把安全文化教育做好做实。二是建立健全风险预警机制。要根据风险形成规律，建立研判、预警、防范风险苗头机制，建立防范等级，健全相互联动、协作机制，与社会力量合作联手，运用现代信息技术，把各种资源、力量、手段统筹起来；根据不同风险实施防范预警措施，确保影响公共安全的苗头性不稳定因素消灭在萌芽状态。

三、构建基层社会治理现代化新格局

现代社会是高风险社会，社会稳定是国家强盛的前提。推进社会治理现代化，必须注重治理体系建设，构建中国式现代化的社会基层治理新格局。

一是健全在基层党组织领导下的自治、法治、德治相结合的城乡基层治理体系。完善党委领导、政府负责、民主协商、社会协同、公众参与、法治保障、科技支撑的社会治理体系，建设人人有责、人人尽责、人人享有的社会治理共同体。

二是健全城乡基层社区管理服务机制，加大网格化管理服务的推进力度，切实把资源、服务、管理移到基层，建设好基层服务公共体系，在制度基础和运行体系上把社会治理制度优势转化为社会治理效能。

三是完善群众参与基层社会治理的制度化渠道。社会治理体系的基础在基层。20 世纪 60 年代初浙江省诸暨县（现诸暨市）枫桥镇干部群众基层社会治理创造了"发动和依靠群众，坚持矛盾不上交，就地解决，实现捕人少、治安好"的"枫桥经验"。[①] 党的十八大以来，以习近平同志为核心的党中央高度重视坚持和发展基层社会治理的"枫桥经验"，要坚持大抓基层的鲜明导向，坚持抓早抓小抓苗头，树立关口前移的理念，完善社会风险预警监测体系，筑牢基层社会治理的第一道防线。同时，坚持综合施策，注重以联调联动促矛盾化解，构建线上线下一体的矛盾纠纷多元化解平台，形成解决矛盾问题的强大合力。"新时代'枫桥经验'"写进党的十九届六中全会《中共中央关于党的百年奋斗重大成就和历史经验的决议》和党的二十大报告，为防范化解矛盾风险提供了重要方法论。坚持和发展群众参与基层社会治理的新时代"枫桥经验"，必须创新正确处

---

① 马卫光：《坚持和发展新时代"枫桥经验"》，载于《求是》2018 年第 23 期。

理新形势下人民内部矛盾的机制，发展壮大群防群治力量，精准掌握基层矛盾纠纷隐患苗头，找到化解矛盾纠纷的突破口，建设人人有责、人人尽责、人人享有的社会治理共同体，推动形成活而不乱、活跃有序的动态平衡，确保人民安居乐业，为中国式现代化营造和谐有序的社会环境，不断增强"中国之治"新优势。①

第五节　新时代中国式现代化的生态文明建设

新时代中国式现代化是生态文明的现代化。在生态文明现代化的进程中，遵循人与自然和谐共生的理念，按照系统工程思路全面推进生态文明现代化，全面推进生态文明现代化法治建设，奋力实现中国式现代化生态文明建设强国。

一、遵循人与自然和谐共生理念引领生态文明现代化

生态文明是以人与自然和谐共生为理念的新时代文明。党的十八大把生态文明建设纳入"五位一体"总体布局。党的二十大提出"牢固树立和践行绿水青山就是金山银山的理念，站在人与自然和谐共生的高度谋划发展。"②

人与自然的关系是人类社会最基本的关系，习近平运用马克思主义生态观思想，提出一系列重大原创性人与自然和谐共生的新理念新思想新战略。启发我们在处理人与自然和谐共生关系上做到：在发展生产力的同时，坚决摒弃以牺牲生态环境换取一时一地经济增长的做法，既要经济快速发展，又要生存不可或缺的碧水蓝天；尊重自然、顺应自然和保护自然内在统一性，绝不能只分享 GDP 带来的物质利益而不顾生态环境的好坏；树立保护自然环境就是保护人类的新理念，人类的行为方式必须符合自然规律。让良好生态环境成为经济社会持续健康发展的支撑点。

绿色循环低碳发展是当今时代科技革命和产业变革的方向，我国生态文明建设仍处于压力叠加、负重前行的关键期，生态环境保护结构性、根源性、趋势性压力尚未根本缓解③，人民对清新空气、干净饮水、安全食品、优美环境的要求越来越强烈。为此，我们坚持把节约资源和保护环境作为基本国策，坚定走生产

---

① 金伯中：《坚持和发展好新时代"枫桥经验"》，载于《人民日报》2023 年 11 月 22 日。
② 《习近平著作选读》第一卷，人民出版社 2023 年版，第 41 页。
③ 《中共中央 国务院关于全面推进美丽中国建设的意见》，载于《人民日报》2024 年 1 月 12 日。

311

发展、生活富裕、生态良好的文明发展道路。

新时代高质量推进生态文明建设，重在生态保护和治理。推进人与自然和谐共生的现代化是实现中国式现代化强国的重要内容和必然要求，是建设美丽中国的时代意蕴。以马克思主义生态文明观为指导，生态治理必须以现代化范式进行自我革命，以提升民生质量视角规范人与自然关系，坚定不移地坚持节约优先、保护优先、自然恢复为主的方针，形成节约资源和保护环境的空间格局、产业结构、生产方式、生活方式。

二、按照系统工程思路全面推进生态文明现代化

如何抓生态文明建设，习近平提出了系统工程思路。他指出："要从系统工程和全局角度寻求新的治理之道……必须统筹兼顾、整体施策、多措并举，全方位、全地域、全过程开展生态文明建设。……要深入实施山水林田湖草一体化生态保护和修复，开展大规模国土绿化行动，加快水土流失和荒漠化石漠化综合治理。"[①] 他的这一思想体现了唯物辩证法关于事物之间相互联系、辩证统一的基本原理，是中国特色生态文明建设的理论内核之一，为系统、全面地推进绿色发展和生态文明建设提供了方法论指导。

（一）严格落实环境保护措施

2015年4月和9月，中共中央、国务院印发《关于加快推进生态文明建设的意见》和《生态文明体制改革总体方案》提出，"加大自然生态系统和环境保护力度"，"在环境保护与发展中，把保护放在优先位置，在发展中保护、在保护中发展；在生态建设与修复中，以自然恢复为主，与人工修复相结合。"[②] 世界各国都要履行保护环境的义务和全球治理环境生态的义务，我国作为负责任的大国，在生态环境系统有序治理格局大背景下，在系统治理，综合治理，源头治理上更是义不容辞。习近平指出："环境保护和治理要以解决损害群众健康突出环境问题为重点，坚持预防为主、综合治理，强化大气、水、土壤等污染防治。"[③]

（二）着力推动绿色惠民和绿色强国，实现绿色发展提质增效

"十四五"时期要加大绿色转型的攻坚力度。培育绿色产业发展体系，推进

---

① 《习近平著作选读》第二卷，人民出版社2023年版，第173页。
② 《十八大以来重要文献选编》，中央文献出版社2016年版，第486页。
③ 《习近平谈治国理政》第一卷，外文出版社2018年版，第209~210页。

绿色产业转型升级，大力推进能源生产和消费革命。强化基础研究，特别要对绿色工艺装备研制加大力度，强化产学研用结合，有效衔接好各环节创新链，强化绿色技术知识产权保护，构建以市场需求为导向的绿色科技创新体系。完善资源节约和循环利用体系，推广减量化、再利用、资源化"3R"生产法，以构建循环经济产业链为主导，推进产业链接循环化、资源利用高效化、污染治理集中化。构建国土空间开发和保护体系，加快实施统一的国土空间规划体系和治理体系，深入推进城市化地区、农村地区生态功能区等综合整治。建立绿色发展市场服务体系，完善碳排放权交易市场，加大配额分配透明度，推行排污权交易制度，在重点流域和大气污染重点区域，推进跨行政区排污权交易。推动形成绿色生活消费体系，推广利用"互联网＋"促进绿色消费，推动电子商务企业直销或与实体企业合作经营绿色产品和服务。完善绿色发展监管体系，改革资源环境生态管理体制，推动形成政府为主导，企业为主体、社会组织和公众共同参与的生态环境治理体系。

三、全面推进生态文明现代化法治建设

（一）建立系统完善的生态文明现代化制度

党的十八大以来，中国加强对生态文明建设的顶层设计和发展定位，"坚持推进生态文明建设的战略定力与意志，推动生态环境保护发生历史性的变化和质的飞跃"。[①] 习近平指出："要深化生态文明体制改革，尽快把生态文明制度的'四梁八柱'建立起来，把生态文明建设纳入制度化、法治化轨道。"[②] 加强生态文明制度建设，一要建立资源有偿使用制度和生态补偿制度。能源、水资源、土地资源、矿产资源等资源性产品的价格改革和税费改革还不到位，资源有偿使用制度虽已确立，但没有体现生态价值，生态补偿制度正在探索中。要深化资源性产品价格和税费改革，建立反映市场供求和资源稀缺程度、体现生态价值和代际补偿的资源有偿使用制度和生态补偿制度。二要建立市场化机制。建设生态文明同样需要依靠市场机制，要用市场化办法促进资源节约和生态环境保护，积极开展节能量、碳排放权、排污权、水权交易试点。三要健全责任追究和赔偿制度。资源环境是重要的公共产品，对其破坏和损害要追究责任，进行赔偿。四要加强环境监管，健全生态环境保护责任追究和环境损害赔偿制度。

---

① 屈彩云：《绿色发展助推生态文明建设愿景》，载于《中国发展观察》2021 年第 11 期。
② 《习近平谈治国理政》第二卷，外文出版社 2017 年版，第 393 页。

（二）有效落实生态文明现代化建设举措

习近平生态文明思想对人们思维方式、价值观念产生根本性变革，也是一场触及生产方式、生活方式的深层次革命。习近平指出："我国生态环境保护中存在的突出问题大多同体制不健全、制度不严格、法治不严密、执行不到位、惩处不得力有关。"① 只有依靠最严格、最严密的制度和法治，让生态保护制度成为不可触碰的刚性的约束和高压线，才能有效保护生态环境，才有可靠和持久保障。党的十八大以来，以习近平同志为核心的党中央高度重视生态文明的制度体系建设和顶层设计，陆续出台了大气、水、土壤污染防治的三大行动计划、新环保法开始实施、中央生态环境保护督察制度和生态文明体制改革总体方案推出，可以说保护生态文明体制机制建设的"四梁八柱"的推动力度前所未有。任何人、任何组织都不能触碰和突破生态文明建设的底线、红线，形成了破坏生态环境就是犯罪的浓厚氛围。有了正确的导向，有了法治的尊严，生态文明建设就有了长效的、坚强的保障。

第六节　五大文明一体建设的新时代中国式现代化

马克思主义社会全面发展观是科学的系统观，其内在的社会有机体理论是马克思主义系统观的基本内核。习近平指出："党的十八大以来，党中央坚持系统谋划、统筹推进党和国家各项事业……在这个过程中，系统观念是具有基础性的思想和工作方法。"② 坚持系统观念是"十四五"时期经济社会发展必须遵循的重要原则，要求新时代中国式现代化五大文明一体建设在顶层设计上加强前瞻性思考、全局性谋划、战略性布局、整体性推进。

一、坚持中国式现代化"五位一体"总体布局的系统观

新时代中国式现代化"五位一体"总体布局的描绘，不是信手拈来、随意排列，而是富有鲜明的系统思维，从描绘依据到描绘构思再到描绘成画，无一不体现系统观念的思想和工作方法。

---

① 《习近平生态文明思想学习纲要》，学习出版社、人民出版社 2022 年版，第 84 页。
② 《习近平谈治国理政》第四卷，外文出版社 2022 年版，第 117 页。

（一）系统观是中国式现代化五大建设的根本性、基础性思想方法和工作方法

新时代经济、政治、文化、社会、生态文明"五大建设"紧密相连，共同构成了中国式现代化"五位一体"总体布局。贯穿马克思主义关于社会全面发展观中的思想方法就是系统性整体性协同性。一个社会的发展进步不是指哪一个方面的进步，而是多位一体的全面进步。就现代化"五位一体"总体布局而言，系统观是其显著特征，不能忽视任何一个建设、不能顾此失彼、要不偏不倚，同时同向发力、统筹兼顾、布阵推进。我国建设中国特色社会主义的时间还不长，实践还不深入，有许多未探索到的奥秘需要去挖掘、去发现，五大建设规律我们还未能真正把握，在现代化五大建设中，既要在现有基础上巩固，又要在现有基础上创新，体现思维方法、思想方法和工作方法的系统性。

（二）增强"五位一体"中国式现代化发展整体性协同性的必由之路

中国式现代化"五位一体"总体布局，无论是其内在结构还是外化表征，都具有鲜明的系统性，特别是"五位一体"发展更精确体现了协同系统地联体发展，不是孤军作战。党的十八大提出的中国式现代化"五位一体"总体布局，是循着初级阶段决定主要矛盾、主要矛盾决定发展任务、发展任务决定总体布局的逻辑而生成的，这个逻辑路线本身就是系统观的真实体现，有了系统思想这个前提，加上"五位"联体的协同和整体全面地发展，全面建成社会主义现代化强国的"富强民主文明和谐美丽"的目标到 21 世纪中叶方能如期实现，从而真正实现具有划时代意义的"中国式现代化强国和实现中华民族伟大复兴的中国梦"的第二个百年奋斗目标。实践证实，中国式现代化"五位一体"总体布局的有机协调系统发展，离不开"四个全面"战略布局的有力支撑，在此基础上，总体布局要立足初级阶段、解决主要矛盾、完成发展任务，这是中国式现代化"五位一体"总体布局提出的"自然生态链"，离开战略支撑、撤开初级阶段、忽视主要矛盾、赤字发展任务，中国式现代化"五位一体"总体布局就不是系统观的思想和工作方法。因此，从这个意义上讲，增强"五位一体"中国式现代化发展整体性协同性的必由之路就是树立和坚持系统观念的思想和工作方法。

（三）运用系统观对推动中国式现代化五大建设的重要意义

改革开放以来，国际共产主义运动此起彼伏，在潮起潮落进化中，中国特色

社会主义道路、中国特色社会主义理论体系、中国特色社会主义制度、中国特色社会主义文化是适合国情和符合民意的，这是被实践证明了的对系统观念的坚持和运用所取得的社会主义在中国的新局面和新成就。显示出的中国特色社会主义道路的现代化、创造了人民的美好生活，中国特色社会主义理论体系是指导沿着中国特色社会主义道路实现中华民族伟大复兴的正确理论，中国特色社会主义制度为当代中国发展进步提供根本制度保障、是中国特色社会主义特点和优势的集中体现，实现中国梦的强大精神指引必须依靠中国特色社会主义文化的前述基本经验，例如，坚持统筹推进中国式现代化"五位一体"总体布局、协调推进"四个全面"战略布局、坚持贯彻新发展理念等，已被中国特色社会主义伟大事业的伟大实践所证明。有效运用好这些宝贵经验，现代化"五位一体"总体布局的五大建设坚持全国一盘棋，着力固根基、扬优势、补短板、强弱项，实现发展质量、结构、规模、速度、效益、安全相统一，"把以人民为中心的发展思想体现在经济社会发展各个环节，做到老百姓关心什么、期盼什么，改革就要抓住什么、推进什么，通过改革给人民群众带来更多获得感"[1]，对推动"十四五"时期经济社会发展具有重要指导意义。

（四）中国式现代化"五位一体"总体布局全面发展和进步的系统观选择

统筹推进中国式现代化"五位一体"总体布局，只有发展才能解决不平衡不充分发展的矛盾，满足人民日益增长美好生活需要。进入新时代，面对中国式现代化"五位一体"在发展中呈现出的突出矛盾，中国式现代化五大建设要树立系统观念从容应对和化解：经济建设方面，贯彻新发展理念，以供给侧结构性改革为主线，以高质量为目标推动经济发展的质量变革、效率变革、动力变革，"'双循环'新发展格局提出内外双循环互相促进，尤其是内循环的开放性，各种所有制主体都可平等参与"，[2] 不断提高生产力的发展水平；政治建设方面，推进中国特色社会主义政治制度自我完善和发展，充分发挥我国社会主义民主政治的优势和特点，在国家政治生活和社会生活中走中国特色社会主义政治发展道路，保障人民当家作主；文化建设方面，繁荣发展文化事业和文化产业，提高国家文化软实力，推进社会主义文化强国建设；社会建设方面，坚持在发展中保障和改善民生，努力在发展中补齐民生短板、促进社会公平正义，提高社会建设水平；

---

① 《习近平谈治国理政》第二卷，外文出版社 2017 年版，第 103 页。
② 张传友：《基于要素畅通视角下"双循环"新发展格局的路径研究》，载于《学习与实践》2021年第 11 期。

在生态文明建设方面，坚持人与自然和谐共生、推动绿色发展，加快推动低碳发展，持续改善环境质量，提升生态系统质量和稳定性，全面提高资源利用效率。

新时代中国式现代化"五位一体"建设，充分体现了系统观引领下的全面推进、协调发展。有了科学的系统观念，才能形成中国式现代化"五位一体"总体布局的经济富裕、政治民主、文化繁荣、社会公平、生态良好的发展格局，才能高质量推进新时代中国式现代化强国建设。

二、落实"五位一体"中国式现代化的系统观要求

（一）"五位一体"总体布局是对中国式现代化建设的系统整合

习近平指出："全面完成决胜全面建成小康社会各项任务，不断提高社会主义现代化建设水平。"[①] 中国式现代化建设是一个庞大的系统工程，其中的经济、政治、文化、社会和生态五大建设构成了中国式现代化建设的五大支柱，在2020年全面建成小康社会的基础上用30年时间即到21世纪中叶实现社会主义现代化强国和中华民族伟大复兴的中国梦，靠的是这五大支柱作为一个系统整体发展协同发展，在两个15年分两步走战略奔向第二个百年奋斗目标的征程中，每步走战略都以这五大建设为支柱、为抓手，面对风险和挑战不断调整和深化五大建设发展格局和战略布局，既体现中国式现代化"五位一体"总体布局向前发展的灵活性，又体现出一体联动的系统性。每步走战略都不是"单腿跳""挂拐杖"，而是发挥各自优势，取长补短、平衡发展、包容发展和可持续发展，推进中国式现代化五大建设的高质量和高水平。这是与中国式现代化发展的全面性和不可缺失性分不开的，只有把五大建设看成中国式现代化建设的五个子系统，运用系统整合的思想方法在实现现代化的进程中共同发力、协同发展、同向发动，使"五位"相互共振、相互支撑，融为一体，共同推动向中国式现代化方向前进。

（二）"五位一体"的中国式现代化总体布局创造了向最高社会理想迈进的范式体系

新时代如何全面建设社会主义现代化，习近平指出："我们要建设的现代化是人与自然和谐共生的现代化"，要"推进国家治理体系和治理能力现代化"，"要在坚持以经济建设为中心的同时，全面推进经济建设、政治建设、文化建设、

---

① 《习近平谈治国理政》第三卷，外文出版社 2020 年版，第 147 页。

社会建设、生态文明建设，促进现代化建设各个环节、各个方面协调发展"，等等。① 这些现代化重大观点极大地深化了党对社会主义现代化建设规律的认识，有力指导和推动了社会主义现代化建设。从系统观视野看，中国式现代化"五位一体"总体布局的价值追求逐步由以物为本转变为以人为本，十分明确地提出坚持以人民为中心的发展思想。马克思、恩格斯指出，共产主义的最高理想是自由人联合体，新时代持续推进现代化"五位一体"总体布局，着力解决好发展不平衡不充分问题，大力提升发展质量和效益，更好满足人民在经济、政治、文化、社会、生态文明方面日益增长的需要，更好推动人的全面发展和社会的全面进步；着力构建以民主法治、公平正义、诚信友爱、安定有序、充满活力、人与自然和谐相处的美好社会。不仅是立足国情的现实自觉贯彻人类社会最高价值理想的必经之路，也为人类社会向着最高社会理想迈进创造新范式体系。

（三）中国式现代化经济发展取得新成效

要解决好中国式现代化的一切问题，离不开发展。实践证明，坚持新发展理念是系统观的再现和规整，是解决我国发展中突出矛盾和问题的治本之策。推动经济高质量发展，必须牢固树立新发展理念，新发展理念是经济高质量发展行动的先导，发展理念决定发展的成效。习近平指出："发展必须是科学发展，必须坚定不移贯彻创新、协调、绿色、开放、共享的发展理念。"② 当前，我国经济发展质量和效率还不高，民生短板、实体经济低水平均有待提升，生态环境保护的举措有待强化和完善等，这些突出问题严重制约了经济高质量发展，在一定程度上影响着民生质量，老百姓感受不到幸福感。面对这些困难和挑战，必须加快以新发展理念为指引的经济高质量发展，以新发展理念引领经济发展方式转变，推动经济发展的动力、质量、效率变革，有效发挥"新发展理念"中"创新"第一动力、"协调"持续发展、"绿色"永续发展、"开放"繁荣发展的机制和作用，最终实现"共享"发展成果的根本目的。党的十九届五中全会提出，坚持创新在我国现代化建设全局中的核心地位，把科技自立自强作为国家发展的战略支撑。我国科技事业发展的主攻方向是"四个面向"：即面向世界科技前沿、面向经济主战场、面向国家重大需求、面向人民生命健康，不断向科学技术广度和深度进军，加快打造国家战略科技力量、大力推动制造业高质量发展、加快开展构建核心技术攻关、不断提高人民生活品质。③ 新发展理念的提出，不仅深化了对

---

① 《习近平著作选读》第二卷，人民出版社 2023 年版，第 379 页。
② 《习近平谈治国理政》第二卷，外文出版社 2017 年版，第 197 页。
③ 李锦斌：《坚持创新在我国现代化建设全局中的核心地位》，载于《求是》2021 年第 6 期。

经济社会发展的科学认识，而且对新发展阶段的基本特征有了正确把握。在发展目标、动力、布局、保障等方面提出的一系列新思想，是对马克思主义经济发展理论的重大创新。

（四）中国式现代化政治制度自我完善和发展有效推进

没有政治制度上的"飞来峰"。当前和今后一个时期之所以要推进中国特色社会主义政治制度自我完善和发展，主要是基于党的十九届五中全会通过的《中共中央关于制定国民经济和社会发展第十四个五年规划和二〇三五年远景目标的建议》（以下简称《建议》）对我国经济社会发展作出了新的战略部署。完成这个重大的战略部署，必须依靠中国特色社会主义政治制度的政治保证和制度保障。从实践上讲，扎实有效推进中国特色社会主义政治制度自我完善和发展，一方面中国特色社会主义具有独特的优势和功效，体现在：中国共产党成为中国特色社会主义的坚强领导力量；凝聚全体人民意志的共同思想基础成为坚持和完善中国特色社会主义政治制度的科学指南；人民当家作主的政治主体地位的确立，保障了人民的权利和自由；组织全体人民投身中国特色社会主义事业，向着国家发展目标前进；民主集中制的实行，保证了机关和各类组织依法协调高效运转；调动积极因素，化解消极因素；维护国家利益，巩固和发展良好的政治局面；适应经济社会科学发展要求，推进国家治理体系和治理能力现代化。

（五）中国式现代化文化事业和文化产业繁荣发展

党的十九届五中全会提出，经济社会发展要坚持以推动高质量发展为主题，推动高质量发展，要靠文化提供积极的理念引领。[①] 文化事业和文化产业的发展同样要体现高质量发展要求，更好满足人们的精神文化需求，推动社会文明程度和先进文化不断提升和发展。在提升和发展中也要坚持新发展理念，推动公共服务标准化、均等化，改造提升传统文化业态，文化产业要实现全面转型升级，提高产业质量效益，在重大战略发展中推动文化事业和产业的高质量发展，做到与经济社会发展深度融合协同发展。[②]

繁荣文化事业和文化产业以满足人民日益增长的美好生活需要为根本目的。党的十九届五中全会通过的《建议》贯穿以人民为中心的发展思想，文化在满足人民美好生活需要方面是重要因素，伴随经济发展和社会主要矛盾新变化，衡量人民幸福感的重要标准就是精神文化生活的高品质。要坚持文化发展为了人民的

---

①② 《中共中央关于制定国民经济和社会发展第十四个五年规划和二〇三五年远景目标的建议》，载于《人民日报》2020 年 11 月 4 日。

理念,丰富人民的精神世界,激发人民创造更加美好生活,有效发挥文化引领。特别在繁荣发展中国特色社会主义文化的进程中,必须坚持以社会主义核心价值观为引领,广大文化工作者的根本任务就是把社会主义核心价值观培育好、弘扬好,各类文化企业要积极履行社会责任,创作更多健康向上的文化产品。

(六) 中国式现代化民生福祉得到新增进

人民对美好生活的向往是中国式现代化根本价值追求。党的二十大提出坚持在发展中保障和改善民生,对增进人民福祉和提高人民生活品质作出政策安排,使中国式现代化建设成果更多更好惠及全体人民。

推进中国式现代化要求解决民生领域具体问题与推进民生领域体制机制改革相结合,坚持人民利益至高无上原则,通过不断完善公共服务体系,着力解决人民群众关心的现实利益问题,以保障和改善民生。[①] 加强普惠性、基础性、兜底性民生建设,采取更多惠民生、暖民心举措,推动公共资源向基层延伸;正确处理好效率和公平关系,着力解决好人民群众最直接最关心最现实的利益问题,建成全覆盖可持续的社会保障体系,为人们提供更满意的收入、更稳定的工作、更可靠的社会保障、更高水平的医疗卫生服务,巩固发展人民安居乐业、社会安定有序的良好局面。着力推进全民共享、全面共享、共建共享、渐进共享,让人民群众的多样化、多层次、多方面生活需求不断得到满足,让人民群众的获得感成色更足、幸福感更可持续、安全感更有保障。[②]

(七) 中国式现代化生态文明建设实现新进步

生态文明现代化是"十四五"时期经济社会发展要实现的主要目标。生态文明建设是中国式现代化"五位一体"的现代化的重要组成部分,关系人民福祉,关系民族发展。党在新时代坚定不移贯彻新发展理念,推进生态文明建设的力度之大前所未有,生态环境保护发生全局性变化。根据"十四五"时期经济发展的新的战略部署,要坚定地牢固树立和践行绿水青山就是金山银山的理念,多措并举推动生产生活方式绿色转型;坚持山水林田湖草沙系统治理,提升生态系统的稳定性;大力发展绿色经济,协同推进经济高质量发展。

党的二十大报告明确概括了中国式现代化九个方面的本质要求,"坚持中国共产党领导,坚持中国特色社会主义,实现高质量发展,发展全过程人民民主,

---

① 张业蕾、夏从亚:《习近平总书记关于保障和改善民生重要论述中的哲学思维探析》,载于《思想政治教育研究》2023 年第 2 期。

② 汪青松:《人民美好生活需要的时代意蕴与实现路径》,载于《经济日报》2022 年 9 月 6 日。

丰富人民精神世界，实现全体人民共同富裕，促进人与自然和谐共生，推动共建人类命运共同体，创造人类文明新形态。"① 中国式现代化九个方面的本质要求明确了中国式现代化在经济建设、政治建设、文化建设、社会建设、生态文明建设等方面的战略任务，"坚持中国共产党领导，坚持中国特色社会主义，实现高质量发展，发展全过程人民民主，丰富人民精神世界，实现全体人民共同富裕，促进人与自然和谐共生，推动构建人类命运共同体，创造人类文明新形态"② 与全面建成社会主义现代化强国的"富强民主文明和谐美丽"发展目标相对应，为一体建设新时代中国式现代化强国指明了方向。

---

①② 《习近平著作选读》第一卷，人民出版社 2023 年版，第 20 页。

第十九章

"五位一体"统筹推进中国式现代化

　　2020 年 10 月习近平首提"中国式现代化"范畴并阐释其五个特征，即人口规模巨大的现代化、全体人民共同富裕的现代化、物质文明和精神文明相协调的现代化、人与自然和谐共生的现代化、走和平发展道路的现代化。① 2021 年 7 月 1 日习近平在庆祝中国共产党成立 100 周年大会上的讲话中提出"中国式现代化新道路"概念，指出："我们坚持和发展中国特色社会主义，推动物质文明、政治文明、精神文明、社会文明、生态文明协调发展，创造了中国式现代化新道路，创造了人类文明新形态。"② 新时代中国特色社会主义五大文明协调发展实现中国式现代化新道路、人类文明新形态"两大创造"，这就阐明了中国式现代化五个特征与中国式现代化"五位一体"新道路的关系。2022 年 10 月党的二十大报告阐述了中国式现代化的中国特色，深刻揭示了中国式现代化的科学内涵。从发生学考察，中国式现代化的五大特征不是天上掉下来的，也不是先验的学理推导的结果，而是中国共产党领导人民统筹推进"五位一体"总体布局的理论和实践成果。中国式现代化"五位一体"总体布局的统筹推进形成中国式现代化五大特征，中国式现代化五大特征又生动地体现着中国式现代化"五位一体"总体布局，也只有继续统筹推进"五位一体"总体布局才能把中国式现代化五个方面的中国特色变为成功实践，把鲜明特色变成独特优势。

---

① 《习近平著作选读》第二卷，人民出版社 2023 年版，第 367～368 页。
② 《习近平著作选读》第二卷，人民出版社 2023 年版，第 483 页。

第一节　物质文明与政治文明相协调的人口规模巨大的现代化

党的十九届五中全会上，习近平把人口规模巨大的现代化称为我国现代化的第一个特色。党的二十大报告阐述中国式现代化中国特色时，首先讲的也是"人口规模巨大的现代化"。习近平在党的二十大精神研讨班上的讲话中指出，人口规模巨大的现代化"是中国式现代化的显著特征"[①]。

一、中国式现代化是人类历史上规模最大的现代化

习近平指出："我国14亿人口要整体迈入现代化社会，其规模超过现有发达国家的总和"。[②] 这就指明了中国式现代化是人类历史上规模最大的现代化。

中国人口规模巨大是中国的基本国情。中国历史上都是人口众多的国家。毛泽东在新中国现代化建设之初就说过："六亿人口的国家，在地球上只有一个，就是我们。"[③] "我们这个国家有这么多的人，这是世界上各国都没有的。"[④] 1979年邓小平在阐述中国式的现代化必须从中国的特点出发时也提出，要使中国实现四个现代化，至少有两个重要特点是必须看到的：一个是底子薄、第二条是人口多，耕地少。现在全国人口有九亿多，其中百分之八十是农民。[⑤] 我国现代化研究专家何传启在 21 世纪初也注意到，中国现代化是迄今为止世界最大人口规模的现代化。对比分析 2005 年 20 个总人口 8.2 亿的发达国家与 13 亿人口的中国，中国现代化人口规模任务超过发达国家的总和，是 3.3 亿人口的西欧 12 个国家的约 4 倍，是 3 亿人口的美国的 4 倍多，是 1.3 亿人口的日本的 10 倍。在世界现代化的先行国家之中，没有一个国家具有中国的人口规模，没有一个国家具有中国的悠久历史。[⑥]

中国式现代化由于规模将超过现有发达国家人口总和而成为人类历史上绝无仅有的伟大创举。习近平 2020 年 10 月首论中国式现代化第一点特色时明确指

① 习近平：《中国式现代化是强国建设、民族复兴的康庄大道》，载于《求是》2023 年第 16 期。

② 《习近平著作选读》第二卷，人民出版社 2023 年版，第 364 页。

③ 《毛泽东文集》第七卷，人民出版社 1999 年版，第 88 页。

④ 《毛泽东著作专题摘编》（上），中央文献出版社 2003 年版，第 970 页。

⑤ 《邓小平文选》第二卷，人民出版社 1994 年版，第 163 页。

⑥ 何传启等：《中国现代化再定位》，载于《今日国土》2010 年第 6 期。

出，"我国十四亿人口要整体迈入现代化社会，其规模超过现有发达国家的总和，将彻底改写现代化的世界版图，在人类历史上是一件有深远影响的大事。"① 2023 年 2 月他再论人口规模巨大现代化时进一步分析，"现在，全球进入现代化的国家也就 20 多个，总人口 10 亿左右。中国 14 亿多人口整体迈入现代化，规模超过现有发达国家人口的总和，将极大地改变现代化的世界版图。"② 中国要建成的人口规模超过 14 亿的巨量级现代化，"极大地改变现代化的世界版图"，将是人类社会现代化史的奇迹。

二、中国式现代化是人类历史上难度最大的现代化

中国人口规模巨大是优势也是压力。1957 年毛泽东说过："现在的困难不算什么，往后的困难还要大，总要有困难的。六亿人口怎么能没有困难呢？将来发展到九亿、十亿人口，那时你们会觉得现在的日子好过得很。……中国人多，也好也不好。我们是白手起家，困难总是有的"。③ 1967 年他在会见毛里塔尼亚政府代表团时说："我们国家人太多了，好处在这里，坏处也在这里。……我们落后，解决的办法就是沙石峪嘛，那个地方没有机械。中国有很大部分土地是靠天吃饭的"。④ 毛泽东说的河北遵化沙石峪村是农民依靠艰难创业"万里千担一亩田，青石板上创高产"而改变落后面貌的"当代愚公"。1979 年邓小平指出："人多有好的一面，也有不利的一面。在生产还不够发展的条件下，吃饭、教育和就业就都成为严重的问题。……耕地少，人口多特别是农民多，这种情况不是很容易改变的。这就成为中国现代化建设必须考虑的特点。"⑤ 这里就从中国现代化建设上考虑到人口多的好与不利的两面性。

2020 年 10 月习近平在党的十九届五中全会上谈的我国规模最大的现代化，指出的是中国式现代化在人类历史上"有深远影响的大事"，2022 年党的二十大报告指出我国十四亿多人口整体迈进现代化社会强调的则是"艰巨性和复杂性前所未有"。⑥ 2023 年 2 月习近平在新进中央委员会的委员候补委员和省部级主要领导干部学习贯彻习近平新时代中国特色社会主义思想和党的二十大精神研讨班上的讲话点明"这是人类历史上规模最大的现代化，也是难度最大的现代化。"⑦

① 《习近平著作选读》第二卷，人民出版社 2023 年版，第 367 页。
②⑦ 习近平：《中国式现代化是强国建设、民族复兴的康庄大道》，载于《求是》2023 年第 16 期。
③ 《毛泽东年谱》第六卷，中央文献出版社 2023 年版，第 75 页。
④ 《毛泽东年谱》第九卷，中央文献出版社 2023 年版，第 53 页。
⑤ 《邓小平文选》第二卷，人民出版社 1994 年版，第 164 页。
⑥ 《习近平著作选读》第一卷，人民出版社 2023 年版，第 18 页。

系统观视阈的新时代中国式现代化

中国式现代化之所以是难度最大的现代化，一是因为其规模最大现代化的复杂性前所未有。新时代新型工业化、信息化、新型城镇化、农业农村现代化等是在推进第一次现代化的同时，把第二次现代化的信息化纳入中国式现代化总安排，新"四化"是第二次现代化与第一次共时态交汇整合的现代化。新时代"四化同步"表征的叠加式、并联式、跨越式现代化，既可利用后发优势实现弯道超车，也会导致发展任务高度叠加、发展时间高度压缩、发展要求多重协调和发展战略后发赶超带来的社会风险。[1] 正如习近平所分析的，"光是解决 14 亿多人的吃饭问题，就是一个不小的挑战。还有就业、分配、教育、医疗、住房、养老、托幼等问题，哪一项解决起来都不容易，哪一项涉及的人群都是天文数字。"[2] 这即是规模最大现代化前所未有的复杂性带来的风险性。

二是因为其规模最大现代化的艰巨性前所未有。目前中国还是发展中国家，处于发展中国家的中间位置，大部分地区现已完成从农业社会向工业社会转变的第一次现代化，距离中等发达国家水平的差距比较小；2018 年发达国家已全部进入从工业社会向知识社会转变的第二次现代化，但我国距离发达国家水平的差距仍较大，仅北京、上海、香港、澳门、台湾 5 个地区已进入第二次现代化，全国正按"四化同步"向第二次现代化转型。国际经验表明，近 50 年里发展中国家实现现代化而升级为发达国家的是仅为 5% 的"小概率事件"[3]。未来 30 年 14亿多人口的中国式现代化的实现并非易事，而是一项史无前例的超级任务。中国式现代化作为世界现代化一部分，涉及诸多领域和方面的现代化风险和挑战既源于自身也来自国际。对规模最大现代化前所未有的艰巨性要有清醒认识和应对之策，需要重大理论和实践创新。

三、并联式发展和全过程人民民主促进人口规模巨大的现代化

习近平在参加党的二十大广西代表团讨论时指出，"我们的现代化既是最难的，也是最伟大的。"[4] 怎样才能实现艰巨性和复杂性如此前所未有的人口规模

---

① 邹一南等：《中国式现代化的"并联"过程：内生挑战与破解路径》，载于《中共青岛市委党校青岛行政学院学报》2023 年第 2 期。

② 习近平：《中国式现代化是强国建设、民族复兴的康庄大道》，载于《求是》2023 年第 16 期。

③ 何传启：《中国式现代化的分层结构和三个建议》，载于《中国科学院院刊》2023 年第 3 期。

④ 杜尚泽：《"既是最难的，也是最伟大的"（微镜头·习近平总书记参加党的二十大广西代表团讨论）》，载于《人民日报》2022 年 10 月 18 日。

巨大现代化？唯有遵循中国式现代化的本质要求，坚持中国共产党领导，坚持物质文明与政治文明协调推进，既从物质文明经济建设上推动"四化同步"并联式发展，又从政治文明建设上发展全过程人民民主，才能凝聚和激发中国式现代化的磅礴力量。

一方面，以物质文明建设促进经济上"四化同步"并联式发展。中国式现代化遵循工业化、信息化、城镇化、农业现代化叠加发展的"并联式"现代化新逻辑，超越西方"串联式"现代化的旧逻辑①，充分发挥后发优势，以信息化带动工业化、城镇化和农业现代化，实现"四化同步"与生产力跨越式发展的"弯道超车"，才能创造"后来居上，把'失去的二百年'找回来"②的中国奇迹。

另一方面，以政治文明建设发展全过程人民民主，凝聚和激发攻坚克难建设中国式现代化的磅礴力量。毛泽东说过，"我们作计划、办事、想问题，都要从我国有六亿人口这一点出发，千万不要忘记这一点。……调动一切积极因素，团结一切可能团结的人，并且尽可能地将消极因素转变为积极因素，为建设社会主义社会这个伟大的事业服务。我希望这些人扩大眼界，真正承认我国有六亿人口，承认这是一个客观存在，这是我们的本钱。"③ 中国式现代化是亿万人民自己的事业，人民是中国式现代化的主体，必须紧紧依靠人民，尊重人民创造精神，汇集全体人民的智慧和力量。全过程人民民主通过民主选举与民主协商基础上人民民主和国家意志相统一，确保人民群众根本利益、长远利益与具体利益、眼前利益相一致，实现个体民主权利与国家整体发展相统一；通过民主决策和中国共产党作为执政党有效整合各方利益，解决规模巨大国家风险决策和决策创新的治理难题；通过民主管理、民主监督，调动广大人民群众的积极性，规范公共权力运行，推动中国式现代化。④ 只要坚持党的领导，尊重人民主体地位，发展全过程人民民主，保障人民当家作主，发挥群众首创精神，激发人民创造活力，让人民成为中国式现代化事业发展的主要参与者、促进者、受益者，就能汇集全体人民的智慧和力量，不断创造新的历史伟业。⑤

---

① 唐爱军：《构建中国式现代化理论体系的三重论域》，载于《当代世界与社会主义》2022年第6期。
② 《习近平关于社会主义经济建设论述摘编》，中央文献出版社2017年版，第159页。
③ 《建国以来毛泽东文稿》第十一卷，中央文献出版社2023年版，第283～284页。
④ 李锋：《全过程人民民主是中国式现代化的必然要求和实现路径》，载于《当代世界与社会主义》2023年第3期。
⑤ 汪青松：《新时代人民观范畴演进及体系建构的学理性考察》，载于《当代世界与社会主义》2023年第6期。

第二节　物质文明与社会文明相协调的共同富裕的现代化

为民造福是立党为公、执政为民的本质要求。物质文明建设推动高质量发展，社会文明建设在发展中保障和改善民生，鼓励共同奋斗创造美好生活，逐步实现共同富裕。

一、以人民为中心的共同富裕是"中国式现代化的本质特征"[①]

西方现代化是资本主义制度决定的以资本为中心而不可能以人民为中心的现代化。由于西方现代化不是追求人民幸福而是追求资本利益最大化，因此必然是导致贫富差距大、两极分化严重的现代化。

中国式现代化是中国共产党领导、中国特色社会主义现代化。中国共产党以造福人民为最大政绩和最大幸福，把实现人民对美好生活的向往作为现代化建设的出发点和落脚点；中国特色社会主义以人民为中心，以共同富裕为内在本质要求，服务绝大多数人的利益，坚持着力维护和促进社会公平正义，着力促进全体人民共同富裕，坚决防止两极分化，因而中国式现代化是推动全体人民共同富裕的现代化。

二、以物质文明高质量发展促进社会文明的共同富裕

中国式现代化社会文明的共同富裕是奋斗出来的，新时代人民美好生活要靠辛勤劳动、苦干实干来创造。必须坚持党中央集中统一领导，紧紧抓住经济建设这个中心，充分调动人民群众的积极性、主动性、创造性，以高质量发展创造共建共享共富的美好生活[②]。

一要把高质量发展作为全面建设社会主义现代化国家的首要任务，共建美好的共富生活。发挥社会主义的制度效率优势，推进新型工业化，发展战略性新兴产业和未来产业等新质生产力，加快利用新技术、新科技促进传统产业向高端化、高效能、高质量的集群化方向发展，打造具有世界竞争力和影响力的一流现

---

① 习近平：《中国式现代化是强国建设、民族复兴的康庄大道》，载于《求是》2023 年第 16 期。

② 汪青松：《人民美好生活需要的时代意蕴与实现路径》，载于《经济日报》2022 年 9 月 6 日。

代化产业集群,[①] 着力提升产业链供应链韧性和安全水平,加快建设制造强国、质量强国、航天强国、交通强国、网络强国、数字中国,把共同富裕的"蛋糕做大做好",为更好满足人民美好生活需要奠定更加坚实物质基础。

二要通过合理的制度安排正确处理增长与分配关系,形成人人享有的合理分配格局,共创美好的共富生活。要处理好效率和公平关系,构建初次分配、再分配、三次分配协调配套的基础性制度安排,把共同富裕的"蛋糕切好分好"。坚持按劳分配为主体,提高劳动报酬在初次分配中的比重,鼓励勤劳创新致富;完善按要素分配政策,增加城乡居民住房、农村土地、金融资产等各类财产性收入。发挥再分配调节作用,加大税收、社保、转移支付等的调节力度,推动更多低收入人群迈入中等收入行列。要重视发挥第三次分配的作用,引导、支持有意愿有能力的企业和社会群体积极参与公益慈善事业,加强公益慈善事业规范管理,完善税收优惠政策,鼓励高收入人群和企业更多回报社会。

三要把促进全体人民共同富裕作为为人民谋幸福的着力点,共享美好的共富生活。要推动公共资源向基层延伸,构建优质均衡的公共服务体系;兜住兜牢各类困难群众民生底线,建成全覆盖可持续的社会保障体系。坚持尽力而为、量力而行,着力解决好就业、分配、教育、医疗、住房、养老、托幼等民生问题[②],着力推进全民共享、全面共享、共建共享、渐进共享。

第三节　物质文明与精神文明相协调的文化强国的现代化

现代化不仅是经济的变迁,而且是包括经济、政治、文化、社会深刻变革在内的系统工程。西方现代化理论无法提供后发国家全面现代化的现实方案,是中国共产党人开辟了社会主义物质文明与精神文明协调发展的现代化道路。[③]

一、物质精神协调发展是中国式现代化与西方现代化的重要区别

西方资本主义制度决定了现代化发展受困于资本逐利本性而导致信仰缺失和物欲横流。马尔库塞曾批评传统的工业文明只重视人的物质需求而忽视人的精神

---

① 程恩富、陈健:《大力发展新质生产力　加速推进中国式现代化》,载于《当代经济研究》2023年第12期。

② 习近平:《中国式现代化是强国建设、民族复兴的康庄大道》,载于《求是》2023年第16期。

③ 汪青松:《邓小平现代化理论与西方现代化理论比较分析》,载于《中共党史研究》1995年第3期。

需求，使人变为没有精神生活和感情生活的单向度功利性动物，但他并没有开出解决回归为双向度人问题的良方。① 现今西方国家仍"无法遏制资本贪婪的本性，无法解决物质主义膨胀、精神贫乏等痼疾。"② 西方国家现代化发展过程中物质文明与精神文明失衡，引发社会道德滑坡和价值失序等问题。③ 与资本贪婪导致单向度追逐物质富裕的西方现代化不同，中国式现代化是社会主义现代化，社会主义现代化是物质精神全面协调发展的现代化。

社会主义物质精神协调发展现代化是基于唯物史观关于物质文明与精神文明辩证统一论提出的。马克思主义认为，"物质生活的生产方式制约着整个社会生活、政治生活和精神生活的过程。"④ 物质文明对精神文明起基础性决定作用；"物质存在方式虽然是始因，但是这并不排斥思想领域也反过来对这些物质存在方式起作用"⑤，精神文明对物质文明起思想文化上的反作用。这就指明了物质文明为精神文明提供物质前提、精神文明为物质文明提供精神支撑的关系。

毛泽东在新中国成立时就提出，"随着经济建设的高潮的到来，不可避免地将要出现一个文化建设的高潮。中国人被人认为不文明的时代已经过去了，我们将以一个具有高度文化的民族出现于世界。"⑥ 邓小平认识到改革开放新时期现代化建设的任务是多方面的，经济现代化、政治现代化、文化现代化等各种任务之间又是相互依存的，必须正确处理现代化任务的先后、主次关系，坚持"两手抓，两手都要硬"的基本方针。"只要我们的生产力发展，保持一定的经济增长速度，坚持两手抓，社会主义精神文明建设就可以搞上去。"⑦ 必须把物质文明和精神文明相协调贯穿中国式现代化建设过程。

进入新时代，党中央高度重视物质文明和精神文明建设。既坚持公有制为主体、多种所有制经济共同发展，最大限度地解放和发展社会生产力，从经济新常态向高质量发展，不断夯实人民幸福生活的物质条件；又大力发展社会主义先进文化，加强理想信念教育，弘扬中华优秀传统文化，传承中华文明，增强人民精神力量，在物的全面丰富基础上促进人的全面发展。

---

① 习近平：《干在实处走在前列——推进浙江新发展的思考与实践》，中共中央党校出版社2006年版，第19页。
② 习近平：《中国式现代化是强国建设、民族复兴的康庄大道》，载于《求是》2023年第16期。
③ 周文、唐教成：《西方现代化的问题呈现与中国式现代化的创新发展》，载于《中国高校社会科学》2023年第6期。
④ 《马克思恩格斯文集》第二卷，人民出版社2009年版，第591页。
⑤ 《马克思恩格斯文集》第十卷，人民出版社2009年版，第586页。
⑥ 《建国以来毛泽东文稿》第一卷，中央文献出版社2023年版，第11页。
⑦ 《邓小平文选》第三卷，人民出版社1993年版，第379页。

二、致力于"让人们的物质和精神世界同样富足"①的全面发展

党的二十大报告擘画了全面建设社会主义现代化国家的宏伟蓝图，这是一个包括经济建设、文化建设在内的各方面建设共同推进的奋斗目标。中国式现代化"要实现物质文明和精神文明相协调，不仅要建设一个国力强盛的富强中国，也要建设一个文化繁荣的文明中国"。②"两个文明"一体发展和"两个文明"都搞好是新时代"五位一体"现代化统筹创新的抓手和载体。

一体推进物质精神文明协调的中国式现代化，一方面要促进物质文明极大发展，厚植现代化的物质基础，使我国拥有与富强中国相应的经济总量和综合国力水平，进入全球创新型国家前列，形成完备的国家安全保障体系，夯实人民幸福生活的物质条件，2035 年达到中等发达国家水平，21 世纪中叶我国综合国力和国际影响力将世界领先；另一方面建设中华民族现代文明③，使社会主义核心价值观深入人心，使人民群众物质生活和精神生活都富裕，建成教育强国、科技强国、人才强国、文化强国、体育强国、健康中国，提升国家文化软实力。④ 让全体人民在拥有团结奋斗思想基础、开拓进取主动精神、健康向上价值追求基础上推进强国建设和民族复兴。

第四节　物质文明与生态文明相协调的美丽中国的现代化

党的二十大报告指出"促进人与自然和谐共生"是"中国式现代化的本质要求"⑤。不走先污染后治理的西方现代化老路，尊重自然、顺应自然、保护自然，促进人与自然和谐共生，是中国式现代化的鲜明特点。⑥ 促进人与自然和谐

---

① 习近平：《汇聚两国人民力量　推进中美友好事业——在美国友好团体联合欢迎宴会上的演讲》，载于《人民日报》2023 年 11 月 17 日。

② 韩翌玚：《走"两个文明"都搞好的现代化之路》，载于《人民日报》2021 年 4 月 16 日。

③ 《习近平对宣传思想文化工作作出重要指示强调坚定文化自信秉持开放包容坚守正创新为全面建设社会主义现代化国家全面推进中华民族伟大复兴提供坚强思想保证强大精神力量有利文化条件》，载于《人民日报》2023 年 10 月 9 日。

④ 李玉举等：《从物质文明和精神文明相协调看中国式现代化》，载于《红旗文稿》2023 年第 1 期。

⑤ 《习近平著作选读》第一卷，人民出版社 2023 年版，第 20 页。

⑥ 习近平：《中国式现代化是强国建设、民族复兴的康庄大道》，载于《求是》2023 年第 16 期。

共生，必须正确处理生态环境保护和经济发展的关系，践行绿水青山就是金山银山理念，实现物质文明与生态文明相协调的美丽中国的现代化。

一、高扬人与自然和谐共生的生态文明旗帜

西方现代化经历对自然资源肆意掠夺和生态环境恶性破坏的阶段。传统工业化在创造巨大物质财富的同时掠夺式攫取自然资源，打破了地球生态系统原有的循环和平衡，造成环境污染、资源枯竭等人与自然关系紧张问题。西方现代化是在主客对立、天人二分思维方式影响下展开的，割裂了人与自然的有机联系，导致人类中心主义观，西方现代化征服自然的工业革命招致环境污染、生态破坏等对人类的报复性惩罚。

中国式现代化是马克思主义与中国实际和中国文化"两个结合"的产物。马克思和恩格斯认为，"人靠自然界生活。这就是说，自然界是人为了不致死亡而必须与之处于持续不断的交互作用过程的、人的身体。……人是自然界的一部分。"① 正是以马克思主义阐明的人与自然一体性论断为依据，习近平总书记继承和发扬了马克思主义人与自然关系的思想精髓，强调："人因自然而生，人与自然是一种共生关系，对自然的伤害最终会伤及人类自身。只有尊重自然规律，才能有效防止在开发利用自然上走弯路。这个道理要铭记于心、落实于行。"②

中华优秀传统文化蕴含的"天人合一"观强调尊重自然、保护自然的价值追求。老子说："人法地，地法天，天法道，道法自然。"③ 庄子说，"天地与我并生，而万物与我为一。"④ 孔子说："天何言哉？四时行焉，百物生焉。"⑤ 这里的"天"，已是指外在于人的自然之天。"天人合一"具有人与自然和谐共生的意蕴。习近平指出："中华文明历来强调天人合一、尊重自然。"⑥ "我们应该遵循天人合一、道法自然的理念，寻求永续发展之路。"⑦

在对"天人合一"中国传统观念的创造性转化和创新性发展中，按照马克思主义关于人与自然之间具有"一体性"的思想，吸收当代生态思维和系统思维的科学认知成果，我们党创造性地提出了"人与自然是生命共同体"的科学理念。人类可以利用自然、改造自然，但归根结底是自然的一部分，应该以自然为

---

① 《马克思恩格斯文集》第一卷，人民出版社 2009 年版，第 161 页。
② 《习近平著作选读》第一卷，人民出版社 2023 年版，第 433 页。
③ 《老子·第二十五章》。
④ 《庄子·齐物论》。
⑤ 《论语·阳货》。
⑥ 《习近平谈治国理政》第二卷，人民出版社 2017 年版，第 530 页。
⑦ 《习近平著作选读》第一卷，人民出版社 2023 年版，第 568 页。

根，必须呵护自然，对自然的伤害最终会伤及人类自身。要解决好工业文明带来的矛盾，以人与自然和谐相处为目标。建设人与自然和谐共生的现代化，必须深化对人与自然生命共同体的规律性认识，全面加快生态文明建设，生态文明这个旗帜必须高扬。①

二、正确处理生态环境保护和经济发展关系

正确处理生态环境保护与经济发展的关系，促进人与自然和谐共生，必须践行绿水青山就是金山银山理念。正如习近平所指出的，"我们既要绿水青山，也要金山银山。宁要绿水青山，不要金山银山，而且绿水青山就是金山银山。"②

首先，既要绿水青山，也要金山银山。2013 年 4 月习近平在海南省考察时说："海南作为一个正在发展中的地区，一定要正确处理好保护和发展的关系，既牢牢把握生态立省这个前提，又牢牢抓好发展第一要务，始终做到保护和发展并举。"③ 2014 年 3 月他在参加十二届全国人大二次会议贵州代表团审议时指出："有人说，贵州生态环境基础脆弱，发展不可避免会破坏生态环境，因此发展要宁慢勿快，否则得不偿失；也有人说，贵州为了摆脱贫困必须加快发展，付出一些生态环境代价也是难免的、必须的。这两种观点都把生态环境保护和发展对立起来了，都是不全面的。"④

从新时代中国的实际出发，必须辩证处理经济发展与生态环境保护关系，坚持生态环境保护和经济发展并举。一方面，牢记社会主义初级阶段的发展始终是第一要务，要坚持以经济建设为中心。强调发展不能破坏生态环境是对的，但为了保护生态环境而不敢迈出发展步伐就有点绝对化了。生态环境保护不应是舍弃经济发展的缘木求鱼，要坚持在保护生态环境中发展经济。另一方面，始终把人民放在心中最高位置，认识到良好的生态环境是最公平的公共产品和最普惠的民生福祉，经济发展不应是对资源和生态环境的竭泽而渔，要坚持在经济发展中保护生态环境。

其次，宁要绿水青山，不要金山银山。绿水青山和金山银山本不是对立的，如果经济发展与生态环境保护发生尖锐矛盾时，就产生了发展与生态环境保护的取舍选择问题。习近平提出宁要绿水青山不要金山银山，就是宁要生态环境保护不要牺牲生态环境的经济发展。其理由在于：

---

① 汪青松：《坚持人与自然和谐共生》，载于《安徽日报》2022 年 9 月 20 日。
② 习近平：《论坚持人与自然和谐共生》，中央文献出版社 2022 年版，第 40 页。
③ 《习近平著作选读》第一卷，人民出版社 2023 年版，第 114 页。
④ 习近平：《论坚持人与自然和谐共生》，中央文献出版社 2022 年版，第 62~63 页。

生态环境关乎人类生存。"对人的生存来说，金山银山固然重要，但绿水青山是人民幸福生活的重要内容，是金钱不能替代的。你挣到了钱，但空气、饮用水都不合格，哪有什么幸福可言！"① 如果经济发展了，但生态破坏了、环境恶化了，大家整天生活在雾霾中，吃不到安全的食品，喝不到洁净的水，呼吸不到新鲜的空气，居住不到宜居的环境，那样的小康和现代化并不是人民所希望的。

生态环境关乎生产目的。西方现代化第一次使现代化成为现实，但由于实现剩余价值是西方现代化的价值轴心，加上机械自然观和机械发展观等因素的影响，西方现代化付出了惨重的生态代价。② 中国式现代化以人民为中心，2014年3月习近平指出：我们强调不简单以国内生产总值增长率论英雄，不是不要发展了，而是要扭转为了经济增长数字不顾一切、不计后果，最后得不偿失的做法。"我们的发展是为了什么？为了让人民过得更好一些。但是，如果付出了高昂的生态环境代价，把最基本的生存需要都给破坏了，最后还要用获得的财富来修复和获取最基本的生存环境，这就是得不偿失的逻辑怪圈。"③ 2016年1月他强调："从政治经济学的角度看，供给侧结构性改革的根本，是使我国供给能力更好满足广大人民日益增长、不断升级和个性化的物质文化和生态环境需要，从而实现社会主义生产目的。"④ 2018年5月他进一步指出：生态是统一的自然系统，是相互依存、紧密联系的有机链条。山水林田湖草是生命共同体是人类生存发展的物质基础。"一定要算大账、算长远账、算整体账、算综合账，如果因小失大、顾此失彼，最终必然对生态环境造成系统性、长期性破坏。""良好生态环境是最普惠的民生福祉。民之所好好之，民之所恶恶之。环境就是民生，青山就是美丽，蓝天也是幸福。发展经济是为了民生，保护生态环境同样也是为了民生。既要创造更多的物质财富和精神财富以满足人民日益增长的美好生活需要，也要提供更多优质生态产品以满足人民日益增长的优美生态环境需要。要坚持生态惠民、生态利民、生态为民，重点解决损害群众健康的突出环境问题，加快改善生态环境质量，提供更多优质生态产品，努力实现社会公平正义，不断满足人民日益增长的优美生态环境需要。"⑤

最后，绿水青山就是金山银山。"为什么说绿水青山就是金山银山？"2014年3月习近平在发问之后回答：绿水青山既是自然财富，又是社会财富、经济财富。保护生态环境就是保护生产力，改善生态环境就是发展生产力。让绿水青山

① 《习近平著作选读》第一卷，人民出版社2023年版，第113~114页。
② 张云飞：《中国式现代化中蕴含的独特生态观的内涵和贡献》，载于《东南学术》2024年第1期。
③ 习近平：《论坚持人与自然和谐共生》，中央文献出版社2022年版，第63~64页。
④ 《习近平著作选读》第一卷，人民出版社2023年版，第442~443页。
⑤ 《习近平著作选读》第二卷，人民出版社2023年版，第172~173页。

充分发挥经济社会效益，不是要把它破坏了，而是要把它保护得更好。① 2018 年 5 月 18 日习近平在全国生态环境保护大会上强调，绿水青山就是金山银山。这是重要的发展理念，也是推进现代化建设的重大原则。绿水青山就是金山银山，阐述了经济发展和生态环境保护的关系，揭示了保护生态环境就是保护生产力、改善生态环境就是发展生产力的道理，指明了实现发展和保护协同共生的新路径。绿水青山既是自然财富、生态财富，又是社会财富、经济财富。保护生态环境就是保护自然价值和增值自然资本，就是保护经济社会发展潜力和后劲，使绿水青山持续发挥生态效益和经济社会效益。②

马克思曾依据劳动价值论判定自然"不费资本分文"，又认为"撇开社会生产的形态的发展程度不说，劳动生产率是同自然条件相联系的。"③ 自然不仅构成使用价值的基质，而且与劳动一起共同构成财富源泉，通过影响劳动生产率参与了价值的形成和增值。有学者认为习近平生态文明思想既强调人的发展以尊重、顺应和保护自然界这个生命共同体为前提，又强调尊重、顺应和保护自然的目的是实现人民群众对美好生活的向往，实现了以人民为中心与尊重、顺应和保护自然的辩证统一，从而超越了人类中心论与自然中心论。④ 也有学者指出"绿水青山就是金山银山"的论断，清醒地认识到自然的多维价值，重新发现和肯定自然的多重价值属性，不仅看到自然的经济价值，也看到自然本身所具有的自然价值、生态价值、政治价值、文化价值和社会价值，把生态环境价值认识提升到新高度。⑤

三、同步推进物质文明建设和生态文明建设

党的十八大以来，在习近平生态文明思想的指引下，我国走出生产发展、生活富裕、生态良好的文明发展道路，经济社会发展已进入加快绿色化、低碳化的高质量发展阶段。新征程上同步推进物质文明建设和生态文明建设，必须统筹推进高质量发展和高水平保护，统筹产业结构调整、污染治理、生态保护、应对气候变化，协同推进降碳、减污、扩绿、增长的绿色转型，建设天蓝、地绿、水清的美好家园，筑牢中华民族伟大复兴的生态根基。⑥

---

① 习近平：《论坚持人与自然和谐共生》，中央文献出版社 2022 年版，第 63 页。
② 《习近平著作选读》第二卷，人民出版社 2023 年版，第 171 页。
③ 《马克思恩格斯文集》第五卷，人民出版社 2009 年版，第 586 页。
④ 孙熙国：《习近平生态文明思想对马克思主义的原创性贡献——兼论习近平生态文明思想对人类中心论和自然中心论的超越》，载于《环境与可持续发展》2020 年第 6 期。
⑤ 张云飞：《试论习近平生态文明思想的原创性贡献》，载于《思想理论教育导刊》2022 年第 2 期。
⑥ 《中共中央 国务院关于全面推进美丽中国建设的意见》，载于《人民日报》2024 年 1 月 12 日。

（一）绿色转型是处理"两山"关系的关键

绿色发展是解决好人与自然和谐共生问题的根本之道，是对自然规律和经济社会可持续发展规律的深刻把握。2014 年初习近平针对贵州省的发展实际就说过，绿水青山和金山银山决不是对立的，关键是要树立正确的发展思路，因地制宜选择好发展产业。一要着力发展能够发挥生态环境优势的产业。二要着力发展环境友好型、生态友好型产业。[①] 党的二十大报告更加明确指出，"发展绿色低碳产业，健全资源环境要素市场化配置体系，加快节能降碳先进技术研发和推广应用，倡导绿色消费，推动形成绿色低碳的生产方式和生活方式。"[②]

绿色是大自然的底色。形成绿色低碳的生产方式和生活方式，是处理好绿水青山与金山银山"两山"关系即经济发展与保护生态环境关系的关键。必须加快推动发展方式绿色低碳转型。按照习近平 2023 年 7 月 17 日在全国生态环境保护大会上的讲话中所要求的，坚持把绿色低碳发展作为解决生态环境问题的治本之策，加快形成绿色生产方式和生活方式，厚植高质量发展的绿色底色。[③]

（二）推行绿色生产方式

推行绿色生产方式是以低碳、创新与可持续性为核心推动生产，最大限度减少资源使用损耗和对环境的污染，缓解资源环境约束、实现可持续发展。建立健全绿色低碳循环发展经济体系、促进经济社会发展全面绿色转型是解决我国生态环境问题的基础之策。

新征程推行绿色生产方式，要加快产业绿色转型升级。一要抓住产业结构调整这个关键，推进产业数字化智能化同绿色化的深度融合，加快建设以实体经济为支撑的现代化产业体系。大力发展战略性新兴产业、高技术产业、绿色环保产业、现代服务业。实现传统产业智能化、生态化、循环化、低碳化改造，推进煤炭清洁化利用，加快解决风、光、水电消纳问题。二要发展生态低碳农业。推广生态循环农业发展模式，加快农业绿色低碳转型；将本土优秀农耕文化与旅游深度融合，发展农事体验、研学旅游、生态康养。三要提高服务业绿色发展水平，发展生态环境服务业，推广节能、节水服务产业等新型业态模式，培育壮大以新能源、电动汽车等生态产业和产品为主体的绿色环保产业。把实现减污降碳协同增效作为促进经济社会发展全面绿色转型的总抓手，加快推动产业结构、能源结

---

① 习近平：《论坚持人与自然和谐共生》，中央文献出版社 2022 年版，第 63 ~ 65 页。
② 《习近平著作选读》第一卷，人民出版社 2023 年版，第 41 页。
③ 习近平：《以美丽中国建设全面推进人与自然和谐共生的现代化》，载于《求是》2024 年第 1 期。

构、交通运输结构调整优化，以绿色技术创新促进绿色低碳循环发展。

（三）推行绿色生活方式

推行绿色生活方式是践行绿色生活理念，促进绿色产品消费，引导绿色出行和绿色居住，推进生活垃圾分类和减量化、资源化，推动消费体系的绿色低碳循环发展，实现人民自然、环保、节俭、健康的生活。党的十九大报告提出"倡导简约适度、绿色低碳的生活方式，反对奢侈浪费和不合理消费，开展创建节约型机关、绿色家庭、绿色学校、绿色社区和绿色出行等行动。"[①]

新征程推行绿色生活方式，一要强化生态文明绿色低碳理念传播。广泛开展绿色生活行动，推动全民在衣、食、住、行、游等方面加快向简约适度、绿色低碳、文明健康的生活方式转变，普及生态文明知识，创新实施生态教育，推动生态文明理念融入群众生活中；把建设美丽中国转化为全体人民行为自觉。二要开展创建绿色家庭、绿色学校、绿色社区、绿色商场、绿色餐馆等行动。推行绿色消费，出台快递业、共享经济等新业态的规范标准，推广环境标志产品、有机产品等绿色产品。三要扩大绿色生活方式影响力。持续开展"美丽中国，我是行动者"系列活动，鼓励园区、企业、社区、学校、家庭和个人积极行动起来，开展绿色、清洁、零碳引领行动，形成人人参与、人人共享生态文明的社会氛围。

推行绿色生产方式和生活方式全面绿色转型，中国式现代化就能创造更多物质财富和精神财富以满足人民日益增长的美好生活需要，提供更多优质生态产品以满足人民日益增长的优美生态环境需要，实现物质文明建设与生态文明建设协同的人与自然和谐共生的现代化。

第五节　自主自强与合作共赢相协调的和平发展的现代化

习近平2023年3月在中国共产党与世界政党高层对话会上的主旨讲话中发出现代化五问："两极分化还是共同富裕？物质至上还是物质精神协调发展？竭泽而渔还是人与自然和谐共生？零和博弈还是合作共赢？照抄照搬别国模式还是立足自身国情自主发展？"[②] 西方现代化是零和博弈的现代化，中国式现代化是

---

① 《习近平著作选读》第二卷，人民出版社2023年版，第42页。
② 《习近平新时代中国特色社会主义思想专题摘编》，党建读物出版社、中央文献出版社2023年版，第97页。

合作共赢的现代化。

一、中华文明传承和平和睦和谐的理念

西方国家现代化走的是暴力掠夺殖民地的道路，充满战争、贩奴、殖民等血腥罪恶，给广大发展中国家带来深重苦难。中华民族经历西方列强侵略凌辱的悲惨历史，决不会重复西方掠夺、胁迫等损人利己方式实现现代化的老路。

中华民族是爱好和平的民族，始终崇尚"以和邦国"①"和而不同"②"以和为贵"③，和平和睦和谐理念融入了中华民族的血脉中。在非常强大的汉朝和唐朝等时期，中华民族也没有通过军事扩张手段扩充领土和势力范围，而是实行睦邻友好的政策。在遭受游牧民族军事侵扰时是通过兴建长城来予以遏制和防御。从汉朝张骞两次出使西域，到明代郑和七次下西洋加深东西方文明交流交融，丝绸之路更是中华文明和平性的生动写照④。

中国没有对外侵略扩张的基因。新中国成立70多年来，中国没有主动挑起过任何一场战争和冲突，没有侵占过别国一寸土地，是唯一将和平发展写入宪法和执政党党章、上升为国家意志的大国。⑤ 我们坚定站在历史正确的一边、站在人类文明进步的一边。中华民族伟大复兴的实现离不开和平稳定的国际环境。

二、立足自主自强和平发展是中国式现代化的突出特征

中国式现代化是走和平发展道路的现代化。中国从一个积贫积弱的国家发展成为世界第二大经济体，靠的不是对外军事扩张和殖民掠夺，而是人民勤劳、维护和平。中国将始终不渝走和平发展道路。⑥

中国式现代化坚持独立自主、自力更生，依靠全体人民的辛勤劳动和创新创造发展壮大自己，通过激发内生动力与和平利用外部资源相结合的方式来实现国家发展，不以任何形式压迫其他民族、掠夺他国资源财富，而是为广大发展中国

① 《周礼·大宰》。
② 《论语·子路》。
③ 《论语·学而》。
④ 王巍：《从考古实证出发认识博大精深的中华文明》，载于《北京日报》2024年1月5日。
⑤ 习近平：《汇聚两国人民力量　推进中美友好事业——在美国友好团体联合欢迎宴会上的演讲》，载于《人民日报》2023年11月17日。
⑥ 《习近平著作选读》第一卷，人民出版社2023年版，第569~570页。

337

第十九章　"五位一体"统筹推进中国式现代化

家提供力所能及的支持和帮助。①

三、中国式现代化致力于合作共赢推动构建人类命运共同体

西方资本主义国家是以其他国家落后为代价的现代化。中国式现代化高举和平、发展、合作、共赢旗帜，在坚定维护世界和平与发展中谋求自身发展，又以自身发展更好维护世界和平与发展。②

中国追求的不是独善其身的现代化，而是在坚定维护世界和平与发展中谋求自身发展，又以自身发展更好维护世界和平与发展。中国式现代化强调同世界各国互利共赢，奉行互利共赢的开放战略，不断以中国新发展为世界提供新机遇。积极参与全球治理体系改革和建设，践行真正的多边主义，弘扬全人类共同价值，推动构建人类命运共同体，努力为人类和平与发展作出贡献。同各国一道实现和平发展、互利合作、共同繁荣的世界现代化。

---

① 习近平：《中国式现代化是强国建设、民族复兴的康庄大道》，载于《求是》2023 年第 16 期。
② 《习近平著作选读》第一卷，人民出版社 2023 年版，第 19 页。

第六篇

协调推进"四个全面"的中国式现代化

2023 年 3 月习近平在十四届全国人大一次会议上的讲话中指出:"我们要按照党的二十大的战略部署,坚持统筹推进'五位一体'总体布局、协调推进'四个全面'战略布局,加快推进中国式现代化建设"。[①]"四个全面"是以习近平同志为核心的党中央在推进新时代中国式现代化过程中提出的重大战略布局。

协调推进中国式现代化的"四个全面"战略布局不是简单的、随机的并列平行关系,而是一个环环相扣、有机联系的整体。从宏观上看,在全面建成小康社会基础上开启全面建设社会主义现代化国家是战略目标,而全面深化改革、全面依法治国、全面从严治党则是三大战略举措,三大战略举措为战略目标提供动力源泉、法治保障和政治保证。从微观上看,"四个全面"之间相互依存、相互关联、相辅相成。全面深化改革作为动力源泉既是战略目标实现的强大动力,也是其余两个全面的需要。全面依法治国作为法治保障既是战略目标的重要内容和法治保障,也是全面深化改革、全面从严治党的法治保障。全面建成小康社会和全面建设社会主义现代化国家、全面深化改革、

① 习近平:《在第十四届全国人民代表大会第一次会议上的讲话》,载于《人民日报》2023 年 3 月 14 日。

全面依法治国、全面从严治党能否取得成功，关键在于坚持党的领导，全面从严治党是全面建成小康社会和全面建设社会主义现代化国家、全面深化改革、全面依法治国的根本政治保障。

第二十章

中国式现代化"四个全面"
战略布局的横向演进

党的十八大以来,中国式现代化"四个全面"战略目标、战略举措是逐步演进的。在中国式现代化战略目标上,历经从全面建成小康社会到全面建设社会主义现代化国家的跃迁;在中国式现代化战略举措上,全面深化改革、全面依法治国、全面从严治党也历经提出、拓展和提升。考察中国式现代化"四个全面"战略布局中每一个"全面"的演进及互动关系,才能把握新时代中国式现代化"四个全面"的深刻内涵及伟大意义。

第一节　新时代全面建成小康社会和全面
建成社会主义现代化强国

2021 年我国全面建成小康社会,实现第一个百年奋斗目标,乘势而上开启了全面建设社会主义现代化国家的新征程。回顾改革开放以来社会主义现代化强国目标的提出与调整过程,才能深入把握新时代中国式现代化战略目标的发展逻辑。

一、从小康社会到全面建成小康社会

"小康"一词出自《诗经·大雅·民劳》中的"民亦劳止,汔可小康。惠此

中国，以绥四方。"① 这表达了百姓对宽裕殷实生活的追求与向往。《礼记·礼运》则从经济、政治、伦理、社会保障等方面系统阐述了"小康"的理想社会运行模式。可以看出，小康不仅是民间所向往和追求的理想社会，也成为历代统治者治国理政的主要目标之一。邓小平关于"小康社会"概念的提出强烈激发了广大人民群众对"小康生活"的美好期待与强烈追求，成为凝聚党和人民的精神旗帜。江泽民在实现总体小康的基础上提出了全面小康。从"小康社会"到"全面建成小康社会"的飞跃，是"小康 1.0 版"升级为"小康 2.0版"的过程。

（一）小康社会目标做了两次调整之后，提出"三步走"战略，这是从"小康社会"到"全面建设小康社会"飞跃的逻辑起点

1979 年 12 月，邓小平根据中国经济发展的实际情况，提出"小康"的概念。后又对小康目标作了两次调整，形成"三步走"战略。先是把小康目标往后延伸，调整为"小康"与"现代化"两个阶段性目标，又把小康目标往前细化，调整为"温饱""小康""现代化"三个阶段性目标。邓小平提出的"三步走"战略，是对我国现代化事业发展的总规划，是"小康社会"向"全面建设小康社会"飞跃的现实依据与逻辑起点。

（二）从"小康社会"到"全面建设小康社会"的飞跃，是小康社会由低水平小康向高水平小康发展的过程

党的十五届四中全会指出"我国即将进入小康社会"，② 标志着我国从"解决温饱"步入"总体小康水平"。因为人民生活达到的总体小康还是低水平的、不全面的、发展很不平衡的小康，所以新世纪初我们党作出了全面建设小康社会的决策，开始了由总体小康向全面小康社会的重大转变。党的十六大提出"我国进入全面建设小康社会、加快推进社会主义现代化的新的发展阶段"③。

全面建设小康社会是对总体小康的进一步发展。全面建设小康社会的时间表延伸至 2020 年即在建党 100 周年之时，是全面建成小康社会的完成之日。总体小康是低水平的小康，全面建设小康社会是要达到高水平的小康。

---

① 《诗经·大雅·民劳》。
② 《十五大以来重要文献选编》（中），人民出版社 2001 年版，第 1002 页。
③ 《江泽民文选》第三卷，人民出版社 2006 年版，第 528、542 页。

（三）从"全面建设小康社会"到"全面建成小康社会"的飞跃，关键是要打赢脱贫攻坚战，让贫困人口和贫困地区同全国一道进入"小康2.0版"

党的十八大以来，以习近平为主要代表的中国共产党人作出了脱贫攻坚、全面建成小康社会的战略决策。习近平指出，"全面建成小康社会、实现第一个百年奋斗目标，最艰巨的任务是脱贫攻坚，这是一个最大的短板，也是一个标志性指标"[①]，"打好脱贫攻坚战，是全面建成小康社会的底线任务。"[②] 将"脱贫攻坚"与"全面建成小康社会"放置在一起阐述，据此可以看出，"脱贫攻坚"工作是全面建成小康社会的"兜底性"工作。从当时我国的经济发展水平来看，绝大部分人民已经步入全面小康水平，唯有让现行标准下的贫困人口全部脱贫，让全体人民享有实实在在的民生和福祉，才能"使全面建成小康社会得到人民认可、经得起历史检验"[③]。实现脱贫攻坚目标是全面建成小康社会的重要标志，也是实现全面"富起来"的一个重要台阶。

二、从"全面建成小康社会"到"全面建成社会主义现代化强国"

在从"总体小康"到"全面小康"、实现第一个百年奋斗目标之后，还要由"全面建成小康社会"到"全面建成社会主义现代化强国"，由富起来到强起来，实现第二个百年目标，谱写全面建设社会主义现代化国家崭新篇章。

（一）从"全面小康"到"全面建成社会主义现代化强国"的飞跃，是新时代"两个一百年"奋斗目标的历史交汇

从全面建成小康社会到全面建成社会主义现代化强国的飞跃，是中国共产党人不断为"两个一百年"目标而奋斗的过程。从温饱到总体小康是第一次飞跃，从总体小康到全面建成小康社会是又一次飞跃，从建成全面小康社会到全面建成社会主义现代化强国是更高层次的飞跃。从全面建成小康社会到基本实现社会主义现代化，再到全面建成社会主义现代化强国，是新时代中国特色社会主义发展的战略安排，是"两个一百年"奋斗目标的历史交汇。

---

① 《习近平扶贫论述摘编》，中央文献出版社 2018 年版，第 19～20 页。
② 《习近平扶贫论述摘编》，中央文献出版社 2018 年版，第 74 页。
③ 《习近平著作选读》第二卷，人民出版社 2023 年版，第 23 页。

（二）从"全面小康"到"全面建成社会主义现代化强国"的飞跃，是以邓小平提出的"基本实现现代化"战略目标为重要依据

从小康社会到全面建成小康社会再到全面建成社会主义现代化强国的伟大飞跃，是党对现代化目标不断进行调整与细化的过程，这一过程以邓小平作出的"基本实现现代化"目标为主要依据。党的十三大对于"三步走"战略进行了阐释，即"到下个世纪中叶，基本实现现代化……然后，在这个基础上继续前进"①。在此提出了分阶段实现基本现代化，明确了在21世纪中叶基本实现现代化的时间表。在全面建成小康社会之际，习近平把"三步走"战略中的"第三步"又细化为"两步"，分为"两个十五年"基本实现社会主义现代化和全面建成社会主义现代化强国，进一步明确了2020年到21世纪中叶的两个阶段性奋斗目标。

（三）从"全面小康"到"全面建成社会主义现代化强国"的飞跃，体现了习近平对建设社会主义现代化强国的重大贡献

新时代是全面建成小康社会和全面建设社会主义现代化国家的重要时间坐标。党的十九大把基本实现社会主义现代化的时间提前至2035年，提出在21世纪中叶实现全面建成社会主义现代化强国的宏伟目标。这是习近平对全面建成社会主义现代化强国的时间表和路线图的重大调整。

习近平指出："今天，我们比历史上任何时期都更接近、更有信心和能力实现中华民族伟大复兴的目标。"② 我们党在新时代吹响了向"现代化强国"进军的集结号，"标志着中国社会主义现代化建设和民族复兴事业的时间表和路线图从追赶战略向赶超战略的重大跃迁"③。

第二节　新时代全面深化改革、全面依法治国和全面从严治党

确立了实现全面建成小康社会和全面建成社会主义现代化强国"两个一百年"目标之后，通过什么样的举措或途径来实现这一战略目标，是党的十八大以

---

① 《十三大以来重要文献选编》（上），人民出版社1991年版，第16页。
② 《习近平著作选读》第二卷，人民出版社2023年版，第13页。
③ 汪青松：《现代化目标经历怎样的细化调整》，载于《解放日报》2017年11月14日。

来习近平总书记反复思考的重大理论和现实问题。习近平总书记在深刻总结社会主义建设历史经验和本质规律的基础上，创造性提出围绕与服务"两个一百年"奋斗目标的全面深化改革、全面依法治国、全面从严治党三大战略举措，构成了新时代中国式现代化"四个全面"战略布局。

一、从"改革"到"全面深化改革"

党的十一届三中全会开启农村改革以来，改革始终是中国特色社会主义重大理论与实践主题。党的十二届三中全会提出加快以城市为重点的整个经济体制改革的步伐，党的十三届三中全会提出"有领导有秩序地推进相互配套的全面改革"①，党的十四届三中全会通过《中共中央关于建立社会主义市场经济体制若干问题的决定》，对改革这一社会主义现代化建设动力的认识不断深化。2012年党的十八大报告提出"全面深化改革开放"的目标。2013年习近平在党的十八届三中全会上第一次明确提出"全面深化改革"。党的十八届三中全会审议通过《中共中央关于全面深化改革若干重大问题的决定》，第一次对全面深化改革作出了总体部署，擘画了全面深化改革的新的蓝图、新的目标，成为党在新时代推进全面深化改革的科学指南和行动纲领。

新时代中国式现代化全面深化改革在更高层次上举起了新时代中国式现代化改革大旗，"各领域基础性制度框架基本确立，许多领域实现历史性变革、系统性重塑、整体性重构。"② 在此基础上，不断升级中国特色社会主义事业发展的"动力系统"，中国道路越走越宽广③。

二、从"依法治国"到"全面依法治国"

法治是党治国理政的基本方式，是社会和谐稳定的基石，也是社会主义现代化的法治保障。改革开放以来，伴随我们党对社会主义法制建设规律认识的深化，党的十五大第一次明确提出要健全社会主义法制，依法治国，建设社会主义法治国家，这是我们党首次将依法治国作为治国理政的基本方略。1999年，宪法修正案将"依法治国，建设社会主义法治国家"列入宪法，使依法治国成为党

---

① 《十三大以来重要文献选编》（上），人民出版社1991年版，第287页。
② 《中共中央关于党的百年奋斗重大成就和历史经验的决议》，载于《人民日报》2021年11月17日。
③ 姜丽华：《"四个全面"战略布局新表述的背景、内涵及重大意义》，载于《中共青岛市委党校青岛行政学院学报》2021年第1期。

领导人民、治理国家的基本方略。

党的十八大以来，习近平总书记对法治建设有了深层次的思考和部署。他《在首都各界纪念现行宪法公布施行三十周年大会上的讲话》中提出了加快建设社会主义法治国家，"科学立法、严格执法、公正司法、全民守法"[①] 的新 16 字法治建设方针。党的十八届三中全会第一次提出"建设法治中国"的目标任务，即"建设法治中国，必须坚持依法治国、依法执政、依法行政共同推进，坚持法治国家、法治政府、法治社会一体建设。"[②] 从"建设法治国家"到"建设法治中国"的转变，标志着以习近平同志为主要代表的中国共产党人在依法治国理论和实践上创新发展，更加注重依法治国的系统性与整体性。

党的十八届四中全会首提"全面推进依法治国"，审议通过《中共中央关于全面推进依法治国若干重大问题的决定》，擘画了法治中国蓝图，是全面推进依法治国的纲领性文件，从全局和战略高度不仅深刻阐明了全面推进依法治国的重要意义，而且科学确定了全面推进依法治国的指导思想、总体目标等，为全面推进依法治国提供了基本遵循。这就把现代化建设的战略布局从"两个全面"拓展为"三个全面"。

三、从"从严治党"到"全面从严治党"

治国必先治党，治党必须从严。从革命战争年代起，我们就把党的建设作为一项伟大工程来推进，保持和发展了党的先进性和纯洁性，为胜利推进革命、建设、改革事业提供了坚强政治保证。党的八大党章强调必须不断地发扬党的工作中群众路线的传统，提出坚持民主集中制的六条原则、党员的十项义务和七项权利；1962 年 11 月 29 日，邓小平提出"党要管党，一管党员，二管干部。"[③] 党的十四大通过的《中国共产党章程》明确提出，"党的建设必须围绕党的基本路线，坚持从严治党"，将从严治党上升到党的根本大法的高度。此后的党的十五大、十六大、十七大、十八大中，分别从重大意义、制度建设、改革创新和治理水平层面科学阐释如何从严治党的重大命题。我们党始终坚持党要管党，从严治党。

进入新时代，决胜全面建成小康社会的艰巨任务、实现中华民族伟大复兴的历史使命，对我们党提出了前所未有的新挑战新要求，党面临的"四大考验"是

---

① 《习近平关于社会主义政治建设论述摘编》，中央文献出版社 2017 年版，第 79 页。

② 《习近平关于全面依法治国论述摘编》，中央文献出版社 2015 年版，第 5～6 页。

③ 《邓小平文选》第一卷，人民出版社 1994 年版，第 328 页。

长期的、复杂的，面临的"四种危险"是尖锐的、严峻的。面对这些复杂问题和情况，以习近平同志为主要代表的中国共产党人高度重视党的建设，下大力气解决党内存在的突出问题，明晰了新时代推进党的建设的思路和方向。2014年10月，在党的群众路线教育实践活动总结大会上，习近平对全面推进从严治党进行部署①；2014年12月习近平在江苏考察时，第一次明确提出"全面从严治党"概念②。

第三节 新时代中国式现代化"四个全面"战略布局的演进

一、中国式现代化"四个全面"战略布局的历史演进

在中国式现代化的伟大进程中，"四个全面"战略布局每一个战略都有着提出、形成和确立的历史进程。而作为整体的"四个全面"战略布局同样经历了提出、形成和确立的历史过程，必将在中国式现代化的伟大实践中，不断拓展和深化。

（一）"全面建成小康社会"战略布局的演进和定位

在"四个全面"战略布局中，全面建成小康社会是战略目标。改革开放后，邓小平在结合新中国成立以来中国式现代化建设正反两方面经验的基础上，根据我国发展实际提出了"小康社会"战略目标。邓小平指出，"现在搞建设，要适合中国情况，走出一条中国式的现代化道路。"③ 针对广大人民群众对中国式现代化的追求和理想，邓小平指出，"不要离开现实和超越阶段采取一些'左'的办法，这样是搞不成社会主义的。"④ 为此，邓小平认为要在我国落后的社会生产力基础上有步骤分阶段地实现现代化。邓小平关于"小康社会"的战略目标是对"四个现代化"目标建设经验教训的总结，是根据实际降低了的现代化目标，是"中国式的现代化"目标。

---

① 《习近平在党的群众路线教育实践活动总结大会上的讲话》，载于《人民日报》2014年10月9日。
② 《习近平谈治国理政》第二卷，外文出版社2017年版，第22页。
③ 《邓小平文选》第二卷，人民出版社1994年版，第163页。
④ 《邓小平文选》第二卷，人民出版社1994年版，第312页。

全面建成小康社会的历史演变最早可追溯至党的十五大，随后在党的十六大确立。如果单就明确提出"全面建成小康社会"一词来讲则是在党的十七大上。但就"全面建成小康社会"作为战略布局的目标来说，主要形成和确立于党的十八大。党的十九届五中全会在全面建成小康社会的基础上提出了全面建设社会主义现代化国家的战略目标。

（二）从"一个全面"战略布局到"三个全面"战略布局

"全面建成小康社会"作为战略布局的目标后，习近平在全面总结我国中国式现代化建设经验的基础上并根据新时代以来现代化建设的生动实践，逐渐提出了"全面建成小康社会"战略目标引领下的"一体两翼"的发展战略，也就是"三个全面"战略布局。"三个全面"战略布局也就是全面建成小康社会、全面深化改革和全面依法治国。如果追溯"三个全面"内涵的历史渊源，"三个全面"都是党的十八大正式提出和确立的，但在具体表述经历了一个先后的逐步确立的过程。"全面建成小康社会"在党的十八大上已经明确提出；而"全面深化改革"则经历了从"全面深化改革开放"到"全面深化改革"的演变过程；"全面依法治国"则是从"全面推进依法治国"到"全面依法治国"。"三个全面"战略布局的具体概念第一次确立于党的十八届四中全会习近平作的《关于〈中共中央关于全面推进依法治国若干重大问题的决定〉的说明》中。

（三）从"三个全面"战略布局到"四个全面"战略布局

从"三个全面"战略布局到"四个全面"战略布局的历史演进，则是在"三个全面"战略布局基础上增加了"全面从严治党"。"全面从严治党"经历了从"全面推进从严治党"到"全面从严治党"的演变过程。从时间上讲，2014年10月，习近平在党的群众路线教育实践活动总结大会上首次提出"全面推进从严治党"[①]；2014年12月，习近平在江苏考察调研时第一次明确将"全面从严治党"与全面建成小康社会、全面深化改革、全面依法治国放在一起论述，提出"协调推进全面建成小康社会、全面深化改革、全面依法治国、全面从严治党，推动改革开放和社会主义现代化建设迈上新台阶。"[②] 这就从"三个全面"拓展到"四个全面"。虽然此时尚未明确提出"'四个全面'战略布局"的概念，但

---

① 习近平：《历史使命越光荣奋斗目标越宏伟　越要增强忧患意识越要从严治党》，载于《人民日报》2014年10月9日。

② 《习近平谈治国理政》第二卷，外文出版社2017年版，第22页。

是"四个全面"战略布局的实质内容已经形成。

（四）"四个全面"战略布局的最终确立和落实

在江苏考察调研后，习近平多次强调要协调推进"四个全面"战略布局。2015年2月，习近平首次明确使用了全面建成小康社会、全面深化改革、全面依法治国、全面从严治党的"四个全面"战略布局概念。习近平指出，"党的十八大以来，党中央从坚持和发展中国特色社会主义全局出发，形成了'四个全面'的战略布局。这个战略布局，既有战略目标，也有战略举措，每一个'全面'都具有重大战略意义。"① 这标志着"四个全面"战略布局的正式确立，也标志着"四个全面"战略布局表述的定型。"四个全面"战略布局既是理论创新的重大成果，又是实践创新的重大飞跃。"四个全面"战略布局正式形成和确立后，习近平又对"四个全面"战略布局的深刻内涵与本质要求等进行了多次阐述和强调。

（五）"四个全面"战略布局的开拓和飞跃

"四个全面"战略布局正式"确立了新形势下党和国家各项工作的战略目标和战略举措，为实现'两个一百年'奋斗目标、实现中华民族伟大复兴的中国梦提供了理论指导和实践指南。"② 在党的十九届六中全会上，习近平总书记指出，"战略布局是全面建设社会主义现代化国家、全面深化改革、全面依法治国、全面从严治党四个全面。"③ 这是新时代"四个全面"战略布局的最新表述。这一最新表述是对原有"四个全面"战略布局的继承和创新，也是现代化建设大局的应有之义。可以说，从"全面建成小康社会"到"全面建设社会主义现代化国家"的飞跃不仅是新时代坚持和发展中国特色社会主义的重要抓手，也是我们党在新的历史发展方位下的治国理政方略，处处"闪耀着马克思主义与中国最新实践相结合的真理光芒，处处体现着马克思主义的立场、观点和方法"④。

---

① 《习近平谈治国理政》第二卷，外文出版社2017年版，第23～24页。
② 《习近平关于协调推进"四个全面"战略布局论述摘编》，中央文献出版社2015年版，第18页。
③ 《习近平关于〈中共中央关于党的百年奋斗重大成就和历史经验的决议〉的说明》，载于《人民日报》2021年11月17日。
④ 姜丽华：《"四个全面"战略布局新表述的背景、内涵及重大意义》，载于《中共青岛市委党校青岛行政学院学报》2021年第1期。

二、中国式现代化"四个全面"战略布局的演进逻辑

中国式现代化"四个全面"战略布局不是凭空产生的，这一战略布局的形成是"顺应时代发展要求，契合我国现实发展需要，符合人民真实意愿"①。新时代中国式现代化协调推进"四个全面"战略布局有着极强的历史逻辑和现实基础。

（一）"四个全面"战略布局承继了中国式现代化的历程与经验

鸦片战争后，我国逐步沦为半殖民地半封建社会，为了抵御外辱、救亡图存，挽救民族于水深火热之中，无数的志士仁人为实现现代化而不懈努力、流血牺牲。但在中国共产党建立之前，"无论是农民阶级、开明地主还是资产阶级领导的旧民主主义革命，都由于其阶级局限性等原因而无法正确判定当时的历史阶段与发展趋势，因而也就无法承担起使中国踏上现代化之路的历史重任"②。中国共产党成立后，我们党在科学把握国情的基础上把马克思主义与中国具体实际、中华优秀传统文化相结合，团结带领人民历经千难万险取得了新民主主义革命和社会主义革命的伟大胜利，探索出了一条符合实现我国发展实际的中国式现代化道路。

新中国成立之初，毛泽东在立足中国国情、深刻比较社会发展阶段的基础上，把社会主义分为不发达阶段和比较发达阶段。而比较发达的社会主义阶段就是现代化的阶段。随后，1954 年 9 月，周恩来在《政府工作报告》中首次论述了"四个现代化"初步设想。周恩来说，"如果我们不建设起强大的现代化的工业、现代化的农业、现代化的交通运输业和现代化的国防"，"我们就不能摆脱落后和贫困"，"我们的革命就不能达到目的。"③ 这是我国第一次对实现四个现代化目标作出较为完整的表述，表明中国式现代化发展战略构想已具雏形。党的八大进一步明确了"四个现代化"并把这一目标写进了党章。1959 年 12 月，毛泽东指出，"建设社会主义，原来要求是工业现代化，农业现代化，科学文化现代化，现在要加上国防现代化。"④ 这是毛泽东首次就四个现代化目标进行阐述，也是较为成熟的表达，标志着"四个现代化"发展战略已经形成。在 1964 年 12 月的《政府工

---

① 李震、傅慧芳：《"四个全面"战略布局：现实逻辑与哲学意蕴》，载于《哈尔滨师范大学社会科学学报》2019 年第 1 期。

② 王岩：《在发扬历史主动精神中开拓中国式现代化道路》，载于《思想理论教育导刊》2022 年第 7 期。

③ 《周恩来选集》下卷，人民出版社 1984 年版，第 132 页。

④ 《毛泽东文集》第八卷，人民出版社 1999 年版，第 116 页。

作报告》中，周恩来明确提出，"把我国建设成为一个具有现代农业、现代工业、现代国防和现代科学技术的社会主义强国。"① 至此，这一目标被确立为我国现代化建设的战略目标。在这一特殊历史时期，我国实施的"四个现代化"的战略目标有力地推动了经济社会的发展，提高和改善了人民的生活。但是这一正确的战略目标并没有坚持太久，由于党对社会主义社会主要矛盾把握上出现了偏差，致使这一战略目标被迫中断，中国式现代化建设进入曲折发展期。但新中国"四个现代化"战略目标的确立与实施情况，为后来邓小平思考"中国式的现代化"发展道路问题提供了实践基础与经验教训。

改革开放后，邓小平指出，"我们要实现的四个现代化，是中国式的四个现代化"，"我们的四个现代化的概念，不是像你们那样的现代化的概念，而是'小康之家'。"② 在社会主义改革开放的伟大进程中，邓小平根据我国发展实际及时作出了实现小康社会"三步走"的发展战略。这标志着我们党在正确总结我国和世界主要国家走向现代化进程中正反两个方面的经验教训基础上，走出了有中国特色的现代化道路。此后，江泽民根据中国现代化新的实践，在"三步走"战略基础上提出了"新三步走"战略，作出了"新中国成立 100 年时，基本实现现代化，建成富强民主文明的社会主义国家"③ 的战略部署。在党的十七大上，胡锦涛明确了"确保到 2020 年实现全面建成小康社会的奋斗目标。"④ 党的十八大再次明确了"全面建成小康社会"的奋斗目标。党的十九大在决胜全面建成小康社会战略目标的基础上进一步明确了战略目标，到 21 世纪中叶，"把我国建成富强民主文明和谐美丽的社会主义现代化强国。"⑤

党的十八大以来，习近平站在新时代坚持和发展中国特色社会主义的高度，着眼于现代化建设发展全局，审时度势地推动形成了"四个全面"战略布局的中国式现代化新道路。可以看出，中国式现代化"四个全面"战略布局形成发展有着深刻的时代背景和实践需求。正如习近平所说，"'四个全面'战略布局是从我国发展现实需要中得出来的，从人民群众的热切期待中得出来的，也是为推动解决我们面临的突出矛盾和问题提出来的。"⑥

---

① 《周恩来选集》下卷，人民出版社 1984 年版，第 439 页。
② 《邓小平文选》第二卷，人民出版社 1994 年版，第 237 页。
③ 《十五大以来重要文献选编》（中），人民出版社 2001 年版，第 838 页。
④ 《十七大以来重要文献选编》（上），中央文献出版社 2009 年版，第 15 页。
⑤ 《习近平著作选读》第二卷，人民出版社 2023 年版，第 24 页。
⑥ 《习近平谈治国理政》第二卷，外文出版社 2017 年版，第 24 页。

（二）"四个全面"战略布局遵循了人类现代化的一般发展规律

纵观整个人类社会现代化的发展历史，迄今为止还未曾有过以社会主义制度文明形式进入现代化国家的成功实践。从一定意义上说，新时代构建"四个全面"战略布局的中国式现代化新道路，是人类历史上第一次14亿多人口的、具有超长历史纵深、超大国土面积的而且是以社会主义文明形态实现现代化的国家。

从世界历史发展的维度看，人类社会走向现代化的道路，成功实践并不多。但也有一部分在实现现代化的道路上成功转型的国家，像我国的近邻韩国等。这部分国家在实现现代化道路上成功跨越"中等收入陷阱"的经验，对我国实现现代化目标来说具有"扬弃"的借鉴意义。韩国之所以能成功走向现代化，成为比较发达的国家，主要得益于韩国经济产业结构的及时调整和转变。韩国在遇到经济发展动力不足等问题后，及时调整和转变经济发展方向，以经济体制为切入点进行了大规模的经济体制改革，培育创新增长点、注重优化产业结构、调整出口政策，实施"教育立国，科技兴邦"的发展战略，最终成功实现了现代化。但同一时期，与韩国等国家成功实现现代化的国家形成鲜明对比的巴西等国家却深陷"中等收入陷阱"泥潭之中，一直徘徊于中等收入国家行列。进入新时代以来，我国已经成为并稳居世界第二大经济体，但在实现中国式现代化的道路上却明显存在着"中等收入陷阱"的现实风险和威胁。面对这一现实，我们党需要对中国式现代化建设进行总体布局和战略布局。党的十八大以来，习近平在大量调查研究的基础上，紧紧聚焦中国式现代化道路的主题主线，前瞻性地提出并确立了中国式现代化"四个全面"战略布局，为实现中国式现代化和伟大民族复兴中国梦的目标作了科学的指引。

（三）"四个全面"战略布局提供了中国式现代化的智慧方案

如何实现中国式现代化、怎样实现中国式现代化？世界社会主义发展史上找不到现成的方案和既有的经验。因此，我们党只能依靠人民、带领人民不断开创和探索中国式现代化建设道路。中国式现代化"四个全面"战略布局正是在总结正反两方面经验的基础上，聚焦于中国式现代化建设的难点和堵点，从国情和经济社会发展实际出发，紧紧抓住"如何实现中国式现代化、怎样实现中国式现代化"的主线，对中国式现代化发展所作出的战略布局。

一个国家怎样选择现代化道路呢？从唯物史观来看，"制度是生产方式和社会关系的存在方式。"① 对于这一点，习近平有着清醒的认知。他指出，"一个国

---

① 《资本论》第三卷，人民出版社1975年版，第893~894页。

家发展道路合不合适，只有这个国家的人民才最有发言权。"① 新时代，站在"两个一百年"奋斗目标的历史交汇期，我们既要紧紧聚焦于实现中国式现代化目标，也要正视在推进实现这一目标过程中存在的短板和不足。中国式现代化"四个全面"战略布局体现了我们党始终坚持问题导向，敢于面对和解决矛盾，以辩证、战略和系统思维，分析、研究和解决我国现代化发展面临的理论和实践难题，对于实现中国式现代化可谓"神来之笔"。可以说，"'四个全面'战略布局的内涵式推进，是中国共产党治国理政长期战略的需要"②。

---

① 《习近平谈治国理政》第一卷，外文出版社 2018 年版，第 315 页。
② 卢黎歌、李华飞：《开全面建设社会主义国家新篇 谋二〇三五年远景目标——十九届五中全会〈建议〉的整体性解读》，载于《探索》2021 年第 1 期。

第二十一章

中国式现代化"四个全面"的战略目标与举措

实践性是马克思主义哲学的最显著特征。"四个全面"战略布局"并非凭空设想而成,而是基于现实问题催生而成,并且回归现实予以指导实践"[①],只有真正把"四个全面"战略布局转化为观念、信仰和制度,落实到经济、政治、文化、社会、生态文明等各项具体工作中,这一重大战略才能得以落地生根,开花结果。因此,深刻理解中国式现代化"四个全面"战略布局的核心要义,实质上就是要科学把握"全面建成小康社会""全面建成社会主义现代化强国"的目标要求,"全面深化改革"的主要任务,"全面依法治国"的战略意义和"全面从严治党"的本质要求。

第一节 新时代中国式现代化强国建设的战略目标

从一定意义上说,"实现全面建成小康社会"和"全面建成社会主义现代化强国"的本质在于进一步解放和发展社会生产力,大力推动社会主义市场经济、民主政治、先进文化、和谐社会和生态文明实现跨越式发展和提升。正如习近平所说,"全面建成小康社会,实现社会主义现代化,实现中华民族伟大复兴,最

---

① 李震、傅慧芳:《"四个全面"战略布局:现实逻辑与哲学意蕴》,载于《哈尔滨师范大学社会科学学报》2019 年第 1 期。

根本最紧迫的任务还是进一步解放和发展社会生产力。"① 而要评价是否全面建成小康社会和全面建成社会主义现代化强国，则还需要一定的衡量标准。换句话说，也就是"全面建成小康社会"和"全面建成社会主义现代化强国"的目标不是随随便便制定出来的，要有一定的衡量标准，在此基础上，我们可以更好地围绕这一目标任务，科学有效地选择实现途径。

一、全面建成小康社会的衡量标准

在党的十九大上，习近平指出："到建党一百年时建成经济更加发展、民主更加健全、科教更加进步、文化更加繁荣、社会更加和谐、人民生活更加殷实的小康社会。"② 这就对全面建成小康的本质内涵和衡量标准作了科学明确的界定。

（一）小康水平标准及其20世纪末的实现

关于小康社会的目标，1979 年，邓小平指出，"翻两番，国民生产总值人均达到八百美元，就是到本世纪末在中国建立一个小康社会。"③ 邓小平的这一设想是以当年国民生产总值人均 253 美元为参照基数，到 20 世纪末也就是达到 1 000 美元左右（后来考虑到世纪末人口将达到 12 亿，则人均为 800 美元），这是我们党最初制定的小康社会衡量标准。在此之后，党的十二大结合我国发展实际对小康社会的内涵进一步作了明确，即在解决温饱问题的基础上，我国人民生活质量有进一步提高。这里的小康社会衡量标准不仅包括人的物质生活的提高，而且包括人的精神生活等的提高。到 1987 年，党的十三大报告作出了"三步走"战略："第一步，实现国民生产总值比一九八〇年翻一番，解决人民的温饱问题；第二步，实现到本世纪末国民生产总值再翻一番，人民生活达到小康水平；第三步，到下个世纪中叶，基本实现现代化，人均国民生产总值达到中等发达国家水平，人民过上比较富裕的生活。"④ 这是党代会正式把建设小康社会上升为国家战略，将其列为"三步走"发展战略的第二步目标。1997 年，党的十五大又把"三步走"战略中第三步进一步具体化，这也是我们常说的新的"三步走"战略："第一个十年实现国民生产总值比二〇〇〇年翻一番，使人民的小康生活更

---

① 《习近平谈治国理政》第一卷，外文出版社 2018 年版，第 92 页。
② 《习近平著作选读》第二卷，人民出版社 2023 年版，第 22 页。
③ 《邓小平文选》第三卷，人民出版社 1993 年版，第 54 页。
④ 《十三大以来重要文献选编》（中），人民出版社 1991 年版，第 619 页。

加宽裕，形成比较完善的社会主义市场经济体制；再经过十年的努力，到建党一百年时，使国民经济更加发展，各项制度更加完善；到世纪中叶建国一百年时，基本实现现代化。"① 小康社会水平标准会跟着经济社会发展实际进行战略调整。

按照党和国家部署，由国家统计、财政、教育等 12 个部门的研究人员组成的课题组对小康社会的内涵进行了调研分析，确定了 16 个基本检测标准："（1）人均国内生产总值 2 500 元（按 1980 年的价格和汇率计算，2 500 元相当于 900 美元）；（2）城镇人均可支配收入 2 400 元；（3）农民人均纯收入 1 200元；（4）城镇人均住房面积 12 平方米；（5）农村钢木结构住房人均使用面积 15平方米；（6）人均蛋白质摄入量 75 克；（7）城市每人拥有铺路面积 8 平方米；（8）农村通公路行政村比重 85%；（9）恩格尔系数 50%；（10）成人识字率85%；（11）人均预期寿命 70 岁；（12）婴儿死亡率 3.1%；（13）教育娱乐支出比重 11%；（14）电视机普及率 100%；（15）森林覆盖率 15%；（16）农村初级卫生保健基本合格县比重 100%。"② 20 世纪末，国家用综合评分方法对这 16 个指标进行测算，结果表明我国人民生活水平在总体上已达到小康水平。虽然我们达到的小康水平还是低水平的、不全面的、发展不平衡的，但这已然是非常了不起的成就。在 21 世纪我们就是在这个基础上全面建设小康社会的。

（二）全面建设小康社会标准的提出

党的十六大，我们党首次对 2020 年全面建设小康社会奋斗目标进行了明确，即 "我们要在本世纪头二十年，集中力量，全面建设惠及十几亿人口的更高水平的小康社会。全面建设小康社会的宏伟目标，是中国特色社会主义经济、政治、文化全面发展的目标，是物质文明、政治文明和精神文明协调发展的目标。实现这个宏伟目标，使经济更加发展、民主更加健全、科教更加进步、文化更加繁荣、社会更加和谐、人民生活更加殷实。"③ 在此之后，2007 年，党的十七大报告结合新的发展实际情况作出了新的 "全面建设小康社会" 目标："实现人均国内生产总值到二〇二〇年比二〇〇〇年翻两番。社会主义市场经济体制更加完善。自主创新能力显著提高，科技进步对经济增长的贡献率大幅上升，进入创新型国家行列。"④ 进入新时代，以习近平同志为核心的党中央在新的历史发展方位下对 2020 年全面建成小康社会的具体目标进行了明确，也就是 "实现国内生产总值和城乡居民人均收入比二〇一〇年翻一番。科技进步对经济增长的贡献率

---

① 《十五大以来重要文献选编》（上），人民出版社 2000 年版，第 4 页。
② 《全国小康基本标准与现代化社会的一般标准》，载于《学习月刊》2003 年第 1 期。
③ 《十六大以来重要文献选编》（中），中央文献出版社 2006 年版，第 259 页。
④ 《十七大以来重要文献选编》（上），中央文献出版社 2009 年版，第 15 页。

大幅上升，进入创新型国家行列。工业化基本实现，信息化水平大幅提升，城镇化质量明显提高，农业现代化和社会主义新农村建设成效显著，区域协调发展机制基本形成。对外开放水平进一步提高，国际竞争力明显增强。"① 2017 年，党的十九大报告又一次明确了决胜全面建成小康社会的目标和 2020 年全面建成小康社会的历史任务。

（三）全面建成小康社会标准的提出

全面建成小康社会作为中国式现代化"四个全面"战略布局的阶段性目标。何为建成？何为全面建成？这都需要有明确的目标体系。习近平总书记在党的十八届五中全会上指出："全面建成小康社会，强调的不仅是'小康'，而且更重要的也是更难做到的是'全面'"，"'小康'讲的是发展水平，'全面'讲的是发展的平衡性、协调性、可持续性。"② 有学者根据 2020 年我国国内生产总值比 2000 年翻两番目标，GDP 必须保持年均 7.2% 的速度，测算出 2020 年，我国全面建成小康社会的各项具体目标："在 2020 年 GDP 翻两番之时，城镇居民人均可支配收入将是 2000 年的 3 倍左右，按 2000 年不变价计算，为 20 000 元；农村居民人均纯收入将是 2000 年的 3.5 倍，按 2000 年不变价计算，为 8 000 元；城乡居民收入之比由 2000 年的 2.8∶1 下降到 2.5∶1 左右。2020 年，社会基本保险覆盖率应达到 100%。2020 年，6 岁以上人口平均受教育年限应达到 10 年。2020 年我国的预期寿命可达到 75 岁。我国文化教育体育卫生增加值占国内生产总值的比重可达到 10%。犯罪率降至 15 起/万人以下，日均消费支出小于 5 元的人口比重应降到 0。2020 年按 2000 年的价格计算，我国千克煤当量的产出可达到 20 元（相当于 2.4 美元），与目前世界的平均水平相当。2020 年，我国城乡居民的安全卫生水普及率应达到 100%。交通事故和火灾死亡非正常死亡率，2000 年为 15‰，2020 年应降至 5‰。"③

如何建立一个科学的全面建成小康社会的目标体系，习近平指出，"全面建成小康社会，不是一个'数字游戏'或'速度游戏'，而是一个实实在在的目标。"④ 在中国式现代化"四个全面"战略布局中，全面建成小康社会需要坚持以人民为中心的发展思想，以人民的获得感、幸福感和安全感为依据。全面建成小康社会标志着我们党第一个百年奋斗目标的实现，也标志着我国将彻底告别几千年绝对贫困问题的历史，提前实现联合国"千年发展目标"和 2030 年"可持

① 《十八大以来重要文献选编》（上），中央文献出版社 2014 年版，第 13~14 页。
② 《习近平关于全面建成小康社会论述摘编》，中央文献出版社 2016 年版，第 12 页。
③ 李善同：《全面建设小康社会的 16 项指标》，载于《科学咨询》2004 年第 4 期。
④ 《习近平关于社会主义社会建设论述摘编》，中央文献出版社 2017 年版，第 18 页。

续发展目标"关于减贫的核心目标，为世界减贫事业作出了巨大贡献。

二、中国式现代化强国的衡量标准

纵观近代以来世界各个国家，实现和成为现代化强国是其不懈追求的目标。实现和成为现代化强国是近代以来中国人民的不懈梦想。建党以来，通过艰辛的理论和实践探索，我国最终选择了中国式现代化国家道路。可以说，"一部中国共产党的百年史，在一定意义上说，就是一部中国共产党推进国家现代化建设的探索史，就是一部中国共产党领导人民披荆斩棘、赓续奋斗的现代化建设史"[①]。新中国成立后不久，在经过几番调整后，我们党作出"把我国建设成为一个具有现代农业、现代工业、现代国防和现代科学技术的社会主义强国"[②]的现代化目标。至此，我国现代化目标得以确定。改革开放以来，随着我国工业化等的不断发展，现代化建设和发展出现了许多新特征、新特点。党的十三大，党和国家作出把我国建设成为富强、民主、文明的现代化国家目标；党的十六大，党和国家作出经济建设、政治建设、文化建设"三位一体"的现代化国家目标；党的十七大，党和国家作出经济建设、政治建设、文化建设和社会建设"四位一体"的现代化国家目标；党的十八大，党和国家作出经济建设、政治建设、文化建设、社会建设、生态文明建设"五位一体"的现代化国家目标；党的十九大根据国内外发展实际综合分析的基础上提出了建设中国式现代化强国的目标，并作出了两个十五年的新征程安排，即第一个阶段，从 2020 年到 2035 年，在全面建成小康社会的基础上，再奋斗十五年，基本实现社会主义现代化；第二个阶段，从 2035 年到 21 世纪中叶，在基本实现现代化的基础上，再奋斗十五年，把我国建成富强民主文明和谐美丽的社会主义现代化强国。[③] 这是以习近平同志为核心的党中央对中国式现代化强国目标作出的整体安排。在这一整体安排下，中国式现代化发展到何种程度为基本建成现代化强国？从而在基本建成现代化强国的基础上，进一步发展到何种程度又为全面建成现代化强国？

（一）全面建成中国式现代化国家标准的提出

2017 年党的十九大初步描绘了我国基本实现中国式现代化的六大图景：（1）我国经济实力、科技实力将大幅跃升，跻身创新型国家前列；（2）人民平

---

① 张士海：《中国共产党推进国家现代化建设的百年历史经验》，载于《红旗文稿》2021 年第 9 期。
② 《周恩来选集》下卷，人民出版社 1984 年版，第 439 页。
③ 《习近平著作选读》第二卷，人民出版社 2023 年版，第 24 页。

系统观视阈的新时代中国式现代化

等参与、平等发展权利得到充分保障，法治国家、法治政府、法治社会基本建成，各方面制度更加完善，国家治理体系和治理能力现代化基本实现；（3）社会文明程度达到新的高度，国家文化软实力显著增强，中华文化影响更加广泛深入；（4）人民生活更为宽裕，中等收入群体比例明显提高，城乡区域发展差距和居民生活水平差距显著缩小，基本公共服务均等化基本实现，全体人民共同富裕迈出坚实步伐；（5）现代社会治理格局基本形成，社会充满活力又和谐有序；（6）生态环境根本好转，美丽中国目标基本实现。①

2020 年党的十九届五中全会在深入分析中国式现代化"四个全面"战略布局实施中我国发展面临的国内外综合因素，科学擘画了 2035 年基本实现社会主义现代化的九大远景目标：（1）我国经济实力、科技实力、综合国力将大幅跃升，经济总量和城乡居民人均收入将再迈上新的大台阶，关键核心技术实现重大突破，进入创新型国家前列；（2）基本实现新型工业化、信息化、城镇化、农业现代化，建成现代化经济体系；（3）基本实现国家治理体系和治理能力现代化，人民平等参与、平等发展权利得到充分保障，基本建成法治国家、法治政府、法治社会；（4）建成文化强国、教育强国、人才强国、体育强国、健康中国，国民素质和社会文明程度达到新高度，国家文化软实力显著增强；（5）广泛形成绿色生产生活方式，碳排放达峰后稳中有降，生态环境根本好转，美丽中国建设目标基本实现；（6）形成对外开放新格局，参与国际经济合作和竞争新优势明显增强；（7）人均国内生产总值达到中等发达国家水平，中等收入群体显著扩大，基本公共服务实现均等化，城乡区域发展差距和居民生活水平差距显著缩小；（8）平安中国建设达到更高水平，基本实现国防和军队现代化；（9）人民生活更加美好，人的全面发展、全体人民共同富裕取得更为明显的实质性进展。②

2022 年党的二十大从八个方面描述了社会主义现代化强国基本建成的图景：到 2035 年，我国发展的总体目标是：（1）经济实力、科技实力、综合国力大幅跃升，人均国内生产总值迈上新的大台阶，达到中等发达国家水平；（2）实现高水平科技自立自强，进入创新型国家前列；（3）建成现代化经济体系，形成新发展格局，基本实现新型工业化、信息化、城镇化、农业现代化；（4）基本实现国家治理体系和治理能力现代化，全过程人民民主制度更加健全，基本建成法治国家、法治政府、法治社会；（5）建成教育强国、科技强国、人才强国、文化强国、体育强国、健康中国，国家文化软实力显著增强；（6）人民生活更加幸福美好，居民人均可支配收入再上新台阶，中等收入群体比重明显提高，基本公共服

---

① 《习近平著作选读》第二卷，人民出版社 2023 年版，第 23～24 页。
② 《中共中央关于制定国民经济和社会发展第十四个五年规划和二〇三五年远景目标的建议》，载于《人民日报》2020 年 11 月 4 日。

务实现均等化，农村基本具备现代生活条件，社会保持长期稳定，人的全面发展、全体人民共同富裕取得更为明显的实质性进展；（7）广泛形成绿色生产生活方式，碳排放达峰后稳中有降，生态环境根本好转，美丽中国目标基本实现；（8）国家安全体系和能力全面加强，基本实现国防和军队现代化。[①]

可以说，对于基本建成中国式现代化的认识，还从来没有像今天这样全面和具体过，这对于激励全国人民同心同德建设中国式现代化具有极其重大的意义。

（二）全面建成社会主义现代化强国标准的提出

党的十九大，党和国家首次把美丽中国建设作为新时代中国式现代化强国的重要目标，不仅极大丰富了"现代化"的理论体系，而且深刻揭示了中国式现代化强国的主要特征。考量中国式现代化成果，离不开一套比较完善、科学的现代化强国评价指标体系。随着现代化进程不断深入，现代化强国评价在世界各国持续展开，无论是在理论研究还是在实践探索中都取得了较大进步。然而，现代化强国评价一直是现代化研究中的共性难题。其原因是多方面的，其中一个重要原因就是现代化强国评价没有既科学又方便操作的衡量标准，即科学而可行的现代化强国评价指标体系。大量实践表明，指标体系的构建问题是现代化强国评价的核心问题，现代化强国评价的水平，在很大程度上依赖于指标体系的科学化程度，可以说，整个现代化强国评价就是以指标体系为依据而展开的，没有一套完整、系统、科学且可操作的指标体系，就无法对现代化强国进行客观评价。

新时代，如何制定社会主义现代化强国"基本建成"和"全面建成"的标准？这一标准要反映现代化本质，符合国际通用标准，不能简单复制原有的现代化指标体系；在此基础上，不仅要吸收国内外比较分析框架下的既有成果，还要"挖掘现代化强国评价指标体系深刻内涵，揭示现代化强国的经济、政治、文化、社会、生态、治理等六大核心特征。"[②] 党的十九大第一次描述了建成社会主义现代化强国的图景：到那时，"我国物质文明、政治文明、精神文明、社会文明、生态文明将全面提升，实现国家治理体系和治理能力现代化，成为综合国力和国际影响力领先的国家，全体人民共同富裕基本实现，我国人民将享有更加幸福安康的生活，中华民族将以更加昂扬的姿态屹立于世界民族之林。"[③] 党的二十大以"综合国力和国际影响力领先的社会主义现代化强国"[④] 高度概括了到21世

[①] 《习近平著作选读》第一卷，人民出版社2023年版，第20页。

[②] 汪青松、陈莉：《社会主义现代化强国内涵、特征与评价指标体系》，载于《毛泽东邓小平理论研究》2020年第3期。

[③] 《习近平著作选读》第二卷，人民出版社2023年版，第24页。

[④] 《习近平著作选读》第一卷，人民出版社2023年版，第21页。

纪中叶建成的社会主义现代化强国的图景。社会主义现代化强国"基本建成"和"全面建成"的目标体系依然是六个主要指标的现代化,一是物质文明现代化;二是政治文明现代化;三是精神文明现代化;四是社会文明现代化;五是生态文明现代化;六是国家治理体系和治理能力现代化。党的二十大更加强调高水平科技自立自强、全过程人民民主、综合国力和国际影响力领先。

第二节 新时代中国式现代化强国建设的战略举措

中国式现代化"四个全面"战略布局是一个由目标引领举措的有机体。要实现社会主义现代化强国目标,就需要发挥三大战略举措的作用,使三大战略举措更好服务于战略目标。中国式现代化"四个全面"战略布局,全面建设社会主义现代化国家是战略目标,而全面深化改革、全面依法治国、全面从严治党则是三大战略举措,三大战略举措为战略目标提供动力源泉、法治保障和政治保证。

一、新时代全面深化改革战略举措

改革开放是决定中国命运的关键抉择,也是决定实现"两个一百年"奋斗目标、实现中华民族伟大复兴的关键一招。党的十八大以来,以习近平同志为核心的党中央在新的历史起点上把新时代改革开放推向新境界,为全面建设社会主义现代化国家注入不竭动力。

(一)新时代全面深化改革的基本要求

2013年党的十八届三中全会通过《中共中央关于全面深化改革若干重大问题的决定》,提出336项改革举措、60项具体任务,部署了全面深化改革的战略重点、时间表路线图、优先顺序、主攻方向、工作机制和推进方式,开启了全面深化改革、系统整体设计推进改革的新时代。[①] 2014年党的十八届四中全会明确部署全面依法治国,促进国家治理体系和治理能力现代化。2019年党的十九届四中全会研究坚持和完善中国特色社会主义制度、推进国家治理体系和治理能力现代化,系统描绘中国特色社会主义的制度图谱。在推进全面深化改革中,重要

---

① 朱基钗等:《强国建设、民族复兴的必由之路——以习近平同志为核心的党中央引领新时代改革开放纪实》,载于《人民日报》2023年12月18日。

的是做到以下几个方面。

一是坚守基本方向和原则，保持全面深化改革定力。改革不是随随便便进行改革，而是有方向、立场和原则的。40多年来，改革能够成功，一个最重要的方面就在于坚守正确方向、立场和原则，没有犯颠覆性错误。正如习近平所说："中国特色社会主义，既坚持了科学社会主义基本原则，又根据时代条件赋予其鲜明的中国特色。"① 首先，要认清在全面深化改革过程中不改什么、改什么，哪些是不能改的、哪些是能改的，正确处理好"不改"与"改"、"怎么改"与"改什么"的辩证关系。究其实质，进行改革不是要推翻改变社会主义制度，而是要坚持完善和发展社会主义制度。只有坚持社会主义制度不动摇，全面深化改革才能夺取新的胜利。其次，全面深化改革要厘清先改什么、后改什么，哪些可以先改、哪些可以后改，处理好"先改"与"后改"两者之间的辩证关系。最后，全面深化改革要厘清边界和底线，哪里是边界、哪里是底线，处理好"量""质"和"度"的辩证关系。这样，全面深化改革就坚持了以完善和发展中国特色社会主义制度、推进国家治理体系和治理能力现代化为总目标。

坚守人民立场是改革的根本立场。纵观建党以来，无论革命、建设还是改革时期，我们党一直以人民立场为立场，为人民谋利益，依靠人民取得了一个又一个胜利。同样，新时代全面深化改革也要依靠人民，不依靠人民，不坚持人民立场，就会成为无本之木、无源之水。同时，新时代推动全面深化改革要一以贯之地坚持马克思主义"人民主体"思想。马克思、恩格斯指出，"无产阶级的运动是绝大多数人的，为绝大多数人谋利益的独立的运动。"② 在全面深化改革过程中要坚持让改革发展成果更多惠及人民的价值取向，以人民利益为先，更好满足人民对美好生活的向往。因此，新时代全面深化改革，不仅是坚持"为绝大多数人谋利益"的内在要求，也是推进全面深化改革的政治底色。只有以促进社会公平正义、增进人民福祉为出发点和落脚点，激发人民首创精神，才能推动重要领域和关键环节改革走实走深。

二是共享改革发展成果，凝聚全面深化改革合力。改革是亿万人民的共同事业，而不是几个人的事业。尽管新时代全面深化改革在有的方面已不同于过去的改革，但人民是改革的主体力量没有改变，也不能改变。新时代全面深化改革离不开人民的支持和参与。因此，要让人民群众共享改革发展成果，以增进民生福祉为改革目的，充分调动人民群众投身全面深化改革的积极性、主动性和创造性，凝聚亿万人民群众合力，更好推动全面深化改革迈出更广步伐，走向更大胜

① 《十八大以来重要文献选编》（上），中央文献出版社2014年版，第109页。
② 《马克思恩格斯文集》第二卷，人民出版社2009年版，第42页。

利。要坚持"发展为了人民、发展依靠人民、发展成果由人民共享"[①]，伴随我国经济的飞速发展，分配不公、贫富差距等问题越来越多地显现出来。这部分问题不容忽视，不仅会影响社会公正，也是人们最关注、最迫切期盼解决的问题，处理不好直接关系全面深化改革全局，因此，要"着力践行以人民为中心的发展思想"[②]，打破利益藩篱，破除阻碍公平公正体制机制等的障碍，建立健全分配等的制度，进一步把"蛋糕"做大，也要进一步把"蛋糕"分好，推动解决突出问题和主要矛盾。

要坚持以保障和改善民生为重点。在全面深化改革中，要着力促进改善民生，补齐民生短板，提高民生保障水平，健全幼有所育、学有所教、劳有所得、病有所医、老有所养、住有所居、弱有所扶等方面的基本公共服务制度体系。同时，要注重兴办公益事业等兜底性民生建设，使发展成果更多惠及全体人民，增强人民群众的获得感。要顺应人民对美好生活的向往。进入新时代，我国社会主要矛盾发生转化。面对这一变化，如何更好地解决这一主要矛盾？这就需要坚持"人民对美好生活的向往，就是我们的奋斗目标"[③]理念，充分调动人民群众自觉投身于全面深化改革的积极性、主动性和创造性，不断推进全体人民共同富裕，更好地满足人民群众对美好生活的需要。

三是把握和运用科学方法，激发全面深化改革活力。推进全面深化改革离不开科学方法的指导。党的十八大以来，在习近平总书记的亲自推动和指导下，我们党形成了辩证、系统、底线、创新等全面深化改革思维方法。可以说，全面深化改革思维方法作为经过实践检验的科学方法论，对推动全面深化改革有着事半功倍的作用。全面深化改革作为复杂、系统的工程，要在整体推进过程中注重系统性、整体性和协同性。因此，要在结合全面深化改革性质、特点和目标的基础上，把握和运用科学的方法助推全面深化改革向纵深发展。

一方面要把握好科学的方式方法。首先，要加强顶层设计与"摸着石头过河"相统一，做到"上""下"联动。伴随全面深化改革进入深水区、攻坚期，出现了一系列矛盾和风险，单靠"摸着石头过河"已然不能很好地解决新的矛盾和风险，为此要强化全局意识，加强顶层设计，更好地为"摸着石头过河"作出正确方向，避免改革的"碎片化"。其次，要坚持整体推进与重点突破相统一，做到"点""面"协同。在全面深化改革过程中，整体推进并不意味着眉毛胡子一把抓，也不意味着不分主次，要辩证地把握好点与面两者之间的关系，坚持解放思想和实事求是相统一，做到"破""立"并举。新时代全面深化改革同样需

① 《习近平谈治国理政》第二卷，外文出版社 2017 年版，第 200 页。
② 《习近平著作选读》第一卷，人民出版社 2023 年版，第 438 页。
③ 《习近平著作选读》第一卷，人民出版社 2023 年版，第 60 页。

要"冲破思想观念的障碍，突破利益固化的藩篱"[①]。最后，坚持改革、发展、稳定相统一，做到"变""稳"平衡。全面深化改革不是一方面的改革，也不是轻轻松松的改革，而是攻坚克难、全方位全方面的标本兼治的改革，要敢于克顽疾、啃硬骨头和涉险滩，否则就会出现修修补补、细枝末节的情况，甚至出现形式主义和空喊口号等的现象；同时也要意识到，全面深化改革不可能一蹴而就，急于求成，在这一过程中既要胆子大，也要步子稳，着重处理好改革、发展、稳定之间关系。

另一方面要运用好科学的方式方法。方法再好，没有人去运用，再好的方法也无法发挥出应有的效果，成为"无花果"。因此，推进全面深化改革，需要发挥人的主观能动性作用，将方法转为实践，推动方法和理念落地生根、开花结果。要注重领会和把握运用好科学的方式方法，破除思想认识上的各种误区，不能断章取义、生搬硬套，也不能一知半解。同时，也要结合全面深化改革发展实际，不能与实际脱离，要把原则性、灵活性和创造性相结合，这样才能让好的方法不被束之高阁和"被方法化"。此外，人民群众作为全面深化改革的主体，科学的方式方法还需要被群众所掌握。全面深化改革不能仅靠政府等去推动，也需要广大人民群众的参与和支持。科学的方式方法只有在被群众所掌握的基础上，才能积聚成为巨大的物质力量，推动全面深化改革向纵深发展、迈向新台阶。

四是加强党的领导，提升全面深化改革能力。"党政军民学，东西南北中，党是领导一切的。"[②] 能否顺利推进全面深化改革，关键在党的领导，核心在党的领导。党的十一届三中全会以来，我们党领导人民开启了改革开放和社会主义现代化建设新时期。党的十八大以来，以习近平同志为主要代表的中国共产党人又领导人民开启了全面深化改革的新时代。"时代是出卷人，我们是答卷人，人民是阅卷人。"[③] 党的领导是改革开放以来我们经济社会发展取得成功的根本政治保障。在全面深化改革中如何更好地加强党的领导能力，一要做好政治保障，着力增强党推进改革开放的能力。面对世界百年未有之大变局，要充分发挥党在全面深化改革中总揽全局的能力，坚持党的集中统一领导，不断增强"四个意识"、坚定"四个自信"、做到"两个维护"，为全面深化改革创造有利的国内外发展环境。同时，要加强党的政治、思想、先进性、纯洁性等的执政能力建设，全面增强党的建设科学化水平、制度化水平，推动全面深化改革迈上新台阶。二要把党的领导落实在全面深化改革各个环节、各个方面，增强党的群众组织力、政治领导力等。进入新时代，全面深化改革进入攻坚期和深水期，面对的矛盾复

---

① 《十八大以来重要文献选编》（上），中央文献出版社 2014 年版，第 839 页。
② 《习近平著作选读》第二卷，人民出版社 2023 年版，第 17 页。
③ 《习近平谈治国理政》第三卷，外文出版社 2020 年版，第 70 页。

杂多样且多变。因此，要坚持党对全面深化改革的全方位领导，增强领导全面深化改革的能力，这样才能处理好不断涌现的新问题和新矛盾。

（二）新时代全面深化改革的主要内容

全面深化改革，中心在改革，关键在深化，重点在全面。党的十八届三中全会吹响新时代全面深化改革的号角，对经济体制、政治体制、文化体制、社会体制、生态文明体制、国防和军队改革和党的建设制度改革作出部署，确定全面深化改革的总目标、战略重点、优先顺序、主攻方向、工作机制、推进方式和时间表、路线图。这次全会明晰了新时代全面深化改革的主要内容。

一是加强经济体制改革。在全面深化改革中，经济体制改革要重点做好三个方面工作。

第一，正确处理好政府与市场的关系。经济体制改革是全面深化改革的重点，要着眼于转变经济发展方式等，而核心在于处理好政府与市场的关系。党的十八届三中全会作出了"使市场在资源配置中起决定性作用和更好发挥政府作用"[1]的战略决定，这是以习近平同志为主要代表的中国共产党人对政府与市场在资源配置中的相互作用更深层次的创新认识和战略决定。纵观我国市场经济发展历程，实质就在于不断深化对政府与市场关系的认识过程。从党的十一届三中全会到社会主义市场经济体制的确立，从重视宏观经济调控到重视市场在经济发展中的作用再到发挥市场的决定性作用。可以看出，"坚持社会主义市场经济改革方向，核心问题是处理好政府和市场的关系，使市场在资源配置中起决定性作用和更好发挥政府作用。"[2] 而如何辩证统一地看待两者的关系，处理好两者之间的关系？首先，市场配置资源具有优越性。这一优越性在于以优胜劣汰增强市场经济的竞争性；通过价格自动调节生产和需求，促进社会竞争的形成，实现资源利用效率最大化。其次，政府宏观调控的必要性。市场经济不是万能的，在某一方面、某一领域会存在资源配置效率低下等的情况。为此，要加强政府的宏观调控，运用经济、法律等手段进行调节，保证社会经济发展秩序的稳定和社会供求平衡，促进社会公平。

第二，完善基本经济制度。我国的经济制度是以公有制为主体，多种所有制经济共同发展。国有经济作为国民经济命脉，起着主导作用，对维护国家经济的稳定有着压底的作用，但也存在一些问题。首先，一部分国有企业政策依存度高，靠吃"政策饭"，导致员工的积极性、主动性和创造性不高，从而出现企业

---

[1] 《十八大以来重要文献选编》（上），中央文献出版社 2014 年版，第 778 页。
[2] 《习近平关于全面深化改革论述摘编》，中央文献出版社 2014 年版，第 62 页。

发展效率不高、竞争力差等情况。这就需要全面深化国有企业改革，该改的要坚决地改，不能改的坚决不能改。其次，非公有制经济的发展受到很多因素制约，和国有企业相比，民营企业和中小企业在政策、资金、融资等方面出现了"断层"，导致民营企业和中小企业发展缓慢。因此，要加大政策、资金、融资等方面的支持力度，营造支持国有企业和民营企业、中小企业共同发展的良好局面。这就需要进一步完善基本经济制度，改革行政审批程序等，加大对非公有制经济的政策等支持力度，形成公有制经济和非公有制经济共同发展、互利共赢的局面，更好满足人民美好生活需要。

第三，深化科技体制创新，形成经济发展动力。科技实力强弱与否直接关系经济发展水平能力。习近平总书记指出，"科技兴则民族兴，科技强则国家强，要结合实际坚持运用我国科技事业发展经验，积极回应经济社会发展对科技发展提出的新要求，深化科技体制改革，增强科技创新活力，集中力量推进科技创新，真正把创新驱动发展战略落到实处。"① 从我国科技体制实际情况看，存在着一部分科技项目管理权不明确、科技项目定位不清、政府宏观调控的相关措施不力、科研项目组织协调不力、科研项目的评价体系不明确、资金支持不足等问题。面对这一系列问题，怎样更好地把深化科技体制改革落在实处？增强国家自主创新能力？这就需要培养大量人才。可以说，国家科技创新最终靠的是人才，要靠人去推动落实。因此，要着力提高科技人员的待遇，关注科技人员的生活状况，"健全激励机制、完善政策环境，从物质和精神两个方面激发科技创新的积极性和主动性。"② 同时，还要加大政府对科技创新体制改革的宏观调控，营造良好的体制环境、社会环境、政治环境。完善知识产权保护制度，建立健全科技创新公平体制；加大政策支持力度，给予资金、税收等的支持；把科技创新成果转化率作为政府部门考核的内容，发挥市场配置资源的决定作用，提高科技资源配置公平高效；加强管理组织机构体系的协调，完善科技行政部门的运行体系等。在此基础上，更好地推动科技体制创新，促进科学技术发展。

二是推进政治体制改革。道路决定命运。道路问题关乎人民幸福、国家长治久安和党的前途命运。要坚定中国特色社会主义政治发展道路不动摇，原因在于这条道路是党团结带领人民群众在党的十一届三中全会后历经千辛万苦成功开辟的正确发展道路，能够实现最广泛、最真实、最管用的人民民主，不仅彰显了我国的领导核心、根本制度、指导思想、根本任务，而且彰显了我国的国体、政体、民主制度。可以看出，这一道路关系国家的根本，要毫不动摇地坚持下去。

---

① 习近平：《深化科技体制改革增强科技创新活力　真正把创新驱动发展战略落到实处》，载于《人民日报》2013 年 7 月 18 日。

② 《习近平关于科技创新论述摘编》，中央文献出版社 2016 年版，第 58 页。

为了更好地坚持这一道路，要推进政治体制改革，以全面深化改革为统领，完善司法制度、协商民主制度、选举制度、监督制度等。人民当家作主是根本，党的领导是核心，依法办事是要求，要把党的领导、人民当家作主和依法治国有机统一起来，更好地反映人民群众意志。习近平总书记指出，"紧紧围绕坚持党的领导、人民当家作主、依法治国有机统一深化政治体制改革，加快推进社会主义民主政治制度化、规范化、程序化，建设社会主义法治国家，发展更加广泛、更加充分、更加健全的人民民主。"① 又指出，"社会主义协商民主在我国有根、有源、有生命力，是中国共产党人和中国人民的伟大创造，是中国社会主义民主政治的特有形式和独特优势，是党的群众路线在政治领域的重要体现。"② 政治协商制度是中国共产党和中国人民政治经验和政治智慧的结晶，新时代要进一步发展和完善协商民主制度，加快推进协商民主发展。要通过推动协商民主的发展，使利益各方都有平等的机会表达自己的意见，使决策的程序透明、公开化。同时，推进协商民主体现了人民是国家主人的社会性质，能够保证人民群众话语权，是社会公平正义的重要组成部分。

三是促进文化体制机制创新。文化无论是对于一个国家、一个民族，还是对于个人都十分重要。正如习近平总书记所指出，"文化是民族生存和发展的重要力量。人类社会每一次跃进，人类文明每一次升华，无不伴随着文化的历史性进步。"③ 文化不仅是实现现代化目标的重要组成部分，也是促进人们各方面素质不断提高的必然要求，文化体制改革是全面深化改革的重要内容。具体来说，要激发全民族文化创造活力，这是文化体制改革的核心。随着人民生活水平的提高，人民不仅对文化产品需求增加，而且对文化产品的质量要求越来越严格。对于缺乏精神内涵、质量低下的文化产品，人民群众心里有着一杆秤，会自觉加以抵制。因此，要结合人民群众需求创作符合时代发展、反映人民群众生活实际的文化产品，更好满足人民群众精神文化需要。此外，要充分发挥互联网等新兴媒体在传播文化信息中的作用，使得更多的文化产品惠及人民群众。第一要加强对网络文化产品的监管，互联网等新媒体传播文化产业要坚持社会主义文化前进方向，确保人民群众享受高质量的文化产品，更好地激发全民族文化创造活力。第二要深化文化体制改革，"健全坚持正确舆论导向的体制机制"④，从而塑造中国的话语体系。在对外交往和文化传播中，要"讲好中国故事，传播好中国声

① 《十八大以来重要文献选编》（上），中央文献出版社2014年版，第512页。
② 《习近平关于社会主义政治建设论述摘编》，中央文献出版社2017年版，第73页。
③ 习近平：《在文艺工作座谈会上的讲话》，人民出版社2015年版，第2页。
④ 《十八大以来重要文献选编》（上），中央文献出版社2014年版，第533页。

音"①。当今世界，文化在一个国家中扮演着越来越重要的角色，是各国交流中的重要内容。因此，需要健全文化交流机制，积极推动中华文化和世界各国的交流机制，推动中华文化走向国际。第三要深化文化体制改革，加强意识形态的宣传与建设工作。作为马克思主义政党，"要旗帜鲜明地高举马克思主义旗帜，巩固马克思主义在意识形态领域的指导地位，巩固全党全国人民团结奋斗的共同思想基础"②。只有坚持马克思主义方向不动摇，文化体制改革才能够不变色，才能凝聚磅礴力量，更好地推进文化体制改革。同时，要注重将社会主义核心价值观建设与深化文化体制改革实践结合起来，这是深化文化体制改革的重要内容。除此之外，还要进一步加强优秀传统文化学习。优秀传统文化中蕴含着丰富的文化资源，是我们发展文化事业、文化产业的重要来源之一，要充分发挥传统文化的优势，助推文化体制改革和发展。

四是加强社会体制建设。社会制度建设直接关系到民生福祉，是一切改革的起点和终点。当前，我国在社会管理方面存在着诸多问题。基于此，要着力推进社会体制改革，促进社会公平和正义。第一，推进户籍制度改革。城乡差别的户籍制度对进城务工人员有着许多的不利影响，享受不了平等的福利保障等。要深化户籍制度改革。不仅如此，要着力推动城乡社会保障和公共服务均等化，制定城乡统一的服务政策体系。因此，还需要加强顶层设计，推动户籍制度等城乡公平体制机制改革。第二，推进教育体制改革。教育问题是党之大计、国之大计，是一个国家兴旺发达的重要支撑。我国作为教育人口大国，但还没有达到教育强国的标准，主要原因就是教育体制机制的不健全。这就需要深入推进教育体制改革，促进教育质量发展。首先是促进教育公平，合理分配教育资源，尤其是向贫困地区、偏远地区倾斜教育资源，加大教育资金支持，缩小教育发展差距。其次是给予学校更多的自主权，完善学校的自我管理结构；改革考试招生制度，减少"填鸭式""灌输式"教学等，因人因材施教，减少学生的课业负担；推进素质教育，发展学生自身的爱好，增强学生主动学习的兴趣，培养德智体美劳全面发展的人才。第三，健全就业创业机制。要鼓励创业人员创业，打破性别、户口、行业等方面的歧视，给创业者支持，形成政府、社会、劳动者三者协调一致的创业机制。同时，要完善劳动者职业技能培训体系，增强劳动者的技能和素养。还要保障失业人员基本生活所需，建立失业保险制度，尤其是要对残疾人、丧失工作能力等特殊群体进行救济和保障。第四，形成合理的收入分配格局。合理的收入分配制度能够有效保护合法收入，调节过高收入群体，增加中等收入群体。因

① 《习近平谈治国理政》第一卷，外文出版社 2018 年版，第 156 页。
② 《十八大以来重要文献选编》（上），中央文献出版社 2014 年版，第 465 页。

系统观视阈的新时代中国式现代化

此，要完善税制，合理确定收入水平的税率，形成合理的收入分配格局，充分发挥税收在调节收入分配中的杠杆作用。同时，要规划垄断行业收入分配机制，缩小行业差距。此外，要建立健全资产实名制登记制度，杜绝隐性收入，取缔非法收入。

五是完善生态文明体制。"建设生态文明，关系人民福祉，关乎民族未来"①。改革开放以来，经过发展，中国成为世界最大的工业制造中心，经济总量稳居世界第二。但由于前期发展过多采用粗放式，导致资源浪费严重，生态环境破坏也比较严重，直接制约和影响着我国经济的可持续发展和人民美好生活需要的实现。生态文明建设是发展过程中的新命题，是加快转变经济发展方式的实现途径之一和现代化建设的应有之义，标志着我们党对社会主义现代化建设的认识达到一个新高度。首先要健全生态文明建设决策机制。建设生态文明不是随随便便、敲锣打鼓就能建成的，而是要进行科学化、专业化的建设，在这一过程中要充分发挥智库专家等的作用。其次要健全生态建设措施执行机制。建设生态文明过程中，不仅要建立健全领导抓落实机制，也要建立健全生态文明建设监察机制，更好地确保生态文明建设政策措施落地生根。最后要建立明确的责任追究制度。建设生态文明过程中要"完善责任追究制度，对违背科学发展要求、造成资源环境生态严重破坏的要记录在案，实行终身追责，不得转任重要职务或提拔使用，已经调离的也要问责"②。同时，要把"体现生态文明建设状况的指标纳入经济社会发展评价体系，建立体现生态文明要求的目标体系、考核办法、奖惩机制，使之成为推进生态文明建设的重要导向和约束"③。不仅如此，还要完善生态环境补偿制度、建立健全资源生态环境管理制度，设立惩罚机制，定期公布考核结果，不符合考核标准的要惩罚惩处。只有这样，才能更好地推动生态文明建设。

2023年4月二十届中央全面深化改革委员会第一次会议回顾党的十八大以来全面深化改革的历史进程，指出：新时代10年推动的改革是全方位、深层次、根本性的，取得的成就是历史性、革命性、开创性的。放眼全世界，没有哪个国家和政党，能在这么短时间内推动这么大范围、这么大规模、这么大力度的改革。④ 新时代不断推动全面深化改革向广度和深度进军，中国特色社会主义制度更加成熟更加定型，国家治理体系和治理能力现代化水平不断提高，中国式现代化事业焕发出新的生机活力。

① 《习近平谈治国理政》第一卷，外文出版社2018年版，第208页。
② 《十八大以来重要文献选编》（中），中央文献出版社2016年版，第499页。
③ 《习近平关于全面深化改革论述摘编》，中央文献出版社2014年版，第104页。
④ 《习近平主持召开二十届中央全面深化改革委员会第一次会议强调守正创新真抓实干 在新征程上谱写改革开放新篇章》，载于《人民日报》2023年4月22日。

二、新时代全面依法治国战略举措

法律是治国之重器，法治是国家治理体系和治理能力的依托。全面依法治国是确保党和国家长治久安的根本要求。党的二十大报告强调，"全面依法治国是国家治理的一场深刻革命，关系党执政兴国，关系人民幸福安康，关系党和国家长治久安。必须更好发挥法治固根本、稳预期、利长远的保障作用，在法治轨道上全面建设社会主义现代化国家。"① 全面依法治国的总目标是建设中国特色社会主义法治体系，建设社会主义法治国家，对于推动中国式现代化有着重大意义。

（一）新时代全面依法治国的根本遵循

党的十八大以来，以习近平同志为核心的党中央提出一系列全面依法治国新理念新思想新战略，在领导全面依法治国、建设法治中国的伟大实践中，创造性提出了一系列具有原创性、标志性的全面依法治国新理念新思想新战略，形成了习近平法治思想。

习近平法治思想集中体现为"十一个坚持"。一是坚持党对全面依法治国的领导；二是坚持以人民为中心；三是坚持中国特色社会主义法治道路；四是坚持依宪治国、依宪执政；五是坚持推进国家治理体系和治理能力现代化；六是坚持建设中国特色社会主义法治体系；七是坚持依法治国、依法执政、依法行政共同推进；八是坚持全面推进科学立法、严格执法、公正司法、全民守法；九是坚持统筹推进国内法治和涉外法治；十是坚持建设德才兼备的高素质法治工作队伍；十一是坚持抓住领导干部这个"关键少数"。

习近平法治思想深刻回答了新时代为什么实行全面依法治国、怎样实行全面依法治国等一系列重大问题，明确了全面依法治国的指导思想、发展道路、工作布局、重点任务，是马克思主义法治理论中国化的最新成果，是中国式现代化全面依法治国的根本遵循。

（二）新时代全面依法治国的主要内容

全面依法治国的总目标是建设中国特色社会主义法治体系，建设社会主义法治国家。2022年10月党的二十大从完善以宪法为核心的中国特色社会主义法律体系、扎实推进依法行政、严格公正司法和加快建设法治社会四个方面进行深刻

① 《习近平著作选读》第一卷，人民出版社2023年版，第33页。

阐释①，对新时代如何推进和实现全面依法治国这一总目标提出了明确要求。

一是建设以宪法为核心的社会主义现代化法治体系。

习近平法治思想的核心目标之一就是建立系统完备的社会主义现代化法治体系，这也是新时代全面依法治国的总抓手。党的十八大以来，习近平多次就社会主义现代化法治体系的本质、内涵以及地位等作了重要讲话和论述，为中国式现代化法治体系建设指明了方向。

全面依法治国首要的是坚持依宪治国、依宪执政。宪法是国家的根本大法，对国家的民主法治建设起决定性作用。习近平强调：宪法与国家前途、人民命运息息相关，捍卫宪法尊严就是捍卫党和人民共同意志的尊严，保证宪法实施就是保证人民根本利益的实现。"依法治国，首先是依宪治国；依法执政，关键是依宪执政。"②

现代化法治体系都有相对完善的法律规范、实施、监督等一整套体制机制。社会主义现代化法治体系作为人类法治文明的重要组成部分，有其深刻内涵，主要表现为法治体系是国家治理体系的骨干工程，加快形成完备的法律规范体系、高效的法治实施体系、严密的法治监督体系、有力的法治保障体系，形成完善的党内法规体系。这科学阐明了社会主义现代化法治体系的深刻内涵。在全面依法治国的伟大实践中，全面推进依法治国涉及很多方面，但是要有一个总的抓手，来统领各项工作，"这个总抓手就是建设中国特色社会主义法治体系"③。社会主义现代化法治体系建设在新时代全面依法治国中具有重要地位和作用。

二是推进科学立法、严格执法、公正司法、全民守法。

新时代全面推进依法治国，必须"着力推进科学立法、严格执法、公正司法、全民守法"④。这是新时代全面依法治国全链条的重点任务。在全面依法治国的全链条中，必须坚持党领导立法、保证执法、支持司法、带头守法⑤，这是新时代全面依法治国全链条的关键。

首先，要推进科学立法，关键在于形成体现党和人民的意志的立法体制机制。要坚持立法先行，重点完善科学立法的程序，推进科学立法要民主立法、依法立法，在尊重立法基本规律的基础上，统筹立改废释纂的立法实施运行机制。

其次，要坚持严格执法，扎实推进依法行政。严格执法是法律实施的生命力。全面推进依法治国，必须坚持严格执法。转变政府职能，优化政府职责体

① 《习近平著作选读》第一卷，人民出版社 2023 年版，第 33~35 页。
② 《习近平谈治国理政》第一卷，外文出版社 2018 年版，第 141 页。
③ 《习近平关于全面依法治国论述摘编》，中央文献出版社 2015 年版，第 25 页。
④ 《习近平谈治国理政》第二卷，外文出版社 2017 年版，第 120 页。
⑤ 《习近平谈治国理政》第二卷，外文出版社 2017 年版，第 39 页。

系和组织结构，推进机构、职能、权限、程序、责任法定化，提高行政效率和公信力。各级政府必须依法全面履行职能，坚持法定职责必须为、法无授权不可为，健全依法决策机制，完善执法程序，严格执法责任，做到严格规范公正文明执法。

再次，要坚持严格公正司法。公正司法是受到侵害的权利一定会得到保护和救济，违法犯罪活动一定要受到制裁和惩罚。公正司法是维护社会公平正义的最后一道防线。而要实现公正司法，必须通过深化司法体制改革，优化司法职权配置，健全公安机关、检察机关、审判机关、司法行政机关各司其职、相互配合、相互制约的体制机制，规范司法权力运行，增强司法公信力，实现司法为民目标。加强检察机关法律监督工作，强化对司法活动的制约监督，促进司法公正。

最后，要坚持全民守法，加快建设法治社会。全民守法就是"任何组织或者个人都必须在宪法和法律范围内活动，任何公民、社会组织和国家机关都要以宪法和法律为行为准则，依照宪法和法律行使权利或权力、履行义务或职责。"① 法治社会是构筑法治国家的基础。推进多层次多领域依法治理，提升社会治理法治化水平。弘扬社会主义法治精神，深入开展法治宣传教育，增强全民法治观念，引导全体人民做社会主义法治的忠实崇尚者、自觉遵守者、坚定捍卫者。

三、全面依法治国是一个系统工程

新时代全面依法治国作为一项系统复杂工程，需要坚持用辩证的思维和统筹协调的方法来深入推进实施。最核心的是要用辩证思维来统筹协调好三个方面。

第一，统筹好依法治国与依规治党的关系。依法治国与依规治党的有机统一，是我们党履行好执政兴国的重大历史使命、赢得具有许多新的历史特点的伟大斗争胜利、实现党和国家的长治久安的需要。同时，依法治国和依规治党具有内在统一性。中国共产党依法执政的生动实践表明依法执政既具有对外依据宪法法律治国理政，也具有对内依据党章党规管党治党的双重内涵。习近平提出坚持"依法治国和依规治党有机统一"②，既突破了对传统"法"的概念内涵的狭隘理解，把"硬法"范畴全面扩展到了"软法"范畴，也丰富了依法执政的科学内涵，有力地把党内法规的内在强制约束和国家法的外在强制约束辩证统一起来。

第二，统筹好法治与德治的关系。自古以来，法治和德治一直是我国国家治理的两个基本方式。一个良性运行的社会，应当是依法治国和以德治国有机结合

① 《习近平关于全面依法治国论述摘编》，中央文献出版社 2015 年版，第 87 ~ 88 页。
② 《习近平著作选读》第二卷，人民出版社 2023 年版，第 19 页。

的社会。实现"良法善治"也是新时代全面依法治国的重要内容和全社会的普遍期盼。在推进全面依法治国中，"既重视发挥法律的规范作用，又重视发挥道德的教化作用，实现法律和道德相辅相成、法治和德治相得益彰。"① 正如习近平所说："必须坚持依法治国和以德治国相结合，使法治和德治在国家治理中相互补充、相互促进、相得益彰，推进国家治理体系和治理能力现代化。"② 习近平坚持和运用历史唯物主义的立场、观点和方法，清晰揭示了法律与道德都属于上层建筑的范畴，都由一定的经济基础所决定。但因二者产生方式等不同，因此作用也不相同。"法律是成文的道德，道德是内心的法律。"③ 这就说明道德与法律都发挥着维护和调节社会关系、规范和服务社会秩序的作用。虽然二者的地位不同，但二者作用的发挥都有赖于对方的支持或约束。也就是说"法治和德治不可分离、不可偏废，国家治理需要法律和道德协同发力。"④在新时代全面依法治国实施中，要坚持依法治国和以德治国相结合，强调法治和德治两手抓、两手都要硬，这既是历史经验的总结，也是对治国理政规律的深刻把握。

第三，统筹好法治和改革的关系。正如习近平总书记所强调：在社会主义建设中，"改革和法治如鸟之两翼、车之两轮"⑤，缺一不可。我们要努力做到"在法治下推进改革，在改革中完善法治"⑥。

四、新时代全面从严治党战略举措

党的十八大前，一度暴露出管党不力、治党不严等问题，一部分党员、干部政治信仰出现严重危机，一部分地方和部门选人用人风气不正，形式主义、官僚主义、享乐主义和奢靡之风盛行，特权思想和特权现象较为普遍存在，甚至出现了"七个有之"的严重问题。面对这一现实问题，习近平总书记强调要"全面推进党的政治建设、思想建设、组织建设、作风建设、纪律建设，把制度建设贯穿其中，深入推进反腐败斗争，不断提高党的建设质量"⑦。全面从严治党这一伟大工程为协调推进"四个全面"战略布局提供了力量源泉、方向指引和组织保证。

---

① 《习近平关于全面依法治国论述摘编》，中央文献出版社2015年版，第30页。
②④ 《习近平谈治国理政》第二卷，外文出版社2017年版，第133页。
③ 《习近平关于全面依法治国论述摘编》，中央文献出版社2015年版，第29页。
⑤ 《习近平关于全面依法治国论述摘编》，中央文献出版社2015年版，第14页。
⑥ 《习近平关于全面依法治国论述摘编》，中央文献出版社2015年版，第52页。
⑦ 《习近平著作选读》第二卷，人民出版社2023年版，第51页。

（一）新时代全面从严治党的基本要求

新时代，全面从严治党的基本要求主要表现为"基础在全面、关键在严、要害在治"。①

一是全面从严治党的基础在于有效落实"全面"。全面从严治党基础在"全面"。而这个"全面"主要包括主体、内容、对象、方式等。从主体上看，全面从严治党主体全覆盖，是对各级党组织主体责任的立体统筹，要推动形成责任明确、层级清晰、"三级联动"的立体统筹格局。从内容上看，全面从严治党主要表现在政治、思想、组织、作风和制度建设五大内容的整体协调，缺一不可。从对象上看，全面从严治党是对各级党组织、全体党员的全面覆盖，不是针对某个人或者某个岗位、某个组织。从方式上看，全面从严治党是惩治、制度等手段的综合运用。全面从严治党不是依人治党，而是依靠制度和法治，注重事前预防、过程监督和事后惩治的管党治党，运用惩治、制度等手段对党的全面综合治理。唯有如此，才能真正做到"全面"从严治党。

二是全面从严治党的关键在于保持"从严"。全面从严治党关键在"严"。习近平指出，"如果管党不力、治党不严，纪律松弛、组织涣散，正气上不来、邪气压不住，人民群众反映强烈的党内突出问题得不到及时有效解决，那么我们党迟早会出大问题。"②"严"字贯穿全面从严治党的整个过程，体现在每一个环节、每一个方面、每一项举措中。具体来说，"严"字主要表现为教育、制度、管理、惩治等方面。教育要严就是对广大党员的思想、纪律和作风等教育严格要求，保证其坚定理想信念和优良作风；制度要严就是制定完善、配套、严格的党内法规制度，为全体党员竖起一条带电的"制度高压线"，真正筑牢党员的"底线"，发挥好制度的根本保证作用；管理要严就是加强对党员的管理，保证党的团结和统一；执纪要严就是严格执行党内各项法规政策，防止"失之于宽、失之于松、失之于软"的现象发生；惩治要严就是以"零容忍"的态度严肃惩治违反党规党纪的行为；问责要严就是对贯彻执行党的政策不力的行为严厉追责。

三是全面从严治党的要害在于始终动真格"治"。全面从严治党要害在"治"。推进全面从严治党，关键在于如何有效地组织落实。首先，落实各级党委（党组）主体责任，把党的领导落到实处，推动全面从严治党层层落实的主导力量。各级党委（党组）要发挥好领导核心和战斗堡垒作用，勇于承担起主体责

① 《习近平关于全面从严治党论述摘编》，中央文献出版社 2021 年版，第 11 页。
② 《习近平关于党风廉政建设和反腐败斗争论述摘编》，中国方正出版社 2015 年版，第 34 页。

任，从根本上推动全面从严治党各项政策落地生根。其次，各级党的纪律检查机关要坚守监督执纪问责的定位，切实肩负监督责任，自觉承担起监督执纪问责的重大责任，把党内监督"同国家监察、群众监督结合起来"，"同法律监督、民主监督、审计监督、司法监督、舆论监督等协调起来"①，推动形成监督合力，充分发挥执纪监督问责的作用，推动全面从严治党取得实效。最后，各级领导干部作为"第一梯队"，在推动全面从严治党落实中扮演着关键角色。因此，各级领导干部既要以身作则、率先垂范，又要真抓真管、敢抓敢管，确保主体责任落在实处。

（二）新时代全面从严治党的主要内容

新时代全面从严治党的内容十分丰富，主要表现在统筹政治上、思想上、组织上、作风上、纪律上、制度上从严管党治党六个方面内容。

一是统领推进政治上从严管党治党。党的十九大把政治建设纳入党的建设总体布局，要求"把党的政治建设摆在首位"，"以党的政治建设为统领"②。什么是政治建设？也就是我们党通过开展政治领域工作来整体推动党的建设工作。党的政治建设实践中通常以阶段性的历史特点为依据，在掌握运用一定的理论方法基础上制定党的路线方针政策，并作为全党长期遵循的行动指南，使全党思想统一、步调一致，能够应对各种复杂的形势与危机，确保全党始终沿着正确的政治方向前进。党的政治建设是党的根本性建设，决定党的建设方向和效果。

党的政治建设决定党的建设方向和效果。首先，要在政治立场、方向、原则、道路上同党中央保持高度一致，"坚定执行党的政治路线，严格遵守政治纪律和政治规矩"③。可以说，政治方向正确与否关系党各项事业的推进与建设。其次，要认真学习、严格遵守党章。党章不仅是管党治党的根本，也是党的根本大法，更是党内法律法规制定的依据。党章不仅明确了党员干部的义务和权利，还清晰地指出了成为一名合格党员干部应该具备的基本素质素养。要把自己的行为与党章的要求相对照，内化于心、外化于行。再次，要完善和落实民主集中制。这一制度的完善与落实不仅要发扬民主，也要实行集中，避免各自为政等问题，保证作出的决断是集思广益而形成的。同时，要建立健全议事和决策程序和监督制度，把责任与落实统一起来，营造良好党内政治生态。最后，要弘扬优良传统，永葆党的先进性。第一，发扬重视理论学习的优良传统。建党百年的成功在于我们党思想强党、理论强党的优良传统。观往知来，在新时代要继续重视理

---

① 《习近平谈治国理政》第二卷，外文出版社 2017 年版，第 169 页。
②③ 《习近平著作选读》第二卷，人民出版社 2023 年版，第 51 页。

论学习的优良传统，用党的创新理论来武装头脑。第二，发扬遵纪守纲的优良传统。党章作为规范全体党员行为的根本性纲领，遵纪守纲也就是学习、遵守、维护党章。学习党章是基础和前提，不仅要学习党章，而且要通过学习党章内容不断强化"四个意识"。第三，坚持密切联系群众的优良传统。密切联系群众不仅要防止脱离人民群众的危险，更要深刻认识新时代社会阶层的构成变化特点，明确密切联系群众的具体要求。

二是着力推进思想上从严管党治党。思想建设是党的基础性建设。纵观党的历史，我们党开展党建工作的重要方式之一在于把思想建党与制度建党结合起来。为避免出现"思想上松一寸，行动上就会散一尺"①的现象，要着力推进思想治党。首先，坚定理想信念，补好精神之钙。"理想信念是共产党人精神上的'钙'，共产党人如果没有理想信念，精神上就会'缺钙'，就会得'软骨病'。"②随着经济、思想文化的不断发展，拜金主义、享乐主义等糖衣炮弹不断腐化侵蚀着共产党人的理想信念，出现了一部分共产党人热衷求神拜佛、追求奢靡生活等现象。面对这一严重问题，党的十八大以来，习近平总书记反复强调，"坚定理想信念，坚守共产党人精神追求，始终是共产党人安身立命的根本。"③可以看出，"马克思主义信仰、共产主义远大理想、中国特色社会主义共同理想，是中国共产党人的精神支柱和政治灵魂，也是保持党的团结统一的思想基础。"④在任何时间，中国共产党人都不能放弃对马克思主义和社会主义的信仰，这样才可以实现自我净化、自我完善、自我革新、自我提高。

其次，精准把握检验标准。理想信念是否坚定，需要一块"试金石"，这块"试金石"就是检验共产党员是否合格的标准评价体系。因此，共产党员要准确把握检验理想信念的客观标准。习近平总书记指出，"没有远大理想，不是合格的共产党员；离开现实工作而空谈远大理想，也不是合格的共产党员。"⑤共产党员理想信念是否坚定是有检验标准的，既要从思想上正本清源、固本培元，筑牢信仰之基、补足精神之钙、把稳思想之舵，保持共产党人政治本色，挺起共产党人的精神脊梁，也要自觉践行标准，明确信念坚定、为民服务、勤政务实、敢于担当、清正廉洁的新时代好干部标准⑥，做优秀合格的共产党员，更好地服务人民。

最后，牢牢把握意识形态工作领导权、管理权和话语权。习近平总书记指

---

① 《习近平关于全面从严治党论述摘编》，中央文献出版社 2016 年版，第 63 页。
②④⑥ 《中共中央关于党的百年奋斗重大成就和历史经验的决议》，载于《人民日报》2021 年 11 月 17 日。
③ 《习近平关于全面从严治党论述摘编》，中央文献出版社 2016 年版，第 57 页。
⑤ 《习近平关于全面从严治党论述摘编》，中央文献出版社 2016 年版，第 58 页。

出，要"把意识形态工作的领导权、管理权、话语权牢牢掌握在手中，任何时候都不能旁落，否则就要犯无可挽回的历史性错误。"[①] 这为开展意识形态工作明确了方向。一要强调意识形态工作的重要性。共产党员，尤其是"关键少数"的领导干部，要坚定理想信念，认清意识形态工作的重要性和紧迫性，坚守社会意识形态这一伟大旗帜，形成强大精神支柱。二要坚持传播正能量。随着智能时代的到来，弘扬主旋律、传播正能量要善于改革和创新传播媒介、形式，既要拓宽传播渠道，又要丰富传播内容，增强中国故事、中国声音对海外的传播力度，发出和平、合作、共赢的声音。三要巩固意识形态领域阵地。从我国意识形态发展情况来看，依然面临着复杂的严峻形势。新时代我们党必须要重视新媒体、管好新媒体，要把新媒体工作作为一项重要考核指标，通过牢牢把握住意识形态领域的宣传阵地，以阻断西方某些国家借助新媒体攻击我国意识形态领域的可能性。

三是有效推进组织上从严管党治党。组织建设是党的建设工作核心。要通过"建设高素质专业化干部队伍"和"加强基层组织建设"来实现党的组织建设[②]。一方面，要建设高素质专业化干部队伍，重视党内干部培养与任用。"好干部"是党发展的重要内在动力，作为一名共产党的干部，任何时候都要信仰马克思主义和共产主义，决不能动摇；好干部的立身之本在于为人民服务，把屁股坐到群众的炕头，多倾听群众意见想法等；好干部的底线在于清正廉洁，当官和发财两者只能取其一，一心为民，而不是为财，要正确认识两者的关系，这是好干部的底线。坚持"四不唯"选人标准。选人用人不是随意的，要有选人用人制度。尽管我们党在选人用人的人事制度改革上取得了一定成效，但也存在着不少问题，尤其是唯票、唯分、唯GDP、唯年龄的"四唯"问题。要解决这些问题则需从多方面着手，不仅要改进民主测评、民主推荐等办法，解决"唯票"问题，也要改进竞争性选拔方式，解决"唯分"问题。除此之外，还要用好政绩考核"指挥棒"，解决"唯GDP"问题。另一方面，坚持人才建党。人才建党既要培养人才，又要管理人才。党的十八大以来，习近平总书记为了更好地推进人才建党，作出了"聚天下英才而用之"的重要论述。当今世界各国之间的竞争虽然是经济、文化、科技、军事等综合国力的竞争。但也要看到，综合国力的背后则是由一个个活生生的人所创造的。可以说，综合国力归根结底是人才之竞争。重视人才是党的组织建设之要点，培养一定数量和质量兼具的人才队伍是我们执政兴国的核心要素。要科学制定人才培养和任用等制度，汇聚人才建党的磅礴力量。要加强基层组织建设工作，"树立大抓基层的鲜明导向，推动党的组织和党的工作

---

① 《习近平关于全面深化改革论述摘编》，中央文献出版社 2014 年版，第 86 页。
② 《习近平著作选读》第二卷，人民出版社 2023 年版，第 52~53 页。

全覆盖。"① "党的基层组织是党的肌体的'神经末梢'。"② 要想更好地推进全面从严治党，一定要落实到基层党组织。基层党组织承担了大量复杂而艰巨的工作，直接关系到党在人民群众的形象等。要树立抓基层的鲜明导向，全面从严治党伟大工程并非短期之举，党的基层组织要把其当作一项长期工程来抓；要充分发挥基层组织的战斗堡垒作用，重视、关注和支持基层，通过选派等的方式向基层输送品格优良、能力过硬的"领头羊"等，为人民谋利益，树立良好形象；要加强基层服务型党组织建设，以改革创新为动力做好服务群众工作，有计划、有重点、有步骤地整合资源，形成上下联动的良好态势，切实解决基层各种困难和问题。

四是切实推进作风上从严管党治党。"水能载舟、亦能覆舟。"作风建设作为全面从严治党重要任务之一，要持之以恒地抓下去。忽视作风建设会影响党群关系，使党群关系逐渐疏远。新时代以来，党和国家高度重视党的作风建设。习近平总书记指出，"我们党来自人民、植根人民、服务人民，一旦脱离群众就会失去生命力，全面从严治党必须从人民群众反映强烈的作风问题抓起。"③ 又指出，"工作作风上的问题绝对不是小事，如果不坚决纠正不良风气，任其发展下去，就会像一座无形的墙把我们党和人民群众隔开，我们党就会失去根基、失去血脉、失去力量。"④

首先，加强和改进党的作风建设要坚持群众路线为根本，"保持同人民群众的血肉联系。"⑤ 中国共产党成立以来，我们党以群众路线为法宝，重视人民群众作用，是取得革命、建设、改革成功的根本。党的十八大以来，以习近平同志为核心的党中央坚持以人民为中心的发展思想，坚守"为人民谋幸福"的初心，更加注重群众路线的重要性，把群众路线视为根本工作路线和党的生命线。其次，加强和改进党的作风建设要牢固树立为民务实清廉的思想。为民务实即党的一切工作要重实效、抓落实，反对一切形式主义，为人民谋求利益和发展，解决事关人民利益问题。清正廉洁即要堂堂正正做事，清清白白做人，坚持权为民用，杜绝骄奢淫逸等风气。最后，加强和改进党的作风建设要坚持和发扬艰苦奋斗的精神。正如习近平总书记所说，"工作作风上的问题绝对不是小事……抓改进工作作风，各项工作都很重要，但最根本的是要坚持和发扬艰苦奋斗精神。"⑥ "作风问题具有反复性和顽固性，不可能一蹴而就、毕其功于一役，更不能一阵

---

①③ 《中共中央关于党的百年奋斗重大成就和历史经验的决议》，载于《人民日报》2021 年 11 月 17 日。

② 习近平：《在全国组织工作会议上的讲话》，人民出版社 2018 年版，第 13 页。

④ 《习近平关于全面从严治党论述摘编》，中央文献出版社 2016 年版，第 148 页。

⑤ 《习近平谈治国理政》第一卷，外文出版社 2018 年版，第 15 页。

⑥ 《习近平谈治国理政》第一卷，外文出版社 2018 年版，第 387 页。

风、刮一下就停，必须经常抓、长期抓。"① 随着生产力的发展，物质生活越来越好，极少数共产党员逐渐忘却我们党艰苦奋斗的优良传统，由此导致了一系列的问题，严重损害了我们党在人民当中的公信力。作风建设只有进行时、没有完成时，敢于直面问题，常抓不懈，不能流于形式、走过场，进而营造党内清正廉洁、勤勉实干之风。

五是严格推进纪律上从严管党治党。没有规矩，不成方圆。我们党有着严格的纪律，这是我们党能够走到今天的重要原因。新时代，我们党的纪律建设仍然存在着很多新的问题和挑战。总的来看，绝大部分党员执行纪律的情况是好的，但也存在一部分党员纪律观念不强、纪律弱化的现象，甚至出现违反党纪法规的现象，严重损害了党在人民心中的良好形象。面对这些问题，要"强化政治纪律和组织纪律，带动各项纪律全面严起来"②，不断加强党的纪律建设。党的纪律是神圣不可侵犯的，要让全体党员明白，执行党的纪律不能含糊。党的纪律有很多，像政治纪律、组织纪律等。其中，政治纪律最为重要，是每个党员都要严格遵守的政治规矩。党的十八大以来，习近平高度重视党的纪律建设，认为"严明党的纪律，首要的就是严明政治纪律"③，作出了一系列决策部署，有效地推动党的纪律建设迈上新台阶。

反腐倡廉是新时代纪律建党的重要内容，也是习近平总书记关于全面从严治党重要论述的鲜明特色。反腐倡廉要常抓不懈。腐败实质是以权谋私，对于党和国家发展具有极大危害性。早在革命、建设和改革时期，我们党就高度重视反腐倡廉工作，开展了一系列反腐倡廉工作，取得了良好效果，但也存在着一部分问题。党的十八大以来，以习近平同志为核心的党中央高度重视反腐倡廉工作，重拳出击。同时，反腐倡廉也要建立健全腐败惩治与预防体系。习近平指出，"建立健全惩治和预防腐败体系是国家战略和顶层设计"④。在新时代建立健全腐败惩治与预防体系对于反腐倡廉工作具有重要意义，可以有效推动党的纪律建设，对于维护党的形象有着重要作用。不仅如此，在反腐倡廉工作中要坚持"零容忍"态度惩治腐败。反腐"零容忍"不仅要做到不因恶小而"以观后效"、不因初犯而"下不为例"、不因位高而"保留情面"、不因面广而"法不责众"；也要反对特权思想和现象，特权思想和现象一直是阻碍党的建设与发展的重要问题之一。面对这一现象，"要把权力关进制度的笼子里，依纪依法设定权力、规范权力、制约权力、监督权力"，"坚持不敢腐、不能腐、不想腐一体推进，惩治震慑、制

---

① 《习近平谈治国理政》第一卷，外文出版社 2018 年版，第 379 页。
② 《中共中央关于党的百年奋斗重大成就和历史经验的决议》，载于《人民日报》2021 年 11 月 17 日。
③ 《习近平关于严明党的纪律和规矩论述摘编》，中央文献出版社 2016 年版，第 13 页。
④ 《习近平谈治国理政》第一卷，外文出版社 2018 年版，第 394 页。

度约束、提高觉悟一体发力，确保党和人民赋予的权力始终用来为人民谋幸福"①。最后，在反腐倡廉工作中还要推进反腐倡廉文化建设，夯实"廉洁从政"思想基础，通过加强反腐倡廉教育营造"廉荣贪耻"良好氛围，更好地推进反腐倡廉工作。

六是科学推进制度上从严管党治党。制度管党、治党是管党治党的基本方式。对于党的制度建设，习近平指出，"制度不在多，而在于精，在于务实管用，突出针对性和指导性。如果空洞乏力，起不到应有的作用，再多的制度也会流于形式。"② 可以看出，党的制度建设不能盲目地推进，要有明确的方向，不以数量为标准来评价制度，也不能空洞，流于形式，要有指导性、针对性。唯有如此，才能发挥制度在全面从严治党的价值作用。首先，在制度治党过程中要加强党的制度体系建设。注重制度的科学设计，设计制度要以遵循党的建设基本规律为前提，用科学的方法设计适用性强的制度，决不能闭门造车，要以科学的方法，从解决实际问题出发建立健全制度。其次，要完善权力监管的制度体系。权力具有吸引力，但权力的行使是有限度的，不是没有限度的，要有完善的权力监管制度体系，确保权力行使有度，"组建国家、省、市、县监察委员会，……制定国家监察法"，"改革审计管理体制，完善统计体制。"③ 通过构建权力监管制度，把组织监管与民主监督相结合，形成监督工作常态化。此外，要推进国家监察体制等的改革，加大国家行政监察力度，强化国家审计管理，推动制度建党。

在制度上从严治党过程中要牢固树立党的制度权威。制度之所以有权威在于其蕴含的根本性、全局性、稳定性和长期性等的特性。就其根本性而言，制度性质决定其权威性，制度的根本性是党在长期的实践工作中逐渐积累并被人民群众所认可的，是开展各项工作的旨归。就其全局性而言，制度不是孤立的，也绝非单一性的，与其他方面内容相关联，彼此协同。就其稳定性和长期性而言，党的各项制度是中国共产党为了确保党的目标和任务顺利完成，依据党的建设规律和党的性质等方面设计出来。同时，制度的生命力在于执行，再好的制度，如果没有执行力或者执行力不够，也不过是一张白纸而已，而且会对制度的权威性产生很多负面后果，影响制度建党发展。

总的来看，全面从严治党的四层内涵之间不是相互孤立、相互阻碍的，而是相互统一、相互促进的，共同构成了全面从严治党的丰富内涵。"全面"不是从"宽"、从"松"、从"软"的"全面"，也不是没有重点、"眉毛胡子一把抓"的"全面"，而是从"严"的"全面"；从"严"不是个别的从"严"、有例外

---

① 《中共中央关于党的百年奋斗重大成就和历史经验的决议》，载于《人民日报》2021 年 11 月 17 日。
② 《习近平关于严明党的纪律和规矩论述摘编》，中央文献出版社 2016 年版，第 55 页。
③ 《习近平著作选读》第二卷，人民出版社 2023 年版，第 55～56 页。

的从"严"，也不是没有目标、没有重点的从"严"，而是"全面"的从"严"，是以加强党的领导为核心的"从严"；"治"不是孤立静止的"治"，也不是含混不清的"治"，而是贯穿于"全面"和从"严"整个过程的"治"，是有明确的主体责任和监督责任的"治"。全面从严治党，以"全面"为基础，以从"严"为关键，以"治"为要害，四层内涵你中有我、我中有你，相互联系、相互促进，共同构成了一套内涵丰富的管党治党新思想。正是在习近平总书记关于全面从严治党重要论述的指导下，新时代开展史无前例的反腐败斗争，坚持无禁区、全覆盖、零容忍，不敢腐、不能腐、不想腐一体推进，反腐败斗争取得压倒性胜利并全面巩固，成功走出一条中国特色反腐败之路。放眼全世界，没有任何一个政党能像中国共产党如此严肃认真地对待自身建设，如此高度自觉地以科学的态度、体系化的方式推进自我革命，这是我们党的显著优势，也是引领时代的制胜之道。①

---

① 习近平：《健全全面从严治党体系　推动新时代党的建设新的伟大工程向纵深发展》，载于《求是》2023 年第 12 期。

第二十二章

中国式现代化"四个全面"战略布局的协调推进

中国式现代化"四个全面"战略布局,"统一于民族复兴的伟大梦想,统一于中国特色社会主义伟大事业,统一于党的建设新的伟大工程,统一于我们正在进行的具有许多新的历史特点的伟大斗争。"① 中国式现代化"四个全面"战略布局,是一个全面的"变"和其他三个全面的"不变",即第一个全面的战略目标由"全面建成小康社会"转变为"全面建设社会主义现代化国家"的变,和其他三个全面的战略举措不变。但中国式现代化"四个全面"战略布局的表述,所呈现出的变化绝不是简单的文字变动,对其他三个"全面"的原文保留也绝不是简单的内涵不变,而是蕴含着丰富而严密的理论逻辑、实践逻辑、历史逻辑的重大发展创新,内在统一于社会主义现代化和实现中华民族伟大复兴。

第一节 中国式现代化战略目标与战略举措的协同推进

"四个全面"战略布局内化统一于实现中国式现代化和中华民族伟大复兴的总任务,也是以中国式现代化全面推进中华民族伟大复兴的必然结果。正是聚焦于实现社会主义现代化和中华民族伟大复兴这一战略目标,才逐步形成确立了全面建成小康社会和全面建设社会主义现代化国家的战略目标引领下的"全面深化

① 《引领民族复兴的战略布局——一论协调推进"四个全面"》,载于《人民日报》2015年2月25日。

改革""全面依法治国""全面从严治党"三大战略举措的中国式现代化"四个全面"战略布局。

一、中国式现代化战略目标引领战略举措

在中国式现代化"四个全面"战略布局中，全面建成小康社会和全面建设社会主义现代化国家是战略目标，"全面深化改革""全面依法治国""全面从严治党"是战略举措，形成了"一个目标"引领和"三个举措"保障的生动局面。

（一）现代化的一般逻辑与中国式现代化新道路

何为现代化？有学者研究指出，现代化一般是"指18世纪工业革命以来人类文明所发生的一种革命性变化，它包括从传统经济、传统社会、传统政治和传统文化向现代经济、现代社会、现代政治和现代文化等的转变，以及追赶、达到和保持世界先进水平的国际竞争。"[①] 新中国成立之初，以毛泽东同志为主要代表的中国共产党人从建设社会主义的本质出发，提出的"四个现代化"目标。到以邓小平同志为主要代表的中国共产党人从中国现实出发，提出"中国式的现代化"小康社会目标。从全面建设小康社会到全面建成小康社会，再到以习近平同志为主要代表的中国共产党人提出"社会主义现代化强国"目标。这就是中国式现代化的历史逻辑，也是中国式现代化新道路的实践逻辑。

中国式现代化新道路就是要把握好现代化的一般规律、社会主义现代化的普遍规律和中国社会主义现代化的特殊规律。从"现代化国家"到"社会主义现代化强国"的转变清晰地表明实现中华民族伟大复兴的中国梦对现代化建设有着更高层次的要求，这一转变具有强烈现实意义和深远历史意义。中国式现代化"四个全面"战略布局既是对原有"四个全面"战略布局的继承、发展、创新，也是中国式现代化战略的应有之义，体现了阶段性与目标性的科学统一。

（二）中国式现代化"四个全面"战略布局目标的确立发展

从人类社会现代化的历程来看，每个国家走向现代化的道路并没有固定的模式，不同的国家肯定会有不同的现代化道路。我国作为一个第一次以社会主义制度文明走向现代化的国家，肯定有其独特的历程、实践和任务。中国式现代化"四个全面"战略布局，正是习近平在科学把握人类社会现代化普遍规律和我国

---

① 张旭、隋筱童：《中国特色社会主义现代化与新"四个全面"的历史进程及演进逻辑》，载于《山东社会科学》2021年第2期。

现代化的特殊规律的基础上，作出的实现全面建成小康社会和全面建设社会主义现代化国家的战略性安排。党的十八大以来，习近平总书记反复强调："我们比历史上任何时期都更接近中华民族伟大复兴的目标，比历史上任何时期都更有信心、有能力实现这个目标。"① 换句话说，新时代比以往任何时期都接近于实现社会主义现代化强国目标。中国式现代化"四个全面"战略布局为实现这一目标作了更好的制度安排、战略指引和行动指南。

从新中国成立之初的"四个现代化"，到改革开放之初的"中国式的现代化"（小康社会），到"全面建设小康社会"和"全面建成小康社会"，再到新时代"全面建设社会主义现代化国家"和"全面建成社会主义现代化强国"战略目标的确立，这是中国式现代化"四个全面"战略布局目标的逻辑演进。从"改革"到"全面深化改革"，从"依法治国"到"全面依法治国"，从"治党"到"全面从严治党"，这是中国式现代化"四个全面"战略布局三大举措的逻辑演进。从总体来看，协调推进中国式现代化"四个全面"战略布局，要把全面建成小康社会和社会主义现代化强国目标作为现代化的重要战略阶段推进，为持续不断解决民生需求奠定经济基础，促进人的全面发展，实现人的现代化。要运用全面深化改革的方式建立现代化的制度体系，使各项改革举措在实施过程中相互促进、在政策取向上相互配合、在实际成效上相得益彰，使发展成果更多更公平惠及全体人民，实现国家治理和人民生活的协调现代化。要把全面依法治国作为现代化建设的法治保障，促进上层建筑与经济基础相适应、相协调，保障现代化的既有成果、正确方向和成果转化。要通过全面从严治党锻造实现中国式现代化的坚强领导核心和政治保证，为实现现代化打造坚强领导核心，通过解决发展过程中的重大问题推动实现现代化的战略任务。

（三）中国式现代化战略目标引领三大举措发展

党的十八大以来，习近平从整体上对中国式现代化"四个全面"战略布局作了根本性的制度安排。中国式现代化"四个全面"战略布局作为党治国理政的总方略，是现阶段各项事业发展的基本遵循，为迈向现代化国家作了战略安排。第一个"全面"是重大战略目标，在战略布局中居于引领地位。其他三个"全面"是三大战略举措，为战略目标和战略布局提供各个方面的重要保障。全面深化改革为坚持和发展中国特色社会主义注入强大动力；全面依法治国为党和国家事业发展提供根本性、全局性、稳定性、长期性的制度保障；全面从严治党为实现社会主义现代化和中华民族伟大复兴提供根本政治保证。

---

① 《习近平谈治国理政》第二卷，外文出版社 2017 年版，第 57 页。

全面深化改革，推进国家治理体系和治理能力现代化，本身就是中国式现代化战略目标的需要。习近平总书记指出："全面深化改革的总目标是完善和发展中国特色社会主义制度，推进国家治理体系和治理能力现代化。"① 又说，"这是完善和发展中国特色社会主义制度的必然要求，是实现社会主义现代化的应有之义。"② 中国式现代化"四个全面"战略布局的发展中，推动全面深化改革不仅是我们党治国理政的重要保障，而且是中国特色社会主义制度的重要组成部分。为了更好推进全面深化改革落地生根，党的十八届三中全会、十九届三中全会审议通过了《中共中央关于全面深化改革若干重大问题的决定》《中共中央关于深化党和国家机构改革的决定》。显然，这是新时代党和国家对全面深化改革作出的战略性决策部署，对于推动实现现代化各项目标具有深刻意义。

全面依法治国不仅是推进现代化的主要内容，也是现代化国家的标志。习近平总书记反复强调："凡属重大改革都要于法有据。在整个改革过程中，都要高度重视运用法治思维和法治方式。"③ 现代化的国家都是法治化国家。从一定意义上说，法治化是推进一个社会定型的基本方式和检验一个社会成熟程度的衡量尺度。在党的十八届四中全会上，党和国家作出了全面推进依法治国总目标是"建设中国特色社会主义法治体系，建设社会主义法治国家"④。中国式现代化的"四个全面"战略布局发展中，要以全面依法治国为保障，对于这一点，我们党在党的十九届四中全会上对推进全面依法治国进一步作出了根本性的制度安排。

全面从严治党不仅是完成党的执政使命、应对国内外风险考验的客观需要，也是巩固党的执政地位的必然要求，有利于中国式现代化战略目标的实现。我们党是执政党，在实现"两个一百年"奋斗目标中起着领导核心作用。而要有效完成这一历史使命，需要不断提高党的科学、民主和依法执政的能力和水平。习近平总书记指出："坚持思想建党和制度治党相结合"⑤，"思想教育要结合落实制度规定来进行……要使加强制度治党的过程成为加强思想建党的过程，也要使加强思想建党的过程成为加强制度治党的过程。"⑥ 中国式现代化"四个全面"战略布局的发展中，坚持全面从严治党可以为党领导人民实现现代化目标提供最坚强的政治制度保证。以习近平同志为核心的党中央在党的十九届六中全会上又对全面从严管党治党建党作出了新的要求，号召全党勿忘昨天的苦难辉煌，无愧今天的使命担当，不负明天的伟大梦想，继续推进新时代党的建设新的伟大工程，坚

---

① 《十八大以来重要文献选编》（上），中央文献出版社 2014 年版，第 512 页。
② 《习近平关于全面深化改革论述摘编》，中央文献出版社 2014 年版，第 23 页。
③ 《习近平关于全面深化改革论述摘编》，中央文献出版社 2014 年版，第 153 页。
④ 《十八大以来重要文献选编》（中），中央文献出版社 2016 年版，第 157 页。
⑤ 《十八大以来重要文献选编》（下），中央文献出版社 2018 年版，第 509 页。
⑥ 习近平：《在党的群众路线教育实践活动总结大会上的讲话》，人民出版社 2014 年版，第 18 页。

持全面从严治党，推动中国特色社会主义事业航船劈波斩浪、一往无前，在新时代新征程上赢得更加伟大的胜利和荣光！同时要牢记中国共产党是什么、要干什么这个根本问题，把握历史发展大势，以咬定青山不放松的执着奋力实现既定目标，以行百里者半九十的清醒不懈推进中华民族伟大复兴，为全面建设社会主义现代化国家、夺取新时代中国特色社会主义伟大胜利、实现中华民族伟大复兴的中国梦作出新的更大贡献。

中国式现代化"四个全面"战略布局是被实践证明了的科学战略布局，对于实现"两个一百年"奋斗目标和中华民族伟大复兴的中国梦具有重要意义。新征程上，我们要按照中国式现代化"四个全面"战略布局的部署和要求做好各项工作，以战略目标引领战略举措发展，协同推进，就一定能实现社会主义现代化强国目标和中华民族伟大复兴的中国梦。

二、中国式现代化战略举措服务战略目标

在中国式现代化"四个全面"战略布局中，"全面深化改革""全面依法治国""全面从严治党"既是"四个全面"战略布局的三大战略举措，也是社会主义现代化强国的本质内容。这三大战略举措外化服务于社会主义现代化强国的战略目标，内化统一于实现社会主义现代化和中华民族伟大复兴的总任务。

（一）全面深化改革是中国式现代化战略目标的有力举措

习近平指出："改革开放是党和人民大踏步赶上时代的重要法宝，是坚持和发展中国特色社会主义的必由之路，是决定当代中国命运的关键一招，也是决定实现'两个一百年'奋斗目标、实现中华民族伟大复兴的关键一招。"[①] 全面深化改革作为重要战略举措，对于实现战略目标有着重要意义，主要是为实现战略目标提供不竭的动力和支持。

全面深化改革作为中国式现代化"四个全面"战略布局的战略举措之一，主要是服从和服务于实现战略目标。从"小康社会"到"建设小康社会"再到"全面建设小康社会"最后到"全面建成小康社会"的过程与改革开放和全面深化改革的过程大致一样。无论是第一个百年奋斗目标，还是第二个百年奋斗目标，都是一个全面可持续发展的目标。这"两个一百年"奋斗目标不是仅指哪个方面的目标，而是内含于经济、政治、文化、社会和生态文明建设的全面发展的目标。新时代以来，为了更好地发挥全面深化改革在实现战略目标中的动力源泉

---

① 习近平：《在庆祝改革开放40周年大会上的讲话》，人民出版社2018年版，第21页。

作用，以习近平同志为核心的党中央吹响了全面深化改革进军集结号，研究制定了《中共中央关于全面深化改革若干重大问题的决定》等文件，作出了一系列总体部署，着力增强国家治理体系和治理能力，让发展成果更多更公平惠及全体人民，从制度和能力两个层面丰富了战略目标内涵。在新的历史发展阶段，要准确把握新发展阶段，深入贯彻新发展理念，加快构建新发展格局，提高改革的战略性、前瞻性、针对性，推动改革和发展深度融合与高效联动，确保新时代全面建成小康社会和社会主义现代化强国。总的来说，全面深化改革的主要功能就在于为社会主义经济、政治、文化、社会和生态文明的全面协调发展提供强大动力。

（二）全面依法治国是中国式现代化战略目标的法治保障

全面依法治国作为中国式现代化"四个全面"战略布局的战略举措之一，与另外三个"全面"的内在关系本质上是"现代化与法治化、改革与法治、党和法的关系"，"没有法治的保障和支撑，其他三个'全面'就难以落实，'四个全面'的理论架构也会出现缺陷。"①

在中国式现代化"四个全面"战略布局中，要实现的战略目标与全面依法治国这一战略举措之间是目的与途径、目标与措施的关系。后者要服务于前者，是前者发展的内在要求，为前者的实现保驾护航；前者也要依托于后者，为后者作出战略目标引领。从现代化进程看，法治化可以说是现代化国家发展的必由之路。要想实现中国式现代化目标，就必须加快推进法治化建设进程。因此，党和国家在新时代紧紧围绕法治实践过程中的理论和实践问题作出要"全面推进依法治国，建设社会主义法治国家"②的目标，这有力地支撑了中国式现代化"四个全面"战略布局的具体目标要求。

（三）全面从严治党是中国式现代化战略目标的政治保证

全面从严治党在中国式现代化"四个全面"战略布局中是根本政治保证，也是推进其他三个"全面"的领导核心。历史和现实都证明，中国共产党是领导我们事业的核心力量。要坚持党的全面领导不动摇，把党的领导落实在党和国家事业各个领域、各个方面、各个环节。

办好中国的事情关键在党。在中国式现代化"四个全面"战略布局中，我们党是实现全面建成小康社会和全面建设社会主义现代化国家目标的领导核心。中国式现代化能否始终沿着正确道路前进和顺利实现，从根本上说取决于中国共产

---

① 杨克勤：《在"四个全面"中把握全面依法治国》，载于《人民日报》2015年5月13日。
② 《习近平谈治国理政》第二卷，外文出版社2017年版，第148页。

党。说到底，就是中国共产党能否在新时代不动摇、不懈怠、不折腾，继续带领人民沿着正确道路走下去。正如习近平所说，这条道路"是由我们党的几代中央领导集体团结带领全党全国人民历经千辛万苦、付出各种代价、接力探索取得的"，"是党和人民长期实践取得的根本成就"，"是近代以来中国社会发展的必然选择"，"是发展中国、稳定中国的必由之路。"① 新时代要实现全面建成小康社会和全面建成社会主义现代化强国的目标时间紧、任务重，如何走好这条正确的道路？这就要推进全面从严治党这一伟大工程。唯有如此，这条道路才不会走偏了，才不会出现重大挫折和失误；这一战略目标实现才会有坚强的政治保证，才能在深入推进全面建成小康社会和全面建成社会主义现代化强国战略目标的历史征程中不断走向一个又一个辉煌！

"四个全面"战略布局明确了中国式现代化的战略目标、战略步骤和战略支撑。要坚持科学的态度、理性的思维，从历史和现实、从理论和实践、从世界和中国的高度来认识和把握中国式现代化"四个全面"战略布局。同时，要把这一战略布局置于近代以来中国人民追求民族复兴的宏大叙事中、新时代坚持和发展社会主义事业的大格局中去认识和把握。中国式现代化"四个全面"战略布局就是实现社会主义现代化和中华民族伟大复兴中国梦的总纲。纲举目张，在新征程上，只要我们坚持好和运用好这一战略布局，最终就会实现社会主义现代化强国的目标和中华民族伟大复兴的中国梦！

第二节　中国式现代化战略目标与战略举措的同步提升

中国式现代化"四个全面"战略布局贯穿于实现社会主义现代化和中华民族伟大复兴的全过程。在中国式现代化的战略布局中，战略目标和战略举措同步升级是社会主义现代化和中华民族伟大复兴的应有之义。

一、中国式现代化战略目标与举措的同步升级

中国式现代化"四个全面"战略布局是逻辑严密、有机结合的共同体。站在新的历史发展方位起点上，中国式现代化"四个全面"战略布局中战略目标从全面建成小康社会到全面建设社会主义现代化国家的飞跃发展，必然会带动战略布

① 《习近平谈治国理政》第一卷，外文出版社 2018 年版，第 7~8 页。

系统观视阈的新时代中国式现代化

局中三大战略举措的同步提升和发展。

（一）中国式现代化战略目标的提升带动战略举措的提升

2013 年 9 月 30 日在十八届中央政治局第九次集体学习时，习近平就明确指出："我国现代化同西方现代化国家有很大不同。西方发达国家是一个'串联式'的发展过程，工业化、城镇化、农业现代化、信息化顺序发展，发展到目前水平用了二百多年的时间。我们要后来居上，把'失去的二百年'找回来，决定了我国发展必然是一个'并联式'的过程，工业化、信息化、城镇化、农业现代化是叠加发展的。"① 这样一个特殊的"并联式"的中国式现代化，就要求我们必须在较短时间内同时实现工业化现代化、信息化现代化、农业现代化、法治现代化、党和国家治理体系和治理能力的现代化等。而新时代"四个全面"式现代化恰是践行这一特殊"并联式"的中国式现代化战略布局。

关于中国式现代化"四个全面"战略布局，党的十八大以来，习近平反复强调："全面深化改革、全面依法治国、全面从严治党是三大战略举措，对实现全面建成小康社会战略目标一个都不能缺"，"不全面深化改革，发展就缺少动力，社会就没有活力"，"不全面依法治国，国家生活和社会生活就不能有序运行，就难以实现社会和谐稳定"，"不全面从严治党，党就做不到'打铁还需自身硬'，也就难以发挥好领导核心作用"②。可以看出，习近平总书记关于"四个全面"战略布局中战略目标与三大战略举措之间相互关系的论述，深刻揭示了中国式现代化"四个全面"战略布局的精神实质。

中国式现代化"四个全面"战略布局，"不是由四个'全面'简单叠加的机械组合，而是以严密的内在逻辑为纽带，以四个'全面'为构件凝聚而成的相互依存、相互关联、相辅相成的有机体系"③。第一个全面建成小康社会和全面建设社会主义现代化国家，是战略目标，起引领作用。其他三个"全面"是三大战略举措，为战略目标和战略布局提供各个方面的重要保障。伴随战略目标提升，三大战略举措必然要提升升级。这是因为全面深化改革是战略目标实现的强大动力，全面依法治国是战略目标实现的制度保障，全面从严治党是战略目标实现的根本政治保证。中国式现代化"四个全面"战略布局战略目标的提升必然带来三大战略举措的同步提升。

---

① 《习近平关于社会主义经济建设论述摘编》，中央文献出版社 2017 年版，第 159 页。
② 《习近平关于社会主义政治建设论述摘编》，中央文献出版社 2017 年版，第 103 页。
③ 冷兆松、周力航：《"四个全面"战略布局的发展创新》，载于《当代中国史研究》2021 年第 3 期。

（二）中国式现代化"四个全面"战略布局的三大举措的协同升级

从"四个现代化"到"中国式的现代化"（小康社会），从全面建设小康社会到全面建成小康社会第一个百年奋斗目标的确立，再从全面建成小康社会到全面建设社会主义现代化国家，再到全面建成社会主义现代化强国的第二个百年奋斗目标的确立，这是几代中国共产党人对实现社会主义现代化和伟大民族复兴的生动诠释。而中国式现代化"四个全面"战略布局的战略目标，自党的十八届四中全会正式确立，到党的十九届五中全会，实现第一次历史性飞跃发展，带来的必然是三大战略举措的全面协同升级和发展。未来的 2035 年，从基本实现社会主义现代化到全面建成社会主义现代化强国必然带来战略目标的第二次历史性飞跃发展，必然也会带来三大战略举措的再次全面协同升级。这是中国式现代化"四个全面"战略布局的自身发展逻辑与中国式现代化新道路的历史逻辑和实践逻辑所共同决定的。

中国式现代化"四个全面"战略布局对未来战略目标的指向十分清晰。在党的十九大上，我们党不仅第一次明确了决胜全面建成小康社会的要求。即"统筹推进经济建设、政治建设、文化建设、社会建设、生态文明建设，坚定实施科教兴国战略、人才强国战略、创新驱动发展战略、乡村振兴战略、区域协调发展战略、可持续发展战略、军民融合发展战略，突出抓重点、补短板、强弱项，特别是要坚决打好防范化解重大风险、精准脱贫、污染防治的攻坚战。"[1] 也第一次描述了中国式现代化强国的图景。即"我国物质文明、政治文明、精神文明、社会文明、生态文明将全面提升，实现国家治理体系和治理能力现代化，成为综合国力和国际影响力领先的国家，全体人民共同富裕基本实现，我国人民将享有更加幸福安康的生活，中华民族将以更加昂扬的姿态屹立于世界民族之林。"[2] 由此可以看出，中国式现代化目标主体主要表现在六个方面，一是物质文明现代化；二是政治文明现代化；三是精神文明现代化；四是社会文明现代化；五是生态文明现代化；六是国家治理体系和治理能力现代化。这就内含了中国式现代化"四个全面"战略布局三大战略举措的同步提升发展目标和任务。

一是在全面深化改革上：加强系统集成、协同高效，制度更加成熟更加定型。在中国式现代化"四个全面"战略布局中，全面深化改革是增强中国特色社会主义生机活力、推动事业发展的强大动力。不全面深化改革，发展就缺少动

---

① 辛向阳：《中国特色社会主义新时代与"四个全面"战略布局新要求》，载于《思想理论教育导刊》2018 年第 2 期。

② 《习近平著作选读》第二卷，人民出版社 2023 年版，第 24 页。

力，社会就没有活力。进入新发展阶段后，我国发展面临的环境和矛盾会更加复杂突出。为了应对错综复杂的发展环境、机遇挑战和矛盾问题，就需要继续深入推进全面深化改革，依靠改革应对变局、开拓新局，化解危机、孕育新机。2019年9月9日，习近平总书记在中央全面深化改革委员会第十次会议上指出："落实党的十八届三中全会以来中央确定的各项改革任务，前期重点是夯基垒台、立柱架梁，中期重点在全面推进、积厚成势，现在要把着力点放到加强系统集成、协同高效上来，巩固和深化这些年来我们在解决体制性障碍、机制性梗阻、政策性创新方面取得的改革成果，推动各方面制度更加成熟更加定型。"[①]

因此，就全面深化改革而言，要着眼于解决我们面临的深层次矛盾和体制机制弊端。"相比过去，新时代改革开放具有许多新的内涵和特点，其中很重要的一点就是制度建设分量更重，改革更多面对的是深层次体制机制问题，对改革顶层设计的要求更高，对改革的系统性、整体性、协同性要求更强，相应地建章立制、构建体系的任务更重。"[②] 在新的发展阶段谋划全面深化改革，要在增强改革的系统性、整体性、协同性的前提下，以坚持和完善中国特色社会主义制度、推进国家治理体系和治理能力现代化为主轴，突出制度建设这条主线，推动改革向更深层次挺进。

二是在全面依法治国上：夯实中国之治的制度根基。在中国式现代化"四个全面"战略布局中，全面依法治国是中国特色社会主义国家制度和国家治理体系的显著优势。进入新发展阶段，依法治国在党和国家事业全局中的地位更加突出，人民群众对法治的需求越来越高。在开启全面建设社会主义现代化国家新征程中，继续推进全面依法治国，贯彻落实全面依法治国战略举措，有新要求、新内容、新目标。首先，坚持习近平法治思想在全面依法治国工作中的指导地位。要"从理论与实践相结合上学懂弄通为什么实行全面依法治国、怎样实行全面依法治国等一系列重大问题，全面深刻把握习近平法治思想'十一个坚持'的核心要义"[③]。其次，要坚持法治国家、法治政府、法治社会一体建设。在推进全面依法治国的过程中，法治国家、法治政府、法治社会是相互联系、相互支撑、相辅相成的关系。

全面依法治国要着眼促进国家和社会发展的法治化、制度化、规范化，是实现党和国家长治久安的重要保障。当前要实施好民法典和相关法律法规。认真贯彻落实中共中央印发的《法治社会建设实施纲要（2020—2025年）》提出

---

① 《习近平谈治国理政》第三卷，外文出版社2020年版，第179页。
② 陶文昭：《深刻认识"四个全面"战略布局新表述》，载于《北京日报》2020年11月2日。
③ 任洁：《深刻理解"四个全面"战略布局的新表述和新内涵》，载于《实践（思想理论版）》2021年第5期。

"建设信仰法治、公平正义、保障权利、守法诚信、充满活力、和谐有序的社会主义法治社会"① 的要求，为全面建设社会主义现代化国家筑牢法治基础、提供法治保障。

三是在全面从严治党上：锻造实现社会主义现代化和中华民族伟大复兴的坚强领导核心。在中国式现代化"四个全面"战略布局中，全面从严治党始终是根本政治保证。党的十八大以来，我们之所以能够开创新时代，实现中国式现代化"四个全面"战略布局的目标从全面建成小康社会到全面建设社会主义现代化国家的历史性跨越，最根本的就是中国共产党的领导。党的十九届六中全会审议通过的《中共中央关于党的百年奋斗重大成就和历史经验的决议》明确指出："中国特色社会主义最本质的特征是中国共产党领导，中国特色社会主义制度的最大优势是中国共产党领导，中国共产党是最高政治领导力量，全党必须增强'四个意识'、坚定'四个自信'、做到'两个维护'"②。百年党史已经证明：办好中国的事情，关键在党，关键在党要管党、从严治党。进入新发展阶段，习近平总书记站在全面建设社会主义现代化国家全局高度，着眼立足新发展阶段、贯彻新发展理念、构建新发展格局，强调要加强党对社会主义现代化建设的全面领导，保障全面建设社会主义现代化国家开好局起好步，全面从严治党要实现的目标更高，要完成的任务更重。

就全面从严治党而言，要着眼于锻造中国特色社会主义事业坚强领导核心，为全面建设社会主义现代化国家、全面深化改革、全面依法治国提供根本保证，新征程上，要坚持党的全面领导，增强"四个意识"、坚定"四个自信"、做到"两个维护"，更加突出以自我革命的精神加强党的建设，更加突出把政治建设摆在首位。最终把我们党建设成为始终走在时代前列、人民衷心拥护、勇于自我革命、经得起各种风浪考验、朝气蓬勃的长期执政的马克思主义政党。

二、中国式现代化战略目标与举措的同步发展

中国式现代化"四个全面"战略布局经历了从党的十八届四中全会提出并确立全面建成小康社会、全面深化改革、全面依法治国、全面从严治党的战略布局，到党的十九届五中全会提出协调推进全面建设社会主义现代化国家、全面深化改革、全面依法治国、全面从严治党的战略布局，再到党的二十届一中全会把协调推进"四个全面"战略布局纳入"贯彻全面建设社会主义现代化国家各项

---

① 《法治社会建设实施纲要（2020－2025年）》，载于《人民日报》2020年12月8日。
② 《中共中央关于党的百年奋斗重大成就和历史经验的决议》，载于《人民日报》2021年11月17日。

系统观视阈的新时代中国式现代化

部署"① 之中，这是中国式现代化"四个全面"战略布局的历史逻辑与实践逻辑。作为有机统一的中国式现代化"四个全面"战略布局，战略目标与举措必然同频共振、共同发展提升。

（一）中国式现代化战略目标的递进发展带动战略举措的发展创新

党的十九届五中全会将第一个"全面"战略目标由"全面建成小康社会"递进提升为"全面建设社会主义现代化国家"，以及未来 2035 年将第一个"全面"战略目标由"全面建设社会主义现代化国家"递进提升为"全面建成社会主义现代化强国"，这是符合中国式现代化发展新道路的实践逻辑和客观实际。从党的十八届五中全会到党的十九届六中全会，中国式现代化"四个全面"战略布局。从字面上看，只是一个全面的"变"和其他三个全面的"不变"，即第一个全面的战略目标由"全面建成小康社会"转变为"全面建设社会主义现代化国家"的变，和其他三个全面的战略举措表述的不变。但中国式现代化"四个全面"战略布局的表述，所呈现出的变化绝不是简单的文字变动，对其他三个"全面"的原文保留也绝不是简单的内涵不变。

在中国式现代化"四个全面"战略布局中，战略目标的这种合乎实际的有序接力和更替升级，不会改变第一个"全面"在"四个全面"战略布局中居于引领地位的性质，不会改变"四个全面"相互依存、相互关联、相辅相成的内在逻辑。但第一个"全面"战略目标的升级发展必然带动其他三个"全面"战略举措的发展创新。

中国式现代化"四个全面"战略布局的战略目标由全面建成小康社会升级为全面建设社会主义现代化国家。根据"四个全面"战略布局中战略目标与三大战略举措之间的相互关系，对标中国式现代化"四个全面"战略布局中的战略目标，全面深化改革、全面依法治国、全面从严治党这三大战略举措，也同样提出了新要求、作出了新部署、赋予了新内涵，实现了同步发展。

（二）中国式现代化"四个全面"战略布局的三大举措的内涵创新

在习近平总书记关于中国式现代化"四个全面"战略布局中，"全面深化改革""全面依法治国""全面从严治党"三大战略举措必然伴随战略目标的递进发展而创新发展。

一是全面深化改革的重大发展。在建设中国式现代化的伟大新征程中，坚持全面深化改革，聚焦进一步解放思想、解放和发展社会生产力、解放和增强社会

---

① 习近平：《为实现党的二十大确定的目标任务而团结奋斗》，载于《求是》2023 年第 1 期。

活力，加强顶层设计和整体谋划，增强改革的系统性、整体性、协同性，激发人民首创精神，推动重要领域和关键环节改革走实走深。① 这些都是全面深化改革在全面建设社会主义现代化国家战略目标引领下的创新发展。

二是全面依法治国的重大进展。在全面建设社会主义现代化国家的伟大新征程中，坚持依法治国首要是坚持依宪治国，坚持依法执政首要是坚持依宪执政。全面依法治国最广泛、最深厚的基础是人民，必须把体现人民利益、反映人民愿望、维护人民权益、增进人民福祉落实到全面依法治国各领域全过程，保障和促进社会公平正义，努力让人民群众在每一项法律制度、每一个执法决定、每一宗司法案件中都感受到公平正义。通过宪法修正案，制定民法典、外商投资法、国家安全法、监察法等法律，修改立法法、国防法、环境保护法等法律，加强重点领域、新兴领域、涉外领域立法，加快完善以宪法为核心的中国特色社会主义法律体系。领导以深化司法责任制为重点的司法体制改革，推进政法领域全面深化改革，加强对执法司法活动的监督制约，开展政法队伍教育整顿，依法纠正冤错案件，严厉惩治执法司法腐败，确保执法司法公正廉洁高效权威。

三是全面从严治党的重大创新。在全面建设社会主义现代化国家的伟大新征程中，党时刻保持解决大党独有难题的清醒和坚定，以永远在路上的清醒和坚定，把党的建设作为一项伟大工程来推进，不断深化对自我革命规律的认识，始终坚持党要管党、从严治党的原则和方针，坚持严的主基调，突出抓住"关键少数"，落实主体责任和监督责任，强化监督执纪问责，把全面从严治党贯穿于党的建设各方面。正如 2024 年 1 月 8 日习近平总书记在二十届中央纪委三次全会上科学回答我们党为什么要自我革命、为什么能自我革命、怎样推进自我革命等重大问题，明确提出"九个以"的实践要求，即"以坚持党中央集中统一领导为根本保证，以引领伟大社会革命为根本目的，以新时代中国特色社会主义思想为根本遵循，以跳出历史周期率为战略目标，以解决大党独有难题为主攻方向，以健全全面从严治党体系为有效途径，以锻造坚强组织、建设过硬队伍为重要着力点，以正风肃纪反腐为重要抓手，以自我监督和人民监督相结合为强大动力"，对持续发力、纵深推进反腐败斗争作出了战略部署，是新时代新征程深入推进全面从严治党、党风廉政建设和反腐败斗争的根本遵循。②

---

① 《中共中央关于党的百年奋斗重大成就和历史经验的决议》，载于《人民日报》2021 年 11 月 17 日。
② 《习近平在二十届中央纪委三次全会上发表重要讲话强调深入推进党的自我革命坚决打赢反腐败斗争攻坚战持久战》，载于《人民日报》2024 年 1 月 9 日。

结 语

坚持新时代中国式现代化新理念新思想新战略的系统观方法论

全面建成富强民主文明和谐美丽的社会主义现代化强国是个宏大系统。新时代中国式现代化强国建设新理念新思想新战略充分体现系统观方法论。正是科学运用系统观方法论，以习近平同志为核心的党中央聚焦全面建成社会主义现代化强国的目标，坚持新发展理念解决新的社会主要矛盾，统筹推进"五位一体"总体布局、协调推进"四个全面"战略布局，为新时代中国式现代化打下坚实基础。

系统观念是马克思主义的重要内容。马克思认为社会就是"一切关系在其中同时存在而又互相依存的社会机体"[1]，运用系统观念和整体性思维考察社会结构和历史发展规律。对于方法论问题，毛泽东曾指出："我们不但要提出任务，而且要解决完成任务的方法问题。我们的任务是过河，但是没有桥或没有船就不能过。不解决桥或船的问题，过河就是一句空话。不解决方法问题，任务也只是瞎说一顿。"[2] 习近平坚持系统观念和科学方法论推进新时代中国式现代化，反复强调要增强战略思维、辩证思维、创新思维、法治思维、底线思维等科学的思想方法。[3]

党的二十大报告提出："必须坚持系统观念。……不断提高战略思维、历史

---

① 《马克思恩格斯文集》第一卷，人民出版社 2009 年版，第 604 页。
② 《毛泽东选集》第一卷，人民出版社 1991 年版，第 139 页。
③ 《习近平著作选读》第二卷，人民出版社 2023 年版，第 230 页。

思维、辩证思维、系统思维、创新思维、法治思维、底线思维能力，为前瞻性思考、全局性谋划、整体性推进党和国家各项事业提供科学思想方法。"① 在学习贯彻党的二十大精神研讨班开班式上，习近平进一步指出：推进中国式现代化是一个系统工程，需要统筹兼顾、系统谋划、整体推进，正确处理好顶层设计与实践探索、战略与策略、守正与创新、效率与公平、活力与秩序、自立自强与对外开放等一系列重大关系。② 这就从思想方法、领导方法和工作方法三个层面，高屋建瓴提出了新时代中国式现代化新理念新思想新战略贯彻系统观方法论的基本要求，包括运用辩证思维、战略思维，贯彻中国式现代化"四个伟大"和"五大发展理念"的思想方法；运用创新思维、底线思维，贯彻中国式现代化"四个自信"和把握"四个大势"的领导方法；运用系统思维、法治思维，贯彻中国式现代化"五位一体"和"四个全面"的工作方法。

一、贯彻中国式现代化"四个伟大"和"五大发展理念"的思想方法

思想方法论是唯物辩证法在新时代中国式现代化新理念上的全面性思考。新时代中国式现代化系统观思想方法坚持辩证思维、战略思维，顶层设计与实践探索结合，战略与策略并重，新时代新征程要统筹推进"四个伟大"和统一贯彻"五大发展理念"。

（一）"四个伟大"在顶层设计与实践探索结合上彰显辩证思维

新时代中国式现代化强国建设坚持系统观思想方法，必须坚持辩证思维统揽"四个伟大"。辩证思维是分析解决矛盾，善于抓住关键、找准重点、洞察事物发展规律的思维。坚持辩证思维，就是客观地而不是主观地、发展地而不是静止地、全面地而不是片面地、普遍联系地而不是孤立地观察事物、分析和解决问题，在矛盾双方对立统一的过程中把握事物发展规律。新时代中国共产党人运用辩证思维，从顶层设计与实践探索的统一上推进统揽"四个伟大"。

习近平把中华民族伟大复兴称为战略全局，指出："我经常讲，领导干部要胸怀两个大局，一个是中华民族伟大复兴的战略全局，一个是世界百年未有之大

---

① 《习近平关于中国式现代化论述摘编》，中央文献出版社 2023 年版，第 229 页。
② 《习近平新时代中国特色社会主义思想专题摘编》，党建读物出版社、中央文献出版社 2023 年版，第 95 页。

变局，这是我们谋划工作的基本出发点。"① 中华民族伟大复兴的战略全局包括战略全局目标、战略全局路径、战略全局动力、战略全局保障。伟大梦想是中国式现代化战略全局目标，伟大事业、伟大斗争、伟大工程是中国式现代化战略全局的路径、动力和保障。统揽"四个伟大"这一党的百年伟大实践的战略布局，必须推进现代化伟大梦想，深刻把握中国特色社会主义是实现中华民族伟大复兴的必由之路；推进现代化伟大斗争，深刻把握防范风险是实现中华民族伟大复兴的基本底线；推进现代化伟大事业，深刻把握制度建设是实现中华民族伟大复兴的重大任务；推进现代化伟大工程，深刻把握中国共产党是实现中华民族伟大复兴的领导力量。② "四个伟大"的内在逻辑是，伟大梦想是现代化目标，伟大事业、伟大斗争、伟大工程是三大现代化举措。伟大斗争、伟大工程、伟大事业、伟大梦想，紧密联系、相互贯通、相互作用，其中起决定性作用的是新时代党的建设新的伟大工程。

统揽"四个伟大"是艰巨的系统工程，需要运用辩证思维，从加强顶层设计与"摸着石头过河"的实践探索对立性、统一性相结合上来推进。加强顶层设计与"摸着石头过河"的实践探索是辩证统一的，推进局部的阶段性"四个伟大"实践要在加强顶层设计的前提下进行，加强顶层设计要在推进局部的阶段性"四个伟大"实践的基础上来谋划。习近平指出："我国是一个大国，决不能在根本性问题上出现颠覆性错误。我们坚持加强党的领导和尊重人民首创精神相结合，坚持'摸着石头过河'和顶层设计相结合，坚持问题导向和目标导向相统一，坚持试点先行和全面推进相促进，既鼓励大胆试、大胆闯，又坚持实事求是、善作善成，确保了改革开放行稳致远。"③

坚持辩证思维统揽"四个伟大"，还需要运用历史思维把握新中国成立70多年从站起来到富起来再到强起来展示的党中央顶层设计与人民群众实践探索的伟大飞跃。1992年10月党的十四大报告高度评价"邓小平同志是我国社会主义改革开放和现代化建设的总设计师"④，邓小平则充分肯定人民群众基层实践探索的发明创造。他说："我个人做了一点事，但不能说都是我发明的。其实很多事是别人发明的，群众发明的，我只不过把它们概括起来，提出了方针政策。""农村搞家庭联产承包，这个发明权是农民的。农村改革中的好多东西，都是基层创造出来，我们把它拿来加工提高作为全国的指导。"⑤ 进入新时代，以习近平同

---

① 《习近平谈治国理政》第三卷，外文出版社2020年版，第77页。

② 靳诺：《学深悟透〈习近平谈治国理政〉第三卷 深刻把握中华民族伟大复兴战略全局》，载于《学习时报》2020年8月24日。

③ 《习近平著作选读》第二卷，人民出版社2023年版，第230页。

④ 《十四大以来重要文献选编》（上），人民出版社1996年版，第13~14页。

⑤ 《邓小平文选》第三卷，人民出版社1993年版，第272、382页。

志为主要代表的中国共产党人基于强国建设、民族复兴的顶层设计，党的十九大提出以伟大梦想为目标和以伟大斗争、伟大事业、伟大工程为支撑的"四个伟大"，依靠人民群众的实践探索，推动中国式现代化事业取得历史性成就、发生历史性变革。2023 年 6 月习近平在主持二十届中央政治局第六次集体学习时强调：马克思主义中国化时代化成果，无不源自人民的智慧、人民的探索、人民的创造。人民群众身处实践最前沿，对实践变化感知最敏感、感受最深切，也最聪慧，只要走到人民群众中去，很多百思不得其解的问题就能豁然开朗、找到答案。① 历史思维是反思性、规律性、趋势性思维，从中可以把握新中国顶层设计与实践探索辩证运行对推进"四个伟大"的意义。

党的二十大对统揽"四个伟大"的中国式现代化的中国特色、本质要求、重大原则作出新谋划新部署，人民群众在"四个伟大"基层实践中大胆探索、不懈奋斗、积极推动。习近平指出："进行顶层设计，需要深刻洞察世界发展大势，准确把握人民群众的共同愿望，深入探索经济社会发展规律，使制定的规划和政策体系体现时代性、把握规律性、富于创造性，做到远近结合、上下贯通、内容协调。同时，推进中国式现代化是一个探索性事业，还有许多未知领域，需要我们在实践中去大胆探索，通过改革创新来推动事业发展，决不能刻舟求剑、守株待兔。各地区各部门要结合各自具体实际开拓创新，特别是在前沿实践、未知领域，鼓励大胆探索、敢为人先，寻求有效解决新矛盾新问题的思路和办法，努力创造可复制、可推广的新鲜经验。"② "四个伟大"的顶层设计为基层实践探索的目标和方向提供指导和规范，引领和保证实践探索不偏航向并行稳致远；"四个伟大"的实践探索为顶层设计提供实践经验和结果验证，实践探索得出的经验及方法完善顶层设计。理论与实践相结合是顶层设计与基层探索紧密结合的实现方式。一方面，顶层设计不是空穴来风，是有具体实际内容的战略规划，这一战略规划在形成之前不仅存在于总体理论思想的指导中，而且存在于社会现实实践中。顶层设计的突出优势在于既牢牢把握发展方向与目标，又不断与实践相结合，并根据实践发展变化而完善自身；另一方面，基层探索不仅要善于发现问题，还要善于总结经验。并且基层探索也要坚持思想理论的指导，坚持实事求是原则和具体问题具体分析的方法，进一步通过完善顶层设计来解决现实问题。在顶层设计与基层探索相结合的过程中，不仅要牢牢把握理论来源于实践，还要总结经验，完善顶层设计，进一步解决问题，推动实践发展与社会进步。

坚持辩证思维统揽"四个伟大"，必须把握其顶层设计与实践探索相互推动

① 习近平：《开辟马克思主义中国化时代化新境界》，载于《求是》2023 年第 20 期。
② 《习近平关于中国式现代化论述摘编》，中央文献出版社 2023 年版，第 230～231 页。

系统观视阈的新时代中国式现代化

与相互促进的转化性。"四个伟大"的顶层设计，不是空穴来风，不能脱离基本国情和实践需要，而是立足基层实践的顶层设计，有具体实际内容的战略规划，这一战略规划在形成之前不仅存在于总体理论思想的指导中，而且存在于社会现实实践中。顶层设计的突出优势在于既牢牢把握发展方向与目标，又扎根中国大地、不断与实践相结合，指导火热实践并根据实践发展变化而完善自身；"四个伟大"的基层实践探索不仅要善于发现问题，还要坚持思想理论的指导，坚持实事求是原则和具体问题具体分析的方法，善于总结经验，通过完善顶层设计来解决现实问题。"四个伟大"的顶层设计与实践探索结合的辩证思维方法，既从全局着眼谋篇布局、做好制度设计，又从实践入手笃行不怠、进行大胆探索，真正做到在战略决策上坚持顶层设计、在战术选择上鼓励实践探索，才能调动中央和地方两个积极性，最大限度激发推进"四个伟大"的强大力量。

新时代新征程，统揽"四个伟大"的顶层设计与实践探索相结合彰显辩证思维方法。加强"四个伟大"顶层设计，必须洞察世界发展大势，准确把握人民群众期盼，探索经济社会发展规律，在时间上分阶段、在内容上分领域继续进行顶层思考，确保从中央到地方都有明确的目标、方向和路径；同时，尊重人民首创精神，注重从人民群众的创造性实践中总结新鲜经验并汲取理论创新智慧，上升为理性认识并提炼出新的理论成果①；推进"四个伟大"实践探索，必须发挥人民群众的首创精神，鼓励地方先行先试、主动探索，鼓励不同地区、行业和部门结合各自实际进行区域性实践、行业性探索和差别化试点，为顶层设计提供素材、积累经验和检验效果，统筹推进"四个伟大"。

（二）"五大发展理念"在战略与策略结合上彰显战略思维

新时代中国式现代化强国建设坚持系统观思想方法，必须运用战略思维把握新发展理念。战略思维是高瞻远瞩、统揽全局、善于把握事物发展总体趋势和方向的思维。坚持战略思维，要求视野开阔、胸襟博大，紧跟时代前进步伐，站在战略和全局的高度观察和处理问题，从政治上认识和判断形势，透过纷繁复杂的表面现象把握事物的本质和发展的内在规律，做到既抓住重点又统筹兼顾，既立足当前又放眼长远，既熟悉国情又把握世情。新时代中国共产党人运用战略思维，从战略与策略的统一上推进把握新发展理念的现代化。

战略思维是整体性思维。2015 年党的十八届五中全会提出创新、协调、绿色、开放、共享的发展理念以来，习近平多次强调，"创新、协调、绿色、开放、

---

① 侯衍社：《注重从人民群众的创造中汲取理论创新智慧》，载于《光明日报》2023 年 7 月 21 日。

共享"五大发展理念构成一个具有内在联系的集合体。① 指出："新发展理念是一个整体，坚持创新发展、协调发展、绿色发展、开放发展、共享发展，全党全国要统一思想、协调行动、开拓前进。"② 以新发展理念引领中国式现代化，必须把新发展理念贯彻到经济社会发展全过程和各领域，"五大发展"不能畸轻畸重，不能以偏概全，而应协同发力、形成合力。

战略思维是全局性思维。新时代中国式现代化从全局上把握事物发展趋势，新发展理念体现恢宏的全局性战略思维。2023 年 3 月习近平在参加十四届全国人大一次会议江苏代表团审议时强调："高质量发展是全面建设社会主义现代化国家的首要任务。必须完整、准确、全面贯彻新发展理念，始终以创新、协调、绿色、开放、共享的内在统一来把握发展、衡量发展、推动发展"③。这为我们从全局上完整、准确、全面贯彻新发展理念提供了根本遵循。"五大发展理念"的五个方面既有各自内涵，更是一个全局性整体。其中，创新是引领发展的第一动力；协调是持续健康发展的内在要求；绿色是永续发展的必要条件；开放是国家繁荣发展的必由之路；共享是中国特色社会主义的本质要求。"五大发展理念"聚焦高质量发展是新发展理念现代化的全局性总体要求。

战略思维是方向性思维。以习近平同志为核心的党中央提出"五大发展理念"，"以五大发展理念为统领谋篇布局，在每个理念的统辖下，有着明确的发展目标、路径和举措。"④ 推进"五大发展理念"要在战略与策略结合上彰显高远的方向性战略思维。坚持战略思维，贯彻"五大发展理念"，战略与策略关系是辩证统一的。战略是方向性谋划，策略是具体性行动。以"五大发展理念"推进中国式现代化，需要制定战略目标、锚定战略举措、作出战略部署。2020 年 10 月习近平在党的十九届五中全会上的讲话中指出："要强化战略思维，保持战略定力，把谋事和谋势、谋当下和谋未来统一起来，因应情势发展变化，及时调整战略策略，加强对中远期的战略谋划，牢牢掌握战略主动权。"⑤ 运用战略思维方法，在战略上必须加强对"五大发展理念"的前瞻性思考、全局性谋划、战略性布局、整体性推进，使"五大发展理念"各方面相互促进、齐头并进；在策略上必须做到"两点论"和"重点论"的统一，厘清主要矛盾和次要矛盾、矛盾的主要方面和次要方面，区分轻重缓急，在整体推进中实现重点突破，以重点突破带动整体

① 习近平：《在党的十八届五中全会第二次全体会议上的讲话》，载于《求是》2016 年第 1 期。
② 《习近平在中共中央政治局第二十七次集体学习时强调 完整准确全面贯彻新发展理念 确保"十四五"时期我国发展开好局起好步》，载于《人民日报》2021 年 1 月 30 日。
③ 《习近平在参加江苏代表团审议时强调牢牢把握高质量发展这个首要任务》，载于《人民日报》2023 年 3 月 6 日。
④ 尹汉宁：《对五大发展理念的理论思考》，载于《光明日报》2016 年 4 月 12 日。
⑤ 习近平：《新发展阶段贯彻新发展理念必然要求构建新发展格局》，载于《求是》2022 年第 17 期。

系统观视阈的新时代中国式现代化

推进。以创新、协调、绿色、开放、共享的内在统一来把握发展、衡量发展、推动发展，就能推动"五大发展理念"朝着高质量发展的正确方向前进。

二、贯彻中国式现代化"四个自信"和把握"四个大势"的领导方法

领导方法论是唯物辩证法在中国式现代化新思想上的整体性谋划。新时代中国式现代化强国建设系统观领导方法统揽"四个自信"、把握"四个大势"，守正与创新结合，自立自强与对外开放结合，充分体现创新思维与底线思维。实践中，往往不缺乏解决遇到问题的政策策略，而缺乏领导方法上的思维、观念和认知，造成方向性偏差。最糟糕的情况莫过于领导认知偏差形成错误政策，其后果不言而喻。出现这种问题的主要原因，是其背后科学领导方法的缺位。习近平指出："方法对头，事半功倍，方法失当，事倍功半。"[1] 新时代中国式现代化建设的新理念新思想新战略中包含了现代化的领导方法，坚持创新思维、底线思维，坚定"四个自信"和把握"四个大势"，这是新时代中国式现代化化解矛盾、攻坚克难、推动发展的有力武器。

（一）"四个自信"在守正与创新结合上彰显创新思维

新时代中国式现代化强国建设坚持系统观领导方法，必须运用创新思维坚定"四个自信"。创新思维是善于因时制宜、知难而进、开拓创新的思维。坚持创新思维，就是要有敢为人先的锐气，打破惯性思维，探索真知、求真务实，为创新创造而百折不挠、勇往直前，不断积累经验、取得成果。新时代中国共产党人运用创新思维，从守正与创新的统一上坚定"四个自信"。

创新思维是自主性思维。坚持创新思维，必须以自主守正为前提和基础坚定"四个自信"。"四个自信"是中国特色社会主义伟大事业的自信，"四个自信"的实践成就展示了社会主义现代化道路的正确性、理论的科学性、制度的优越性、文化的先进性，奠定了道路自信、理论自信、制度自信、文化自信的基础。近代以来中国历史发展，特别是中国特色社会主义和现代化道路的正确性，是"四个自信"最坚实的证明；马克思主义基本原理同中国具体国情相结合，同中国优秀传统文化相结合，形成毛泽东思想、邓小平理论、"三个代表"重要思想、科学发展观、习近平新时代中国特色社会主义思想，是理论自信最重要的

---

[1] 习近平：《干在实处　走在前列——推进浙江新发展的思考与实践》，中共中央党校出版社2006年版，第549页。

遵循；为人类探索更好社会制度提供中国方案的中国特色社会主义制度的优越性，是制度自信最基本的依据；五千多年历史孕育的优秀传统文化，中国共产党领导人民创造的革命文化、社会主义先进文化，是文化自信最深厚的根基。全党自觉地增强道路自信、理论自信、制度自信、文化自信，既不走封闭僵化的老路，也不走改旗易帜的邪路，保持政治定力，坚持实干兴邦，始终坚持和发展中国特色社会主义。① 中国特色社会主义伟大事业铸就了"四个自信"，"四个自信"推进中国特色社会主义伟大事业。坚定中国特色社会主义道路自信、理论自信、制度自信、文化自信，就能抓住机遇，迎接挑战，持续推进新时代中国式现代化伟大事业始终沿着正确方向胜利前进。因为中国式现代化的中国道路正确、中国理论科学、中国制度优越、中国文化先进，所以中国式现代化的守正是坚定"四个自信"。

创新思维是发现性思维。中国式现代化以创新发现为动力。"惟创新者进，惟创新者强，惟创新者胜"；"生活从不眷顾因循守旧、满足现状者，从不等待不思进取、坐享其成者，而是将更多机遇留给善于和勇于创新的人们"。② 创新发现与"四个自信"互动，在自信中创新，在创新上自信。中国道路自信源于中国道路创新，不走老路，不走邪路，不断探索开辟中国特色社会主义新道路和中国式现代化新道路；中国理论自信源于中国理论创新，马克思主义中国化时代化"两个结合"的理论成果，开创理论创新新境界。中国制度自信源于中国制度创新，中国特色社会主义根本制度、基本制度、重要制度十三大优势都是制度创新的结果；中国文化自信源于中国文化创新，中国革命文化、社会主义先进文化是革命、改革创新创造的文化，而优秀传统文化则是创造性转化、创新性发展"双创"的文化。

创新思维是发明性思维。中国式现代化发明创新就是顺应时代发展新要求，着眼于解决重大理论和实践问题，积极识变应变求变，不断开辟发展新领域新赛道，塑造发展新动能新优势，③ 通过推进实践创新、理论创新、制度创新、文化创新，不断增强道路自信、理论自信、制度自信、文化自信，创造中国式现代化的美好未来和光明图景。

坚定"四个自信"现代化守正与创新相结合，彰显中国式现代化新思想的创新思维方法。党的二十大报告指出："自信自强、守正创新，踔厉奋发、勇毅前

① 严文波：《以"四个自信"推进新时代中国特色社会主义伟大事业》，载于《红旗文稿》2018 年第 13 期。
② 《习近平总书记系列重要讲话读本》，学习出版社、人民出版社 2014 年版，第 180 页。
③ 郭庆松：《深刻认识正确处理中国式现代化若干重大关系》，载于《文汇报》2023 年 4 月 23 日。

行，为全面建设社会主义现代化国家、全面推进中华民族伟大复兴而团结奋斗。"① 自信自强、守正创新就是坚持以马克思主义为指导、坚持和加强党的全面领导、坚持中国特色社会主义道路，坚持从实际出发、开拓进取，坚持在实践中不断丰富和发展中国特色社会主义理论体系，全面建设社会主义现代化国家，实现中华民族伟大复兴的中国梦。自信自强、守正创新具有丰富内涵。自信自强、守正创新不仅要求理论自信自强，更重要的在于守正创新。守正是创新的基础和根本，创新是守正的路径和发展。守正，要求我们强根固本，始终坚持马克思主义，坚定不移走中国特色社会主义道路，遵循发展规律，尊重和坚守光荣传统，恪守正道，弘扬正气。创新就是要始终保持"敢为天下先"的勇气和魄力，始终挺立时代潮头，奋力开拓、锐意进取，不断推进理论创新。创新思维方法是理论发展的永恒主题，也是中国式现代化实践深化对理论的必然要求。在新时代背景下，我们既要做好对理论的继承和弘扬，也要自觉运用创新思维方法，做好对理论的丰富与更新，推进中国式现代化实践发展。

新时代新征程，推进坚定"四个自信"的守正与创新结合还要运用开放思维，在开放中实现守正与创新表里互依、辩证统一。封闭僵化视域下单讲守正而不求创新就会使守正陷入故步自封的抱残守缺，只讲创新而罔顾守正就会使所谓"创新"迷失方向。开放大背景下守正，才是"四个自信"创新的前提和基础，真正意义上的创新一定是有所依凭和本源的，是行进在历史正确方向之上的；开放激发的创新是"四个自信"现代化守正的路径，敢于说前人没说过的新话和敢于干前人没干过的事情，才能把"四个自信"的中国式现代化推向新发展阶段。2023 年 9 月习近平向浦江创新论坛致贺信指出：中国将坚定奉行互利共赢的开放战略，不断加大高水平对外开放力度，持续以更加开放的思维和举措推进国际科技交流合作，建设具有全球竞争力的开放创新生态同各国携手打造开放、公平、公正、非歧视的科技发展环境。② 同年 11 月习近平主持召开深入推进长三角一体化发展座谈会强调：要以更加开放的思维和举措参与国际科技合作，营造更具全球竞争力的创新生态。③ 中国式现代化放眼世界，放眼未来，也放眼当前，放眼一切方面。在开放中坚持守正，创新就有明确的立场和方向；在开放中坚持创新，守正就有活力源泉和动力根基。

---

① 《习近平著作选读》第一卷，人民出版社 2023 年版，第 1 页。

② 《习近平向 2023 年浦江创新论坛致贺信》，中国政府网，2023 年 9 月 10 日。

③ 《习近平主持召开深入推进长三角一体化发展座谈会强调推动长三角一体化发展取得新的重大突破 在中国式现代化中更好发挥引领示范作用》，载于《人民日报》2023 年 12 月 1 日。

（二）把握"四个大势"在自立自强与对外开放结合上彰显底线思维

新时代中国式现代化强国建设坚持系统观领导方法，必须运用底线思维把握"四个大势"。底线思维是客观设定最低目标，保持定力、把握主动、攻坚克难，争取最大期望值的思维。"从最坏处着眼，做最充分的准备，朝好的方向努力，争取最好的结果。"① 坚持底线思维，就是要居安思危、增强忧患意识，宁可把形势想得更复杂一点，把挑战看得更严峻一些，做好应对最坏局面的思想准备。要见微知著、未雨绸缪，增强前瞻意识，把工作预案准备得更充分、更周详，做到心中有数、处变不惊。新时代中国共产党人运用底线思维，从自立自强与对外开放的统一上把握"四个大势"。

底线思维是从最坏处着眼思维，运用底线思维方法把握"四个大势"。必须看到当前和今后一个时期，我国发展仍然处于重要战略机遇期，但机遇和挑战都有新的发展变化。习近平强调："我们要坚持'两点论'，一分为二看问题，既要看到国际国内形势中有利的一面，也看到不利的一面，从坏处着想，做最充分的准备，争取较好的结果。"② 从国内看，我国已进入高质量发展阶段，经济潜力足、韧性大、活力强、回旋空间大、政策工具多的基本特点没有变，发展具有的多方面优势和条件没有变，经济稳中向好、长期向好的基本面没有变。我国具有全球最完整、规模最大的工业体系，有强大的生产能力、完善的配套能力，有超大规模内需市场，投资需求潜力巨大；同时，发展不平衡不充分问题仍然突出，实现高质量发展还有许多短板弱项。科学分析国内形势、把握发展大势，中国式现代化坚持稳中求进工作总基调。从国际看，世界百年未有之大变局进入加速演变期，国际环境日趋错综复杂。和平与发展仍然是时代主题，新一轮科技革命和产业变革深入发展，国际力量对比深刻调整，人类命运共同体理念深入人心；同时国际形势的不稳定性不确定性明显增加，经济全球化遭遇逆流，一些国家单边主义、保护主义盛行。我国发展进入不确定难预料因素增多的战略机遇与风险挑战并存时期。要看到世界之变、时代之变、历史之变正以前所未有的方式展开，世界进入风险挑战日益凸显的动荡变革期。要深入分析世界转型过渡期国际形势的演变规律，把握和顺应"四个大势"，即顺应经济全球化持续发展的大势，重视世界经济格局深刻演变的动向；顺应世界多极化加速推进的大势，重视大国关系深入调整的态势；顺应国际环境总体稳定的大势，重视国际安全挑战错综复杂的局面；顺应各种文明交流互鉴的大势，重视不同思想文化相互激荡的现

---

① 《习近平著作选读》第二卷，人民出版社 2023 年版，第 423 页。
② 《习近平谈治国理政》第一卷，外文出版社 2018 年版，第 111 页。

实。要准确认识决定世界百年未有之大变局走向的关键因素，在一个更加不稳定不确定的世界中谋求中国式现代化发展。

把握"四个大势"，必须以底线思维方法统筹兼顾自立自强和对外开放。中国的发展离不开世界，世界的发展也离不开中国，实现中国自立自强与实现全球共同发展是相互促进的关系。推进中国式现代化是考量中国与世界关系的系统工程。中国式现代化深刻把握历史发展大势，坚持中国的发展与世界的繁荣相互离不开，以中国的现代化实践和现代化成就推动世界的繁荣进步。① 中国式现代化以底线思维统筹处理好自立自强与对外开放的关系，要求我们在自主中谋求开放、在开放中坚持自主，体现把握"四个大势"的良性互动、互利共赢的价值追求。

一方面，推进中国式现代化，必须坚持独立自主、自立自强。自立自强是一个民族在世界舞台上永葆对外开放姿态的前提基础。当今世界正经历百年未有之大变局，人类越来越步入你中有我、我中有你的人类命运共同体。如果没有自立自强，一个民族就失去了在人类命运共同体中安身立命的根基。同时，自立自强也是高水平对外开放的持久动力，在日益激烈的世界竞争中如果没有自立自强，一个民族也就失去了对外开放的自主性和积极性，缺乏高水平对外开放的内在驱动力，国际合作也不可能深入。实践反复证明，只有实现自立自强，才有资格参与国际竞争和平等合作，对外开放才能向纵深推进。从国际比较上看，大国经济的特征都是内需为主导、内部可循环。我国作为全球第二大经济体和制造业第一大国，国内经济循环同国际经济循环的关系客观上要求构建以国内大循环为主体、国内国际双循环相互促进的新发展格局。在当前国际形势充满不稳定性不确定性的背景下，立足国内、依托国内大市场优势，充分挖掘内需潜力，有利于化解外部冲击和外需下降带来的影响，也有利于在极端情况下保证我国经济基本正常运行和社会大局总体稳定。必须把国家和民族发展放在自己力量的基点上，坚持把我国发展进步的命运牢牢掌握在自己手中，维护好经济安全特别是粮食安全、能源安全、产业链供应链安全。健全新型举国体制，强化国家战略科技力量，以国家战略需求为导向，积聚力量进行原创性引领性科技攻关，坚决打赢关键核心技术攻坚战；依托我国超大规模市场优势吸引全球资源要素，增强国内国际两个市场两种资源联动效应。

另一方面，对外开放是中国的基本国策，推进中国式现代化需要不断扩大高水平对外开放。对外开放是一个民族在人类文明进步中实现自立自强的源头活水。世界潮流，浩浩荡荡，顺之则昌，逆之则亡。在人类文明百川入海的时代大

---

① 朱大鹏：《推进中国式现代化的系统工程论析》，载于《马克思主义研究》2023 年第 4 期。

势下，闭关自守死路一条，脱钩断链没有前途。同时，对外开放还是一个民族提高自主创新能力的必要条件，实现高水平自立自强并不是关起门来搞创新，而是坚持在独立自主的基础上广泛借鉴吸收一切人类优秀文明成果，做到不忘本来、吸收外来、面向未来。我国经济已经深度融入世界经济，同全球很多国家的产业关联和相互依赖程度都比较高，内外需市场本身是相互依存、相互促进的。以国内大循环为主体不是闭关运行，而是通过发挥内需潜力，使国内市场和国际市场更好联通，以国内大循环吸引全球资源要素，更好利用国内国际两个市场两种资源，提高在全球配置资源能力，更好争取开放发展中的战略主动。习近平指出："不断扩大高水平对外开放，提升贸易投资合作质量和水平，稳步扩大规则、规制、管理、标准等制度型开放，推动共建'一带一路'高质量发展，优化区域开放布局，实施自由贸易试验区提升战略，扩大面向全球的高标准自由贸易区网络，深度参与全球产业分工和合作，维护多元稳定的国际经济格局和经贸关系，拓展中国式现代化的发展空间。"①

新时代新征程推进把握"四个大势"的自立自强与对外开放结合，彰显中国式现代化新思想的底线思维、极限思维和共赢思维方法。2023 年 3 月习近平在中国共产党与世界政党高层对话会上的主旨讲话中说："中国式现代化不走殖民掠夺的老路，不走国强必霸的歪路，走的是和平发展的人间正道。我们倡导以对话弥合分歧、以合作化解争端，坚决反对一切形式的霸权主义和强权政治，主张以团结精神和共赢思维应对复杂交织的安全挑战，营造公道正义、共建共享的安全格局。"② 2023 年 5 月习近平主持召开的二十届中央国家安全委员会第一次会议强调："要坚持底线思维和极限思维，准备经受风高浪急甚至惊涛骇浪的重大考验。"③ 自立自强要聚焦重点和体现韧性，在攻克关键领域核心技术和破解"卡脖子"难题上下更大功夫，在构建全国统一大市场和畅通国内大循环上更大努力，增强我国经济社会发展的生存力、竞争力和持续力。新时代新征程的对外开放不是过去意义上的一般对外开放，而是更高水平的对外开放，通过深度参与全球产业分工和合作以及拓展规则、规制、管理、标准等制度型开放，以此推动形成更大范围、更宽领域、更深层次的开放格局，进一步拓展中国式现代化的发展空间。

① 习近平：《推进中国式现代化需要处理好若干重大关系》，载于《求是》2023 年第 19 期。
② 《习近平关于中国式现代化论述摘编》，中央文献出版社 2023 年版，第 299～300 页。
③ 《习近平主持召开二十届中央国家安全委员会第一次会议强调加快推进国家安全体系和能力现代化 以新安全格局保障新发展格局》，载于《人民日报》2023 年 5 月 31 日。

三、贯彻中国式现代化"五位一体"总体布局和"四个全面"战略布局的工作方法

工作方法论是唯物辩证法在新时代中国式现代化新战略上的创新性运用。中国式现代化任务之重前所未有，矛盾风险挑战之多前所未有。新时代中国式现代化强国建设系统观工作方法统领"五位一体"总体布局与"四个全面"战略布局新战略，效率与公平结合，活力与秩序结合，充分体现系统思维与法治思维。

（一）"五位一体"总体布局在效率与公平结合上彰显系统思维

系统思维是立足整体把握事物本质、对事物内在结构及相互关系进行机理分析，进而从整体上揭示事物发展规律、实现系统整体最优解的思想方法论。[①]马克思以系统观点考察社会，认为，"现在的社会不是坚实的结晶体，而是一个能够变化并且经常处于变化过程中的有机体。"[②] 系统思维在动态中探索和把握有机系统的整体与部分、部分与部分的相互关系与变化规律。中国式现代化运用系统思维，坚持全面、联系、发展的眼光看待问题、分析问题、解决问题，在着眼全局中进行统筹谋划，在普遍联系中把握事物本质，在把握社会发展趋势中作出战略决策。新时代中国共产党人运用系统思维，从效率与公平结合的统一上推进"五位一体"总体布局。

"五位一体"是中国式现代化的总体布局，通过推动高质量发展，最为广泛有效调动全社会积极性能动性，实现共同富裕，一起迈入现代化。"五位一体"总体布局思路、途径、步骤和手段体现效率与公平结合。习近平指出："中国式现代化既要创造比资本主义更高的效率，又要更有效地维护社会公平，更好实现效率与公平相兼顾、相促进、相统一。"[③] 推进中国式现代化要创造比资本主义更高的效率，推进中国式现代化还要更有效地维护社会公平。效率是公平的重要基础，公平是效率的有力保障，两者相互促进、相辅相成。在推进中国式现代化的进程中，正确处理好效率与公平的关系，要做到统筹兼顾、有机结合。要更好统筹经济质的有效提升和量的合理增长，避免低水平重复建设和单纯数量扩张，推动经济发展质量变革、效率变革、动力变革，增加高质量产品和服务供给，满足人民多样化、多层次、多方面的需求，在发展中保障和改善民

---

① 王英、韩庆祥：《习近平系统思维的生成逻辑》，载于《思想教育研究》2021 年第 12 期。
② 《马克思恩格斯文集》第五卷，人民出版社 2009 年版，第 10～13 页。
③ 习近平：《推进中国式现代化需要处理好若干重大关系》，载于《求是》2023 年第 19 期。

生，更好实现效率与公平相兼顾、相促进、相统一。实现效率与公平的辩证统一需要制度保障。习近平强调："正确处理效率和公平的关系，构建初次分配、再分配、三次分配协调配套的基础性制度安排。"[1] 处理好效率与公平的关系，要坚持和完善社会主义基本经济制度，毫不动摇巩固和发展公有制经济，毫不动摇鼓励、支持、引导非公有制经济发展，充分发挥市场在资源配置中的决定性作用，更好发挥政府作用，构建全国统一大市场，深化要素市场化改革，在做大蛋糕的同时分好蛋糕，让现代化建设成果更多更公平惠及全体人民。[2]

推进"五位一体"总体布局效率与公平相结合，彰显中国式现代化新战略的系统思维方法。处理好效率与公平的关系，既不能因为片面追求效率而在客观上造成富者愈富、穷者愈穷的"马太效应"，也不能因为片面追求公平而影响社会活力的释放。[3] 推进中国式现代化，一方面，以供给侧结构性改革提高供给体系质量和效率，以优化社会资源配置来提高全要素生产率，以全面深化改革开放来提升经济社会发展的整体效率，在创造比资本主义更高效率的基础上做大蛋糕，为实现中华民族伟大复兴提供更加坚实的物质基础；另一方面，有效维护社会主义公平正义，在做大蛋糕的同时分好蛋糕，以促进公平兼顾分好蛋糕，完善收入分配制度，促进基本公共服务均等化，不断缩小地区差距、城乡差距、收入差距以及建立以权利公平、机会公平、规则公平为主要内容的社会公平保障体系等。既要系统整合现代化建设，以经济现代化建设为中心，以政治现代化建设为保障，以文化现代化建设为灵魂，以社会现代化建设为条件，以生态文明现代化建设为基础，创造五大文明建设的高效率，又要在经济富裕、政治民主、文化繁荣、社会公平、生态良好基础上推进共富共享，更好实现"五位一体"总体布局的效率与公平相互兼顾和相互促进。

（二）"四个全面"战略布局在活力与秩序结合上彰显法治思维

法治思维是以法治作为判断是非和处理事务标准的思维。2010 年国务院印发《国务院关于加强法治政府建设的意见》首次提出行政机关工作人员特别是领导干部要切实提高运用法治思维和法律手段解决经济社会发展中突出矛盾和问题的能力。2012 年党的十八大报告要求提高领导干部运用法治思维和法治方式深化改革、推动发展、化解矛盾、维护稳定能力。法治思维是以法治作为判断是非和处理事务标准的思维，是合法合规思维、权利义务思维、公平正义思维、责任后果

---

[1] 《习近平著作选读》第二卷，人民出版社 2023 年版，第 503 页。
[2] 乔兆红：《推进中国式现代化需要正确处理好若干重大关系》，载于《光明日报》2023 年 4 月 15 日。
[3] 任洁：《以系统观念整体推进中国式现代化》，载于《国家治理》2023 年第 8 期。

思维和公权监督思维。① 包含规则思维、程序思维、平等思维、人权保障思维、权责法定思维等基本内涵。② 新时代中国共产党人运用法治思维，从活力与秩序结合的统一上推进"四个全面"战略布局。

在协调推进"四个全面"战略布局，促进发展活力的前提下，应全面推进依法治国和依规治党，建立良好社会秩序。法治思维应放在"四个全面"战略布局中来把握，深刻认识全面依法治国同其他三个"全面"的关系，有助于我们准确理解全面依法治国的本质特征和深刻内涵。首先，全面依法治国是全面建设社会主义现代化国家的必由之路。在"四个全面"战略布局中，全面建设社会主义现代化国家与全面依法治国是目标与措施、目的与途径的关系。战略举措服从战略目标，战略目标依托战略举措。全面依法治国是全面建设社会主义现代化国家的内在要求和必由之路。从现代化进程看，法治化是现代化的必由之路。其次，全面深化改革与法治互为动力、相辅相成。改革必须于法有据，法律必须与时俱进，法治领域也是改革的重要方面。中国特色社会主义法治体系作为国家治理体系的骨干工程，其要义是不仅改革需要法治保障，改革的成果也需要以法律的形式固定下来。最后，全面从严治党是全面依法治国的根本保证。党的领导和社会主义法治是一致的，党的领导是中国特色社会主义最本质的特征，是社会主义法治最根本的保证。党的领导必须依靠社会主义法治，把权力关进制度的笼子里，是对依法治国和全面从严治党关系最生动的表述。

世界现代化的一般规律表明，从传统社会向现代社会转变过程中往往经历社会矛盾和风险高发期。中国式现代化创造了世所罕见的经济快速发展和社会长期稳定两大奇迹。秩序代表社会有序、和谐与稳定，寓活力于秩序之中，良好社会秩序是社会焕发活力的前提和保障；活力蕴含社会丰富性、多样性，建秩序于活力之上，社会活力的迸发提升社会秩序。科学有效协调活力与秩序的关系，既要以旺盛活力提供动力，也要以安定有序赢得长远，保持活力与秩序的动态平衡，定能续写两大奇迹新篇章，确保人民安居乐业、社会安定有序、国家长治久安，确保中国式现代化稳步向前。

中国式现代化应该既充满活力又拥有良好秩序，呈现出活力和秩序有机统一。③ "四个全面"是中国式现代化的战略布局，运用法治思维从活力与秩序结合的统一上推进"四个全面"战略布局，就是激发发展的活力同时注重良好社会秩序，凸显全面依法治国同其他三个"全面"的协调关系，实现活力与秩序的结合。活力与秩序是相互依存、相互促进的辩证统一体。在推进中国式现代化的过

---

① 杨小军：《领导干部需要什么样的法治思维》，载于《学习时报》2013年1月7日。
② 樊欣：《习近平法治思维及其方法论探析》，载于《世界社会主义研究》2023年第10期。
③ 董振华：《推进中国式现代化是一个系统工程》，载于《新湘评论》2023年第9期。

程中,活力是目的,秩序是前提,两者相互影响、相互促进。社会如果缺乏活力就缺乏创新的动力,人们参与现代化的积极性难以调动起来,社会就缺乏生机而陷入死气沉沉的状态。没有稳定的秩序,就无法获得经济社会持续发展的良好环境。习近平指出:在现代化的历史进程中,处理好这对关系是一道世界性难题。中国式现代化应当而且能够实现活而不乱、活跃有序的动态平衡。[①] 要深化各方面体制机制改革,发展全过程人民民主,充分释放全社会创造潜能,充分激发全社会创造活力。统筹发展和安全,贯彻总体国家安全观,健全国家安全体系,增强维护国家安全能力,坚定维护国家政权安全、制度安全、意识形态安全和重点领域安全。提高公共安全治理水平,完善社会治理体系,提升社会治理效能。正确处理新形势下人民内部矛盾,努力把矛盾纠纷化解在基层、化解在萌芽状态,教育引导人民群众通过理性合法途径表达利益诉求、维护合法权益。强化社会治安整体防控,依法严惩群众反映强烈的各类违法犯罪活动,确保人民安居乐业。[②] 寓活力于秩序之中,建秩序于活力之上,实现社会有序运行与社会活力迸发相统一和协调。

推进"四个全面"战略布局活力与秩序相结合,彰显中国式现代化新战略的法治思维方法。全面建设社会主义现代化国家、全面深化改革和全面从严治党是激发中国式现代化活力的动力,全面依法治国和依规治党是法治思维上维护秩序的保证。法治思维将全面依法治国作为一项系统工程,是国家治理领域一场广泛而深刻的革命。这就必须着眼"四个全面"战略布局,把握好全面依法治国的总目标。全面推进依法治国的总目标是建设中国特色社会主义法治体系,建设社会主义法治国家。总目标既明确了走什么样的法治道路,又突出了全面依法治国的工作重点和总抓手。这就旗帜鲜明地宣示,法治思维是社会主义现代化国家建设的基本工作方法。法治思维涉及全面推进依法治国很多方面,在实际工作中必须有一个总揽全局、牵引各方的总抓手。这个总抓手就是建设中国特色社会主义法治体系。依法治国的各项工作都要围绕这个总抓手来谋划、来推进。法治思维坚持党的领导、人民当家作主和依法治国有机统一。坚持党的领导,是社会主义法治的根本要求,是党和国家的根本所在、命脉所在,是全国各族人民的利益所系、幸福所系。人民是依法治国的主体和力量源泉,只有在党的领导下依法治国、厉行法治,人民当家作主才能充分实现,国家和社会生活法治化才能有序推进。坚持党的领导、人民当家作主和依法治国有机统一,必须坚持法治为了人民、依靠人民、造福人民,保证人民在党的领导下,依照法律法规,通过各种途径和形式管理国家和社会事务。"四个全面"战略布局的协调推进,实现活而不乱、活跃有

---

①② 习近平:《推进中国式现代化需要处理好若干重大关系》,载于《求是》2023 年第 19 期。

序的中国式现代化。

　　总之，新时代中国式现代化新理念新思想新战略彰显系统观方法论的基本要求，包括贯彻中国式现代化"四个伟大"和"五大发展理念"的思想方法、贯彻中国式现代化"四个自信"和把握"四个大势"的领导方法、贯彻中国式现代化"五位一体"和"四个全面"的工作方法。中国式现代化的系列思维中，坚持辩证思维是根本、坚持战略思维是统领、坚持创新思维是关键、坚持底线思维是保障、坚持系统思维是基础、坚持法治思维是尺度，统一于强国建设、民族复兴的伟大实践之中。① 从以辩证思维为根本统揽"四个伟大"到以战略思维为统领贯彻"五大发展理念"，从以创新思维为关键坚定"四个自信"到以底线思维为保障把握"四个大势"，从以系统思维为基础协调推进"四个全面"到以法治思维为尺度统筹推进"五位一体"，系统观视阈中新时代中国式现代化是以系统观为方法论的现代化。只要我们坚持以习近平新时代中国特色社会主义思想为指导，把握新时代中国式现代化发展规律，勇毅前行、团结奋斗，就一定能在新时代新征程上谱写全面建设社会主义现代化国家的崭新篇章。

---

① 冯鹏志：《坚持"七大思维"厚筑方法论自信》，载于《学习时报》2022 年 5 月 30 日。

结语　坚持新时代中国式现代化新理念新思想新战略的系统观方法论

参 考 文 献

［1］《马克思恩格斯文集》第一卷，人民出版社 2009 年版。

［2］《马克思恩格斯文集》第二卷，人民出版社 2009 年版。

［3］《马克思恩格斯文集》第三卷，人民出版社 2009 年版。

［4］《马克思恩格斯文集》第四卷，人民出版社 2009 年版。

［5］《马克思恩格斯文集》第五卷，人民出版社 2009 年版。

［6］《马克思恩格斯文集》第六卷，人民出版社 2009 年版。

［7］《马克思恩格斯文集》第七卷，人民出版社 2009 年版。

［8］《马克思恩格斯文集》第八卷，人民出版社 2009 年版。

［9］《马克思恩格斯文集》第九卷，人民出版社 2009 年版。

［10］《马克思恩格斯文集》第十卷，人民出版社 2009 年版。

［11］《马克思恩格斯选集》第一卷，人民出版社 2012 年版。

［12］《马克思恩格斯选集》第二卷，人民出版社 2012 年版。

［13］《马克思恩格斯选集》第三卷，人民出版社 2012 年版。

［14］《马克思恩格斯选集》第四卷，人民出版社 2012 年版。

［15］《列宁选集》第一卷，人民出版社 2012 年版。

［16］《列宁选集》第二卷，人民出版社 2012 年版。

［17］《列宁选集》第三卷，人民出版社 2012 年版。

［18］《列宁选集》第四卷，人民出版社 2012 年版。

［19］《毛泽东选集》第一卷，人民出版社 1991 年版。

［20］《毛泽东选集》第二卷，人民出版社 1991 年版。

［21］《毛泽东选集》第三卷，人民出版社 1991 年版。

［22］《毛泽东选集》第四卷，人民出版社 1991 年版。

［23］《毛泽东文集》第一卷，人民出版社 1993 年版。

［24］《毛泽东文集》第二卷，人民出版社 1993 年版。

［25］《毛泽东文集》第三卷，人民出版社 1996 年版。

［26］《毛泽东文集》第四卷，人民出版社 1996 年版。

［27］《毛泽东文集》第五卷，人民出版社 1996 年版。

［28］《毛泽东文集》第六卷，人民出版社 1999 年版。

［29］《毛泽东文集》第七卷，人民出版社 1999 年版。

［30］《毛泽东文集》第八卷，人民出版社 1999 年版。

［31］《建国以来毛泽东文稿》第一卷，中央文献出版社 2023 年版。

［32］《建国以来毛泽东文稿》第二卷，中央文献出版社 2023 年版。

［33］《建国以来毛泽东文稿》第三卷，中央文献出版社 2023 年版。

［34］《建国以来毛泽东文稿》第四卷，中央文献出版社 2023 年版。

［35］《建国以来毛泽东文稿》第五卷，中央文献出版社 2023 年版。

［36］《建国以来毛泽东文稿》第六卷，中央文献出版社 2023 年版。

［37］《建国以来毛泽东文稿》第七卷，中央文献出版社 2023 年版。

［38］《建国以来毛泽东文稿》第八卷，中央文献出版社 2023 年版。

［39］《建国以来毛泽东文稿》第九卷，中央文献出版社 2023 年版。

［40］《建国以来毛泽东文稿》第十卷，中央文献出版社 2023 年版。

［41］《建国以来毛泽东文稿》第十一卷，中央文献出版社 2023 年版。

［42］《建国以来毛泽东文稿》第十二卷，中央文献出版社 2023 年版。

［43］《建国以来毛泽东文稿》第十三卷，中央文献出版社 2023 年版。

［44］《建国以来毛泽东文稿》第十四卷，中央文献出版社 2023 年版。

［45］《建国以来毛泽东文稿》第十五卷，中央文献出版社 2023 年版。

［46］《建国以来毛泽东文稿》第十六卷，中央文献出版社 2023 年版。

［47］《建国以来毛泽东文稿》第十七卷，中央文献出版社 2023 年版。

［48］《建国以来毛泽东文稿》第十八卷，中央文献出版社 2023 年版。

［49］《建国以来毛泽东文稿》第十九卷，中央文献出版社 2023 年版。

［50］《建国以来毛泽东文稿》第二十卷，中央文献出版社 2023 年版。

［51］《毛泽东年谱》第六卷，中央文献出版社 2023 年版。

［52］《毛泽东年谱》第七卷，中央文献出版社 2023 年版。

［53］《毛泽东年谱》第八卷，中央文献出版社 2023 年版。

［54］《毛泽东年谱》第九卷，中央文献出版社 2023 年版。

［55］《邓小平文选》第一卷，人民出版社 1994 年版。

［56］《邓小平文选》第二卷，人民出版社 1994 年版。

［57］《邓小平文选》第三卷，人民出版社 1993 年版。

［58］《江泽民文选》第一卷，人民出版社 2006 年版。

［59］《江泽民文选》第二卷，人民出版社 2006 年版。

[60]《江泽民文选》第三卷，人民出版社 2006 年版。

[61]《胡锦涛文选》第一卷，人民出版社 2016 年版。

[62]《胡锦涛文选》第二卷，人民出版社 2016 年版。

[63]《胡锦涛文选》第三卷，人民出版社 2016 年版。

[64]《习近平著作选读》第一卷，人民出版社 2023 年版。

[65]《习近平著作选读》第二卷，人民出版社 2023 年版。

[66]《习近平谈治国理政》第一卷，外文出版社 2018 年版。

[67]《习近平谈治国理政》第二卷，外文出版社 2017 年版。

[68]《习近平谈治国理政》第三卷，外文出版社 2020 年版。

[69]《习近平谈治国理政》第四卷，外文出版社 2022 年版。

[70]《习近平关于中国式现代化论述摘编》，中央文献出版社 2023 年版。

[71]《十八大以来重要文献选编》（上），中央文献出版社 2014 年版。

[72]《十八大以来重要文献选编》（中），中央文献出版社 2016 年版。

[73]《十八大以来重要文献选编》（下），中央文献出版社 2018 年版。

[74]《十九大以来重要文献选编》（上），中央文献出版社 2019 年版。

[75]《十九大以来重要文献选编》（中），中央文献出版社 2021 年版。

[76]《十九大以来重要文献选编》（下），中央文献出版社 2023 年版。

[77]《中共中央 国务院关于全面推进美丽中国建设的意见》，载于《人民日报》2024 年 1 月 12 日。

[78]何传启：《中国现代化报告 2001——现代化与评价》，北京大学出版社 2001 年版。

[79]罗荣渠：《现代化新论——世界与中国的现代化进程》，商务印书馆 2004 年版。

[80]陈嘉明：《现代性与后现代性十五讲》，北京大学出版社 2006 年版。

[81]梅荣政：《中国特色社会主义基本问题研究》，武汉大学出版社 2007 年版。

[82]吴志攀：《中国法制建设研究》，中国人民大学出版社 2009 年版。

[83]董正华：《世界现代化进程十五讲》，北京大学出版社 2009 年版。

[84]王伟光：《中国道路与马克思主义中国化》，人民出版社 2012 年版。

[85]孙国华：《中国特色社会主义民主法治研究》，中国人民大学出版社 2015 年版。

[86]顾海良：《"中国马克思主义与当代"若干问题研究》，高等教育出版社 2015 年版。

[87]魏礼群：《"四个全面"新布局新境界》，人民出版社 2015 年版。

系统观视阈的新时代中国式现代化

［88］肖冬松：《治国理政现代化》，人民出版社 2017 年版。

［89］何毅亭：《以习近平同志为核心的党中央治国理政新理念新思想新战略》，人民出版社 2017 年版。

［90］季正聚：《马克思主义和世界社会主义若干重要问题研究》，中华书局 2018 年版。

［91］韩庆祥、张艳涛：《论"四个伟大"》，北京联合出版社 2018 年版。

［92］汪青松：《新时代治国理政思想与马克思主义中国化》，上海社会科学院出版社 2018 年版。

［93］齐卫平：《"四个伟大"与新时代中国共产党的历史使命》，人民出版社 2019 年版。

［94］李培林：《坚持以人民为中心的新发展理念》，中国社会科学出版社 2019 年版。

［95］中央党校（国家行政学院）组织编写：《习近平新时代中国特色社会主义思想基本问题》，人民出版社、中共中央党校出版社 2020 年版。

［96］洪向华：《完整准确全面贯彻新发展理念》，人民出版社 2021 年版。

［97］戴木才：《实现人民美好生活之道——中国式现代化道路》，人民出版社 2022 年版。

［98］张雷声：《论中国特色社会主义道路、理论体系、制度的统一》，载于《高校理论战线》2013 年第 1 期。

［99］王浦劬：《国家治理、政府治理和社会治理的含义及其相互关系》，载于《国家行政学院学报》2014 年第 3 期。

［100］唐洲雁：《全面小康与中华民族的伟大复兴》，载于《马克思主义研究》2015 年第 1 期。

［101］李君如：《用辩证唯物主义把握"四个全面"战略布局》，载于《思想政治工作研究》2015 年第 5 期。

［102］李忠杰：《"四个全面"战略布局演进脉络与重大意义》，载于《人民论坛》2015 年第 6 期。

［103］石仲泉：《"四个全面"与十八大以来党和国家历史的新发展——学习习近平关于治国理政的新论断》，载于《毛泽东邓小平理论研究》2016 年第 5 期。

［104］秦宣：《"四个全面"：形成发展、科学内涵和战略意义》，载于《思想理论教育导刊》2015 年第 6 期。

［105］陈先达：《论中国共产党人的文化自信》，载于《党建》2017 年第 5 期。

[106] 孙道壮、赵付科:《"四个伟大"彰显中国特色社会主义的时代内蕴》,载于《中国特色社会主义研究》2017年第6期。

[107] 武晓超:《"四个伟大"的时代逻辑和有机整体》,载于《科学社会主义》2018年第3期。

[108] 颜晓峰:《创造社会主义现代化的文明新形态》,载于《马克思主义研究》2021年第7期。

[109] 陈金龙:《论习近平新时代中国特色社会主义思想的世界意义》,载于《华东师范大学学报(哲学社会科学版)》2018年第37期。

[110] 章忠民、秦关:《从站起来、富起来到强起来的发展逻辑》,载于《马克思主义研究》2019年第10期。

[111] 冯留建:《"五位一体"与"四个全面"的哲学依据》,载于《人民论坛》2019年第15期。

[112] 王治东:《"四个自信"的逻辑生成》,载于《毛泽东邓小平理论研究》2019年第4期。

[113] 颜晓峰:《"中国之治"与坚定"四个自信"》,载于《思想理论教育》2020年第1期。

[114] 陈金龙:《全面建成小康社会的政治认同功能》,载于《思想教育研究》2020年第10期。

[115] 段妍:《战略思维的全局观实践历程及现实启示》,载于《中国高校社会科学》2020年第1期。

[116] 陈锡喜:《论新时代进行伟大斗争的内涵、外延和战略思维》,载于《毛泽东邓小平理论研究》2021年第9期。

[117] 项久雨:《新发展理念与美好生活》,载于《马克思主义研究》2021年第10期。

[118] 方世南、马姗姗:《从"五位一体"的文明协调发展把握中国式现代化新道路和人类文明新形态》,载于《思想理论教育》2021年第11期。

[119] 卢黎歌、郭玉杰:《中国式现代化:超越转型、演进逻辑、经验启示》,载于《北京工业大学学报(社会科学版)》2022年第1期。

[120] 鲁品越:《习近平以人民为中心的方法论体系的形成机制及其哲学意蕴》,载于《哲学研究》2022年第2期。

[121] 汪青松、严运楼:《系统观视阈中的新时代现代化新布局新方略》,载于《观察与思考》2022年第9期。

[122] 王永贵:《中国式现代化新道路的鲜明特征》,载于《思想教育研究》2022年第10期。

[123] 何传启：《中国式现代化的分层结构和三个建议》，载于《中国科学院院刊》2023 年第 3 期。

[124] 朱大鹏：《推进中国式现代化的系统工程论析》，载于《马克思主义研究》2023 年第 4 期。

[125] 汪卫东、牛小侠：《习近平总书记关于坚持和完善人民代表大会制度重要思想的深刻内涵探析》，载于《毛泽东邓小平理论研究》2023 年第 5 期。

[126] 汪青松：《新时代人民观范畴演进及体系建构的学理性考察》，载于《当代世界与社会主义》2023 年第 6 期。

[127] 张云飞：《中国式现代化中蕴含的独特生态观的内涵和贡献》，载于《东南学术》2024 年第 1 期。

[128] 夏东民、金朝晖：《论"五位一体"发展中国特色社会主义总体布局的形成》，载于《毛泽东邓小平理论研究》2009 年第 4 期。

[129] 原丽红、张荣华：《"五位一体"中国特色社会主义事业总体布局探析》，载于《山东社会科学》2009 年第 11 期。

[130] 雷云：《中国特色社会主义真谛和要义的新概括——试论"总依据、总布局、总任务"的深刻内涵和重大意义》，载于《中国特色社会主义研究》2013 年第 1 期。

[131] 朱炳元、仇艮芳：《唯物史观与五位一体总体布局——兼论中国特色社会主义的制度特色、实践特色、理论特色和民族特色》，载于《毛泽东邓小平理论研究》2012 年第 12 期。

[132] 苏振华、周慧兰：《推进"五位一体"总体布局全面建成小康社会》，载于《理论导报》2012 年第 12 期。

[133] 吴瑾菁、祝黄河：《"五位一体"视域下的生态文明建设》，载于《马克思主义与现实》2013 年第 1 期。

[134] 陈金龙：《"四个全面"：拓展中国道路的科学引领》，载于《人民日报》2015 年 5 月 18 日。

[135] 牛先锋：《树立贯彻"五位一体"的发展新理念》，载于《学习时报》2015 年 11 月 2 日。

[136] 韩庆祥等：《战略思维框架中的"四个全面"战略布局》，载于《经济日报》2016 年 6 月 27 日。

[137] 李永胜：《辩证把握"四个自信"的关系》，载于《辽宁日报》2016 年 9 月 13 日。

[138] 王永贵：《深刻领会"四个伟大"内在关系》，载于《新华日报》2017 年 8 月 23 日。

［139］韩庆祥：《"四个伟大"意义重大》，载于《学习时报》2017 年 9 月
25 日。

［140］田培炎：《当代中国马克思主义理论精华的精彩阐释》，载于《学习
时报》2020 年 11 月 23 日。

［141］何毅亭：《坚持和完善中国特色社会主义重要制度》，载于《学习时
报》2020 年 12 月 6 日。

［142］汪青松：《人民美好生活需要的时代意蕴与实现路径》，载于《经济
日报》2022 年 9 月 6 日。

［143］王巍：《从考古实证出发认识博大精深的中华文明》，载于《北京日
报》2024 年 1 月 5 日。

后 记

本书是教育部重大攻关项目"习近平总书记系列重要讲话精神和治国理政新理念新思想新战略研究"（17JZD001）成果。

课题主持人为上海财经大学马克思主义学院汪青松教授，子课题主持人为华南师范大学马克思主义学院陈金龙教授、天津大学马克思主义学院颜晓峰教授、山东师范大学马克思主义学院唐洲雁教授、合肥工业大学马克思主义学院黄志斌教授、上海师范大学马克思主义学院吴宁教授。

全书由汪青松、颜晓峰、陈金龙、唐洲雁、黄志斌、吴宁、严运楼等教授拟定研究框架、审阅研究报告。

各篇主要撰稿人是：

导论 系统研究新时代中国式现代化新理念新思想新战略的意义：上海工程技术大学严运楼教授、上海财经大学汪青松教授。

第一篇 统揽"四个伟大"的中国式现代化：第一章、第二章、第三章、第四章、第五章，温州大学左雪松博士、上海财经大学汪青松教授。

第二篇 贯彻"新发展理念"的中国式现代化：第六章、第七章、第八章，温州大学左雪松博士。

第三篇 坚定"四个自信"的中国式现代化：第九章、第十章、第十一章，成都中医药大学林彦虎博士、合肥工业大学刘新芳博士。

第四篇 把握"四个大势"的中国式现代化：第十二章、第十三章、第十四章、第十五章、第十六章，温州大学左雪松博士。

第五篇 统筹推进"五位一体"的中国式现代化：第十七章，安徽医学高等专科学校刘明教授；第十八章，安徽医学高等专科学校刘明教授、安徽建筑大学陈莉教授；第十九章，上海财经大学汪青松教授。

第六篇 协调推进"四个全面"的中国式现代化：第二十章，上海海洋大学祝叶飞博士；第二十一章，上海海洋大学祝叶飞博士，上海财经大学汪青松教授；第二十二章，上海第二工业大学祝业亮博士。

结语 坚持新时代中国式现代化新理念新思想新战略的系统观方法论：上海财经大学汪青松教授、上海工程技术大学严运楼教授。

全书初稿由汪青松、严运楼教授统稿。中央财经大学赵付科教授、上海社会科学院李庆云博士、上海财经大学马克思主义学院佘超博士、厦门理工学院王辰璇博士参与了课题研究。

书稿出版期间，正值 2022 年 10 月党的二十大确立中国式现代化理论体系之际。按照党的二十大精神和 2023 年出版的《习近平著作选读》第一至第二卷文献，参考学界对中国式现代化最新研究成果，汪青松教授对书稿各篇章节进行了调整充实或改写。最后由汪青松教授、颜晓峰教授为全书定稿。

教育部社科司对本项目研究给予了精心指导，经济科学出版社吕萍女士，何宁、孙丽丽编辑为本书的出版做了大量工作。在此表示衷心感谢。

由于水平有限，书中不妥之处在所难免，敬请学界同仁和读者批评指正。

编　者

2024 年 1 月

教育部哲学社會科學研究重大課題攻關項目
成果出版列表

序号	书名	首席专家
1	《马克思主义基础理论若干重大问题研究》	陈先达
2	《马克思主义理论学科体系建构与建设研究》	张雷声
3	《马克思主义整体性研究》	逄锦聚
4	《改革开放以来马克思主义在中国的发展》	顾钰民
5	《新时期　新探索　新征程 ——当代资本主义国家共产党的理论与实践研究》	聂运麟
6	《坚持马克思主义在意识形态领域指导地位研究》	陈先达
7	《当代资本主义新变化的批判性解读》	唐正东
8	《当代中国人精神生活研究》	童世骏
9	《弘扬与培育民族精神研究》	杨叔子
10	《当代科学哲学的发展趋势》	郭贵春
11	《服务型政府建设规律研究》	朱光磊
12	《地方政府改革与深化行政管理体制改革研究》	沈荣华
13	《面向知识表示与推理的自然语言逻辑》	鞠实儿
14	《当代宗教冲突与对话研究》	张志刚
15	《马克思主义文艺理论中国化研究》	朱立元
16	《历史题材文学创作重大问题研究》	童庆炳
17	《现代中西高校公共艺术教育比较研究》	曾繁仁
18	《西方文论中国化与中国文论建设》	王一川
19	《中华民族音乐文化的国际传播与推广》	王耀华
20	《楚地出土戰國簡册［十四種]》	陈　伟
21	《近代中国的知识与制度转型》	桑　兵
22	《中国抗战在世界反法西斯战争中的历史地位》	胡德坤
23	《近代以来日本对华认识及其行动选择研究》	杨栋梁
24	《京津冀都市圈的崛起与中国经济发展》	周立群
25	《金融市场全球化下的中国监管体系研究》	曹凤岐
26	《中国市场经济发展研究》	刘　伟
27	《全球经济调整中的中国经济增长与宏观调控体系研究》	黄　达
28	《中国特大都市圈与世界制造业中心研究》	李廉水

序号	书 名	首席专家
29	《中国产业竞争力研究》	赵彦云
30	《东北老工业基地资源型城市发展可持续产业问题研究》	宋冬林
31	《转型时期消费需求升级与产业发展研究》	臧旭恒
32	《中国金融国际化中的风险防范与金融安全研究》	刘锡良
33	《全球新型金融危机与中国的外汇储备战略》	陈雨露
34	《全球金融危机与新常态下的中国产业发展》	段文斌
35	《中国民营经济制度创新与发展》	李维安
36	《中国现代服务经济理论与发展战略研究》	陈 宪
37	《中国转型期的社会风险及公共危机管理研究》	丁烈云
38	《人文社会科学研究成果评价体系研究》	刘大椿
39	《中国工业化、城镇化进程中的农村土地问题研究》	曲福田
40	《中国农村社区建设研究》	项继权
41	《东北老工业基地改造与振兴研究》	程 伟
42	《全面建设小康社会进程中的我国就业发展战略研究》	曾湘泉
43	《自主创新战略与国际竞争力研究》	吴贵生
44	《转轨经济中的反行政性垄断与促进竞争政策研究》	于良春
45	《面向公共服务的电子政务管理体系研究》	孙宝文
46	《产权理论比较与中国产权制度变革》	黄少安
47	《中国企业集团成长与重组研究》	蓝海林
48	《我国资源、环境、人口与经济承载能力研究》	邱 东
49	《"病有所医"——目标、路径与战略选择》	高建民
50	《税收对国民收入分配调控作用研究》	郭庆旺
51	《多党合作与中国共产党执政能力建设研究》	周淑真
52	《规范收入分配秩序研究》	杨灿明
53	《中国社会转型中的政府治理模式研究》	娄成武
54	《中国加入区域经济一体化研究》	黄卫平
55	《金融体制改革和货币问题研究》	王广谦
56	《人民币均衡汇率问题研究》	姜波克
57	《我国土地制度与社会经济协调发展研究》	黄祖辉
58	《南水北调工程与中部地区经济社会可持续发展研究》	杨云彦
59	《产业集聚与区域经济协调发展研究》	王 珺

序号	书 名	首席专家
60	《我国货币政策体系与传导机制研究》	刘　伟
61	《我国民法典体系问题研究》	王利明
62	《中国司法制度的基础理论问题研究》	陈光中
63	《多元化纠纷解决机制与和谐社会的构建》	范　愉
64	《中国和平发展的重大前沿国际法律问题研究》	曾令良
65	《中国法制现代化的理论与实践》	徐显明
66	《农村土地问题立法研究》	陈小君
67	《知识产权制度变革与发展研究》	吴汉东
68	《中国能源安全若干法律与政策问题研究》	黄　进
69	《城乡统筹视角下我国城乡双向商贸流通体系研究》	任保平
70	《产权强度、土地流转与农民权益保护》	罗必良
71	《我国建设用地总量控制与差别化管理政策研究》	欧名豪
72	《矿产资源有偿使用制度与生态补偿机制》	李国平
73	《巨灾风险管理制度创新研究》	卓　志
74	《国有资产法律保护机制研究》	李曙光
75	《中国与全球油气资源重点区域合作研究》	王　震
76	《可持续发展的中国新型农村社会养老保险制度研究》	邓大松
77	《农民工权益保护理论与实践研究》	刘林平
78	《大学生就业创业教育研究》	杨晓慧
79	《新能源与可再生能源法律与政策研究》	李艳芳
80	《中国海外投资的风险防范与管控体系研究》	陈菲琼
81	《生活质量的指标构建与现状评价》	周长城
82	《中国公民人文素质研究》	石亚军
83	《城市化进程中的重大社会问题及其对策研究》	李　强
84	《中国农村与农民问题前沿研究》	徐　勇
85	《西部开发中的人口流动与族际交往研究》	马　戎
86	《现代农业发展战略研究》	周应恒
87	《综合交通运输体系研究——认知与建构》	荣朝和
88	《中国独生子女问题研究》	风笑天
89	《我国粮食安全保障体系研究》	胡小平
90	《我国食品安全风险防控研究》	王　硕

序号	书 名	首席专家
91	《城市新移民问题及其对策研究》	周大鸣
92	《新农村建设与城镇化推进中农村教育布局调整研究》	史宁中
93	《农村公共产品供给与农村和谐社会建设》	王国华
94	《中国大城市户籍制度改革研究》	彭希哲
95	《国家惠农政策的成效评价与完善研究》	邓大才
96	《以民主促进和谐——和谐社会构建中的基层民主政治建设研究》	徐 勇
97	《城市文化与国家治理——当代中国城市建设理论内涵与发展模式建构》	皇甫晓涛
98	《中国边疆治理研究》	周 平
99	《边疆多民族地区构建社会主义和谐社会研究》	张先亮
100	《新疆民族文化、民族心理与社会长治久安》	高静文
101	《中国大众媒介的传播效果与公信力研究》	喻国明
102	《媒介素养：理念、认知、参与》	陆 晔
103	《创新型国家的知识信息服务体系研究》	胡昌平
104	《数字信息资源规划、管理与利用研究》	马费成
105	《新闻传媒发展与建构和谐社会关系研究》	罗以澄
106	《数字传播技术与媒体产业发展研究》	黄升民
107	《互联网等新媒体对社会舆论影响与利用研究》	谢新洲
108	《网络舆论监测与安全研究》	黄永林
109	《中国文化产业发展战略论》	胡惠林
110	《20世纪中国古代文化经典在域外的传播与影响研究》	张西平
111	《国际传播的理论、现状和发展趋势研究》	吴 飞
112	《教育投入、资源配置与人力资本收益》	闵维方
113	《创新人才与教育创新研究》	林崇德
114	《中国农村教育发展指标体系研究》	袁桂林
115	《高校思想政治理论课程建设研究》	顾海良
116	《网络思想政治教育研究》	张再兴
117	《高校招生考试制度改革研究》	刘海峰
118	《基础教育改革与中国教育学理论重建研究》	叶 澜
119	《我国研究生教育结构调整问题研究》	袁本涛 王传毅
120	《公共财政框架下公共教育财政制度研究》	王善迈

序号	书　名	首席专家
121	《农民工子女问题研究》	袁振国
122	《当代大学生诚信制度建设及加强大学生思想政治工作研究》	黄蓉生
123	《从失衡走向平衡：素质教育课程评价体系研究》	钟启泉 崔允漷
124	《构建城乡一体化的教育体制机制研究》	李　玲
125	《高校思想政治理论课教育教学质量监测体系研究》	张耀灿
126	《处境不利儿童的心理发展现状与教育对策研究》	申继亮
127	《学习过程与机制研究》	莫　雷
128	《青少年心理健康素质调查研究》	沈德立
129	《灾后中小学生心理疏导研究》	林崇德
130	《民族地区教育优先发展研究》	张诗亚
131	《WTO主要成员贸易政策体系与对策研究》	张汉林
132	《中国和平发展的国际环境分析》	叶自成
133	《冷战时期美国重大外交政策案例研究》	沈志华
134	《新时期中非合作关系研究》	刘鸿武
135	《我国的地缘政治及其战略研究》	倪世雄
136	《中国海洋发展战略研究》	徐祥民
137	《深化医药卫生体制改革研究》	孟庆跃
138	《华侨华人在中国软实力建设中的作用研究》	黄　平
139	《我国地方法制建设理论与实践研究》	葛洪义
140	《城市化理论重构与城市化战略研究》	张鸿雁
141	《境外宗教渗透论》	段德智
142	《中部崛起过程中的新型工业化研究》	陈晓红
143	《农村社会保障制度研究》	赵　曼
144	《中国艺术学学科体系建设研究》	黄会林
145	《人工耳蜗术后儿童康复教育的原理与方法》	黄昭鸣
146	《我国少数民族音乐资源的保护与开发研究》	樊祖荫
147	《中国道德文化的传统理念与现代践行研究》	李建华
148	《低碳经济转型下的中国排放权交易体系》	齐绍洲
149	《中国东北亚战略与政策研究》	刘清才
150	《促进经济发展方式转变的地方财税体制改革研究》	钟晓敏
151	《中国—东盟区域经济一体化》	范祚军

序号	书 名	首席专家
152	《非传统安全合作与中俄关系》	冯绍雷
153	《外资并购与我国产业安全研究》	李善民
154	《近代汉字术语的生成演变与中西日文化互动研究》	冯天瑜
155	《新时期加强社会组织建设研究》	李友梅
156	《民办学校分类管理政策研究》	周海涛
157	《我国城市住房制度改革研究》	高 波
158	《新媒体环境下的危机传播及舆论引导研究》	喻国明
159	《法治国家建设中的司法判例制度研究》	何家弘
160	《中国女性高层次人才发展规律及发展对策研究》	佟 新
161	《国际金融中心法制环境研究》	周仲飞
162	《居民收入占国民收入比重统计指标体系研究》	刘 扬
163	《中国历代边疆治理研究》	程妮娜
164	《性别视角下的中国文学与文化》	乔以钢
165	《我国公共财政风险评估及其防范对策研究》	吴俊培
166	《中国历代民歌史论》	陈书录
167	《大学生村官成长成才机制研究》	马抗美
168	《完善学校突发事件应急管理机制研究》	马怀德
169	《秦简牍整理与研究》	陈 伟
170	《出土简帛与古史再建》	李学勤
171	《民间借贷与非法集资风险防范的法律机制研究》	岳彩申
172	《新时期社会治安防控体系建设研究》	宫志刚
173	《加快发展我国生产服务业研究》	李江帆
174	《基本公共服务均等化研究》	张贤明
175	《职业教育质量评价体系研究》	周志刚
176	《中国大学校长管理专业化研究》	宣 勇
177	《"两型社会"建设标准及指标体系研究》	陈晓红
178	《中国与中亚地区国家关系研究》	潘志平
179	《保障我国海上通道安全研究》	吕 靖
180	《世界主要国家安全体制机制研究》	刘胜湘
181	《中国流动人口的城市逐梦》	杨菊华
182	《建设人口均衡型社会研究》	刘渝琳
183	《农产品流通体系建设的机制创新与政策体系研究》	夏春玉

序号	书　名	首席专家
184	《区域经济一体化中府际合作的法律问题研究》	石佑启
185	《城乡劳动力平等就业研究》	姚先国
186	《20 世纪朱子学研究精华集成——从学术思想史的视角》	乐爱国
187	《拔尖创新人才成长规律与培养模式研究》	林崇德
188	《生态文明制度建设研究》	陈晓红
189	《我国城镇住房保障体系及运行机制研究》	虞晓芬
190	《中国战略性新兴产业国际化战略研究》	汪　涛
191	《证据科学论纲》	张保生
192	《要素成本上升背景下我国外贸中长期发展趋势研究》	黄建忠
193	《中国历代长城研究》	段清波
194	《当代技术哲学的发展趋势研究》	吴国林
195	《20 世纪中国社会思潮研究》	高瑞泉
196	《中国社会保障制度整合与体系完善重大问题研究》	丁建定
197	《民族地区特殊类型贫困与反贫困研究》	李俊杰
198	《扩大消费需求的长效机制研究》	臧旭恒
199	《我国土地出让制度改革及收益共享机制研究》	石晓平
200	《高等学校分类体系及其设置标准研究》	史秋衡
201	《全面加强学校德育体系建设研究》	杜时忠
202	《生态环境公益诉讼机制研究》	颜运秋
203	《科学研究与高等教育深度融合的知识创新体系建设研究》	杜德斌
204	《女性高层次人才成长规律与发展对策研究》	罗瑾琏
205	《岳麓秦简与秦代法律制度研究》	陈松长
206	《民办教育分类管理政策实施跟踪与评估研究》	周海涛
207	《建立城乡统一的建设用地市场研究》	张安录
208	《迈向高质量发展的经济结构转变研究》	郭熙保
209	《中国社会福利理论与制度构建——以适度普惠社会福利制度为例》	彭华民
210	《提高教育系统廉政文化建设实效性和针对性研究》	罗国振
211	《毒品成瘾及其复吸行为——心理学的研究视角》	沈模卫
212	《英语世界的中国文学译介与研究》	曹顺庆
213	《建立公开规范的住房公积金制度研究》	王先柱

序号	书　名	首席专家
214	《现代归纳逻辑理论及其应用研究》	何向东
215	《时代变迁、技术扩散与教育变革：信息化教育的理论与实践探索》	杨　浩
216	《城镇化进程中新生代农民工职业教育与社会融合问题研究》	褚宏启 薛二勇
217	《我国先进制造业发展战略研究》	唐晓华
218	《融合与修正：跨文化交流的逻辑与认知研究》	鞠实儿
219	《中国新生代农民工收入状况与消费行为研究》	金晓彤
220	《高校少数民族应用型人才培养模式综合改革研究》	张学敏
221	《中国的立法体制研究》	陈　俊
222	《教师社会经济地位问题：现实与选择》	劳凯声
223	《中国现代职业教育质量保障体系研究》	赵志群
224	《欧洲农村城镇化进程及其借鉴意义》	刘景华
225	《国际金融危机后全球需求结构变化及其对中国的影响》	陈万灵
226	《创新法治人才培养机制》	杜承铭
227	《法治中国建设背景下警察权研究》	余凌云
228	《高校财务管理创新与财务风险防范机制研究》	徐明稚
229	《义务教育学校布局问题研究》	雷万鹏
230	《高校党员领导干部清正、党政领导班子清廉的长效机制研究》	汪　曣
231	《二十国集团与全球经济治理研究》	黄茂兴
232	《高校内部权力运行制约与监督体系研究》	张德祥
233	《职业教育办学模式改革研究》	石伟平
234	《职业教育现代学徒制理论研究与实践探索》	徐国庆
235	《全球化背景下国际秩序重构与中国国家安全战略研究》	张汉林
236	《进一步扩大服务业开放的模式和路径研究》	申明浩
237	《自然资源管理体制研究》	宋马林
238	《高考改革试点方案跟踪与评估研究》	钟秉林
239	《全面提高党的建设科学化水平》	齐卫平
240	《"绿色化"的重大意义及实现途径研究》	张俊飚
241	《利率市场化背景下的金融风险研究》	田利辉
242	《经济全球化背景下中国反垄断战略研究》	王先林

序号	书 名	首席专家
243	《中华文化的跨文化阐释与对外传播研究》	李庆本
244	《世界一流大学和一流学科评价体系与推进战略》	王战军
245	《新常态下中国经济运行机制的变革与中国宏观调控模式重构研究》	袁晓玲
246	《推进 21 世纪海上丝绸之路建设研究》	梁 颖
247	《现代大学治理结构中的纪律建设、德治礼序和权力配置协调机制研究》	周作宇
248	《渐进式延迟退休政策的社会经济效应研究》	席 恒
249	《经济发展新常态下我国货币政策体系建设研究》	潘 敏
250	《推动智库建设健康发展研究》	李 刚
251	《农业转移人口市民化转型：理论与中国经验》	潘泽泉
252	《电子商务发展趋势及对国内外贸易发展的影响机制研究》	孙宝文
253	《创新专业学位研究生培养模式研究》	贺克斌
254	《医患信任关系建设的社会心理机制研究》	汪新建
255	《司法管理体制改革基础理论研究》	徐汉明
256	《建构立体形式反腐败体系研究》	徐玉生
257	《重大突发事件社会舆情演化规律及应对策略研究》	傅昌波
258	《中国社会需求变化与学位授予体系发展前瞻研究》	姚 云
259	《非营利性民办学校办学模式创新研究》	周海涛
260	《基于"零废弃"的城市生活垃圾管理政策研究》	褚祝杰
261	《城镇化背景下我国义务教育改革和发展机制研究》	邬志辉
262	《中国满族语言文字保护抢救口述史》	刘厚生
263	《构建公平合理的国际气候治理体系研究》	薄 燕
264	《新时代治国理政方略研究》	刘焕明
265	《新时代高校党的领导体制机制研究》	黄建军
266	《东亚国家语言中汉字词汇使用现状研究》	施建军
267	《中国传统道德文化的现代阐释和实践路径研究》	吴根友
268	《创新社会治理体制与社会和谐稳定长效机制研究》	金太军
269	《文艺评论价值体系的理论建设与实践研究》	刘俐俐
270	《新形势下弘扬爱国主义重大理论和现实问题研究》	王泽应

序号	书 名	首席专家
271	《我国高校"双一流"建设推进机制与成效评估研究》	刘念才
272	《中国特色社会主义监督体系的理论与实践》	过 勇
273	《中国软实力建设与发展战略》	骆郁廷
274	《坚持和加强党的全面领导研究》	张世飞
275	《面向2035我国高校哲学社会科学整体发展战略研究》	任少波
276	《中国古代曲乐乐谱今译》	刘崇德
277	《民营企业参与"一带一路"国际产能合作战略研究》	陈衍泰
278	《网络空间全球治理体系的建构》	崔保国
279	《汉语国际教育视野下的中国文化教材与数据库建设研究》	于小植
280	《新型政商关系研究》	陈寿灿
281	《完善社会救助制度研究》	慈勤英
282	《太行山和吕梁山抗战文献整理与研究》	岳谦厚
283	《清代稀见科举文献研究》	陈维昭
284	《协同创新的理论、机制与政策研究》	朱桂龙
285	《数据驱动的公共安全风险治理》	沙勇忠
286	《黔西北濒危彝族钞本文献整理和研究》	张学立
287	《我国高素质幼儿园园长队伍建设研究》	缴润凯
288	《我国债券市场建立市场化法制化风险防范体系研究》	冯 果
289	《流动人口管理和服务对策研究》	关信平
290	《企业环境责任与政府环境责任协同机制研究》	胡宗义
291	《多重外部约束下我国融入国际价值链分工战略研究》	张为付
292	《政府债务预算管理与绩效评价》	金荣学
293	《推进以保障和改善民生为重点的社会体制改革研究》	范明林
294	《中国传统村落价值体系与异地扶贫搬迁中的传统村落保护研究》	郝 平
295	《大病保险创新发展的模式与路径》	田文华
296	《教育与经济发展关系及贡献研究》	杜育红
297	《宏观经济整体和微观产品服务质量"双提高"机制研究》	程 虹
298	《构建清洁低碳、安全高效的能源体系政策与机制研究》	牛东晓
299	《水生态补偿机制研究》	王清军
300	《系统观视阈的新时代中国式现代化》	汪青松

......